Tarifrecht für den öffentlichen Dienst der Länder

Textausgabe zum TV-L mit dem Überleitungstarifvertrag TVÜ-Länder

Tarifrecht für den öffentlichen Dienst der Länder

Textausgabe zum TV-L
mit dem Überleitungstarifvertrag
TVÜ-Länder

7., aktualisierte Auflage

BUND
VERLAG

Bibliografische Information der Deutschen Nationalbibliothek
Die Deutsche Nationalbibliothek verzeichnet diese Publikation in der Deutschen Nationalbibliografie; detaillierte bibliografische Daten sind im Internet über *http://dnb.d-nb.de* abrufbar.

7., aktualisierte Auflage 2025

Redaktion: Wolfgang Pieper
Umschlag: Neil McBeath, Stuttgart
Satz: Dörlemann Satz, Lemförde
Druck: Druckerei C.H. Beck, Berger Str. 3–5, 86720 Nördlingen

ISBN 978-3-7663-7414-1

kontakt@bund-verlag.de
www.bund-verlag.de

Vorwort

Am 1. November 2006 trat das neue Tarifrecht für die Länder in Kraft, am 1. Januar 2012 folgte die Entgeltordnung zum TV-L. BAT, BAT-O, MTArb und MTArb-O wurden abgelöst. Im TV-L sind die tariflichen Regelungen für Arbeiter:innen und Angestellte in Ost und West für die Länder zusammengefasst. Der TV-L trägt den Besonderheiten im Bereich der Wissenschaft einschließlich Universitätskliniken und Schulbereich Rechnung. Für das damals sehr strittige Thema Dauer der wöchentlichen Arbeitszeit wurde eine Lösung vereinbart, die die unterschiedlichen Belastungen der Beschäftigten durch Beibehaltung der 38,5-Stunden-Woche in bestimmten Bereichen, zugleich aber auch die Besonderheiten der Länder berücksichtigt. Dies führte 2006 zu unterschiedlichen Wochenarbeitszeiten in den einzelnen Ländern.

Mit TV-L und Entgeltordnung wurden aber nicht alle alten Tarifverträge abgelöst. Eine Reihe von Tarifverträgen ist weiterhin in Kraft. Dies sind die Tarifverträge über den Rationalisierungsschutz, über eine zusätzliche Altersversorgung und über Zulagen und Zuschläge.

In der Tarifrunde 2023 einigten sich beide Seiten auf einen Tarifabschluss zur Erhöhung der Entgelte für 25 Monate bis 31. Oktober 2025. Das Tarifergebnis beinhaltet im Wesentlichen:

1. Für Dezember 2023 erhalten die Beschäftigten ein steuer- und abgabenfreies Inflationsausgleichsgeld von 1800 Euro und weitere Zahlungen von jeweils 120 Euro monatlich von Januar bis Oktober 2024. Teilzeitbeschäftigte erhalten das Inflationsausgleichsgeld anteilig. Auszubildende, Dual Studierende sowie Praktikant:innen erhalten 1000 Euro für Dezember 2023 und jeweils 50 Euro von Januar bis Oktober 2024.
2. Die Tabellenentgelte werden ab 1. November 2024 um 200 Euro und ab 1. Februar 2025 um zusätzlich 5,5 Prozent erhöht. Kommt dabei keine Erhöhung von 340 Euro zustande, wird der Erhöhungsbetrag auf 340 Euro gesetzt.
3. Tarifliche Zulagen, die entsprechend der allgemeinen Entgeltanpassung zu dynamisieren sind, werden ab dem 1. November 2024 einheitlich um 4,76 Prozentpunkte und zum 1. Februar 2025 um weitere 5,5 Prozentpunkte erhöht.

4. Die monatlichen Ausbildungsentgelte der Auszubildenden nach dem BBiG, Dual Studierenden sowie Praktikant:innen werden ab 1. November 2024 um 100 Euro und ab 1. Februar 2025 um zusätzlich 50 Euro erhöht.
5. Eine Verbesserung der Übernahmeregelungen wurde vereinbart: Auszubildende mit einer Abschlussnote, die mindestens befriedigend ist, werden unbefristet übernommen. Auszubildende mit einer Abschlussnote, die mindestens ausreichend ist, werden zunächst für zwölf Monate befristet übernommen. Ab dem 1. Oktober 2023 gilt die Übernahmeregelung auch für Dual Studierende (TVdS-L).
6. Für Beschäftigte im Sozial- und Erziehungsdienst fallen die besonderen Stufenlaufzeiten weg und ab dem 1. Oktober 2024 gelten die allgemeinen Stufenlaufzeiten nach § 17 TV-L. Hierdurch werden die teilweise besonders langen Stufenlaufzeiten gestrichen.
7. In den Stadtstaaten Berlin, Bremen und Hamburg erhalten ab 1. Januar 2024 Erzieher:innen in Kitas, Beschäftigte in der Tätigkeit von Sozialarbeiter:innen und Sozialpädagog:innen, Heilpädagog:innen, Heilerziehungspfleger- und Erzieher:innen, Kinderpfleger:innen, die in die EG S 2 bis S 9 eingruppiert sind, eine Zulage von 130 Euro und Sozialarbeiter:innen und Sozialpädagog:innen, die in Unterabschnitt 4 von der S 11b bis zur S 15 (nur Fallgruppe 1) eingruppiert sind, erhalten eine Zulage in Höhe von 180 Euro.
8. Die Heimzulage für Beschäftigte in Heimen wird ab 1. Oktober 2024 auf 100 Euro bzw. 50 Euro und im handwerklichen Erziehungsdienst auf 65 Euro erhöht.
9. Die Zulagen für Pflegekräfte sowie Beschäftigte in Gesundheitsberufen erhalten ab dem 1. Januar 2024 auch die entsprechenden Beschäftigten im Maßregel- und Justizvollzug.
   Die Beschäftigten in Gesundheitsberufen in den Zentren für Psychiatrie Baden-Württemberg (ZfPen) erhalten ab 1. Januar 2024 ebenfalls die entsprechenden Zulagen.
10. Für die Beschäftigten im Straßenbetriebsdienst und Straßenbau der Länder verbessert sich in der Regel die Eingruppierung um eine Entgeltgruppe.
11. Eine Vereinbarung zum Fahrrad-Leasing wurde abgeschlossen, die nun auch den Beschäftigten der Länder, neben den bereits bestehenden Regelungen in den Ländern Bayern und Baden-Württemberg, das Fahrrad-Leasing ermöglicht.
12. Die vom Land Berlin bisher außertariflich gezahlte Hauptstadtzulage im Wert von 150 Euro ist ab 1. April 2025 mit einem erweiterten Kreis von Anspruchsberechtigten und einer verbesserten Laufzeit bis 31. März 2028 tariflich geregelt.

13. Vereinbart wurde eine Gesprächszusage zur Stadtstaatenzulage für die Freie und Hansestadt Hamburg und die Freie Hansestadt Bremen.
14. Die geforderte tarifliche Regelung der Arbeitsbedingungen der studentischen Beschäftigten konnte nicht erreicht werden, aber ein erster Teilerfolg ist die schuldrechtliche Vereinbarung, die eine Mindestvertragslaufzeit von in der Regel einem Jahr und ein Mindeststundenentgelt vorsieht, das ab dem Sommersemester 2024 mindestens 13,25 Euro und ab dem Sommersemester 2025 mindestens 13,98 Euro beträgt.

Darüber hinaus wurde für die Teilnahme an gewerkschaftlichen Streiks, die bis einschließlich 9 Dezember 2023, 24:00 Uhr stattfanden, eine Maßregelungsklausel vereinbart. Danach dürfen die Arbeitgeber keine Maßregelungen (Abmahnung, Entlassung oder ähnliches) aus Anlass gewerkschaftlicher Streikmaßnahmen vornehmen.

Mit 66,5 Prozent stimmte bei der Mitgliederbefragung eine Mehrheit dem Verhandlungsergebnis zu.

Die Redaktionsverhandlungen zur Umsetzung des Tarifergebnisses vom 9. Dezember 2023 zogen sich über mehrere Verhandlungsrunden bis in den Oktober 2024. Neben der Umsetzung der linearen Erhöhung standen vor allem die Regelung zur Überleitung der Beschäftigten im Straßenbetriebsdienst sowie der Tarifvertrag zur Gewährung einer Hauptstadtzulage im Fokus, der ein ergänzender Tarifvertrag zum TV-L ist. Eine Überarbeitung des Anwendungsbereichs der Heimzulage und auch die Vereinbarung einer Zulage für Praxisanleiter:innen analog den Regelungen bei der Vereinigung der kommunalen Arbeitgeberverbände (VKA) konnte nicht durchgesetzt werden.

Die sich aus dem Tarifergebnis ergebenden Änderungen der Tarifverträge sind in diesem Band eingearbeitet. Der Tarifvertrag zur Hauptstadtzulage und die Schuldrechtliche Vereinbarung zu den Arbeitsbedingungen der Studentischen Beschäftigten sind in diesem Band dokumentiert. Die Entgelttabellen sind abgedruckt. Ergänzend ist auch der Tarifvertrag über die betriebliche Altersversorgung der Beschäftigten des öffentlichen Dienstes in den Band aufgenommen worden, der in den kommenden Jahren verstärkt Aufmerksamkeit erhalten dürfte.

Die Tarifverträge sind mit Stand 31. Dezember 2024 dokumentiert.

Berlin, im Dezember 2024

Inhaltsverzeichnis

Sonderregelungen

B. Tarifvertrag zur Überleitung der Beschäftigten der Länder in den TV-L und zur Regelung des Übergangsrechts (TVÜ-Länder) vom 12. Oktober 2006, in der Fassung des Änderungstarifvertrages Nr. 12 vom 9. Dezember 2023

1. Abschnitt Allgemeine Vorschriften

2. Abschnitt Überleitungsregelungen

3. Abschnitt Besitzstandsregelungen

4. Abschnitt Sonstige vom TV-L abweichende oder ihn ergänzende Bestimmungen

C. Tarifvertrag über die Arbeitsbedingungen der Personenkraftwagenfahrer der Länder (Pkw-Fahrer-TV-L) vom 12. Oktober 2006, in der Fassung des Änderungstarifvertrages Nr. 9 vom 9. Dezember 2023

D. Tarifvertrag zur Entgeltumwandlung für die Beschäftigten des Bundes und der Länder (TV-EntgeltU-B/L) vom 25. Mai 2011

E. Tarifvertrag zur Überleitung der Beschäftigten des Landes Berlin in das Tarifrecht der TdL (TV Wiederaufnahme Berlin) vom 12. Dezember 2012, in der Fassung des Änderungstarifvertrages Nr. 3 vom 17. Februar 2017

1. Abschnitt
Allgemeine Vorschriften

2. Abschnitt
Maßgaben zum TV-L

3. Abschnitt
Maßgaben zum TVÜ-Länder

4. Abschnitt
Maßgaben für Auszubildende und Praktikanten

5. Abschnitt
Maßgaben zum Pkw-Fahrer-TV-L

6. Abschnitt
Übergangs- und Schlussvorschriften

F. Tarifvertrag für Auszubildende der Länder in Ausbildungsberufen nach dem Berufsbildungsgesetz (TVA-L BBiG) vom 12. Oktober 2006, in der Fassung des Änderungstarifvertrages Nr. 12 vom 9. Dezember 2023

G. Tarifvertrag für Auszubildende der Länder in Pflegeberufen (TVA-L Pflege) vom 12. Oktober 2006, in der Fassung des Änderungstarifvertrages Nr. 12 vom 9. Dezember 2023

H. Tarifvertrag für Auszubildende der Länder in Gesundheitsberufen (TVA-L Gesundheit) vom 30. Oktober 2018, in der Fassung des Änderungstarifvertrages Nr. 4 vom 9. Dezember 2023

I. Tarifvertrag für dual Studierende der Länder in ausbildungsintegrierten dualen Studiengängen (TVdS-L) vom 29. Januar 2020, in der Fassung des Änderungstarifvertrages Nr. 2 vom 9. Dezember 2023

J. Tarifvertrag über die Regelung der Arbeitsbedingungen der Praktikantinnen/Praktikanten der Länder (TV Prakt-L) vom 9. Dezember 2011, in der Fassung des Änderungstarifvertrages Nr. 7 vom 9. Dezember 2023

K. Tarifvertrag über die Eingruppierung und die Entgeltordnung für die Lehrkräfte der Länder (TV EntgO-L) vom 28. März 2015, in der Fassung des Änderungstarifvertrages Nr. 3 vom 2. März 2019

L. Tarifvertrag über die Gewährung einer Hauptstadtzulage (TV-Hauptstadtzulage) vom 9. Dezember 2023

M. Tarifvertrag über die betriebliche Altersversorgung der Beschäftigten des öffentlichen Dienstes (Tarifvertrag Altersversorgung – ATV) vom 1. März 2002, in der Fassung des Änderungstarifvertrages Nr. 11 vom 10. November 2022

Erster Teil
Punktemodell

Abschnitt I
Geltungsbereich

Abschnitt II
Versicherung bei der Zusatzversorgungseinrichtung

Abschnitt III
Betriebsrente

Abschnitt IV
Beschäftigte, die in der gesetzlichen Rentenversicherung nicht versichert sind

Abschnitt V
Finanzierung

Abschnitt VI
Verfahren

Abschnitt VII
Zuschüsse des Arbeitgebers zu anderen Zukunftssicherungssystemen

Zweiter Teil
Freiwillige Versicherung

Dritter Teil
Übergangs- und Schlussvorschriften

Abschnitt I
Übergangsregelungen zur Versicherungspflicht

Abschnitt II
Übergangsregelungen für die Rentenberechtigten

Abschnitt III
Übergangsregelungen für Anwartschaften der Versicherten

Abschnitt IV
Schlussvorschriften

A. Tarifvertrag für den öffentlichen Dienst der Länder (TV-L)

vom 12. Oktober 2006, in der Fassung des Änderungstarifvertrages Nr. 13 vom 9. Dezember 2023

Präambel

[1]Die Tarifvertragsparteien bekennen sich zur Gleichbehandlung aller Geschlechter. [2]Sie sind sich einig, soweit in diesem Tarifvertrag Berufs- oder Tätigkeitsbezeichnungen bzw. Beschäftigtenbegriffe verwendet werden, dass diese für alle Geschlechter gelten.

Allgemeiner Teil

Abschnitt I
Allgemeine Vorschriften

§ 1 Geltungsbereich

(1) Dieser Tarifvertrag gilt für Arbeitnehmerinnen und Arbeitnehmer (Beschäftigte), die in einem Arbeitsverhältnis zu einem Arbeitgeber stehen, der Mitglied der Tarifgemeinschaft deutscher Länder (TdL) oder eines Mitgliedverbandes der TdL ist.

Protokollerklärung zu § 1 Absatz 1:

1. Der TV-L findet keine Anwendung auf Beschäftigte, die unter den Geltungsbereich des Tarifvertrages über die Geltung des VKA-Tarifrechts für die Arbeiter und die arbeiterrentenversicherungspflichtigen Auszubildenden des Landes und der Stadtgemeinde Bremen sowie der Stadt Bremerhaven vom 17. Februar 1995 fallen. Für die Bestimmung des persönlichen Geltungsbereichs findet § 38 Abs. 5 Satz 2 TV-L entsprechende Anwendung.
2. Die Tarifvertragsparteien werden bis spätestens zum 31. Dezember 2006 eine abschließende Regelung zum Geltungsbereich des TV-L entsprechend einer Einigung auf landesbezirklicher Ebene vereinbaren.

(2) Dieser Tarifvertrag gilt nicht für

a) Beschäftigte als leitende Angestellte im Sinne des § 5 Absatz 3 Betriebsverfassungsgesetz, wenn ihre Arbeitsbedingungen einzelvertraglich besonders vereinbart sind, sowie für Chefärztinnen und Chefärzte.

b) Beschäftigte, die ein über das Tabellenentgelt der Entgeltgruppe 15 beziehungsweise Ä 4 hinausgehendes regelmäßiges Entgelt erhalten, die Zulage nach § 16 Absatz 5 bleibt hierbei unberücksichtigt.
c) Beschäftigte, für die der TV-Fleischuntersuchung-Länder gilt,
d) Beschäftigte, für die die Tarifverträge für Waldarbeiter tarifrechtlich oder einzelarbeitsvertraglich zur Anwendung kommen,
e) Auszubildende, Schülerinnen/Schüler, Volontärinnen/Volontäre und Praktikantinnen/Praktikanten,
f) Beschäftigte, für die Eingliederungszuschüsse nach den §§ 217ff. SGB III gewährt werden,
g) Beschäftigte, die Arbeiten nach den §§ 260ff. SGB III verrichten,
h) Leiharbeitnehmerinnen/Leiharbeitnehmer von Personal-Service-Agenturen, sofern deren Rechtsverhältnisse durch Tarifvertrag geregelt sind,
i) geringfügig Beschäftigte im Sinne von § 8 Absatz 1 Nr. 2 SGB IV,
j) künstlerisches Theaterpersonal, Orchestermusikerinnen/Orchestermusiker sowie technisches Leitungspersonal und technisches Theaterpersonal nach Maßgabe der hierzu vereinbarten Protokollerklärungen,
k) Beschäftigte, die
   aa) in ausschließlich Erwerbszwecken dienenden landwirtschaftlichen Verwaltungen und Betrieben, Weinbaubetrieben, Gartenbau- und Obstanbaubetrieben und deren Nebenbetrieben tätig sind,
   bb) in landwirtschaftlichen Verwaltungen und Betrieben einschließlich der einer Verwaltung oder einem Betrieb nicht landwirtschaftlicher Art angegliederten Betriebe (zum Beispiel Lehr- und Versuchsgüter), Gartenbau-, Weinbau- und Obstanbaubetrieben und deren Nebenbetrieben tätig sind und unter den Geltungsbereich eines landesbezirklichen Tarifvertrages fallen,
l) Beschäftigte in den Bayerischen Spielbanken,
m) bei deutschen Dienststellen im Ausland eingestellte Ortskräfte,
n) Beschäftigte der Bayerischen Verwaltung der staatlichen Schlösser, Gärten und Seen, die bei der Bayerischen Seenschifffahrt GmbH in den Betriebsteilen Ammersee und Starnberger See in einer Beschäftigung tätig sind, die vor dem 1. Januar 2005 der Rentenversicherung der Arbeiter unterlag,
o) Beschäftigte, die mit der Wartung von Wohn-, Geschäfts- und Industriegebäuden in einer vor dem 1. Januar 2005 der Rentenversicherung der Arbeiter unterliegenden Beschäftigung beauftragt sind, wie zum Beispiel Hauswarte, Liegenschaftswarte,
p) Beschäftigte des Landes Berlin, die als Bauarbeiter der Knobelsdorff-Schule/Oberstufenzentrum Bautechnik I, als Begleiter von Behinderten oder als Schulwegbegleiter beschäftigt werden.

Protokollerklärung zu § 1 Absatz 2 Buchstabe j:

1. [1]Technisches Leitungspersonal umfasst technische Direktorinnen/Direktoren, Leiterinnen/Leiter der Ausstattungswerkstätten, des Beleuchtungswesens, der Bühnenplastikwerkstatt, des Kostümwesens/der Kostümabteilung, des Malsaals, der Tontechnik sowie Chefmaskenbildnerinnen/Chefmaskenbildner. [2]Für die benannten Funktionen kann in den Theatern je künstlerischer Sparte jeweils nur eine Beschäftigte/ein Beschäftigter bestellt werden.
2. Unter den TV-L fallen Bühnenarbeiterinnen/Bühnenarbeiter sowie Kosmetikerinnen/Kosmetiker, Rüstmeisterinnen/Rüstmeister, Schlosserinnen/Schlosser, Schneiderinnen/Schneider, Schuhmacherinnen/Schuhmacher, Tapeziererinnen/Tapezierer, Tischlerinnen/Tischler einschließlich jeweils der Meisterinnen/Meister in diesen Berufen, Orchesterwartinnen/Orchesterwarte, technische Zeichnerinnen/Zeichner und Waffenmeisterinnen/Waffenmeister.
3. In der Regel unter den TV-L fallen Beleuchterinnen/Beleuchter, Beleuchtungsmeisterinnen/Beleuchtungsmeister, Bühnenmeisterinnen/Bühnenmeister, Garderobieren/Garderobiers bzw. Ankleiderinnen/Ankleider, Gewandmeisterinnen/Gewandmeister, Requisitenmeisterinnen/Requisitenmeister, Seitenmeisterinnen/Seitenmeister, Tonmeisterinnen/Tonmeister, Tontechnikerinnen/Tontechniker und Veranstaltungstechnikerinnen/Veranstaltungstechniker.
4. In der Regel nicht unter den TV-L fallen Inspektorinnen/Inspektoren, Kostümmalerinnen/Kostümmaler, Maskenbildnerinnen/Maskenbildner, Oberinspektorinnen/Oberinspektoren, Theatermalerinnen/Theatermaler und Theaterplastikerinnen/Theaterplastiker.

Protokollerklärung zu § 1 Absatz 2 Buchstabe k:

Vom Geltungsbereich dieses Tarifvertrages nicht ausgenommen sind die Beschäftigten

1. in Gärten, Grünanlagen und Parks einschließlich der dazu gehörenden Gärtnereien,
2. des Staatsweingutes Meersburg,
3. der den Justizvollzugsanstalten in Bayern angegliederten landwirtschaftlichen Betriebe,
4. im landwirtschaftlichen Betriebszweig der Schloss- und Gartenverwaltung Herrenchiemsee,
5. der Bayerischen Landesanstalt für Landwirtschaft hinsichtlich der dort beschäftigten Pferdewärter, Gestütswärter und Pferdewirte, des Landesgestütes Celle und des Landgestüts Warendorf,
6. in Rheinland-Pfalz in den Dienstleistungszentren Ländlicher Raum (DLR) Westerwald-Osteifel, Eifel, Rheinpfalz, Mosel, Rheinhessen-Nahe-Hunsrück, Westpfalz.

(3) Dieser Tarifvertrag gilt ferner nicht für

a) Hochschullehrerinnen und Hochschullehrer,

b) wissenschaftliche und künstlerische Hilfskräfte,

c) studentische Hilfskräfte,

d) Lehrbeauftragte an Hochschulen, Akademien und wissenschaftlichen Forschungseinrichtungen.

Protokollerklärungen zu § 1 Absatz 3:

1. Ausgenommen sind auch wissenschaftliche und künstlerische Assistentinnen/Assistenten, Oberassistentinnen/Oberassistentinnen, Oberingenieurinnen/Oberingenieure und Lektoren beziehungsweise die an ihre Stelle tretenden landesrechtlichen Personalkategorien, deren Arbeitsverhältnis am 31. Oktober 2006 bestanden hat, für die Dauer des ununterbrochen fortbestehenden Arbeitsverhältnisses.
2. Ausgenommen sind auch künstlerische Lehrkräfte an Kunst- und Musikhochschulen, deren Arbeitsverhältnis am 31. Dezember 2011 bestanden hat, für die Dauer des ununterbrochen fortbestehenden Arbeitsverhältnisses.

(4) [1]Neben den Regelungen des Allgemeinen Teils (§§ 1 bis 39) gelten Sonderregelungen für nachstehende Beschäftigtengruppen:

a) Beschäftigte an Hochschulen und Forschungseinrichtungen (§ 40),
b) Ärztinnen und Ärzte an Universitätskliniken (§ 41),
c) Ärztinnen und Ärzte außerhalb von Universitätskliniken (§ 42),
d) Nichtärztliche Beschäftigte in Universitätskliniken und Krankenhäusern (§ 43),
e) Beschäftigte als Lehrkräfte (§ 44),
f) Beschäftigte an Theatern und Bühnen (§ 45),
g) Beschäftigte auf Schiffen und schwimmenden Geräten (§ 46),
h) Beschäftigte im Justizvollzugsdienst der Länder und im feuerwehrtechnischen Dienst der Freien und Hansestadt Hamburg sowie des Landes Berlin (§ 47),
i) Beschäftigte im forstlichen Außendienst (§ 48),
j) Beschäftigte in landwirtschaftlichen Verwaltungen und Betrieben, Weinbau- und Obstanbaubetrieben (§ 49),
k) Beschäftigte in Zentren für Psychiatrie Baden-Württemberg (§ 50),
l) Beschäftigte im Kampfmittelbeseitigungsdienst (§ 51),
m) Beschäftigte im Sozial- und Erziehungsdienst (§ 52).

[2]Die Sonderregelungen sind Bestandteil des TV-L.

§ 2 Arbeitsvertrag, Nebenabreden, Probezeit

(1) Der Arbeitsvertrag wird schriftlich abgeschlossen.

(2) [1]Mehrere Arbeitsverhältnisse zu demselben Arbeitgeber dürfen nur begründet werden, wenn die jeweils übertragenen Tätigkeiten nicht in einem unmittelbaren Sachzusammenhang stehen. [2]Andernfalls gelten sie als ein Arbeitsverhältnis.

(3) [1]Nebenabreden sind nur wirksam, wenn sie schriftlich vereinbart werden. [2]Sie können gesondert gekündigt werden, soweit dies einzelvertraglich vereinbart ist.

(4) [1]Die ersten sechs Monate der Beschäftigung gelten als Probezeit, soweit nicht eine kürzere Zeit vereinbart ist. [2]Bei Übernahme von Auszubildenden

im unmittelbaren Anschluss an das Ausbildungsverhältnis in ein Arbeitsverhältnis entfällt die Probezeit.

§ 3 Allgemeine Arbeitsbedingungen

(1) [1]Die arbeitsvertraglich geschuldete Leistung ist gewissenhaft und ordnungsgemäß auszuführen. [2]Die Beschäftigten müssen sich durch ihr gesamtes Verhalten zur freiheitlich demokratischen Grundordnung im Sinne des Grundgesetzes bekennen.
(2) Die Beschäftigten haben über Angelegenheiten, deren Geheimhaltung durch gesetzliche Vorschriften vorgesehen oder vom Arbeitgeber angeordnet ist, Verschwiegenheit zu wahren; dies gilt auch über die Beendigung des Arbeitsverhältnisses hinaus.
(3) [1]Die Beschäftigten dürfen von Dritten Belohnungen, Geschenke, Provisionen oder sonstige Vergünstigungen mit Bezug auf ihre Tätigkeit nicht annehmen. [2]Ausnahmen sind nur mit Zustimmung des Arbeitgebers möglich. [3]Werden den Beschäftigten derartige Vergünstigungen angeboten, haben sie dies dem Arbeitgeber unverzüglich anzuzeigen.
(4) [1]Nebentätigkeiten gegen Entgelt haben die Beschäftigten ihrem Arbeitgeber rechtzeitig vorher schriftlich anzuzeigen. [2]Der Arbeitgeber kann die Nebentätigkeit untersagen oder mit Auflagen versehen, wenn diese geeignet ist, die Erfüllung der arbeitsvertraglichen Pflichten der Beschäftigten oder berechtigte Interessen des Arbeitgebers zu beeinträchtigen. [3]Für Nebentätigkeiten im öffentlichen Dienst kann eine Ablieferungspflicht nach den Bestimmungen, die beim Arbeitgeber gelten, zur Auflage gemacht werden.
(5) [1]Der Arbeitgeber ist bei begründeter Veranlassung berechtigt, Beschäftigte zu verpflichten, durch ärztliche Bescheinigung nachzuweisen, dass sie zur Leistung der arbeitsvertraglich geschuldeten Tätigkeit in der Lage sind. [2]Bei dem beauftragten Arzt kann es sich um einen Betriebsarzt, Personalarzt oder Amtsarzt handeln, soweit sich die Betriebsparteien nicht auf einen anderen Arzt geeinigt haben. [3]Die Kosten dieser Untersuchung trägt der Arbeitgeber.
(6) [1]Die Beschäftigten haben ein Recht auf Einsicht in ihre vollständigen Personalakten. [2]Sie können das Recht auf Einsicht auch durch eine/n hierzu schriftlich Bevollmächtigte/n ausüben lassen. [3]Sie können Auszüge oder Kopien aus ihren Personalakten erhalten. [4]Die Beschäftigten müssen über Beschwerden und Behauptungen tatsächlicher Art, die für sie ungünstig sind oder ihnen nachteilig werden können, vor Aufnahme in die Personalakten gehört werden. [5]Ihre Äußerung ist zu den Personalakten zu nehmen.
(7) Für die Schadenshaftung der Beschäftigten finden die Bestimmungen, die für die Beamten des jeweiligen Landes jeweils gelten, entsprechende Anwendung.

§ 4 Versetzung, Abordnung, Zuweisung, Personalgestellung

(1) [1]Beschäftigte können aus dienstlichen oder betrieblichen Gründen versetzt oder abgeordnet werden. [2]Sollen Beschäftigte an eine Dienststelle oder einen Betrieb außerhalb des bisherigen Arbeitsortes versetzt oder voraussichtlich länger als drei Monate abgeordnet werden, so sind sie vorher zu hören.

Protokollerklärungen zu § 4 Absatz 1:

1. Abordnung ist die vom Arbeitgeber veranlasste vorübergehende Beschäftigung bei einer anderen Dienststelle oder einem anderen Betrieb desselben oder eines anderen Arbeitgebers unter Fortsetzung des bestehenden Arbeitsverhältnisses.
2. Versetzung ist die vom Arbeitgeber veranlasste, auf Dauer bestimmte Beschäftigung bei einer anderen Dienststelle oder einem anderen Betrieb desselben Arbeitgebers unter Fortsetzung des bestehenden Arbeitsverhältnisses.

(2) [1]Beschäftigten kann im dienstlichen/betrieblichen oder öffentlichen Interesse mit ihrer Zustimmung vorübergehend eine mindestens gleich vergütete Tätigkeit bei einem Dritten zugewiesen werden. [2]Die Zustimmung kann nur aus wichtigem Grund verweigert werden. [3]Die Rechtsstellung der Beschäftigten bleibt unberührt. [4]Bezüge aus der Verwendung nach Satz 1 werden auf das Entgelt angerechnet.

Protokollerklärung zu § 4 Absatz 2:

Zuweisung ist – unter Fortsetzung des bestehenden Arbeitsverhältnisses – die vorübergehende Beschäftigung bei einem Dritten im In- und Ausland, bei dem der TV-L nicht zur Anwendung kommt.

(3) [1]Werden Aufgaben der Beschäftigten zu einem Dritten verlagert, ist auf Verlangen des Arbeitgebers bei weiter bestehendem Arbeitsverhältnis die arbeitsvertraglich geschuldete Arbeitsleistung bei dem Dritten zu erbringen (Personalgestellung). [2]§ 613a BGB sowie gesetzliche Kündigungsrechte bleiben unberührt.

Protokollerklärung zu § 4 Absatz 3:

[1]Personalgestellung ist – unter Fortsetzung des bestehenden Arbeitsverhältnisses – die auf Dauer angelegte Beschäftigung bei einem Dritten [2]Die Modalitäten der Personalgestellung werden zwischen dem Arbeitgeber und dem Dritten vertraglich geregelt.

§ 5 Qualifizierung

(1) [1]Ein hohes Qualifikationsniveau und lebenslanges Lernen liegen im gemeinsamen Interesse von Beschäftigten und Arbeitgebern. [2]Qualifizierung

dient der Steigerung von Effektivität und Effizienz des öffentlichen Dienstes, der Nachwuchsförderung und der Steigerung von beschäftigungsbezogenen Kompetenzen. [3]Die Tarifvertragsparteien verstehen Qualifizierung auch als Teil der Personalentwicklung.

(2) [1]Vor diesem Hintergrund stellt Qualifizierung nach diesem Tarifvertrag ein Angebot dar. [2]Aus ihm kann für die Beschäftigten kein individueller Anspruch außer nach Absatz 4 abgeleitet werden. [3]Es kann durch freiwillige Betriebsvereinbarung wahrgenommen und näher ausgestaltet werden. [4]Entsprechendes gilt für Dienstvereinbarungen im Rahmen der personalvertretungsrechtlichen Möglichkeiten. [5]Weitergehende Mitbestimmungsrechte werden dadurch nicht berührt.

(3) [1]Qualifizierungsmaßnahmen sind

a) die Fortentwicklung der fachlichen, methodischen und sozialen Kompetenzen für die übertragenen Tätigkeiten (Erhaltungsqualifizierung),
b) der Erwerb zusätzlicher Qualifikationen (Fort- und Weiterbildung),
c) die Qualifizierung zur Arbeitsplatzsicherung (Qualifizierung für eine andere Tätigkeit; Umschulung) und
d) die Einarbeitung bei oder nach längerer Abwesenheit (Wiedereinstiegsqualifizierung).

[2]Die Teilnahme an einer Qualifizierungsmaßnahme wird dokumentiert und den Beschäftigten schriftlich bestätigt.

(4) [1]Beschäftigte haben – auch in den Fällen des Absatzes 3 Satz 1 Buchstabe d – Anspruch auf ein regelmäßiges Gespräch mit der jeweiligen Führungskraft. [2]In diesem wird festgestellt, ob und welcher Qualifizierungsbedarf besteht. [3]Dieses Gespräch kann auch als Gruppengespräch geführt werden. [4]Wird nichts anderes geregelt, ist das Gespräch jährlich zu führen.

(5) Zeiten von vereinbarten Qualifizierungsmaßnahmen gelten als Arbeitszeit.

(6) [1]Die Kosten einer vom Arbeitgeber veranlassten Qualifizierungsmaßnahme – einschließlich Reisekosten – werden grundsätzlich vom Arbeitgeber getragen, soweit sie nicht von Dritten übernommen werden. [2]Ein möglicher Eigenbeitrag wird in einer Qualifizierungsvereinbarung geregelt. [3]Die Betriebsparteien sind gehalten, die Grundsätze einer fairen Kostenverteilung unter Berücksichtigung des betrieblichen und individuellen Nutzens zu regeln. [4]Ein Eigenbeitrag der Beschäftigten kann in Geld und/oder Zeit erfolgen.

(7) [1]Für eine Qualifizierungsmaßnahme nach Absatz 3 Satz 1 Buchstabe b oder c kann eine Rückzahlungspflicht der Kosten der Qualifizierungsmaßnahme in Verbindung mit der Bindung der/des Beschäftigen an den Arbeitgeber vereinbart werden. [2]Dabei kann die/der Beschäftigte verpflichtet werden, dem Arbeitgeber Aufwendungen oder Teile davon für eine Qualifizierungsmaßnahme zu ersetzen, wenn das Arbeitsverhältnis auf Wunsch der/des Beschäftigten endet. [3]Dies gilt nicht, wenn die/der Beschäftigte nicht

innerhalb von sechs Monaten entsprechend der erworbenen Qualifikation durch die Qualifizierungsmaßnahme beschäftigt wird, oder wenn die Beschäftigte wegen Schwangerschaft oder Niederkunft gekündigt oder einen Auflösungsvertrag geschlossen hat. [4]Die Höhe des Rückzahlungsbetrages und die Dauer der Bindung an den Arbeitgeber müssen in einem angemessenen Verhältnis stehen.

(8) Gesetzliche Förderungsmöglichkeiten können in die Qualifizierungsplanung einbezogen werden.

(9) Für Beschäftigte mit individuellen Arbeitszeiten sollen Qualifizierungsmaßnahmen so angeboten werden, dass ihnen eine gleichberechtigte Teilnahme ermöglicht wird.

Abschnitt II
Arbeitszeit

§ 6 Regelmäßige Arbeitszeit

(1) [1]Die durchschnittliche regelmäßige wöchentliche Arbeitszeit ausschließlich der Pausen

a) wird für jedes Bundesland im Tarifgebiet West auf der Grundlage der festgestellten tatsächlichen durchschnittlichen wöchentlichen Arbeitszeit im Februar 2006 ohne Überstunden und Mehrarbeit (tariflich und arbeitsvertraglich vereinbarte Arbeitszeit) wegen der gekündigten Arbeitszeitbestimmungen von den Tarifvertragsparteien nach den im Anhang zu § 6 festgelegten Grundsätzen errechnet,[1]

b) beträgt im Tarifgebiet West 38,5 Stunden für die nachfolgend aufgeführten Beschäftigten:

---

1 Hinweise der Tarifvertragsparteien zur regelmäßigen wöchentlichen Arbeitszeit in den Ländern (West)

Um die praktische Umsetzung in den Ländern zu erleichtern, geben die Tarifvertragsparteien die Ergebnisse der Berechnungen nach § 6 Absatz 1 und dem Anhang zu § 6 TV-L als Hinweis bekannt, der nicht Bestandteil des Tarifvertrages ist:

Baden-Württemberg	39 Stunden, 30 Minuten
Bayern	40 Stunden, 06 Minuten
Bremen	39 Stunden, 12 Minuten
Hamburg	39 Stunden, 00 Minuten
Niedersachsen	39 Stunden, 48 Minuten
Nordrhein-Westfalen	39 Stunden, 50 Minuten
Rheinland-Pfalz	39 Stunden, 00 Minuten
Saarland	39 Stunden, 30 Minuten
Schleswig-Holstein	38 Stunden, 42 Minuten

aa) Beschäftigte, die ständig Wechselschicht- oder Schichtarbeit leisten,
bb) Beschäftigte an Universitätskliniken, Landeskrankenhäusern, sonstigen Krankenhäusern und psychiatrischen Einrichtungen, mit Ausnahme der Ärztinnen und Ärzte nach Buchstabe d,
cc) Beschäftigte in Straßenmeistereien, Autobahnmeistereien, Kfz-Werkstätten, Theatern und Bühnen, Hafenbetrieben, Schleusen und im Küstenschutz,
dd) Beschäftigte in Einrichtungen für schwerbehinderte Menschen (Schulen, Heime) und in heilpädagogischen Einrichtungen,
ee) Beschäftigte, für die der TVöD gilt oder auf deren Arbeitsverhältnis vor der Einbeziehung in den TV-L der TVöD angewandt wurde,
ff) Beschäftigte in Kindertagesstätten in Bremen,
gg) Beschäftigte, für die durch landesbezirkliche Vereinbarung eine regelmäßige wöchentliche Arbeitszeit von 38,5 Stunden festgelegt wurde,

c) beträgt im Tarifgebiet Ost 40 Stunden,
d) beträgt für Ärztinnen und Ärzte im Sinne des § 41 (Sonderregelungen für Ärztinnen und Ärzte an Universitätskliniken) im Tarifgebiet West und im Tarifgebiet Ost einheitlich 42 Stunden.

[2]Bei Wechselschichtarbeit werden die gesetzlich vorgeschriebenen Pausen in die Arbeitszeit eingerechnet. [3]Die regelmäßige Arbeitszeit kann auf fünf Tage, aus dringenden betrieblichen/dienstlichen Gründen auch auf sechs Tage verteilt werden. [4]Die unterschiedliche Höhe der durchschnittlichen regelmäßigen wöchentlichen Arbeitszeit nach Satz 1 Buchstaben a und b bleibt ohne Auswirkung auf das Tabellenentgelt und die in Monatsbeträgen festgelegten Entgeltbestandteile.

(2) [1]Für die Berechnung des Durchschnitts der regelmäßigen wöchentlichen Arbeitszeit ist ein Zeitraum von bis zu einem Jahr zugrunde zu legen. [2]Abweichend von Satz 1 kann bei Beschäftigten, die ständig Wechselschicht- oder Schichtarbeit zu leisten haben, sowie für die Durchführung so genannter Sabbatjahrmodelle ein längerer Zeitraum zugrunde gelegt werden.

(3) [1]Soweit es die betrieblichen/dienstlichen Verhältnisse zulassen, wird die/der Beschäftigte am 24. Dezember und am 31. Dezember unter Fortzahlung des Tabellenentgelts und der sonstigen in Monatsbeträgen festgelegten Entgeltbestandteile von der Arbeit freigestellt. [2]Kann die Freistellung nach Satz 1 aus betrieblichen/dienstlichen Gründen nicht erfolgen, ist entsprechender Freizeitausgleich innerhalb von drei Monaten zu gewähren. [3]Die regelmäßige Arbeitszeit vermindert sich für jeden gesetzlichen Feiertag, sowie für den 24. Dezember und 31. Dezember, sofern sie auf einen Werktag fallen, um die dienstplanmäßig ausgefallenen Stunden.

Protokollerklärung zu § 6 Absatz 3 Satz 3:
Die Verminderung der regelmäßigen Arbeitszeit betrifft die Beschäftigten, die wegen des Dienstplans am Feiertag frei haben und deshalb ohne diese Regelung nacharbeiten müssten.

(4) Aus dringenden betrieblichen/dienstlichen Gründen kann auf der Grundlage einer Betriebs-/Dienstvereinbarung im Rahmen des § 7 Absatz 1, 2 und des § 12 Arbeitszeitgesetz von den Vorschriften des Arbeitszeitgesetzes abgewichen werden.

Protokollerklärung zu § 6 Absatz 4:
In vollkontinuierlichen Schichtbetrieben kann an Sonn- und Feiertagen die tägliche Arbeitszeit auf bis zu zwölf Stunden verlängert werden, wenn dadurch zusätzliche freie Schichten an Sonn- und Feiertagen erreicht werden.

(5) Die Beschäftigten sind im Rahmen begründeter betrieblicher/dienstlicher Notwendigkeiten zur Leistung von Sonntags-, Feiertags-, Nacht-, Wechselschicht-, Schichtarbeit sowie – bei Teilzeitbeschäftigung aufgrund arbeitsvertraglicher Regelung oder mit ihrer Zustimmung – zu Bereitschaftsdienst, Rufbereitschaft, Überstunden und Mehrarbeit verpflichtet.

(6) [1]Durch Betriebs-/Dienstvereinbarung kann ein wöchentlicher Arbeitszeitkorridor von bis zu 45 Stunden eingerichtet werden. [2]Die innerhalb eines Arbeitszeitkorridors geleisteten zusätzlichen Arbeitsstunden werden im Rahmen des nach Absatz 2 Satz 1 festgelegten Zeitraums ausgeglichen.

(7) [1]Durch Betriebs-/Dienstvereinbarung kann in der Zeit von 6 bis 20 Uhr eine tägliche Rahmenzeit von bis zu zwölf Stunden eingeführt werden. [2]Die innerhalb der täglichen Rahmenzeit geleisteten zusätzlichen Arbeitsstunden werden im Rahmen des nach Absatz 2 Satz 1 festgelegten Zeitraums ausgeglichen.

(8) Die Absätze 6 und 7 gelten nur alternativ und nicht bei Wechselschicht- und Schichtarbeit.

(9) Für einen Betrieb/eine Verwaltung, in dem/der ein Personalvertretungsgesetz Anwendung findet, kann eine Regelung nach den Absätzen 4, 6 und 7 in einem landesbezirklichen Tarifvertrag getroffen werden, wenn eine Dienstvereinbarung nicht einvernehmlich zustande kommt und der Arbeitgeber ein Letztentscheidungsrecht hat.

(10) [1]In Verwaltungen und Betrieben, in denen auf Grund spezieller Aufgaben (zum Beispiel Ausgrabungen, Expeditionen, Schifffahrt) oder saisonbedingt erheblich verstärkte Tätigkeiten anfallen, kann für diese Tätigkeiten die regelmäßige Arbeitszeit auf bis zu 60 Stunden in einem Zeitraum von bis zu sieben Tagen verlängert werden. [2]In diesem Fall muss durch Verkürzung der regelmäßigen wöchentlichen Arbeitszeit bis zum Ende des Ausgleichszeitraums nach Absatz 2 Satz 1 ein entsprechender Zeitausgleich

durchgeführt werden. [3]Die Sätze 1 und 2 gelten nicht für Beschäftigte gemäß §§ 41 bis 43.

(11) [1]Bei Dienstreisen gilt nur die Zeit der dienstlichen Inanspruchnahme am auswärtigen Geschäftsort als Arbeitszeit. [2]Für jeden Tag einschließlich der Reisetage wird jedoch mindestens die auf ihn entfallende regelmäßige, durchschnittliche oder dienstplanmäßige Arbeitszeit berücksichtigt, wenn diese bei Nichtberücksichtigung der Reisezeit nicht erreicht würde. [3]Überschreiten nicht anrechenbare Reisezeiten insgesamt 15 Stunden im Monat, so werden auf Antrag 25 v.H. dieser überschreitenden Zeiten bei fester Arbeitszeit als Freizeitausgleich gewährt und bei gleitender Arbeitszeit im Rahmen der jeweils geltenden Vorschriften auf die Arbeitszeit angerechnet. [4]Der besonderen Situation von Teilzeitbeschäftigten ist Rechnung zu tragen. [5]Soweit Einrichtungen in privater Rechtsform oder andere Arbeitgeber nach eigenen Grundsätzen verfahren, sind diese abweichend von den Sätzen 1 bis 4 maßgebend.

§ 7 Sonderformen der Arbeit

(1) [1]Wechselschichtarbeit ist die Arbeit nach einem Schichtplan, der einen regelmäßigen Wechsel der täglichen Arbeitszeit in Wechselschichten vorsieht, bei denen Beschäftigte durchschnittlich längstens nach Ablauf eines Monats erneut zur Nachtschicht herangezogen werden. [2]Wechselschichten sind wechselnde Arbeitsschichten, in denen ununterbrochen bei Tag und Nacht, werktags, sonntags und feiertags gearbeitet wird. [3]Nachtschichten sind Arbeitsschichten, die mindestens zwei Stunden Nachtarbeit umfassen.

(2) Schichtarbeit ist die Arbeit nach einem Schichtplan, der einen regelmäßigen Wechsel des Beginns der täglichen Arbeitszeit um mindestens zwei Stunden in Zeitabschnitten von längstens einem Monat vorsieht, und die innerhalb einer Zeitspanne von mindestens 13 Stunden geleistet wird.

(3) Bereitschaftsdienst leisten Beschäftigte, die sich auf Anordnung des Arbeitgebers außerhalb der regelmäßigen Arbeitszeit an einer vom Arbeitgeber bestimmten Stelle aufhalten, um im Bedarfsfall die Arbeit aufzunehmen.

(4) [1]Rufbereitschaft leisten Beschäftigte, die sich auf Anordnung des Arbeitgebers außerhalb der regelmäßigen Arbeitszeit an einer dem Arbeitgeber anzuzeigenden Stelle aufhalten, um auf Abruf die Arbeit aufzunehmen. [2]Rufbereitschaft wird nicht dadurch ausgeschlossen, dass Beschäftigte vom Arbeitgeber mit einem Mobiltelefon oder einem vergleichbaren technischen Hilfsmittel ausgestattet sind.

(5) Nachtarbeit ist die Arbeit zwischen 21 Uhr und 6 Uhr.

(6) Mehrarbeit sind die Arbeitsstunden, die Teilzeitbeschäftigte über die vereinbarte regelmäßige Arbeitszeit hinaus bis zur regelmäßigen wöchentlichen Arbeitszeit von Vollbeschäftigten (§ 6 Absatz 1 Satz 1) leisten.

(7) Überstunden sind die auf Anordnung des Arbeitgebers geleisteten Arbeitsstunden, die über die im Rahmen der regelmäßigen Arbeitszeit von Vollbeschäftigten (§ 6 Absatz 1) für die Woche dienstplanmäßig beziehungsweise betriebsüblich festgesetzten Arbeitsstunden hinausgehen und nicht bis zum Ende der folgenden Kalenderwoche ausgeglichen werden.

(8) Abweichend von Absatz 7 sind nur die Arbeitsstunden Überstunden, die

a) im Falle der Festlegung eines Arbeitszeitkorridors nach § 6 Absatz 6 über 45 Stunden oder über die vereinbarte Obergrenze hinaus,
b) im Falle der Einführung einer täglichen Rahmenzeit nach § 6 Absatz 7 außerhalb der Rahmenzeit,
c) im Falle von Wechselschicht- oder Schichtarbeit über die im Schichtplan festgelegten täglichen Arbeitsstunden einschließlich der im Schichtplan vorgesehenen Arbeitsstunden, die bezogen auf die regelmäßige wöchentliche Arbeitszeit im Schichtplanturnus nicht ausgeglichen werden,

angeordnet worden sind.

§ 8 Ausgleich für Sonderformen der Arbeit

(1) [1]Beschäftigte erhalten neben dem Entgelt für die tatsächliche Arbeitsleistung Zeitzuschläge. [2]Die Zeitzuschläge betragen – auch bei Teilzeitbeschäftigten – je Stunde

a) für Überstunden	
– in den Entgeltgruppen 1 bis 9b	30 v. H.,
– in den Entgeltgruppen 10 bis 15	15 v. H.,
b) für Nachtarbeit	20 v. H.,
c) für Sonntagsarbeit	25 v. H.,
d) bei Feiertagsarbeit	
– ohne Freizeitausgleich	135 v. H.,
– mit Freizeitausgleich	35 v. H.,
e) für Arbeit am 24. Dezember und am 31. Dezember jeweils ab 6 Uhr	35 v. H.,
f) für Arbeit an Samstagen von 13 bis 21 Uhr, soweit diese nicht im Rahmen von Wechselschicht- oder Schichtarbeit anfällt,	20 v. H.

des auf eine Stunde entfallenden Anteils des Tabellenentgelts der Stufe 3 der jeweiligen Entgeltgruppe.

[3]Beim Zusammentreffen von Zeitzuschlägen nach Satz 2 Buchstabe c bis f wird nur der höchste Zeitzuschlag gezahlt. [4]Auf Wunsch der Beschäftigten können, soweit ein Arbeitszeitkonto (§ 10) eingerichtet ist und die betrieblichen/dienstlichen Verhältnisse es zulassen, die nach Satz 2 zu zahlenden Zeitzuschläge entsprechend dem jeweiligen Vomhundertsatz einer Stunde in Zeit umgewandelt

(faktorisiert) und ausgeglichen werden. [5]Dies gilt entsprechend für Überstunden als solche.

Protokollerklärung zu § 8 Absatz 1:
Bei Überstunden richtet sich das Entgelt für die tatsächliche Arbeitsleistung nach der jeweiligen Entgeltgruppe und der individuellen Stufe, höchstens jedoch nach der Stufe 4.

Protokollerklärung zu § 8 Absatz 1 Satz 2 Buchstabe d:
[1]Der Freizeitausgleich muss im Dienstplan besonders ausgewiesen und bezeichnet werden. [2]Falls kein Freizeitausgleich gewährt wird, werden als Entgelt einschließlich des Zeitzuschlags und des auf den Feiertag entfallenden Tabellenentgelts höchstens 235 v.H. gezahlt.

(2) [1]Überstunden sind grundsätzlich durch entsprechende Freizeit auszugleichen; für die Zeit des Freizeitausgleichs werden das Tabellenentgelt sowie die sonstigen, in Monatsbeträgen festgelegten Entgeltbestandteile weitergezahlt. [2]Sofern kein Arbeitszeitkonto nach § 10 eingerichtet ist, oder wenn ein solches besteht, die/der Beschäftigte jedoch keine Faktorisierung nach Absatz 1 geltend macht, erhält die/der Beschäftigte für Überstunden (§ 7 Absatz 7), die nicht bis zum Ende des dritten Kalendermonats – möglichst aber schon bis zum Ende des nächsten Kalendermonats – nach deren Entstehen mit Freizeit ausgeglichen worden sind, je Stunde 100 v.H. des auf die Stunde entfallenden Anteils des Tabellenentgelts der jeweiligen Entgeltgruppe und Stufe, höchstens jedoch nach der Stufe 4. [3]Der Anspruch auf den Zeitzuschlag für Überstunden nach Absatz 1 besteht unabhängig von einem Freizeitausgleich.

(3) [1]Für Beschäftigte der Entgeltgruppen 15 und 15Ü bei obersten Landesbehörden sind Mehrarbeit und Überstunden durch das Tabellenentgelt abgegolten. [2]Beschäftigte der Entgeltgruppen 13, 13Ü und 14 bei obersten Landesbehörden erhalten nur dann ein Überstundenentgelt, wenn die Leistung der Mehrarbeit oder der Überstunden für sämtliche Beschäftigte der Behörde angeordnet ist; im Übrigen ist über die regelmäßige Arbeitszeit hinaus geleistete Arbeit dieser Beschäftigten durch das Tabellenentgelt abgegolten. [3]Satz 1 gilt auch für Leiterinnen/Leiter von Dienststellen und deren ständige Vertreterinnen/-Vertreter, die in die Entgeltgruppen 14 und 15 und 15Ü eingruppiert sind. [4]Die Sätze 1 bis 3 gelten nicht für Beschäftigte der Freien Hansestadt Bremen, der Freien und Hansestadt Hamburg sowie des Landes Berlin.

(4) Für Arbeitsstunden, die keine Überstunden sind und die aus betrieblichen/dienstlichen Gründen nicht innerhalb des nach § 6 Absatz 2 Satz 1 oder 2 festgelegten Zeitraums mit Freizeit ausgeglichen werden, erhält die/

der Beschäftigte je Stunde 100 v. H. des auf eine Stunde entfallenden Anteils des Tabellenentgelts der jeweiligen Entgeltgruppe und Stufe.

Protokollerklärung zu § 8 Absatz 4:
Mit dem Begriff »Arbeitsstunden« sind nicht die Stunden gemeint, die im Rahmen von Gleitzeitregelungen im Sinne der Protokollerklärung zu Abschnitt II anfallen, es sei denn, sie sind angeordnet worden.

(5) [1]Für die Rufbereitschaft wird eine tägliche Pauschale je Entgeltgruppe gezahlt. [2]Für eine Rufbereitschaft von mindestens zwölf Stunden wird für die Tage Montag bis Freitag das Zweifache, für Samstag, Sonntag sowie für Feiertage das Vierfache des tariflichen Stundenentgelts nach Maßgabe der Entgelttabelle gezahlt. [3]Maßgebend für die Bemessung der Pauschale nach Satz 2 ist der Tag, an dem die Rufbereitschaft beginnt. [4]Für Rufbereitschaften von weniger als zwölf Stunden werden für jede angefangene Stunde 12,5 v. H. des tariflichen Stundenentgelts nach der Entgelttabelle gezahlt. [5]Die Zeit jeder einzelnen Inanspruchnahme innerhalb der Rufbereitschaft mit einem Einsatz außerhalb des Aufenthaltsorts im Sinne des § 7 Absatz 4 einschließlich der hierfür erforderlichen Wegezeiten wird auf eine volle Stunde gerundet und mit dem Entgelt für Überstunden sowie etwaiger Zeitzuschläge nach Absatz 1 bezahlt. [6]Wird die Arbeitsleistung innerhalb der Rufbereitschaft am Aufenthaltsort im Sinne des § 7 Absatz 4 telefonisch (zum Beispiel in Form einer Auskunft) oder mittels technischer Einrichtungen erbracht, wird abweichend von Satz 5 die Summe dieser Arbeitsleistungen am Ende des Rufbereitschaftsdienstes auf die nächsten vollen 30 oder 60 Minuten gerundet und mit dem Entgelt für Überstunden sowie etwaiger Zeitzuschläge nach Absatz 1 bezahlt; dauert der Rufbereitschaftsdienst länger als 24 Stunden (zum Beispiel an Wochenenden), erfolgt die Aufrundung nach jeweils 24 Stunden. [7]Absatz 1 Satz 4 gilt entsprechend, soweit die Buchung auf das Arbeitszeitkonto nach § 10 Absatz 3 Satz 2 zulässig ist. [8]Für die Zeit der Rufbereitschaft werden Zeitzuschläge nicht gezahlt.

Protokollerklärung zu § 8 Absatz 5:
Zur Ermittlung der Tage einer Rufbereitschaft, für die eine Pauschale gezahlt wird, ist auf den Tag des Beginns der Rufbereitschaft abzustellen.

(6) [1]Das Entgelt für Bereitschaftsdienst wird durch besonderen Tarifvertrag geregelt. [2]Bis zum In-Kraft-Treten einer Regelung nach Satz 1 gelten die in dem jeweiligen Betrieb/der jeweiligen Verwaltung/Dienststelle am 31. Oktober 2006 jeweils geltenden Bestimmungen fort. [3]Das Bereitschaftsdienstentgelt kann, soweit ein Arbeitszeitkonto (§ 10) eingerichtet ist und die betrieblichen/dienstlichen Verhältnisse es zulassen (Absatz 1 Satz 4), im Einvernehmen mit der/dem Beschäftigten im Verhältnis 1:1 in Freizeit (faktorisiert) abgegolten werden. [4]Weitere Faktorisierungsregelungen können

in einer einvernehmlichen Dienst- oder Betriebsvereinbarung getroffen werden.

Protokollerklärung zu § 8 Absatz 6:
Unabhängig von den Vorgaben des Absatzes 6 kann der Arbeitgeber einen Freizeitausgleich anordnen, wenn dies zur Einhaltung der Vorschriften des Arbeitszeitgesetzes erforderlich ist.

(7) [1]Beschäftigte, die ständig Wechselschichtarbeit leisten, erhalten eine Wechselschichtzulage von 105 Euro monatlich. [2]Beschäftigte, die nicht ständig Wechselschichtarbeit leisten, erhalten eine Wechselschichtzulage von 0,63 Euro pro Stunde.
(8) [1]Beschäftigte, die ständig Schichtarbeit leisten, erhalten eine Schichtzulage von 40 Euro monatlich. [2]Beschäftigte, die nicht ständig Schichtarbeit leisten, erhalten eine Schichtzulage von 0,24 Euro pro Stunde.

§ 9 Bereitschaftszeiten

(1) [1]Bereitschaftszeiten sind die Zeiten, in denen sich die/der Beschäftigte am Arbeitsplatz oder einer anderen vom Arbeitgeber bestimmten Stelle zur Verfügung halten muss, um im Bedarfsfall die Arbeit selbständig, gegebenenfalls auch auf Anordnung, aufzunehmen; in ihnen überwiegen die Zeiten ohne Arbeitsleistung. [2]Für Beschäftigte, in deren Tätigkeit regelmäßig und in nicht unerheblichem Umfang Bereitschaftszeiten fallen, gelten folgende Regelungen:

a) Bereitschaftszeiten werden zur Hälfte als tarifliche Arbeitszeit gewertet (faktorisiert).
b) Sie werden innerhalb von Beginn und Ende der regelmäßigen täglichen Arbeitszeit nicht gesondert ausgewiesen.
c) Die Summe aus den faktorisierten Bereitschaftszeiten und der Vollarbeitszeit darf die Arbeitszeit nach § 6 Absatz 1 nicht überschreiten.
d) Die Summe aus Vollarbeits- und Bereitschaftszeiten darf durchschnittlich 48 Stunden wöchentlich nicht überschreiten.

[3]Ferner ist Voraussetzung, dass eine nicht nur vorübergehend angelegte Organisationsmaßnahme besteht, bei der regelmäßig und in nicht unerheblichem Umfang Bereitschaftszeiten anfallen.
(2) [1]Die Anwendung des Absatzes 1 bedarf im Geltungsbereich eines Personalvertretungsgesetzes einer einvernehmlichen Dienstvereinbarung. [2]§ 6 Absatz 9 gilt entsprechend.
(3) [1]Für Hausmeisterinnen/Hausmeister und für Beschäftigte im Rettungsdienst und in Rettungsdienstleitstellen, in deren Tätigkeit regelmäßig und in nicht unerheblichem Umfang Bereitschaftszeiten fallen, gilt Absatz 1 entsprechend; Absatz 2 findet keine Anwendung. [2]Für Beschäftigte im Ret-

tungsdienst und in Rettungsdienstleitstellen beträgt in diesem Fall die zulässige tägliche Höchstarbeitszeit zwölf Stunden zuzüglich der gesetzlichen Pausen.

Protokollerklärung zu § 9 Absatz 1 und 2:
Diese Regelung gilt nicht für Wechselschicht- und Schichtarbeit.

§ 10 Arbeitszeitkonto

(1) [1]Durch Betriebs-/Dienstvereinbarung kann ein Arbeitszeitkonto eingerichtet werden. [2]Für einen Betrieb/eine Verwaltung, in dem/der ein Personalvertretungsgesetz Anwendung findet, kann eine Regelung nach Satz 1 auch in einem landesbezirklichen Tarifvertrag getroffen werden, wenn eine Dienstvereinbarung nicht einvernehmlich zustande kommt und der Arbeitgeber ein Letztentscheidungsrecht hat. [3]Soweit ein Arbeitszeitkorridor (§ 6 Absatz 6) oder eine Rahmenzeit (§ 6 Absatz 7) vereinbart wird, ist ein Arbeitszeitkonto einzurichten.

(2) [1]In der Betriebs-/Dienstvereinbarung wird festgelegt, ob das Arbeitszeitkonto im ganzen Betrieb/in der ganzen Verwaltung oder Teilen davon eingerichtet wird. [2]Alle Beschäftigten der Betriebs-/Verwaltungsteile, für die ein Arbeitszeitkonto eingerichtet wird, werden von den Regelungen des Arbeitszeitkontos erfasst.

(3) [1]Auf das Arbeitszeitkonto können Zeiten, die bei Anwendung des nach § 6 Absatz 2 festgelegten Zeitraums als Zeitguthaben oder als Zeitschuld bestehen bleiben, nicht durch Freizeit ausgeglichene Zeiten nach § 8 Absatz 1 Satz 5 und Absatz 4 sowie in Zeit umgewandelte Zuschläge nach § 8 Absatz 1 Satz 4 gebucht werden. [2]Weitere Kontingente (zum Beispiel Rufbereitschafts-/Bereitschaftsdienstentgelte) können durch Betriebs-/Dienstvereinbarung zur Buchung freigegeben werden. [3]Die/Der Beschäftigte entscheidet für einen in der Betriebs-/Dienstvereinbarung festgelegten Zeitraum, welche der in Satz 1 beziehungsweise Satz 2 genannten Zeiten auf das Arbeitszeitkonto gebucht werden.

(4) Im Falle einer unverzüglich angezeigten und durch ärztliches Attest nachgewiesenen Arbeitsunfähigkeit während eines Zeitausgleichs vom Arbeitszeitkonto (Zeiten nach Absatz 3 Satz 1 und 2) tritt eine Minderung des Zeitguthabens nicht ein.

(5) In der Betriebs-/Dienstvereinbarung sind insbesondere folgende Regelungen zu treffen:

a) Die höchstmögliche Zeitschuld (bis zu 40 Stunden) und das höchstzulässige Zeitguthaben (bis zu einem Vielfachen von 40 Stunden), die innerhalb eines bestimmten Zeitraums anfallen dürfen;
b) Fristen für das Abbuchen von Zeitguthaben oder für den Abbau von Zeitschulden durch die/den Beschäftigten;

c) die Berechtigung, das Abbuchen von Zeitguthaben zu bestimmten Zeiten (zum Beispiel an so genannten Brückentagen) vorzusehen;
d) die Folgen, wenn der Arbeitgeber einen bereits genehmigten Freizeitausgleich kurzfristig widerruft.

(6) [1]Der Arbeitgeber kann mit der/dem Beschäftigten die Einrichtung eines Langzeitkontos vereinbaren. [2]In diesem Fall ist der Betriebs-/Personalrat zu beteiligen und – bei Insolvenzfähigkeit des Arbeitgebers – eine Regelung zur Insolvenzsicherung zu treffen.

§ 11 Teilzeitbeschäftigung

(1) [1]Mit Beschäftigten soll auf Antrag eine geringere als die vertraglich festgelegte Arbeitszeit vereinbart werden, wenn sie
a) mindestens ein Kind unter 18 Jahren oder
b) einen nach ärztlichem Gutachten pflegebedürftigen sonstigen Angehörigen tatsächlich betreuen oder pflegen und dringende dienstliche beziehungsweise betriebliche Belange nicht entgegenstehen. [2]Die Teilzeitbeschäftigung nach Satz 1 ist auf Antrag auf bis zu fünf Jahre zu befristen. [3]Sie kann verlängert werden; der Antrag ist spätestens sechs Monate vor Ablauf der vereinbarten Teilzeitbeschäftigung zu stellen. [4]Bei der Gestaltung der Arbeitszeit hat der Arbeitgeber im Rahmen der dienstlichen beziehungsweise betrieblichen Möglichkeiten der besonderen persönlichen Situation der/des Beschäftigten nach Satz 1 Rechnung zu tragen.

(2) Beschäftigte, die in anderen als den in Absatz 1 genannten Fällen eine Teilzeitbeschäftigung vereinbaren wollen, können von ihrem Arbeitgeber verlangen, dass er mit ihnen die Möglichkeit einer Teilzeitbeschäftigung mit dem Ziel erörtert, zu einer entsprechenden Vereinbarung zu gelangen.

(3) Ist mit früher Vollbeschäftigten auf ihren Wunsch eine nicht befristete Teilzeitbeschäftigung vereinbart worden, sollen sie bei späterer Besetzung eines Vollzeitarbeitsplatzes bei gleicher Eignung im Rahmen der dienstlichen beziehungsweise betrieblichen Möglichkeiten bevorzugt berücksichtigt werden.

Protokollerklärung zu Abschnitt II:
[1]Gleitzeitregelungen sind unter Wahrung der jeweils geltenden Mitbestimmungsrechte unabhängig von den Vorgaben zu Arbeitszeitkorridor und Rahmenzeit (§ 6 Absatz 6 und 7) möglich; dies gilt nicht bei Schicht- und Wechselschichtarbeit. [2]In den Gleitzeitregelungen kann auf Vereinbarungen nach § 10 verzichtet werden. [3]Sie dürfen keine Regelungen nach § 6 Absatz 4 enthalten. [4]Bei In-Kraft-Treten dieses Tarifvertrages bestehende Gleitzeitregelungen bleiben unberührt.

Abschnitt III
Eingruppierung, Entgelt und sonstige Leistungen

§ 12 Eingruppierung

(1) [1]Die Eingruppierung der/des Beschäftigten richtet sich nach den Tätigkeitsmerkmalen der Entgeltordnung (Anlage A). [2]Die/Der Beschäftigte erhält Entgelt nach der Entgeltgruppe, in der sie/er eingruppiert ist. [3]Die/Der Beschäftigte ist in der Entgeltgruppe eingruppiert, deren Tätigkeitsmerkmalen die gesamte von ihr/ihm nicht nur vorübergehend auszuübende Tätigkeit entspricht. [4]Die gesamte auszuübende Tätigkeit entspricht den Tätigkeitsmerkmalen einer Entgeltgruppe, wenn zeitlich mindestens zur Hälfte Arbeitsvorgänge anfallen, die für sich genommen die Anforderungen eines Tätigkeitsmerkmals oder mehrerer Tätigkeitsmerkmale dieser Entgeltgruppe erfüllen. [5]Kann die Erfüllung einer Anforderung in der Regel erst bei der Betrachtung mehrerer Arbeitsvorgänge festgestellt werden (z. B. vielseitige Fachkenntnisse), sind diese Arbeitsvorgänge für diese Feststellung, ob diese Anforderung erfüllt ist, insoweit zusammen zu beurteilen. [6]Werden in einem Tätigkeitsmerkmal mehrere Anforderungen gestellt, gilt das in Satz 4 bestimmte Maß, ebenfalls bezogen auf die gesamte auszuübende Tätigkeit, für jede Anforderung. [7]Ist in einem Tätigkeitsmerkmal ein von Satz 4 oder 6 abweichendes zeitliches Maß bestimmt, gilt dieses. [8]Ist in einem Tätigkeitsmerkmal als Anforderung eine Voraussetzung in der Person der/des Beschäftigten bestimmt, muss auch diese Anforderung erfüllt sein.

Protokollerklärungen zu § 12 Absatz 1:

1. [1]Arbeitsvorgänge sind Arbeitsleistungen (einschließlich Zusammenhangsarbeiten), die, bezogen auf den Aufgabenkreis der/des Beschäftigten, zu einem bei natürlicher Betrachtung abgrenzbaren Arbeitsergebnis führen (z. B. unterschriftsreife Bearbeitung eines Aktenvorgangs, eines Widerspruchs oder eines Antrags, Betreuung bzw. Pflege einer Person oder Personengruppe, Fertigung einer Bauzeichnung, Erstellung eines EKG, Durchführung einer Unterhaltungs- bzw. Instandsetzungsarbeit). [2]Jeder einzelne Arbeitsvorgang ist als solcher zu bewerten und darf dabei hinsichtlich der Anforderungen zeitlich nicht aufgespalten werden.
2. Eine Anforderung im Sinne der Sätze 4 und 5 ist auch das in einem Tätigkeitsmerkmal geforderte Herausheben der Tätigkeit aus einer niedrigen Entgeltgruppe.

(2) Die Entgeltgruppe der/des Beschäftigten ist im Arbeitsvertrag anzugeben.

§ 13 Eingruppierung in besonderen Fällen

[1]Ist der/dem Beschäftigten eine andere, höherwertige Tätigkeit nicht übertragen worden, hat sich aber die ihr/ihm übertragene Tätigkeit (§ 12 Absatz 1 Satz 3) nicht nur vorübergehend derart geändert, dass sie den Tätigkeitsmerkmalen einer höheren als ihrer/seiner bisherigen Entgeltgruppe entspricht (§ 12 Absatz 1 Satz 4 bis 8), und hat die/der Beschäftigte die höherwertige Tätigkeit ununterbrochen sechs Monate lang ausgeübt, ist sie/er mit Beginn des darauffolgenden Kalendermonats in der höheren Entgeltgruppe eingruppiert. [2]Für die zurückliegenden sechs Kalendermonate gilt § 14 sinngemäß. [3]Ist die Zeit der Ausübung der höherwertigen Tätigkeit durch Urlaub, Arbeitsbefreiung, Arbeitsunfähigkeit, Kur- oder Heilverfahren oder Vorbereitung auf eine Fachprüfung für die Dauer von insgesamt nicht mehr als sechs Wochen unterbrochen worden, wird die Unterbrechungszeit in die Frist von sechs Monaten eingerechnet. [4]Bei einer längeren Unterbrechung oder bei einer Unterbrechung aus anderen Gründen beginnt die Frist nach der Beendigung der Unterbrechung von neuem. [5]Wird der/dem Beschäftigten vor Ablauf der sechs Monate wieder eine Tätigkeit zugewiesen, die den Tätigkeitsmerkmalen ihrer/seiner bisherigen Entgeltgruppe entspricht, gilt § 14 sinngemäß.

§ 14 Vorübergehende Übertragung einer höherwertigen Tätigkeit

(1) Wird Beschäftigten vorübergehend eine andere Tätigkeit übertragen, die den Tätigkeitsmerkmalen einer höheren Entgeltgruppe entspricht, und wurde diese Tätigkeit mindestens einen Monat ausgeübt, erhalten sie für die Dauer der Ausübung eine persönliche Zulage rückwirkend ab dem ersten Tag der Übertragung der Tätigkeit.

(2) [1]Durch landesbezirklichen Tarifvertrag kann für bestimmte Tätigkeiten festgelegt werden, dass die Voraussetzung für die Zahlung einer persönlichen Zulage bereits erfüllt ist, wenn die vorübergehend übertragene Tätigkeit mindestens drei Arbeitstage angedauert hat. [2]Die Beschäftigten müssen dann ab dem ersten Tag der Vertretung in Anspruch genommen worden sein.

(3) [1]Die persönliche Zulage bemisst sich für Beschäftigte in den Entgeltgruppen 9a bis 14 aus dem Unterschiedsbetrag zu dem Betrag, der sich für die/den Beschäftigte/n bei dauerhafter Übertragung nach § 17 Absatz 4 Satz 1 bis 3 ergeben hätte. [2]Für Beschäftigte, die in eine der Entgeltgruppen 1 bis 8 eingruppiert sind, beträgt die Zulage 4,5 v. H. des individuellen Tabellenentgelts der/des Beschäftigten; bei vorübergehender Übertragung einer höherwertigen Tätigkeit über mehr als eine Entgeltgruppe gilt Satz 1 entsprechend.

§ 15 Tabellenentgelt

(1) [1]Die/Der Beschäftigte erhält monatlich ein Tabellenentgelt. [2]Die Höhe bestimmt sich nach der Entgeltgruppe, in die sie/er eingruppiert ist, und nach der für sie/ihn geltenden Stufe.

(2) Die Höhe der Tabellenentgelte ist in den Anlagen B und C festgelegt.

(3) [1]Im Rahmen von landesbezirklichen Regelungen können für an- und ungelernte Tätigkeiten in von Outsourcing und/oder Privatisierung bedrohten Bereichen in den Entgeltgruppen 1 bis 4 Abweichungen von der Entgelttabelle bis zu einer dort vereinbarten Untergrenze vorgenommen werden. [2]Die Untergrenze muss im Rahmen der Spannbreite des Entgelts der Entgeltgruppe 1 liegen. [3]Die Umsetzung erfolgt durch Anwendungsvereinbarung.

§ 16 Stufen der Entgelttabelle

(1) [1]Die Entgeltgruppen 2 bis 15 umfassen jeweils sechs Stufen. [2]Die Abweichungen von Satz 1 sind in den jeweiligen Tätigkeitsmerkmalen in der Entgeltordnung geregelt.

(2) [1]Bei der Einstellung werden die Beschäftigten der Stufe 1 zugeordnet, sofern keine einschlägige Berufserfahrung vorliegt. [2]Verfügen Beschäftigte über eine einschlägige Berufserfahrung von mindestens einem Jahr aus einem vorherigen befristeten oder unbefristeten Arbeitsverhältnis zum selben Arbeitgeber, erfolgt die Stufenzuordnung unter Anrechnung der Zeiten der einschlägigen Berufserfahrung aus diesem vorherigen Arbeitsverhältnis. [3]Ist die einschlägige Berufserfahrung von mindestens einem Jahr in einem Arbeitsverhältnis zu einem anderen Arbeitgeber erworben worden, erfolgt die Einstellung in die Stufe 2, beziehungsweise – bei Einstellung nach dem 31. Januar 2010 und Vorliegen einer einschlägigen Berufserfahrung von mindestens drei Jahren – in Stufe 3. [4]Unabhängig davon kann der Arbeitgeber bei Neueinstellungen zur Deckung des Personalbedarfs Zeiten einer vorherigen beruflichen Tätigkeit ganz oder teilweise für die Stufenzuordnung berücksichtigen, wenn diese Tätigkeit für die vorgesehene Tätigkeit förderlich ist.

Protokollerklärungen zu § 16 Absatz 2:

1. Einschlägige Berufserfahrung ist eine berufliche Erfahrung in der übertragenen oder einer auf die Aufgabe bezogen entsprechenden Tätigkeit.
2. Ein Berufspraktikum nach dem Tarifvertrag über die vorläufige Weitergeltung der Regelungen für die Praktikantinnen/Praktikanten beziehungsweise nach dem Tarifvertrag über die Regelung der Arbeitsbedingungen der Praktikantinnen/Praktikanten der Länder gilt grundsätzlich als Erwerb einschlägiger Berufserfahrung.

3. Ein vorheriges Arbeitsverhältnis im Sinne des Satzes 2 besteht, wenn zwischen dem Ende des vorherigen und dem Beginn des neuen Arbeitsverhältnisses ein Zeitraum von längstens sechs Monaten liegt; bei Wissenschaftlerinnen/Wissenschaftlern ab der Entgeltgruppe 13 verlängert sich der Zeitraum auf längstens zwölf Monate.

(2a) Der Arbeitgeber kann bei Einstellung von Beschäftigten im unmittelbaren Anschluss an ein Arbeitsverhältnis im öffentlichen Dienst (§ 34 Absatz 3 Satz 3 und 4) die beim vorherigen Arbeitgeber nach den Regelungen des TV-L, des TVÜ-Länder oder eines vergleichbaren Tarifvertrages erworbene Stufe bei der Stufenzuordnung ganz oder teilweise berücksichtigen; Absatz 2 Satz 4 bleibt unberührt.

(3) [1]Die Beschäftigten erreichen die jeweils nächste Stufe – von Stufe 3 an in Abhängigkeit von ihrer Leistung gemäß § 17 Absatz 2 – nach folgenden Zeiten einer ununterbrochenen Tätigkeit innerhalb derselben Entgeltgruppe bei ihrem Arbeitgeber (Stufenlaufzeit):

- Stufe 2 nach einem Jahr in Stufe 1,
- Stufe 3 nach zwei Jahren in Stufe 2,
- Stufe 4 nach drei Jahren in Stufe 3,
- Stufe 5 nach vier Jahren in Stufe 4 und
- Stufe 6 nach fünf Jahren in Stufe 5(.

[2]Die Abweichungen von Satz 1 sind in den jeweiligen Tätigkeitsmerkmalen in der Entgeltordnung geregelt.

(4) [1]Die Entgeltgruppe 1 umfasst fünf Stufen. [2]Einstellungen erfolgen zwingend in der Stufe 2 (Eingangsstufe). [3]Die jeweils nächste Stufe wird nach vier Jahren in der vorangegangenen Stufe erreicht; § 17 Absatz 2 bleibt unberührt.

(5) [1]Zur regionalen Differenzierung, zur Deckung des Personalbedarfs, zur Bindung von qualifizierten Fachkräften oder zum Ausgleich höherer Lebenshaltungskosten kann Beschäftigten abweichend von der tarifvertraglichen Einstufung ein bis zu zwei Stufen höheres Entgelt ganz oder teilweise vorweg gewährt werden. [2]Beschäftigte mit einem Entgelt der Endstufe können bis zu 20 v. H. der Stufe 2 zusätzlich erhalten. [3]Die Zulage kann befristet werden. [4]Sie ist auch als befristete Zulage widerruflich.

§ 17 Allgemeine Regelungen zu den Stufen

(1) Die Beschäftigten erhalten das Tabellenentgelt nach der neuen Stufe vom Beginn des Monats an, in dem die nächste Stufe erreicht wird.

(2) [1]Bei Leistungen der Beschäftigten, die erheblich über dem Durchschnitt liegen, kann die erforderliche Zeit für das Erreichen der Stufen 4 bis 6 jeweils verkürzt werden. [2]Bei Leistungen, die erheblich unter dem Durchschnitt liegen, kann die erforderliche Zeit für das Erreichen der Stufen 4 bis 6 jeweils

verlängert werden. [3]Bei einer Verlängerung der Stufenlaufzeit hat der Arbeitgeber jährlich zu prüfen, ob die Voraussetzungen für die Verlängerung noch vorliegen. [4]Für die Beratung von schriftlich begründeten Beschwerden von Beschäftigten gegen eine Verlängerung nach Satz 2 beziehungsweise 3 ist eine betriebliche Kommission zuständig. [5]Die Mitglieder der betrieblichen Kommission werden je zur Hälfte vom Arbeitgeber und vom Betriebs-/Personalrat benannt; sie müssen dem Betrieb/der Dienststelle angehören. [6]Der Arbeitgeber entscheidet auf Vorschlag der Kommission darüber, ob und in welchem Umfang der Beschwerde abgeholfen werden soll.

Protokollerklärung zu § 17 Absatz 2:
Die Instrumente des § 17 Absatz 2 unterstützen die Anliegen der Personalentwicklung.

Protokollerklärung zu § 17 Absatz 2 Satz 2:
Bei Leistungsminderungen, die auf einem anerkannten Arbeitsunfall oder einer Berufskrankheit gemäß §§ 8 und 9 SGB VII beruhen, ist diese Ursache in geeigneter Weise zu berücksichtigen.

Protokollerklärung zu § 17 Absatz 2 Satz 6:
Die Mitwirkung der Kommission erfasst nicht die Entscheidung über die leistungsbezogene Stufenzuordnung.

(3) [1]Den Zeiten einer ununterbrochenen Tätigkeit im Sinne des § 16 Absatz 3 Satz 1 stehen gleich:
a) Schutzfristen nach dem Mutterschutzgesetz,
b) Zeiten einer Arbeitsunfähigkeit nach § 22 bis zu 39 Wochen,
c) Zeiten eines bezahlten Urlaubs,
d) Zeiten eines Sonderurlaubs, bei denen der Arbeitgeber vor dem Antritt schriftlich ein dienstliches beziehungsweise betriebliches Interesse anerkannt hat,
e) Zeiten einer sonstigen Unterbrechung von weniger als einem Monat im Kalenderjahr,
f) Zeiten der vorübergehenden Übertragung einer höherwertigen Tätigkeit.

[2]Zeiten der Unterbrechung bis zu einer Dauer von jeweils drei Jahren, die nicht von Satz 1 erfasst werden, und Elternzeit sowie Zeiten einer Unterbrechung bei Beschäftigten, die für eine jahreszeitlich begrenzte regelmäßig wiederkehrende Tätigkeit in einem Beschäftigungsverhältnis stehen (Saisonbeschäftigte), sind unschädlich; sie werden aber nicht auf die Stufenlaufzeit angerechnet.

[3]Bei einer Unterbrechung von mehr als drei Jahren erfolgt eine Zuordnung zu der Stufe, die der vor der Unterbrechung erreichten Stufe vorangeht, jedoch nicht niedriger als bei einer Neueinstellung; die Stufenlaufzeit beginnt

mit dem Tag der Arbeitsaufnahme. [4]Zeiten, in denen Beschäftigte mit einer kürzeren als der regelmäßigen wöchentlichen Arbeitszeit eines entsprechenden Vollbeschäftigten beschäftigt waren, werden voll angerechnet.

(4) [1]Bei Eingruppierung in eine höhere Entgeltgruppe werden die Beschäftigten derjenigen Stufe zugeordnet, in der sie mindestens ihr bisheriges Tabellenentgelt erhalten, mindestens jedoch der Stufe 2; bei Eingruppierung über mehr als eine Entgeltgruppe wird die Zuordnung zu den Stufen so vorgenommen, als ob faktisch eine Eingruppierung in jede der einzelnen Entgeltgruppen stattgefunden hätte. [2]Beträgt der Unterschiedsbetrag zwischen dem derzeitigen Tabellenentgelt und dem Tabellenentgelt nach Satz 1 weniger als 100 Euro in den Entgeltgruppen 2 bis 8 beziehungsweise weniger als 180 Euro in den Entgeltgruppen 9a bis 15, so erhält die/der Beschäftigte während der betreffenden Stufenlaufzeit anstelle des Unterschiedsbetrags einen Garantiebetrag von monatlich 100 Euro (Entgeltgruppen 2 bis 8) beziehungsweise 180 Euro (Entgeltgruppen 9a bis 15); steht der/dem Beschäftigten neben dem bisherigen und/oder neuen Tabellenentgelt eine Entgeltgruppenzulage oder eine Besitzstandszulage nach § 9 oder § 17 Absatz 5 Satz 2 TVÜ-Länder zu, wird für die Anwendung des Halbsatzes 1 die Entgeltgruppenzulage bzw. Besitzstandszulage dem jeweiligen Tabellenentgelt hinzugerechnet und anschließend der Unterschiedsbetrag ermittelt. [3]Ist der Garantiebetrag höher als der Unterschiedsbetrag bei stufengleicher Zuordnung, wird als Garantiebetrag der Unterschiedsbetrag gezahlt. [4]Die Stufenlaufzeit in der höheren Entgeltgruppe beginnt mit dem Tag der Höhergruppierung. [5]Bei einer Eingruppierung in eine niedrigere Entgeltgruppe ist die/der Beschäftige der in der höheren Entgeltgruppe erreichten Stufe zuzuordnen. [6]Die/Der Beschäftigte erhält vom Beginn des Monats an, in dem die Veränderung wirksam wird, das entsprechende Tabellenentgelt aus der in Satz 1 oder Satz 5 festgelegten Stufe der betreffenden Entgeltgruppe, gegebenenfalls einschließlich des Garantiebetrags.

Protokollerklärung zu § 17 Absatz 4 Satz 1 2. Halbsatz:
Für Lehrkräfte im Sinne von Nr. 4 der Vorbemerkungen zu allen Teilen der Entgeltordnung als »Erfüller« gilt die Höhergruppierung von der Entgeltgruppe 11 in die Entgeltgruppe 13 nicht als »Eingruppierung über mehr als eine Entgeltgruppe«.

Protokollerklärung zu § 17 Absatz 4 Satz 2 und 3:
Für Beschäftigte, die bis zum 31. Dezember 2018 höhergruppiert wurden, richtet sich der Anspruch auf einen Garantiebetrag ab 1. Januar 2019 nur dann nach § 17 Absatz 4 Satz 2 und 3, wenn sie am 31. Dezember 2018 Anspruch auf einen Garantiebetrag nach § 17 Absatz 4 Satz 2 in der bis zum 31. Dezember 2018 geltenden Fassung hatten.

§ 18 *(gestrichen)*

§ 19 Erschwerniszuschläge

(1) [1]Erschwerniszuschläge werden für Arbeiten gezahlt, die außergewöhnliche Erschwernisse beinhalten. [2]Dies gilt nicht für Erschwernisse, die mit dem Berufs- oder Tätigkeitsbild verbunden sind, das der Eingruppierung zugrunde liegt.

(2) Außergewöhnliche Erschwernisse im Sinne des Absatzes 1 ergeben sich grundsätzlich nur bei Arbeiten

a) mit besonderer Gefährdung,
b) mit extremer nicht klimabedingter Hitzeeinwirkung,
c) mit besonders starker Schmutz- oder Staubbelastung,
d) mit besonders starker Strahlenexposition oder
e) unter sonstigen vergleichbar erschwerten Umständen.

(3) Zuschläge nach Absatz 1 werden nicht gewährt, soweit der außergewöhnlichen Erschwernis durch geeignete Vorkehrungen, insbesondere zum Arbeitsschutz, ausreichend Rechnung getragen wird.

(4) [1]Die Zuschläge betragen in der Regel 5 bis 15 v. H. – in besonderen Fällen auch abweichend – des auf eine Stunde entfallenden Anteils des monatlichen Tabellenentgelts der Stufe 2 der Entgeltgruppe 2. [2]Teilzeitbeschäftigte erhalten Erschwerniszuschläge, die nach Stunden bemessen werden, in voller Höhe; sofern sie pauschaliert gezahlt werden, gilt dagegen § 24 Absatz 2.

(5) [1]Die zuschlagspflichtigen Arbeiten und die Höhe der Zuschläge werden tarifvertraglich vereinbart. [2]Bis zum In-Kraft-Treten eines entsprechenden Tarifvertrages gelten die bisherigen tarifvertraglichen Regelungen fort.

(6) Beschäftigte im Sinne von § 38 Absatz 5 Satz 2 im Außendienst des Straßenbetriebsdienstes und Straßenbaus und im Außendienst des Küstenschutzes der Wasserbauverwaltung erhalten für jeden Kalendermonat, für den ihnen Erschwerniszuschläge nach den Abschnitten A, M oder R des Zuschlagskataloges zum Tarifvertrag über die Lohnzuschläge gemäß § 29 MTL II (TVZ zum MTL) bzw. der entsprechenden Regelungen im Tarifvertrag über die Lohnzuschläge gemäß § 29 MTArb-O für Arbeiter der Länder (TVZ zum MTArb-O-TdL) zustehen, zusätzlich einen Pauschalbetrag von monatlich 25 Euro; § 24 Absatz 2 findet Anwendung.

§ 19a Zulagen

(1) [1]Beschäftigte in Justizvollzugseinrichtungen, in abgeschlossenen Vorführbereichen der Gerichte, in Psychiatrischen Krankenhäusern und in Abschiebehafteinrichtungen erhalten unter den gleichen Voraussetzungen und in der gleichen Höhe eine monatliche Zulage (Vollzugszulage), wie sie ent-

sprechende Beamte des Arbeitgebers als Amts- oder Stellenzulage zum Ausgleich der besonderen Anforderungen im jeweiligen Bereich erhalten. [2]Die Vollzugszulage wird nur für Zeiträume gezahlt, für die den Beschäftigten Tabellenentgelt, Urlaubsentgelt oder Entgelt im Krankheitsfall zusteht. [3]Sie ist bei der Bemessung des Sterbegeldes (§ 23 Absatz 3) zu berücksichtigen. [4]Die Vollzugszulage ist kein zusatzversorgungspflichtiges Entgelt.

Protokollerklärung zu Absatz 1 Satz 1:
Der Anspruch auf die Vollzugszulage besteht, wenn die Beschäftigten überwiegend in den jeweiligen Einrichtungen beziehungsweise Bereichen beschäftigt sind.

(2) Die Vollzugszulage vermindert sich, wenn für denselben Zeitraum
a) den nach Teil I, II oder III der Entgeltordnung zum TV-L eingruppierten Beschäftigten eine Wechselschicht- oder Schichtzulage zusteht, um die Hälfte dieser Zulage,
b) den nach Teil IV der Entgeltordnung zum TV-L eingruppierten Beschäftigten eine Wechselschichtzulage zusteht, um 25,56 Euro,
c) eine Zulage nach den Vorbemerkungen Nr. 9 oder 10 und/oder 11 zu Teil IV Abschnitt 1 bzw. der Vorbemerkung Nr. 7 zu Teil IV Abschnitt 2 der Entgeltordnung zum TV-L zusteht, um 90,00 Euro,
d) eine Gefahrenzulage nach § 1 Absatz 1 Nr. 5 des Tarifvertrages zu § 33 Absatz 1 Buchstabe c BAT – ggf. i. V. m. dem TV Zulagen Ang-O – zusteht, um 15,34 Euro,
e) ein Zuschlag nach Abschnitt F Nr. 2 der Anlage zum Tarifvertrag über die Lohnzuschläge gemäß § 29 MTL II (TVZ zum MTL) – ggf. i. V. m. dem TVZ zum MTArb-O-TdL – zusteht, um 15,34 Euro;

in den Fällen der Buchstaben c und d beträgt die Verminderung insgesamt höchstens 90,00 Euro.

Übergangsregelungen

1. Im Zusammenhang mit der Neuregelung der Vollzugszulage zum 1. Januar 2017 gelten folgende Übergangsregelungen:
   (1) Soweit Beschäftigte in Justizvollzugseinrichtungen, in abgeschlossenen Vorführbereichen der Gerichte, in Psychiatrischen Krankenhäusern und in Abschiebehafteinrichtungen am 17. Februar 2017 nach den bisherigen Tarifregelungen Anspruch auf eine höhere Vollzugszulage haben als nach § 19a TV-L in der ab 1. Januar 2017 geltenden Fassung, wird ihnen der bisherige Betrag fortgezahlt, solange die anspruchsbegründende Tätigkeit unverändert ausgeübt wird.
   (2) § 19a Absatz 2 Buchstabe a bzw. Buchstabe b TV-L findet auch auf Beschäftigte im Sinne von § 29a Absatz 2 TVÜ-Länder Anwendung,

wenn sie einen Antrag nach § 29a Absatz 3 TVÜ-Länder nicht gestellt haben und bei Anwendung von § 12 TV-L nach der Entgeltordnung zum TV-L eingruppiert wären.

2. Im Zusammenhang mit der Neuregelung der Übergangszahlung im Justizvollzugsdienst zum 1. Januar 2017 gilt folgende Übergangsregelung: Am 31. Dezember 2016 schon und am 1. Januar 2017 noch beim selben Arbeitgeber im Arbeitsverhältnis stehende Beschäftigte, deren Arbeitsverhältnis bei Fortgeltung von § 47 Nr. 3 TV-L in der bis zum 31. Dezember 2016 geltenden Fassung innerhalb von acht Jahren nach dem 31. Dezember 2016 auf schriftliches Verlangen vorgezogen enden würde, können bis zum 31. Dezember 2017 schriftlich bei ihrem Arbeitgeber beantragen, dass an Stelle von § 47 Nr. 3 TV-L in der ab 1. Januar 2017 geltenden Fassung § 47 Nr. 3 TV-L in der bis zum 31. Dezember 2016 geltenden Fassung weiterhin Anwendung findet.

§ 19b Entgeltumwandlung zum Fahrrad-Leasing

(1) [1]Beschäftigte haben Anspruch darauf, dass künftige monatliche Entgeltansprüche durch Entgeltumwandlung für das Leasing eines Fahrrades verwendet werden, wenn und soweit

- die Entgeltumwandlung zum Fahrrad-Leasing auch Beamtinnen und Beamten des jeweiligen Landes angeboten wird und
- der Arbeitgeber die Entgeltumwandlung zum Fahrrad-Leasing auch den Tarifbeschäftigten anbietet.

[2]Bietet der Arbeitgeber die Entgeltumwandlung zum Fahrrad-Leasing einer oder einem Beschäftigten an, muss er die Entgeltumwandlung allen Beschäftigten anbieten.

(2) Von der Entgeltumwandlung ausgenommen sind

a) Beschäftigte, die zu Beginn der Entgeltumwandlung
   - in der Probezeit sind,
   - in einem gekündigten Arbeitsverhältnis stehen,
   - in einem Arbeitsverhältnis stehen, das weniger als die zu vereinbarende Leasingdauer andauert, sowie

b) Beschäftigte, deren Bezüge von einer Abtretung, Aufrechnung oder Pfändung betroffen sind, oder die Schuldnerin oder Schuldner in einem laufenden Insolvenzverfahren sind; dies gilt solange die jeweiligen Gläubiger aus den Bezügen pfändbare Beträge verlangen können, ungeachtet dessen, ob und in welcher Höhe sie dieses Recht tatsächlich wahrnehmen.

(3) [1]Leasingnehmer ist der Arbeitgeber. [2]Er überlässt der/dem Beschäftigten das Fahrrad zur dienstlichen und privaten Nutzung. [3]Die monatliche Entgeltumwandlung muss während der gesamten Dauer des Leasingvertrages,

die längstens 36 Monate betragen darf, der monatlichen Leasingrate entsprechen.

(4) [1]Die Entgeltumwandlung ist nur zulässig für das Leasing von Fahrrädern im Sinne von § 63a Straßenverkehrs-Zulassungs-Ordnung. [2]Aus dem Angebot des Leasinggebers kann die/der Beschäftigte ein Fahrrad auswählen, das einschließlich etwaiger Zusatzleistungen (zum Beispiel Versicherungen) und verbundenem Zubehör einen Höchstbetrag von 7000 Euro nicht über- und einen Mindestbetrag von 750 Euro nicht unterschreitet. [3]Als Preis für das Fahrrad selbst ist dabei die unverbindliche Preisempfehlung des Herstellers, Importeurs oder Großhändlers einschließlich Umsatzsteuer zugrunde zu legen. [4]Jeder/Jedem Beschäftigten kann jeweils nur ein Fahrrad überlassen werden.

(5) Die umgewandelten Entgeltbestandteile sind zusatzversorgungspflichtiges Entgelt.

(6) Die gesetzlichen Mitbestimmungsrechte bleiben unberührt.

Protokollerklärung zu § 19b:
§ 19b findet im Freistaat Bayern und im Bereich des AVdöD Baden-Württemberg keine Anwendung, solange die dort auf Landesebene von diesen abgeschlossenen landesbezirklichen Tarifverträge zur Entgeltumwandlung zum Fahrrad-Leasing gültig sind.

§ 20 Jahressonderzahlung

(1) Beschäftigte, die am 1. Dezember im Arbeitsverhältnis stehen, haben Anspruch auf eine Jahressonderzahlung.

(2) [1]Die Jahressonderzahlung beträgt bei Beschäftigten

in den Entgeltgruppen	ab dem Kalenderjahr 2022
1 bis 4	87,43 v.H.
5 bis 8	88,14 v.H.
9a bis 11	74,35 v.H.
12 und 13	46,47 v.H.
14 und 15	32,53 v.H.

der Bemessungsgrundlage nach Absatz 3. [2]Für die Anwendung des Satzes 1 werden Beschäftigte der Entgeltgruppe 13 Ü bei einem Bezug des Tabellenentgelts aus den Stufen 2 und 3 der Entgeltgruppe 13, im Übrigen der Entgeltgruppe 14 zugeordnet.

(3) [1]Bemessungsgrundlage im Sinne des Absatzes 2 Satz 1 ist das monatliche Entgelt, das den Beschäftigten in den Kalendermonaten Juli, August und September durchschnittlich gezahlt wird; unberücksichtigt bleiben hierbei

das zusätzlich für Überstunden und Mehrarbeit gezahlte Entgelt (mit Ausnahme der im Dienstplan vorgesehenen Mehrarbeits- oder Überstunden), Leistungszulagen, Leistungs- und Erfolgsprämien. [2]Der Bemessungssatz bestimmt sich nach der Entgeltgruppe am 1. September. [3]Bei Beschäftigten, deren Arbeitsverhältnis nach dem 31. August begonnen hat, tritt an die Stelle des Bemessungszeitraums der erste volle Kalendermonat des Arbeitsverhältnisses; anstelle des Bemessungssatzes der Entgeltgruppe am 1. September tritt die Entgeltgruppe des Einstellungstages. [4]In den Fällen, in denen im Kalenderjahr der Geburt des Kindes während des Bemessungszeitraums eine elterngeldunschädliche Teilzeitbeschäftigung ausgeübt wird, bemisst sich die Jahressonderzahlung nach dem Beschäftigungsumfang am Tag vor dem Beginn der Elternzeit.

(4) [1]Der Anspruch nach den Absätzen 1 bis 3 vermindert sich um ein Zwölftel für jeden Kalendermonat, in dem Beschäftigte keinen Anspruch auf Entgelt oder Fortzahlung des Entgelts nach § 21 haben. [2]Die Verminderung unterbleibt für Kalendermonate, für die Beschäftigte kein Tabellenentgelt erhalten haben wegen

a) Ableistung von Grundwehrdienst oder Zivildienst, wenn sie diesen vor dem 1. Dezember beendet und die Beschäftigung unverzüglich wieder aufgenommen haben,
b) Beschäftigungsverboten nach § 3 Absätze 1 und 2 Mutterschutzgesetz,
c) Inanspruchnahme der Elternzeit nach dem Bundeselterngeld- und Elternzeitgesetz bis zum Ende des Kalenderjahres, in dem das Kind geboren ist, wenn am Tag vor Antritt der Elternzeit Anspruch auf Entgelt oder auf Zuschuss zum Mutterschaftsgeld bestanden hat.

[3]Die Verminderung unterbleibt ferner für Kalendermonate, in denen Beschäftigten Krankengeldzuschuss gezahlt wurde oder nur wegen der Höhe des zustehenden Krankengelds oder einer entsprechenden gesetzlichen Leistung ein Krankengeldzuschuss nicht gezahlt worden ist.

(5) [1]Die Jahressonderzahlung wird mit dem Tabellenentgelt für November ausgezahlt. [2]Ein Teilbetrag der Jahressonderzahlung kann zu einem früheren Zeitpunkt ausgezahlt werden.

(6) [1]Beschäftigte, die bis zum 20. Mai 2006 Altersteilzeitarbeit vereinbart haben, erhalten die Jahressonderzahlung auch dann, wenn das Arbeitsverhältnis wegen Rentenbezugs vor dem 1. Dezember endet. [2]In diesem Falle treten an die Stelle des Bemessungszeitraums gemäß Absatz 3 die letzten drei Kalendermonate vor Beendigung des Arbeitsverhältnisses.

§ 21 Bemessungsgrundlage für die Entgeltfortzahlung

[1]In den Fällen der Entgeltfortzahlung nach § 22 Absatz 1, § 26 und § 27 werden das Tabellenentgelt sowie die sonstigen in Monatsbeträgen festgelegten Entgeltbestandteile weitergezahlt. [2]Nicht in Monatsbeträgen festgelegte

Entgeltbestandteile werden als Durchschnitt auf Basis der letzten drei vollen Kalendermonate, die dem maßgebenden Ereignis für die Entgeltfortzahlung vorhergehen (Berechnungszeitraum), gezahlt. [3]Ausgenommen hiervon sind das zusätzlich gezahlte Entgelt für Überstunden und Mehrarbeit (mit Ausnahme der im Dienstplan vorgesehenen Mehrarbeits- oder Überstunden sowie etwaiger Überstundenpauschalen), Leistungsentgelte, Jahressonderzahlungen sowie besondere Zahlungen nach § 23.

Protokollerklärungen zu § 21 Satz 2 und 3:

1. [1]Volle Kalendermonate im Sinne der Durchschnittsberechnung nach Satz 2 sind Kalendermonate, in denen an allen Kalendertagen das Arbeitsverhältnis bestanden hat. [2]Hat das Arbeitsverhältnis weniger als drei Kalendermonate bestanden, sind die vollen Kalendermonate, in denen das Arbeitsverhältnis bestanden hat, zugrunde zu legen. [3]Bei Änderungen der individuellen Arbeitszeit werden die nach der Arbeitszeitänderung liegenden vollen Kalendermonate zu Grunde gelegt.
2. [1]Der Tagesdurchschnitt nach Satz 2 beträgt 1/65 aus der Summe der zu berücksichtigenden Entgeltbestandteile, die für den Berechnungszeitraum zugestanden haben, wenn die regelmäßige wöchentliche Arbeitszeit durchschnittlich auf fünf Tage verteilt ist. [2]Maßgebend ist die Verteilung der Arbeitszeit zu Beginn des Berechnungszeitraums. [3]Bei einer abweichenden Verteilung der Arbeitszeit ist der Tagesdurchschnitt entsprechend Satz 1 und 2 zu ermitteln. [4]Sofern während des Berechnungszeitraums bereits Fortzahlungstatbestände vorlagen, bleiben bei der Ermittlung des Durchschnitts nach Satz 2 die für diese Ausfalltage auf Basis des Tagesdurchschnitts zustehenden Beträge sowie die Ausfalltage selbst unberücksichtigt.
3. [1]Liegt zwischen der Begründung des Arbeitsverhältnisses oder der Änderung der individuellen Arbeitszeit und dem maßgeblichen Ereignis für die Entgeltfortzahlung kein voller Kalendermonat, ist der Tagesdurchschnitt anhand der konkreten individuellen Daten zu ermitteln. [2]Dazu ist die Summe der zu berücksichtigenden Entgeltbestandteile, die für diesen Zeitraum zugestanden haben, durch die Zahl der tatsächlich in diesem Zeitraum erbrachten Arbeitstage zu teilen.
4. [1]Tritt die Fortzahlung des Entgelts nach einer allgemeinen Entgeltanpassung ein, sind die berücksichtigungsfähigen Entgeltbestandteile, die vor der Entgeltanpassung zustanden, um 90 v. H. des Vomhundertsatzes für die allgemeine Entgeltanpassung zu erhöhen. [2]Der Erhöhungssatz beträgt für
   - vor dem 1. November 2024 zustehende Entgeltbestandteile 4,28 v. H. und
   - vor dem 1. Februar 2025 zustehende Entgeltbestandteile 4,95 v. H.

§ 22 Entgelt im Krankheitsfall

(1) [1]Werden Beschäftigte durch Arbeitsunfähigkeit infolge Krankheit an der Arbeitsleistung verhindert, ohne dass sie ein Verschulden trifft, erhalten sie bis zur Dauer von sechs Wochen das Entgelt nach § 21. [2]Bei erneuter Arbeitsunfähigkeit infolge derselben Krankheit sowie bei Beendigung des Arbeitsverhältnisses gelten die gesetzlichen Bestimmungen. [3]Als unver-

schuldete Arbeitsunfähigkeit im Sinne der Sätze 1 und 2 gilt auch die Arbeitsverhinderung im Sinne des von § 3 Absatz 2, 3a und § 9 Entgeltfortzahlungsgesetz.

Protokollerklärung zu § 22 Absatz 1 Satz 1:
Ein Verschulden liegt nur dann vor, wenn die Arbeitsunfähigkeit vorsätzlich oder grob fahrlässig herbeigeführt wurde.

(2) [1]Nach Ablauf des Zeitraums gemäß Absatz 1 erhalten die Beschäftigten für die Zeit, für die ihnen Krankengeld oder entsprechende gesetzliche Leistungen gezahlt werden, einen Krankengeldzuschuss in Höhe des Unterschiedsbetrags zwischen den tatsächlichen Barleistungen des Sozialleistungsträgers und dem Nettoentgelt. [2]Nettoentgelt ist das um die gesetzlichen Abzüge verminderte Entgelt im Sinne des § 21; bei freiwillig in der gesetzlichen Krankenversicherung versicherten Beschäftigten ist dabei der Gesamtkranken- und Pflegeversicherungsbeitrag abzüglich Arbeitgeberzuschuss zu berücksichtigen. [3]Bei Beschäftigten, die in der gesetzlichen Krankenversicherung versicherungsfrei oder die von der Versicherungspflicht in der gesetzlichen Krankenversicherung befreit sind, sind bei der Berechnung des Krankengeldzuschusses diejenigen Leistungen zu Grunde zu legen, die ihnen als Pflichtversicherte in der gesetzlichen Krankenversicherung zustünden.

Protokollerklärung zu § 22 Absatz 2:
Im Falle der Arbeitsverhinderung nach § 3a Entgeltfortzahlungsgesetz stehen den tatsächlichen Barleistungen des Sozialversicherungsträgers das Krankengeld nach § 44a SGB V oder die tatsächlichen Leistungen des privaten Krankenversicherungsträgers oder des Beihilfeträgers gleich.

(3) [1]Der Krankengeldzuschuss wird bei einer Beschäftigungszeit (§ 34 Absatz 3)

a) von mehr als einem Jahr längstens bis zum Ende der 13. Woche und
b) von mehr als drei Jahren längstens bis zum Ende der 39. Woche

seit dem Beginn der Arbeitsunfähigkeit infolge derselben Krankheit gezahlt. [2]Maßgeblich für die Berechnung der Fristen nach Satz 1 ist die Beschäftigungszeit, die im Laufe der krankheitsbedingten Arbeitsunfähigkeit vollendet wird. [3]Innerhalb eines Kalenderjahres kann das Entgelt im Krankheitsfall nach Absatz 1 und 2 insgesamt längstens bis zum Ende der in Absatz 3 Satz 1 genannten Fristen bezogen werden; bei jeder neuen Arbeitsunfähigkeit besteht jedoch mindestens der sich aus Absatz 1 ergebende Anspruch.

(4) [1]Entgelt im Krankheitsfall wird nicht über das Ende des Arbeitsverhältnisses hinaus gezahlt; § 8 Entgeltfortzahlungsgesetz bleibt unberührt. Krankengeldzuschuss wird zudem nicht über den Zeitpunkt hinaus gezahlt, von dem an Beschäftigte eine Rente oder eine vergleichbare Leistung auf Grund

eigener Versicherung aus der gesetzlichen Rentenversicherung, aus einer zusätzlichen Alters- und Hinterbliebenenversorgung oder aus einer sonstigen Versorgungseinrichtung erhalten, die nicht allein aus Mitteln der Beschäftigten finanziert ist. [3]Überzahlter Krankengeldzuschuss und sonstige Überzahlungen gelten als Vorschuss auf die in demselben Zeitraum zustehenden Leistungen nach Satz 2; die Ansprüche der Beschäftigten gehen insoweit auf den Arbeitgeber über. [4]Der Arbeitgeber kann von der Rückforderung des Teils des überzahlten Betrags, der nicht durch die für den Zeitraum der Überzahlung zustehenden Bezüge im Sinne des Satzes 2 ausgeglichen worden ist, absehen, es sei denn, die/der Beschäftigte hat dem Arbeitgeber die Zustellung des Rentenbescheids schuldhaft verspätet mitgeteilt.

§ 23 Besondere Zahlungen

(1) [1]Einen Anspruch auf vermögenswirksame Leistungen nach Maßgabe des Vermögensbildungsgesetzes in seiner jeweiligen Fassung haben Beschäftigte, deren Arbeitsverhältnis voraussichtlich mindestens sechs Monate dauert. [2]Für Vollbeschäftigte beträgt die vermögenswirksame Leistung für jeden vollen Kalendermonat 6,65 Euro. [3]Der Anspruch entsteht frühestens für den Kalendermonat, in dem die/der Beschäftigte dem Arbeitgeber die erforderlichen Angaben schriftlich mitteilt, und für die beiden vorangegangenen Monate desselben Kalenderjahres; die Fälligkeit tritt nicht vor acht Wochen nach Zugang der Mitteilung beim Arbeitgeber ein. [4]Die vermögenswirksame Leistung wird nur für Kalendermonate gewährt, für die den Beschäftigten Tabellenentgelt, Entgeltfortzahlung oder Krankengeldzuschuss zusteht. [5]Für Zeiten, für die Krankengeldzuschuss zusteht, ist die vermögenswirksame Leistung Teil des Krankengeldzuschusses. [6]Die vermögenswirksame Leistung ist kein zusatzversorgungspflichtiges Entgelt.

(2) [1]Beschäftigte erhalten ein Jubiläumsgeld bei Vollendung einer Beschäftigungszeit (§ 34 Absatz 3)

a) von 25 Jahren in Höhe von 350 Euro,
b) von 40 Jahren in Höhe von 500 Euro.

[2]Teilzeitbeschäftigte erhalten das Jubiläumsgeld in voller Höhe.

(3) [1]Beim Tod von Beschäftigten, deren Arbeitsverhältnis nicht geruht hat, wird der Ehegattin/dem Ehegatten oder den Kindern ein Sterbegeld gewährt; der Ehegattin/dem Ehegatten steht die Lebenspartnerin/der Lebenspartner im Sinne des Lebenspartnerschaftsgesetzes gleich. [2]Als Sterbegeld wird für die restlichen Tage des Sterbemonats und – in einer Summe – für zwei weitere Monate das Tabellenentgelt der/des Verstorbenen gezahlt. [3]Die Zahlung des Sterbegeldes an einen der Berechtigten bringt den Anspruch der Übrigen gegenüber dem Arbeitgeber zum Erlöschen; die Zahlung auf das Gehaltskonto hat befreiende Wirkung.

(4) Für die Erstattung von Reise- und Umzugskosten sowie Trennungsgeld finden die Bestimmungen, die für die Beamtinnen und Beamten des Arbeitgebers jeweils gelten, entsprechende Anwendung.

§ 24 Berechnung und Auszahlung des Entgelts

(1) [1]Bemessungszeitraum für das Tabellenentgelt und die sonstigen Entgeltbestandteile ist der Kalendermonat, soweit tarifvertraglich nicht ausdrücklich etwas Abweichendes geregelt ist. [2]Die Zahlung erfolgt am letzten Tag des Monats (Zahltag) für den laufenden Kalendermonat auf ein von der/dem Beschäftigten benanntes Konto innerhalb eines Mitgliedstaats der Europäischen Union. [3]Fällt der Zahltag auf einen Samstag oder auf einen Wochenfeiertag, gilt der vorhergehende Werktag, fällt er auf einen Sonntag, gilt der zweite vorhergehende Werktag als Zahltag. [4]Entgeltbestandteile, die nicht in Monatsbeträgen festgelegt sind, sowie der Tagesdurchschnitt nach § 21 sind am Zahltag des zweiten Kalendermonats, der auf ihre Entstehung folgt, fällig.

Protokollerklärungen zu § 24 Absatz 1:

1. Teilen Beschäftigte ihrem Arbeitgeber die für eine kostenfreie beziehungsweise kostengünstigere Überweisung in einen anderen Mitgliedstaat der Europäischen Union erforderlichen Angaben nicht rechtzeitig mit, so tragen sie die dadurch entstehenden zusätzlichen Überweisungskosten.
2. Soweit Arbeitgeber die Bezüge am 15. eines jeden Monats für den laufenden Monat zahlen, können sie jeweils im Dezember eines Kalenderjahres den Zahltag vom 15. auf den letzten Tag des Monats gemäß Absatz 1 Satz 1 verschieben.

(2) Soweit tarifvertraglich nicht ausdrücklich etwas anderes geregelt ist, erhalten Teilzeitbeschäftigte das Tabellenentgelt (§ 15) und alle sonstigen Entgeltbestandteile in dem Umfang, der dem Anteil ihrer individuell vereinbarten durchschnittlichen Arbeitszeit an der regelmäßigen Arbeitszeit vergleichbarer Vollzeitbeschäftigter entspricht.

(3) [1]Besteht der Anspruch auf das Tabellenentgelt oder die sonstigen Entgeltbestandteile nicht für alle Tage eines Kalendermonats, wird nur der Teil gezahlt, der auf den Anspruchszeitraum entfällt. [2]Besteht nur für einen Teil eines Kalendertags Anspruch auf Entgelt, wird für jede geleistete dienstplanmäßige oder betriebsübliche Arbeitsstunde der auf eine Stunde entfallende Anteil des Tabellenentgelts sowie der sonstigen in Monatsbeträgen festgelegten Entgeltbestandteile gezahlt. [3]Zur Ermittlung des auf eine Stunde entfallenden Anteils sind die in Monatsbeträgen festgelegten Entgeltbestandteile durch das 4,348-fache der regelmäßigen wöchentlichen Arbeitszeit (§ 6 Absatz 1 und entsprechende Sonderregelungen) zu teilen.

(4) [1]Ergibt sich bei der Berechnung von Beträgen ein Bruchteil eines Cents von mindestens 0,5, ist er aufzurunden; ein Bruchteil von weniger als 0,5 ist abzurunden. [2]Zwischenrechnungen werden jeweils auf zwei Dezimalstellen gerundet. [3]Jeder Entgeltbestandteil ist einzeln zu runden.
(5) Entfallen die Voraussetzungen für eine Zulage im Laufe eines Kalendermonats, gilt Absatz 3 entsprechend.
(6) Einzelvertraglich können neben dem Tabellenentgelt zustehende Entgeltbestandteile (zum Beispiel Zeitzuschläge, Erschwerniszuschläge, Überstundenentgelte) pauschaliert werden.

§ 25 Betriebliche Altersversorgung

[1]Die Beschäftigten haben Anspruch auf eine zusätzliche Alters- und Hinterbliebenenversorgung unter Eigenbeteiligung. [2]Einzelheiten bestimmt der Tarifvertrag über die betriebliche Altersversorgung der Beschäftigten des öffentlichen Dienstes (Tarifvertrag Altersversorgung – ATV) in seiner jeweils geltenden Fassung und für Beschäftigte der Freien und Hansestadt Hamburg das Hamburgische Zusatzversorgungsgesetz in seiner jeweils geltenden Fassung.

Abschnitt IV
Urlaub und Arbeitsbefreiung

§ 26 Erholungsurlaub

(1) [1]Beschäftigte haben in jedem Kalenderjahr Anspruch auf Erholungsurlaub unter Fortzahlung des Entgelts (§ 21). [2]Bei Verteilung der wöchentlichen Arbeitszeit auf fünf Tage in der Kalenderwoche beträgt der Urlaubsanspruch in jedem Kalenderjahr 30 Arbeitstage. [3]Arbeitstage sind alle Kalendertage, an denen die Beschäftigten dienstplanmäßig oder betriebsüblich zu arbeiten haben oder zu arbeiten hätten, mit Ausnahme der auf Arbeitstage fallenden gesetzlichen Feiertage, für die kein Freizeitausgleich gewährt wird. [4]Bei einer anderen Verteilung der wöchentlichen Arbeitszeit als auf fünf Tage in der Woche erhöht oder vermindert sich der Urlaubsanspruch entsprechend. [5]Verbleibt bei der Berechnung des Urlaubs ein Bruchteil, der mindestens einen halben Urlaubstag ergibt, wird er auf einen vollen Urlaubstag aufgerundet; Bruchteile von weniger als einem halben Urlaubstag bleiben unberücksichtigt. [6]Der Erholungsurlaub muss im laufenden Kalenderjahr gewährt werden; er kann auch in Teilen genommen werden.

Protokollerklärung zu § 26 Absatz 1 Satz 6:
Der Urlaub soll grundsätzlich zusammenhängend gewährt werden; dabei soll ein Urlaubsteil von zwei Wochen Dauer angestrebt werden.

(2) Im Übrigen gilt das Bundesurlaubsgesetz mit folgenden Maßgaben:

a) Im Falle der Übertragung muss der Erholungsurlaub in den ersten drei Monaten des folgenden Kalenderjahres angetreten werden. Kann der Erholungsurlaub wegen Arbeitsunfähigkeit oder aus betrieblichen/dienstlichen Gründen nicht bis zum 31. März angetreten werden, ist er bis zum 31. Mai anzutreten.
b) Beginnt oder endet das Arbeitsverhältnis im Laufe eines Jahres, steht als Erholungsurlaub für jeden vollen Monat des Arbeitsverhältnisses ein Zwölftel des Urlaubsanspruchs nach Absatz 1 zu; § 5 Bundesurlaubsgesetz bleibt unberührt.
c) Ruht das Arbeitsverhältnis, so vermindert sich die Dauer des Erholungsurlaubs einschließlich eines etwaigen tariflichen Zusatzurlaubs für jeden vollen Kalendermonat um ein Zwölftel.
d) Das Entgelt nach Absatz 1 Satz 1 wird zu dem in § 24 genannten Zeitpunkt gezahlt.

§ 27 Zusatzurlaub

(1) [1]Für die Gewährung eines Zusatzurlaubs gelten die für die Beamten des jeweiligen Landes jeweils maßgebenden Bestimmungen für Grund und Dauer sinngemäß. [2]Die beamtenrechtlichen Bestimmungen gelten nicht für den Zusatzurlaub für Wechselschichtarbeit, Schichtarbeit und Nachtarbeit.

(2) Beschäftigte, die ständig Wechselschichtarbeit nach § 7 Absatz 1 oder ständig Schichtarbeit nach § 7 Absatz 2 leisten und denen die Zulage nach § 8 Absatz 7 Satz 1 oder Absatz 8 Satz 1 zusteht, erhalten einen Arbeitstag Zusatzurlaub

a) bei Wechselschichtarbeit für je zwei zusammenhängende Monate und
b) bei Schichtarbeit für je vier zusammenhängende Monate.

(3) Im Falle nicht ständiger Wechselschicht- oder Schichtarbeit (zum Beispiel ständige Vertreter) erhalten Beschäftigte, denen die Zulage nach § 8 Absatz 7 Satz 2 oder Absatz 8 Satz 2 zusteht, einen Arbeitstag Zusatzurlaub für

a) je drei Monate im Jahr, in denen sie überwiegend Wechselschichtarbeit geleistet haben, und
b) je fünf Monate im Jahr, in denen sie überwiegend Schichtarbeit geleistet haben.

(4) [1]Zusatzurlaub nach diesem Tarifvertrag und sonstigen Bestimmungen mit Ausnahme von § 208 SGB IX wird nur bis zu insgesamt sechs Arbeits-

tagen im Kalenderjahr gewährt. [2]Erholungsurlaub und Zusatzurlaub (Gesamturlaub) dürfen im Kalenderjahr zusammen 35 Arbeitstage nicht überschreiten. [3]Satz 2 ist für Zusatzurlaub nach den Absätzen 2 und 3 hierzu nicht anzuwenden. [4]Bei Beschäftigten, die das 50. Lebensjahr vollendet haben, gilt abweichend von Satz 2 eine Höchstgrenze von 36 Arbeitstagen; maßgebend für die Berechnung der Urlaubsdauer ist das Lebensjahr, das im Laufe des Kalenderjahres vollendet wird.

(5) Im Übrigen gilt § 26 mit Ausnahme von Absatz 2 Buchstabe b entsprechend.

Protokollerklärung zu § 27 Absatz 2 und 3:

[1]Der Anspruch auf Zusatzurlaub bemisst sich nach der abgeleisteten Schicht- oder Wechselschichtarbeit und entsteht im laufenden Jahr, sobald die Voraussetzungen nach Absatz 2 oder 3 erfüllt sind. [2]Für die Feststellung, ob ständige Wechselschichtarbeit oder ständige Schichtarbeit vorliegt, ist eine Unterbrechung durch Arbeitsbefreiung, Freizeitausgleich, bezahlten Urlaub oder Arbeitsunfähigkeit in den Grenzen des § 22 unschädlich.

§ 28 Sonderurlaub

Beschäftigte können bei Vorliegen eines wichtigen Grundes unter Verzicht auf die Fortzahlung des Entgelts Sonderurlaub erhalten.

§ 29 Arbeitsbefreiung

(1) [1]Nur die nachstehend aufgeführten Anlässe gelten als Fälle nach § 616 BGB, in denen Beschäftigte unter Fortzahlung des Entgelts in dem angegebenen Ausmaß von der Arbeit freigestellt werden:

a)	Niederkunft der Ehefrau/der Lebenspartnerin im Sinne des Lebenspartnerschaftsgesetzes	ein Arbeitstag,
b)	Tod der Ehegattin/des Ehegatten, der Lebenspartnerin/des Lebenspartners im Sinne des Lebenspartnerschaftsgesetzes, eines Kindes oder Elternteils	zwei Arbeitstage,
c)	Umzug aus dienstlichem oder betrieblichem Grund an einen anderen Ort	ein Arbeitstag,
d)	25- und 40-jähriges Arbeitsjubiläum	ein Arbeitstag,
e)	schwere Erkrankung	
	aa) einer/eines Angehörigen, soweit sie/er in demselben Haushalt lebt,	ein Arbeitstag im Kalenderjahr,
	bb) eines Kindes, das das 12. Lebensjahr noch nicht vollendet hat, wenn im laufenden Kalenderjahr kein Anspruch nach § 45 SGB V besteht oder bestanden hat,	bis zu vier Arbeitstage im Kalenderjahr,

cc) einer Betreuungsperson, wenn Beschäftigte deshalb die Betreuung ihres Kindes, das das 8. Lebensjahr noch nicht vollendet hat oder wegen körperlicher, geistiger oder seelischer Behinderung dauernd pflegebedürftig ist, übernehmen müssen,	bis zu vier Arbeitstage im Kalenderjahr.

[2]Eine Freistellung nach Buchstabe e erfolgt nur, soweit eine andere Person zur Pflege oder Betreuung nicht sofort zur Verfügung steht und die Ärztin/der Arzt in den Fällen der Doppelbuchstaben aa und bb die Notwendigkeit der Anwesenheit der/des Beschäftigten zur vorläufigen Pflege bescheinigt. [3]Die Freistellung darf insgesamt fünf Arbeitstage im Kalenderjahr nicht überschreiten.

f) Ärztliche Behandlung von Beschäftigten, wenn diese während der Arbeitszeit erfolgen muss,	erforderliche nachgewiesene Abwesenheitszeit einschließlich erforderlicher Wegezeiten.

(2) [1]Bei Erfüllung allgemeiner staatsbürgerlicher Pflichten nach deutschem Recht besteht der Anspruch auf Fortzahlung des Entgelts, wenn die Arbeitsbefreiung gesetzlich vorgeschrieben ist und soweit die Pflichten nicht außerhalb der Arbeitszeit, gegebenenfalls nach ihrer Verlegung, wahrgenommen werden können; soweit die Beschäftigten Anspruch auf Ersatz des Entgelts geltend machen können, besteht kein Anspruch auf Entgeltfortzahlung. [2]Das fortgezahlte Entgelt gilt in Höhe des Ersatzanspruchs als Vorschuss auf die Leistungen der Kostenträger. [3]Die Beschäftigten haben den Ersatzanspruch geltend zu machen und die erhaltenen Beträge an den Arbeitgeber abzuführen.

(3) [1]Der Arbeitgeber kann in sonstigen dringenden Fällen Arbeitsbefreiung unter Fortzahlung des Entgelts bis zu drei Arbeitstagen gewähren. [2]In begründeten Fällen kann bei Verzicht auf das Entgelt kurzfristige Arbeitsbefreiung gewährt werden, wenn die dienstlichen oder betrieblichen Verhältnisse es gestatten.

Protokollerklärung zu § 29 Absatz 3 Satz 2:
Zu den »begründeten Fällen« können auch solche Anlässe gehören, für die kein Anspruch auf Arbeitsbefreiung besteht (zum Beispiel Umzug aus persönlichen Gründen).

(4) [1]Auf Antrag kann den gewählten Vertreterinnen/Vertretern der Bezirksvorstände, der Landesbezirksvorstände, der Landesbezirksfachbereichsvorstände, der Bundesfachbereichsvorstände, der Bundesfachgruppenvorstände sowie des Gewerkschaftsrates beziehungsweise entsprechender Gremien anderer vertragsschließender Gewerkschaften zur Teilnahme an Tagungen

Arbeitsbefreiung bis zu acht Werktagen im Jahr unter Fortzahlung des Entgelts erteilt werden; dringende dienstliche oder betriebliche Interessen dürfen der Arbeitsbefreiung nicht entgegenstehen. [2]Zur Teilnahme an Tarifverhandlungen mit der TdL oder ihren Mitgliedern kann auf Anfordern einer der vertragsschließenden Gewerkschaften Arbeitsbefreiung unter Fortzahlung des Entgelts ohne zeitliche Begrenzung erteilt werden.

(5) Zur Teilnahme an Sitzungen von Prüfungs- und von Berufsbildungsausschüssen nach dem Berufsbildungsgesetz sowie für eine Tätigkeit in Organen von Sozialversicherungsträgern kann den Mitgliedern Arbeitsbefreiung unter Fortzahlung des Entgelts gewährt werden, sofern nicht dringende dienstliche oder betriebliche Interessen entgegenstehen.

(6) In den Fällen der Absätze 1 bis 5 werden das Tabellenentgelt sowie die sonstigen Entgeltbestandteile, die in Monatsbeträgen festgelegt sind, weitergezahlt.

Abschnitt V
Befristung und Beendigung des Arbeitsverhältnisses

§ 30 Befristete Arbeitsverträge

(1) [1]Befristete Arbeitsverträge sind zulässig auf Grundlage des Teilzeit- und Befristungsgesetzes sowie anderer gesetzlicher Vorschriften über die Befristung von Arbeitsverträgen. [2]Für Beschäftigte, auf welche die Regelungen des Tarifgebiets West Anwendung finden und deren Tätigkeit vor dem 1. Januar 2005 der Rentenversicherung der Angestellten unterlegen hätte, gelten die Besonderheiten in den Absätzen 2 bis 5; dies gilt nicht für Arbeitsverhältnisse, für welche die §§ 57a ff. Hochschulrahmengesetz beziehungsweise gesetzliche Nachfolgeregelungen unmittelbar oder entsprechend gelten.

(2) [1]Kalendermäßig befristete Arbeitsverträge mit sachlichem Grund sind nur zulässig, wenn die Dauer des einzelnen Vertrages fünf Jahre nicht übersteigt; weitergehende Regelungen im Sinne von § 23 Teilzeit- und Befristungsgesetz bleiben unberührt. [2]Beschäftigte mit einem Arbeitsvertrag nach Satz 1 sind bei der Besetzung von Dauerarbeitsplätzen bevorzugt zu berücksichtigen, wenn die sachlichen und persönlichen Voraussetzungen erfüllt sind.

(3) [1]Ein befristeter Arbeitsvertrag ohne sachlichen Grund soll in der Regel zwölf Monate nicht unterschreiten; die Vertragsdauer muss mindestens sechs Monate betragen. [2]Vor Ablauf des Arbeitsvertrages hat der Arbeitgeber zu prüfen, ob eine unbefristete oder befristete Weiterbeschäftigung möglich ist.

(4) [1]Bei befristeten Arbeitsverträgen ohne sachlichen Grund gelten die ersten sechs Wochen und bei befristeten Arbeitsverträgen mit sachlichem Grund die ersten sechs Monate als Probezeit. [2]Innerhalb der Probezeit kann der Arbeitsvertrag mit einer Frist von zwei Wochen zum Monatsschluss gekündigt werden.
(5) [1]Eine ordentliche Kündigung nach Ablauf der Probezeit ist nur zulässig, wenn die Vertragsdauer mindestens zwölf Monate beträgt. [2]Nach Ablauf der Probezeit beträgt die Kündigungsfrist in einem oder mehreren aneinander gereihten Arbeitsverhältnissen bei demselben Arbeitgeber

von insgesamt mehr als sechs Monaten	vier Wochen,
von insgesamt mehr als einem Jahr	sechs Wochen
zum Schluss eines Kalendermonats,	
von insgesamt mehr als zwei Jahren	drei Monate,
von insgesamt mehr als drei Jahren	vier Monate
zum Schluss eines Kalendervierteljahres.	

[3]Eine Unterbrechung bis zu drei Monaten ist unschädlich, es sei denn, dass das Ausscheiden von der/dem Beschäftigten verschuldet oder veranlasst war. [4]Die Unterbrechungszeit bleibt unberücksichtigt.

Protokollerklärung zu § 30 Absatz 5:
Bei mehreren aneinander gereihten Arbeitsverhältnissen führen weitere vereinbarte Probezeiten nicht zu einer Verkürzung der Kündigungsfrist.

(6) Die §§ 31 und 32 bleiben von den Regelungen der Absätze 3 bis 5 unberührt.

§ 31 Führung auf Probe

(1) [1]Führungspositionen können als befristetes Arbeitsverhältnis bis zur Gesamtdauer von zwei Jahren vereinbart werden. [2]Innerhalb dieser Gesamtdauer ist eine höchstens zweimalige Verlängerung des Arbeitsvertrages zulässig. [3]Die beiderseitigen Kündigungsrechte bleiben unberührt.
(2) Führungspositionen sind die ab Entgeltgruppe 10 auszuübenden Tätigkeiten mit Weisungsbefugnis.
(3) [1]Besteht bereits ein Arbeitsverhältnis mit demselben Arbeitgeber, kann der/dem Beschäftigten vorübergehend eine Führungsposition bis zu der in Absatz 1 genannten Gesamtdauer übertragen werden. [2]Der/Dem Beschäftigten wird für die Dauer der Übertragung eine Zulage in Höhe des Unterschiedsbetrags zwischen den Tabellenentgelten nach der bisherigen Entgeltgruppe und dem sich bei Höhergruppierung nach § 17 Absatz 4 Satz 1 bis 3 ergebenden Tabellenentgelt gewährt. [3]Nach Fristablauf endet die Erprobung. [4]Bei Bewährung wird die Führungsfunktion auf Dauer übertragen;

ansonsten erhält die/der Beschäftigte eine der bisherigen Eingruppierung entsprechende Tätigkeit.

§ 32 Führung auf Zeit

(1) [1]Führungspositionen können als befristetes Arbeitsverhältnis bis zur Dauer von vier Jahren vereinbart werden. [2]Folgende Verlängerungen des Arbeitsvertrages sind zulässig:

a) in den Entgeltgruppen 10 bis 12 eine höchstens zweimalige Verlängerung bis zu einer Gesamtdauer von acht Jahren,
b) ab Entgeltgruppe 13 eine höchstens dreimalige Verlängerung bis zu einer Gesamtdauer von zwölf Jahren.

[3]Zeiten in einer Führungsposition nach Buchstabe a bei demselben Arbeitgeber können auf die Gesamtdauer nach Buchstabe b zur Hälfte angerechnet werden. [4]Die allgemeinen Vorschriften über die Probezeit (§ 2 Absatz 4) und die beiderseitigen Kündigungsrechte bleiben unberührt.

(2) Führungspositionen sind die ab Entgeltgruppe 10 auszuübenden Tätigkeiten mit Weisungsbefugnis.

(3) [1]Besteht bereits ein Arbeitsverhältnis mit demselben Arbeitgeber, kann der/dem Beschäftigten vorübergehend eine Führungsposition bis zu den in Absatz 1 genannten Fristen übertragen werden. [2]Der/Dem Beschäftigten wird für die Dauer der Übertragung eine Zulage gewährt in Höhe des Unterschiedsbetrags zwischen den Tabellenentgelten nach der bisherigen Entgeltgruppe und dem sich bei Höhergruppierung nach § 17 Absatz 4 Satz 1 bis 3 ergebenden Tabellenentgelt, zuzüglich eines Zuschlags von 75 v. H. des Unterschiedsbetrags zwischen den Tabellenentgelten der Entgeltgruppe, die der übertragenen Funktion entspricht, zur nächsthöheren Entgeltgruppe nach § 17 Absatz 4 Satz 1 und 2. [3]Nach Fristablauf erhält die/der Beschäftigte eine der bisherigen Eingruppierung entsprechende Tätigkeit; der Zuschlag und die Zulage entfallen.

§ 33 Beendigung des Arbeitsverhältnisses ohne Kündigung

(1) Das Arbeitsverhältnis endet ohne Kündigung

a) mit Ablauf des Monats, in dem die/der Beschäftigte das gesetzlich festgelegte Alter zum Erreichen der Regelaltersrente vollendet hat,
b) jederzeit im gegenseitigen Einvernehmen (Auflösungsvertrag).

(2) [1]Das Arbeitsverhältnis endet ferner mit Ablauf des Monats, in dem der Bescheid eines Rentenversicherungsträgers (Rentenbescheid) zugestellt wird, wonach die/der Beschäftigte voll oder teilweise erwerbsgemindert ist. [2]Die/Der Beschäftigte hat den Arbeitgeber von der Zustellung des Rentenbescheids unverzüglich zu unterrichten. [3]Beginnt die Rente erst nach der Zustellung des Rentenbescheids, endet das Arbeitsverhältnis mit Ablauf des dem

Rentenbeginn vorangehenden Tages. [4]Liegt im Zeitpunkt der Beendigung des Arbeitsverhältnisses eine nach § 175 SGB IX erforderliche Zustimmung des Integrationsamtes noch nicht vor, endet das Arbeitsverhältnis mit Ablauf des Tages der Zustellung des Zustimmungsbescheids des Integrationsamtes. [5]Das Arbeitsverhältnis endet nicht, wenn nach dem Bescheid des Rentenversicherungsträgers eine Rente auf Zeit gewährt wird. [6]In diesem Fall ruht das Arbeitsverhältnis für den Zeitraum, für den eine Rente auf Zeit gewährt wird; beginnt die Rente rückwirkend, ruht das Arbeitsverhältnis ab dem ersten Tag des Monats, der auf den Monat der Zustellung des Rentenbescheids folgt.

(3) Im Falle teilweiser Erwerbsminderung endet beziehungsweise ruht das Arbeitsverhältnis nicht, wenn die/der Beschäftigte nach ihrem/seinem vom Rentenversicherungsträger festgestellten Leistungsvermögen auf ihrem/seinem bisherigen oder einem anderen geeigneten und freien Arbeitsplatz weiterbeschäftigt werden könnte, soweit dringende dienstliche beziehungsweise betriebliche Gründe nicht entgegenstehen, und die/der Beschäftigte innerhalb von zwei Wochen nach Zugang des Rentenbescheids ihre/seine Weiterbeschäftigung schriftlich beantragt.

(4) [1]Verzögert die/der Beschäftigte schuldhaft den Rentenantrag oder bezieht sie/er Altersrente nach § 236, § 236a oder § 236b SGB VI oder ist sie/er nicht in der gesetzlichen Rentenversicherung versichert, so tritt an die Stelle des Rentenbescheids das Gutachten einer Amtsärztin/eines Amtsarztes oder einer/eines nach § 3 Absatz 5 Satz 2 bestimmten Ärztin/Arztes. [2]Das Arbeitsverhältnis endet in diesem Fall mit Ablauf des Monats, in dem der/dem Beschäftigten das Gutachten bekannt gegeben worden ist.

(5) [1]Soll die/der Beschäftigte, deren/dessen Arbeitsverhältnis nach Absatz 1 Buchstabe a geendet hat, weiterbeschäftigt werden, ist ein neuer schriftlicher Arbeitsvertrag abzuschließen. [2]Das Arbeitsverhältnis kann jederzeit mit einer Frist von vier Wochen zum Monatsende gekündigt werden, wenn im Arbeitsvertrag nichts anderes vereinbart ist.

§ 34 Kündigung des Arbeitsverhältnisses

(1) [1]Die Kündigungsfrist beträgt bis zum Ende des sechsten Monats seit Beginn des Arbeitsverhältnisses zwei Wochen zum Monatsschluss. [2]Im Übrigen beträgt die Kündigungsfrist bei einer Beschäftigungszeit (Absatz 3 Satz 1 und 2)

bis zu einem Jahr	ein Monat zum Monatsschluss,
von mehr als einem Jahr	6 Wochen,
von mindestens 5 Jahren	3 Monate,
von mindestens 8 Jahren	4 Monate,
von mindestens 10 Jahren	5 Monate,
von mindestens 12 Jahren	6 Monate

zum Schluss eines Kalendervierteljahres.

(2) [1]Arbeitsverhältnisse von Beschäftigten, die das 40. Lebensjahr vollendet haben und unter die Regelungen des Tarifgebiets West fallen, können nach einer Beschäftigungszeit (Absatz 3 Satz 1 und 2) von mehr als 15 Jahren durch den Arbeitgeber nur aus einem wichtigen Grund gekündigt werden. [2]Soweit Beschäftigte nach den bis zum 31. Oktober 2006 geltenden Tarifregelungen unkündbar waren, bleiben sie unkündbar.

(3) [1]Beschäftigungszeit ist die Zeit, die bei demselben Arbeitgeber im Arbeitsverhältnis zurückgelegt wurde, auch wenn sie unterbrochen ist. [2]Unberücksichtigt bleibt die Zeit eines Sonderurlaubs gemäß § 28, es sei denn, der Arbeitgeber hat vor Antritt des Sonderurlaubs schriftlich ein dienstliches oder betriebliches Interesse anerkannt. [3]Wechseln Beschäftigte zwischen Arbeitgebern, die vom Geltungsbereich dieses Tarifvertrages erfasst werden, werden die Zeiten bei dem anderen Arbeitgeber als Beschäftigungszeit anerkannt. [4]Satz 3 gilt entsprechend bei einem Wechsel von einem anderen öffentlich-rechtlichen Arbeitgeber.

§ 35 Zeugnis

(1) Bei Beendigung des Arbeitsverhältnisses haben die Beschäftigten Anspruch auf ein schriftliches Zeugnis über Art und Dauer ihrer Tätigkeit; es muss sich auch auf Führung und Leistung erstrecken (Endzeugnis).

(2) Aus triftigen Gründen können Beschäftigte auch während des Arbeitsverhältnisses ein Zeugnis verlangen (Zwischenzeugnis).

(3) Bei bevorstehender Beendigung des Arbeitsverhältnisses können die Beschäftigten ein Zeugnis über Art und Dauer ihrer Tätigkeit verlangen (vorläufiges Zeugnis).

(4) Die Zeugnisse gemäß den Absätzen 1 bis 3 sind unverzüglich auszustellen.

Abschnitt VI
Übergangs- und Schlussvorschriften

§ 36 Anwendung weiterer Tarifverträge

[1]Die in der Anlage 1 TVÜ-Länder Teil C aufgeführten Tarifverträge und Tarifvertragsregelungen gelten fort, soweit im TVÜ-Länder, in seinen Anlagen oder in diesem Tarifvertrag nicht ausdrücklich etwas anderes bestimmt ist. [2]Die Fortgeltung dieser Tarifverträge beschränkt sich auf den bisherigen Geltungsbereich (zum Beispiel Arbeiter/Angestellte; Tarifgebiet Ost/Tarifgebiet West). [3]Für das Land Berlin finden ferner die im Tarifvertrag zur Überleitung der Beschäftigten des Landes Berlin in das Tarifrecht der TdL

(TV Wiederaufnahme Berlin) aufgeführten Tarifverträge und Tarifvertragsregelungen mit den dort genannten Maßgaben Anwendung.

§ 37 Ausschlussfrist

(1) [1]Ansprüche aus dem Arbeitsverhältnis verfallen, wenn sie nicht innerhalb einer Ausschlussfrist von sechs Monaten nach Fälligkeit von den Beschäftigten oder vom Arbeitgeber schriftlich geltend gemacht werden. [2]Für denselben Sachverhalt reicht die einmalige Geltendmachung des Anspruchs auch für später fällige Leistungen aus.

(2) Absatz 1 gilt nicht für Ansprüche aus einem Sozialplan.

§ 38 Begriffsbestimmungen

(1) Sofern auf die Tarifgebiete Ost oder West Bezug genommen wird, gilt Folgendes:

a) Die Regelungen für das Tarifgebiet Ost gelten für die Beschäftigen, deren Arbeitsverhältnis in dem in Artikel 3 des Einigungsvertrages genannten Gebiet begründet worden ist und bei denen der Bezug des Arbeitsverhältnisses zu diesem Gebiet fortbesteht.

b) Für die übrigen Beschäftigten gelten die Regelungen für das Tarifgebiet West.

c) Abweichend von den Buchstaben a und b gelten für Beschäftigte, die in einem Arbeitsverhältnis zum Land Berlin stehen, einheitlich die Regelungen des Tarifgebietes West, soweit nicht ausdrücklich für das Land Berlin etwas anderes bestimmt ist.

(2) Sofern auf die Begriffe »Betrieb«, »betrieblich« oder »Betriebspartei« Bezug genommen wird, gilt die Regelung für Verwaltungen sowie für Parteien nach dem Personalvertretungsrecht entsprechend; es sei denn, es ist etwas anderes bestimmt.

(3) Eine einvernehmliche Dienstvereinbarung liegt nur ohne Entscheidung der Einigungsstelle vor.

(4) Leistungsgeminderte Beschäftigte sind Beschäftigte, die ausweislich einer Bescheinigung des beauftragten Arztes (§ 3 Absatz 5) nicht mehr in der Lage sind, auf Dauer die vertraglich geschuldete Arbeitsleistung in vollem Umfang zu erbringen, ohne deswegen zugleich teilweise oder in vollem Umfang erwerbsgemindert im Sinne des SGB VI zu sein.

(5) [1]Die Regelungen für Angestellte finden Anwendung auf Beschäftigte, deren Tätigkeit vor dem 1. Januar 2005 der Rentenversicherung der Angestellten unterlegen hätte. [2]Die Regelungen für Arbeiterinnen und Arbeiter finden Anwendung auf Beschäftigte, deren Tätigkeit vor dem 1. Januar 2005 der Rentenversicherung der Arbeiter unterlegen hätte.

§ 38a Übergangsvorschrift zu § 1 Absatz 2 Buchstabe j

[1]Auf technisches Theaterpersonal mit überwiegend künstlerischer Tätigkeit, mit dem am 31. Mai 2015 arbeitsvertraglich eine überwiegend künstlerische Tätigkeit vereinbart ist, findet § 1 Absatz 2 Buchstabe j in der bis zum 31. Mai 2015 geltenden Fassung für die Dauer des ununterbrochen fortbestehenden Arbeitsverhältnisses weiter Anwendung. [2]Auf technisches Theaterpersonal, mit dem am 31. Mai 2015 arbeitsvertraglich die Anwendung des TV-L vereinbart ist, findet der TV-L unabhängig von § 1 Absatz 2 Buchstabe j in der ab dem 1. Juni 2015 geltenden Fassung für die Dauer des ununterbrochen fortbestehenden Arbeitsverhältnisses weiter Anwendung. [3]Als ununterbrochen fortbestehend gilt das Arbeitsverhältnis auch, wenn im beiderseitigen Einvernehmen an ein befristetes Arbeitsverhältnis ohne Unterbrechung ein neues Arbeitsverhältnis zu demselben Arbeitgeber abgeschlossen wird.

§ 38b Übergangsvorschriften

[1]Bei Beschäftigten, die Pflichtmitglied einer auf landesrechtlicher oder bundesrechtlicher Grundlage errichteten berufsständischen Versorgungseinrichtung im Sinne von § 6 Absatz 1 Satz 1 Nr. 1 SGB VI sind, endet das Arbeitsverhältnis abweichend von § 33 Absatz 1 Buchstabe a mit Erreichen der für die jeweilige Versorgungseinrichtung nach dem Stand vom 1. April 2019 geltenden Altersgrenze für eine abschlagsfreie Altersrente, sofern dies zu einem späteren Zeitpunkt als nach § 33 Absatz 1 Buchstabe a erfolgt. [2]Nach dem 1. April 2019 wirksam werdende Änderungen der satzungsmäßigen Bestimmungen der Versorgungseinrichtungen im Hinblick auf das Erreichen der Altersgrenze für eine abschlagsfreie Altersrente sind nur dann maßgeblich, wenn die sich daraus ergebende Altersgrenze mit der gesetzlich festgelegten Altersgrenze zum Erreichen der Regelaltersrente übereinstimmt.

§ 39 In-Kraft-Treten, Laufzeit

(1) [1]Dieser Tarifvertrag tritt am 1. November 2006 in Kraft. [2]Abweichend von Satz 1 treten § 26 Absatz 1 und Absatz 2 Buchstabe b und c sowie § 27 am 1. Januar 2007 in Kraft.

(2) Dieser Tarifvertrag kann von jeder Tarifvertragspartei mit einer Frist von drei Monaten zum Schluss eines Kalenderhalbjahres schriftlich gekündigt werden.

(3) [1]Abweichend von Absatz 2 kann von jeder Tarifvertragspartei auf landesbezirklicher Ebene schriftlich gekündigt werden

a) § 6 Absatz 1 mit einer Frist von einem Monat zum Schluss eines Kalendermonats. [2]Eine solche Kündigung erfasst zugleich auch abweichende

Regelungen der tariflichen regelmäßigen wöchentlichen Arbeitszeit für besondere Beschäftigtengruppen in den Sonderregelungen,
b) § 20 mit einer Frist von drei Monaten zum 31. Dezember eines Kalenderjahres,
c) § 23 Absatz 2 mit einer Frist von einem Monat zum Schluss eines Kalendermonats.

(4) Abweichend von Absatz 2 können ferner schriftlich gekündigt werden
a) die Vorschriften des Abschnitts II mit einer Frist von einem Monat zum Schluss eines Kalendermonats,
b) unabhängig von Buchstabe a § 8 Absatz 1 mit einer Frist von drei Monaten zum Schluss eines Kalendervierteljahres,
c) die §§ 12 bis 14 und die Entgeltordnung (Anlage A) insgesamt und ohne Nachwirkung mit einer Frist von drei Monaten zum Schluss eines Kalenderhalbjahres,
d) § 23 Absatz 1 mit einer Frist von einem Monat zum Schluss eines Kalendermonats,
e) § 26 Absatz 1 mit einer Frist von drei Monaten zum Schluss eines Kalenderjahres,
f) die Abschnitte 10 und 25 des Teils II der Entgeltordnung gemeinsam mit einer Frist von drei Monaten zum Schluss eines Kalenderhalbjahres; die Nachwirkung dieser Vorschriften wird ausgeschlossen,
g) die Entgelttabellen (Anlagen B, *C, D und* G) mit einer Frist von einem Monat zum Schluss eines Kalendermonats, frühestens jedoch zum 31. Oktober 2025; eine Kündigung nach Absatz 2 umfasst nicht die Entgelttabellen.

Sonderregelungen

§ 40 Sonderregelungen für Beschäftigte an Hochschulen und Forschungseinrichtungen

Nr. 1 Zu § 1 – Geltungsbereich –

Diese Sonderregelungen gelten für die Beschäftigten der Hochschulen und Forschungseinrichtungen der Länder, soweit nachfolgend nichts anderes bestimmt ist.

Nr. 2 Zu § 3 – Allgemeine Arbeitsbedingungen –

1. § 3 Absatz 1 gilt in folgender Fassung:

»(1) [1]Die arbeitsvertraglich geschuldete Leistung ist gewissenhaft und ordnungsgemäß in Übereinstimmung mit der Zielsetzung der Einrichtung, insbesondere der spezifischen Aufgaben in Forschung, Lehre und Weiterbildung auszuführen. [2]Die Beschäftigten müssen sich durch ihr gesamtes Verhalten zur freiheitlich demokratischen Grundordnung im Sinne des Grundgesetzes bekennen.«

2. § 3 Absatz 4 gilt in folgender Fassung:
»(4) [1]Nebentätigkeiten haben die Beschäftigten ihrem Arbeitgeber rechtzeitig vorher schriftlich anzuzeigen. [2]Der Arbeitgeber kann die Nebentätigkeit untersagen oder mit Auflagen versehen, wenn diese geeignet ist, die Erfüllung der arbeitsvertraglichen Pflichten der Beschäftigten oder berechtigte Interessen des Arbeitgebers zu beeinträchtigen. [3]Für Nebentätigkeiten im öffentlichen Dienst kann eine Ablieferungspflicht nach den Bestimmungen, die beim Arbeitgeber gelten, zur Auflage gemacht werden.«

3. In § 3 werden folgende Absätze 8 und 9 angefügt:
»(8) [1]Der Arbeitgeber hat bei der Wahrnehmung des Direktionsrechts die Grundrechte der Wissenschaftsfreiheit und der Kunstfreiheit sowie das Grundrecht der Gewissensfreiheit zu beachten. [2]Für Konfliktfälle wird eine Ombudsperson oder eine Schlichtungskommission durch die Betriebsparteien bestimmt, die Empfehlungen zur Konfliktlösung aussprechen kann. [3]Gesetzliche Ansprüche bleiben von den Empfehlungen der Schlichtung unberührt.
(9) Soweit in § 53 Abs. 2 Hochschulrahmengesetz genannten befristet Beschäftigten Aufgaben übertragen werden, die auch der Vorbereitung einer Promotion oder der Erbringung zusätzlicher wissenschaftlicher Leistungen förderlich sind, soll ihnen im Rahmen ihrer Dienstaufgaben ausreichend Gelegenheit zu eigener wissenschaftlicher Arbeit gegeben werden.«

Nr. 3 Zu § 6 – Regelmäßige Arbeitszeit –
1. § 6 Absatz 2 gilt in folgender Fassung:
»(2) [1]Für die Berechnung des Durchschnitts der regelmäßigen wöchentlichen Arbeitszeit ist ein Zeitraum von einem Jahr zugrunde zu legen. [2]Abweichend von Satz 1 kann bei Beschäftigten, die ständig Wechselschicht- oder Schichtarbeit zu leisten haben sowie für die Durchführung so genannter Sabbatjahrmodelle, ein längerer Zeitraum zugrunde gelegt werden.«

2. § 6 Absatz 6 gilt in folgender Fassung:
»(6) [1]Durch Betriebs-/Dienstvereinbarung kann für bestimmte Beschäftigtengruppen oder Beschäftigtenbereiche ein wöchentlicher Arbeitszeitkorridor von bis zu 48 Stunden eingerichtet werden. [2]Die innerhalb eines Arbeitszeitkorridors geleisteten zusätzlichen Arbeitsstunden werden innerhalb eines Jahres ausgeglichen. [3]§ 6 Absatz 2 Satz 2 bleibt unberührt.«

3. Es wird folgender Absatz 12 angefügt:

»(12) Durch Betriebs-/Dienstvereinbarung kann für bestimmte Beschäftigtengruppen oder Beschäftigtenbereiche vereinbart werden, dass die Verteilung der Arbeitszeit unter Berücksichtigung betrieblicher Belange vom Beschäftigten selbstverantwortlich festgelegt werden kann.«

Nr. 4 Zu § 7 – Sonderformen der Arbeit –

§ 7 Absatz 8 gilt in folgender Fassung:

»(8) Abweichend von Absatz 7 sind nur die Arbeitsstunden Überstunden, die

a) im Falle der Festlegung eines Arbeitszeitkorridors nach § 6 Absatz 6 über 48 Stunden oder über die vereinbarte Obergrenze hinaus,
b) im Falle der Einführung einer täglichen Rahmenzeit nach § 6 Absatz 7 außerhalb der Rahmenzeit,
c) im Falle von Wechselschicht- oder Schichtarbeit über die im Schichtplan festgelegten täglichen Arbeitsstunden einschließlich der im Schichtplan vorgesehenen Arbeitsstunden, die bezogen auf die regelmäßige wöchentliche Arbeitszeit im Schichtplanturnus nicht ausgeglichen werden,

angeordnet worden sind.«

Nr. 5 Zu § 16 – Stufen der Entgelttabelle –

1. § 16 Absatz 2 gilt in folgender Fassung:

»(2) [1]Bei der Einstellung werden die Beschäftigten der Stufe 1 zugeordnet, sofern keine einschlägige Berufserfahrung vorliegt. [2]Verfügen Beschäftigte über eine einschlägige Berufserfahrung von mindestens einem Jahr aus einem vorherigen befristeten oder unbefristeten Arbeitsverhältnis zum selben Arbeitgeber, erfolgt die Stufenzuordnung unter Anrechnung der Zeiten der einschlägigen Berufserfahrung aus diesem vorherigen Arbeitsverhältnis. [3]Ist die einschlägige Berufserfahrung von mindestens einem Jahr in einem Arbeitsverhältnis zu einem anderen Arbeitgeber erworben worden, erfolgt die Einstellung in die Stufe 2, beziehungsweise – bei Einstellung nach dem 31. Januar 2010 und Vorliegen einer einschlägigen Berufserfahrung von mindestens drei Jahren – in Stufe 3.

[4]Werden Beschäftigte in den Entgeltgruppen 13 bis 15 eingestellt, gilt ergänzend: Zeiten mit einschlägiger Berufserfahrung an anderen Hochschulen oder außeruniversitären Forschungseinrichtungen werden grundsätzlich anerkannt. [5]Dasselbe gilt für Beschäftigte in den Entgeltgruppen 9a bis 12, wenn sie im Rahmen der Planung, Vorbereitung, Durchführung, Aus- und/oder Bewertung von wissenschaftlichen Vorhaben einen wesentlichen Beitrag leisten.

[6]Unabhängig davon kann der Arbeitgeber bei Neueinstellungen zur Deckung des Personalbedarfs Zeiten einer vorherigen beruflichen Tätigkeit

ganz oder teilweise für die Stufenzuordnung berücksichtigen, wenn diese Tätigkeit für die vorgesehene Tätigkeit förderlich ist.«

1a. § 16 Absatz 2a gilt in folgender Fassung:
»(2a) Der Arbeitgeber kann bei Einstellung von Beschäftigten im unmittelbaren Anschluss an ein Arbeitsverhältnis im öffentlichen Dienst (§ 34 Absatz 3 Satz 3 und 4) die beim vorherigen Arbeitgeber nach den Regelungen des TV-L, des TVÜ-Länder oder eines vergleichbaren Tarifvertrages erworbene Stufe bei der Stufenzuordnung ganz oder teilweise berücksichtigen; Absatz 2 Satz 6 bleibt unberührt.«

2. § 16 Absatz 5 gilt in folgender Fassung:
»(5) [1]Zur regionalen Differenzierung, zur Deckung des Personalbedarfs, zur Bindung von qualifizierten Fachkräften oder zum Ausgleich höherer Lebenshaltungskosten kann Beschäftigten abweichend von der tarifvertraglichen Einstufung ein bis zu zwei Stufen höheres Entgelt ganz oder teilweise vorweg gewährt werden. [2]Beschäftigte mit einem Entgelt der Endstufe können bis zu 20 v.H. der Stufe 2 zusätzlich erhalten.
[3]Wissenschaftlerinnen und Wissenschaftler mit einem Entgelt der Endstufe können bis zu 25 v.H. der Stufe 2 zusätzlich erhalten. [4]Dies gilt jedoch nur, wenn
a) sie aufgrund ihrer fachlichen Qualifikation besondere projektbezogene Anforderungen erfüllen oder
b) eine besondere Personalbindung beziehungsweise Personalgewinnung erreicht werden soll.

[5]Die Zulage kann befristet werden. [6]Sie ist auch als befristete Zulage widerruflich.«

Nr. 6 Zu § 18
§ 18 gilt in folgender Fassung:
»§ 18 Besondere Zahlung im Drittmittelbereich, Leistungszulage und -prämie
(1) [1]Beschäftigte im Drittmittelbereich können vom Arbeitgeber eine Sonderzahlung erhalten. [2]Voraussetzung ist, dass nach Deckung der Einzel- und Gemeinkosten des Drittmittelvorhabens entsprechende Erträge aus Mitteln privater Dritter verbleiben. [3]Die Beschäftigten müssen zudem durch besondere Leistungen bei der Einwerbung der Mittel oder der Erstellung einer für die eingeworbenen Mittel zu erbringenden beziehungsweise erbrachten Leistung beigetragen haben. [4]Die Sonderzahlung kann bis zu 10 v.H. ihres Jahrestabellenentgelts betragen. [5]Sie ist nicht zusatzversorgungspflichtig.
(2) [1]Der Arbeitgeber kann Beschäftigten unabhängig von Absatz 1 eine Leistungszulage zahlen, wenn sie dauerhaft oder projektbezogen besondere

Leistungen erbringen. [2]Die Zulage kann befristet werden. [3]Sie ist auch als befristete Zulage widerruflich.

(3) Der Arbeitgeber kann Beschäftigten unabhängig von Absatz 1 eine einmalige Leistungsprämie zahlen, wenn sie besondere Leistungen erbracht haben.«

Nr. 7 Zu § 26 – Erholungsurlaub –

§ 26 Absatz 2 gilt in folgender Fassung:

»(2) Im Übrigen gilt das Bundesurlaubsgesetz mit folgenden Maßgaben:

a) Im Falle der Übertragung muss der Erholungsurlaub bis zum 30. September des folgenden Jahres genommen sein.
b) Beginnt oder endet das Arbeitsverhältnis im Laufe eines Jahres, steht als Erholungsurlaub für jeden vollen Monat des Arbeitsverhältnisses ein Zwölftel des Urlaubsanspruchs nach Absatz 1 zu; § 5 Bundesurlaubsgesetz bleibt unberührt.
c) Ruht das Arbeitsverhältnis, so vermindert sich die Dauer des Erholungsurlaubs einschließlich eines etwaigen tariflichen Zusatzurlaubs für jeden vollen Kalendermonat um ein Zwölftel.
d) Das Entgelt nach Absatz 1 Satz 1 wird zu dem in § 24 genannten Zeitpunkt gezahlt.«

Nr. 8 Zu § 30 – Befristete Arbeitsverträge –

§ 30 Absatz 2 gilt in folgender Fassung:

»(2) [1]Kalendermäßig befristete Arbeitsverträge mit sachlichem Grund sind nur zulässig, wenn die Dauer des einzelnen Vertrages sieben Jahre nicht übersteigt; weitergehende Regelungen im Sinne von § 23 Teilzeit- und Befristungsgesetz bleiben unberührt. [2]Beschäftigte mit einem Arbeitsvertrag nach Satz 1 sind bei der Besetzung von Dauerarbeitsplätzen bevorzugt zu berücksichtigen, wenn die sachlichen und persönlichen Voraussetzungen erfüllt sind.«

Nr. 9 Künstlerische Lehrkräfte an Kunst- und Musikhochschulen in Baden-Württemberg und Bayern:

»[1]Für künstlerische Lehrkräfte an Kunst- und Musikhochschulen in Baden-Württemberg und Bayern gelten § 44 Nummern 2 und 3 entsprechend. [2]An die Stelle der Schulferien treten dabei die Semesterferien.«

§ 41 Sonderregelungen für Ärztinnen und Ärzte an Universitätskliniken

Nr. 1 Zu § 1 – Geltungsbereich –

(1) [1]Diese Sonderregelungen gelten für Ärztinnen und Ärzte einschließlich Zahnärztinnen und Zahnärzte (Beschäftigte), die an einer Universitätsklinik überwiegend Aufgaben in der Patientenversorgung wahrnehmen. [2]Sie gelten auch für Ärztinnen und Ärzte, die in ärztlichen Servicebereichen in der Patientenversorgung eingesetzt sind.
(2) Ob und inwieweit diese Sonderregelungen auf andere Ärztinnen und Ärzte im Landesdienst (zum Beispiel an psychiatrischen Krankenhäusern) übertragen werden, ist auf Landesebene zu verhandeln.
(3) Soweit in § 40 geregelte Tatbestände auch für Ärztinnen und Ärzte an Universitätskliniken einschlägig sein könnten, sind sie in die Regelungen dieses § 41 vollständig aufgenommen worden.

Protokollerklärungen zu Nr. 1 Absatz 1:

1. Zu den ärztlichen Servicebereichen in der Patientenversorgung zählen zum Beispiel Pathologie, Labor und Krankenhaushygiene.
2. Der Tarifvertrag für das Universitätsklinikum Schleswig-Holstein (Beschäftigungspakt) vom 20. Oktober 2004 bleibt unberührt.

Nr. 2 Zu § 3 – Allgemeine Arbeitsbedingungen –

§ 3 gilt in folgender Fassung:

»§ 3 Allgemeine Arbeitsbedingungen

(1) [1]Die arbeitsvertraglich geschuldete Leistung ist gewissenhaft und ordnungsgemäß auszuführen; dabei sind die Ziele der Hochschule und die spezifischen Aufgaben in Forschung, Lehre und Weiterbildung zu beachten. [2]Die Beschäftigten müssen sich durch ihr gesamtes Verhalten zur freiheitlich demokratischen Grundordnung im Sinne des Grundgesetzes bekennen.
(2) Die Beschäftigten haben über Angelegenheiten, deren Geheimhaltung durch gesetzliche Vorschriften vorgesehen oder vom Arbeitgeber angeordnet ist, Verschwiegenheit zu wahren; dies gilt auch über die Beendigung des Arbeitsverhältnisses hinaus.
(3) [1]Die Beschäftigten dürfen von Dritten Belohnungen, Geschenke, Provisionen oder sonstige Vergünstigungen mit Bezug auf ihre Tätigkeit nicht annehmen. [2]Ausnahmen sind nur mit Zustimmung des Arbeitgebers möglich. [3]Werden den Beschäftigten derartige Vergünstigungen angeboten, haben sie dies dem Arbeitgeber unverzüglich anzuzeigen.
(4) [1]Eine Beteiligung der Beschäftigten an Poolgeldern hat nach transparenten Grundsätzen, insbesondere unter Berücksichtigung von Verantwortung, Leistung und Erfahrung zu erfolgen. [2]Sie richtet sich nach den landesrecht-

lichen Bestimmungen. [3]Soweit keine landesrechtlichen Bestimmungen erlassen sind, soll ein Poolvolumen gemäß den Grundsätzen des Satzes 1 verteilt werden; die Klinik kann weitere Kriterien bestimmen. [4]Die Beteiligung an Poolgeldern ist kein zusatzversorgungspflichtiges Entgelt.

(5) [1]Der Arbeitgeber ist bei begründeter Veranlassung berechtigt, Beschäftigte zu verpflichten, durch ärztliche Bescheinigung nachzuweisen, dass sie zur Leistung der arbeitsvertraglich geschuldeten Tätigkeit in der Lage sind. [2]Bei dem beauftragten Arzt kann es sich um einen Betriebsarzt, Personalarzt oder Amtsarzt handeln, soweit sich die Betriebsparteien nicht auf einen anderen Arzt geeinigt haben. [3]Die Kosten dieser Untersuchung trägt der Arbeitgeber. [4]Der Arbeitgeber kann die Beschäftigten auch bei Beendigung des Arbeitsverhältnisses untersuchen lassen. [5]Auf Verlangen der Beschäftigten ist er hierzu verpflichtet. [6]Beschäftigte, die besonderen Ansteckungsgefahren ausgesetzt oder in gesundheitsgefährdenden Bereichen beschäftigt sind, sind in regelmäßigen Zeitabständen ärztlich zu untersuchen.

(6) [1]Die Beschäftigten haben ein Recht auf Einsicht in ihre vollständigen Personalakten. [2]Sie können das Recht auf Einsicht auch durch eine/n hierzu schriftlich Bevollmächtigte/n ausüben lassen. [3]Sie können Auszüge oder Kopien aus ihren Personalakten erhalten. [4]Die Beschäftigten müssen über Beschwerden und Behauptungen tatsächlicher Art, die für sie ungünstig sind oder ihnen nachteilig werden können, vor Aufnahme in die Personalakten gehört werden. [5]Ihre Äußerung ist zu den Personalakten zu nehmen.

(7) Für die Schadenshaftung der Beschäftigten finden die Bestimmungen, die für die Beamten des jeweiligen Landes jeweils gelten, entsprechende Anwendung.

(8) [1]Der Arbeitgeber hat bei der Wahrnehmung des Direktionsrechts die Grundrechte der Wissenschaftsfreiheit und das Grundrecht der Gewissensfreiheit zu beachten. [2]Für Konfliktfälle wird eine Ombudsperson oder eine Schlichtungskommission durch die Betriebsparteien bestimmt, die Empfehlungen zur Konfliktlösung aussprechen kann. [3]Gesetzliche Ansprüche bleiben von den Empfehlungen der Schlichtung unberührt.

(9) [1]Zu den Pflichten der Beschäftigten gehört es auch, ärztliche Bescheinigungen auszustellen. [2]Die Beschäftigten können vom Arbeitgeber verpflichtet werden, im Rahmen einer zugelassenen Nebentätigkeit von leitenden Ärztinnen und Ärzten oder für Belegärztinnen und Belegärzte innerhalb der Einrichtung ärztlich tätig zu werden.

(10) [1]Zu den Pflichten der Beschäftigten aus der Haupttätigkeit gehört es, am Rettungsdienst in Notarztwagen und Hubschraubern teilzunehmen. [2]Für jeden Einsatz in diesem Rettungsdienst erhalten die Beschäftigten einen nicht zusatzversorgungspflichtigen Einsatzzuschlag in Höhe von 15,41 Euro. [3]Dieser Betrag verändert sich zu demselben Zeitpunkt und in dem gleichen Ausmaß wie das Tabellenentgelt der Entgeltgruppe Ä 1 Stufe 2.

Protokollerklärungen zu § 3 Absatz 10:

1. Beschäftigte, denen aus persönlichen Gründen (zum Beispiel Vorliegen einer anerkannten Minderung der Erwerbsfähigkeit, die dem Einsatz im Rettungsdienst entgegensteht, Flugunverträglichkeit) oder aus fachlichen Gründen die Teilnahme am Rettungsdienst nicht zumutbar beziehungsweise untersagt ist, dürfen nicht zum Einsatz im Rettungsdienst herangezogen werden.
2. [1]Der Einsatzzuschlag steht nicht zu, wenn den Beschäftigten wegen der Teilnahme am Rettungsdienst außer den tariflichen Bezügen sonstige Leistungen vom Arbeitgeber oder von einem Dritten (zum Beispiel private Unfallversicherung, für die der Arbeitgeber oder ein Träger des Rettungsdienstes die Beiträge ganz oder teilweise trägt, Liquidationsansprüche) zustehen. [2]Die Beschäftigten können auf die sonstigen Leistungen verzichten.
3. Der Einsatzzuschlag beträgt
   - 22,12 Euro ab 1. Dezember 2022,
   - 22,93 Euro ab 1. November 2024 und
   - 24,19 Euro ab 1. Februar 2025.

(11) Zu den Pflichten der Beschäftigten aus der Haupttätigkeit gehören auch die Erstellung von Gutachten, gutachtlichen Äußerungen und wissenschaftlichen Ausarbeitungen, die nicht von einem Dritten angefordert und vergütet werden.

(12) [1]Für die Nebentätigkeiten der Beschäftigten finden die Bestimmungen, die für die Beamten des jeweiligen Landes jeweils gelten, sinngemäß Anwendung.

[2]Die Beschäftigten können vom Arbeitgeber verpflichtet werden, als Nebentätigkeit Unterricht zu erteilen sowie Gutachten, gutachtliche Äußerungen und wissenschaftliche Ausarbeitungen zu erstellen, die von einem Dritten angefordert und vergütet werden. [3]Dies gilt auch im Rahmen einer zugelassenen Nebentätigkeit des leitenden Arztes.

[4]Steht die Vergütung für das Gutachten, die gutachtliche Äußerung oder wissenschaftliche Ausarbeitung ausschließlich dem Arbeitgeber zu, so haben die Beschäftigten entsprechend ihrer Beteiligung einen Anspruch auf einen Teil dieser Vergütung.

[5]In allen anderen Fällen sind die Beschäftigten berechtigt, für die Nebentätigkeit einen Anteil der Vergütung anzunehmen, die von dem Dritten zu zahlen ist. [6]Die Beschäftigten können die Übernahme der Nebentätigkeit verweigern, wenn die angebotene Vergütung offenbar nicht dem Umfang ihrer Beteiligung entspricht.

[7]Im Übrigen kann die Übernahme der Nebentätigkeit nur in besonders begründeten Ausnahmefällen verweigert werden.

(13) Auch die Ausübung einer unentgeltlichen Nebentätigkeit bedarf der vorherigen Genehmigung des Arbeitgebers, wenn für sie Räume, Einrichtungen, Personal oder Material des Arbeitgebers in Anspruch genommen werden.

(14) [1]Werden für eine Nebentätigkeit Räume, Einrichtungen, Personal oder Material des Arbeitgebers in Anspruch genommen, so haben die Beschäftigten dem Arbeitgeber die Kosten hierfür zu erstatten, soweit sie nicht von anderer Seite zu erstatten sind. [2]Die Kosten können in einer Nebenabrede zum Arbeitsvertrag pauschaliert werden.«

Nr. 3 Zu § 6 – Regelmäßige Arbeitszeit –

1. § 6 Absatz 1 bis 5 gelten in folgender Fassung:

»(1) [1]Die durchschnittliche regelmäßige wöchentliche Arbeitszeit ausschließlich der Pausen beträgt 42 Stunden. [2]Die regelmäßige Arbeitszeit kann auf fünf Tage, aus notwendigen betrieblichen/dienstlichen Gründen auch auf sechs Tage verteilt werden.

(2) [1]Für die Berechnung des Durchschnitts der regelmäßigen wöchentlichen Arbeitszeit ist ein Zeitraum von einem Jahr zugrunde zu legen. [2]Abweichend kann bei Beschäftigten, die ständig Wechselschicht- oder Schichtarbeit zu leisten haben, sowie für die Durchführung so genannter Sabbatjahrmodelle, ein längerer Zeitraum zugrunde gelegt werden.

(3) [1]Soweit es die betrieblichen/dienstlichen Verhältnisse zulassen, werden Beschäftigte am 24. Dezember und am 31. Dezember unter Fortzahlung des Tabellenentgelts und der sonstigen in Monatsbeträgen festgelegten Entgeltbestandteile von der Arbeit freigestellt. [2]Kann die Freistellung nach Satz 1 aus betrieblichen/dienstlichen Gründen nicht erfolgen, ist entsprechender Freizeitausgleich innerhalb von drei Monaten zu gewähren. [3]Die regelmäßige Arbeitszeit vermindert sich für den 24. Dezember und 31. Dezember, sofern sie auf einen Werktag fallen, um die dienstplanmäßig ausgefallenen Stunden.

[4]Die Arbeitszeit an einem gesetzlichen Feiertag, der auf einen Werktag fällt, wird durch eine entsprechende Freistellung an einem anderen Werktag bis zum Ende des dritten Kalendermonats ausgeglichen, wenn es die betrieblichen Verhältnisse zulassen; der Ausgleich soll möglichst aber schon bis zum Ende des nächsten Kalendermonats erfolgen. [5]Kann ein Freizeitausgleich nicht gewährt werden, erhalten die Beschäftigten je Stunde 100 v. H. des Stundenentgelts; Stundenentgelt ist der auf eine Stunde entfallende Anteil des monatlichen Entgelts der jeweiligen Entgeltgruppe und Stufe nach der Entgelttabelle. [6]Ist ein Arbeitszeitkonto eingerichtet, ist eine Buchung gemäß § 10 Absatz 3 zulässig. [7]In den Fällen des Satzes 4 steht der Zeitzuschlag von 35 v. H. (§ 8 Absatz 1 Satz 2 Buchstabe d) zu.

[8]Für Beschäftigte, die regelmäßig nach einem Dienstplan eingesetzt werden, der Wechselschicht- oder Schichtdienst an sieben Tagen in der Woche vorsieht, vermindert sich die regelmäßige Wochenarbeitszeit um ein Fünftel der arbeitsvertraglich vereinbarten durchschnittlichen Wochenarbeitszeit, wenn sie an einem gesetzlichen Feiertag, der auf einen Werktag fällt, nicht wegen des Feiertags, sondern dienstplanmäßig nicht zur Arbeit eingeteilt sind und

deswegen an anderen Tagen der Woche ihre regelmäßige Arbeitszeit erbringen müssen. [9]In den Fällen des Satzes 8 gelten die Sätze 4 bis 7 nicht.

Protokollerklärung zu § 6 Absatz 3 Satz 3:
Die Verminderung der regelmäßigen Arbeitszeit betrifft die Beschäftigten, die wegen des Dienstplans frei haben und deshalb ohne diese Regelung nacharbeiten müssten.

(4) Aus dringenden betrieblichen/dienstlichen Gründen kann auf der Grundlage einer Betriebs-/Dienstvereinbarung im Rahmen des § 7 Absatz 1, 2 und des § 12 Arbeitszeitgesetz von den Vorschriften des Arbeitszeitgesetzes abgewichen werden.
(5) [1]Die Beschäftigten sind im Rahmen begründeter betrieblicher/dienstlicher Notwendigkeiten verpflichtet, Sonntags-, Feiertags-, Nacht-, Wechselschicht-, Schichtarbeit sowie – bei Teilzeitbeschäftigung aufgrund arbeitsvertraglicher Regelung oder mit ihrer Zustimmung – Bereitschaftsdienst, Rufbereitschaft, Überstunden und Mehrarbeit zu leisten. [2]Beschäftigte, die regelmäßig an Sonn- und Feiertagen arbeiten müssen, erhalten innerhalb von zwei Wochen zwei arbeitsfreie Tage. [3]Hiervon soll ein freier Tag auf einen Sonntag fallen.«

2. § 6 Absatz 10 gilt in folgender Fassung:
»(10) [1]Unter den Voraussetzungen des Arbeitszeit- und Arbeitsschutzgesetzes, insbesondere des § 5 Arbeitsschutzgesetz, kann die tägliche Arbeitszeit im Schichtdienst auf bis zu 12 Stunden ausschließlich der Pausen ausgedehnt werden, um längere Freizeitintervalle zu schaffen oder die Zahl der Wochenenddienste zu vermindern. [2]In unmittelbarer Folge dürfen nicht mehr als vier Zwölf-Stunden-Schichten und innerhalb von zwei Kalenderwochen nicht mehr als acht Zwölf-Stunden-Schichten geleistet werden. [3]Solche Schichten können nicht mit Bereitschaftsdienst (§ 7 Absatz 3) kombiniert werden.«

3. Nach § 6 Absatz 11 wird folgender Absatz 12 eingefügt:
»(12) Wird den Beschäftigten durch ausdrückliche Anordnung des Arbeitgebers eine Sonderfunktion innerhalb der Klinik übertragen (zum Beispiel Transplantationsbeauftragte/Transplantationsbeauftragter, Strahlenschutzbeauftragte/Strahlenschutzbeauftragter), sind sie für diese Tätigkeit und die Fortbildung hierzu in erforderlichem Umfang von ihren sonstigen Aufgaben freizustellen.«

4. Zu § 6 gelten folgende Protokollerklärungen:

»Protokollerklärungen zu § 6:

1. [1]Die Tarifvertragsparteien erwarten, dass den Beschäftigten bei der Festlegung der Arbeitszeit ein angemessener zeitlicher Anteil der Arbeitszeit für ihre wissenschaftliche Tätigkeit in Forschung und Lehre zugestanden wird. [2]Die in den Hochschulgesetzen der Länder geregelten Mindestzeiten für die Ausübung wissenschaftlicher Tätigkeit bleiben unberührt.
2. Die Tarifvertragsparteien erwarten, dass die Kliniken zusammen mit den Beschäftigten nach Wegen suchen, die Beschäftigten von bürokratischen, patientenfernen Aufgaben zu entlasten und deren Arbeitsabläufe besser zu organisieren.
3. Die Tarifvertragsparteien erwarten, dass in den Kliniken unter Einbeziehung der Beschäftigten intensiv alternative Arbeitszeitmodelle entwickelt werden, die sowohl den gesetzlichen Anforderungen als auch veränderten betrieblichen Anforderungen entsprechen.
4. [1]Die Arbeitszeiten der Beschäftigten sollen objektiv dokumentiert werden. [2]Die konkrete Anwendung wird durch Pilotprojekte geprüft.«

Nr. 4 Zu § 7 – Sonderformen der Arbeit –

1. § 7 Absatz 1 gilt in folgender Fassung:

»(1) [1]Wechselschichtarbeit ist die Arbeit nach einem Schichtplan, der einen regelmäßigen Wechsel der täglichen Arbeitszeit in Wechselschichten vorsieht, bei denen die/der Beschäftigte durchschnittlich längstens nach Ablauf eines Monats erneut zu mindestens zwei Nachtschichten herangezogen wird. [2]Wechselschichten sind wechselnde Arbeitsschichten, in denen ununterbrochen bei Tag und Nacht, werktags, sonntags und feiertags gearbeitet wird. [3]Nachtschichten sind Arbeitsschichten, die mindestens zwei Stunden Nachtarbeit umfassen.«

2. § 7 Absätze 3 und 4 gelten in folgender Fassung:

»(3) [1]Beschäftigte sind verpflichtet, sich auf Anordnung des Arbeitgebers außerhalb der regelmäßigen Arbeitszeit an einer vom Arbeitgeber bestimmten Stelle aufzuhalten, um im Bedarfsfall die Arbeit aufzunehmen (Bereitschaftsdienst). [2]Der Arbeitgeber darf Bereitschaftsdienst nur anordnen, wenn zu erwarten ist, dass zwar Arbeit anfällt, erfahrungsgemäß aber die Zeit ohne Arbeitsleistung überwiegt.

(4) [1]Rufbereitschaft leisten Beschäftigte, die sich auf Anordnung des Arbeitgebers außerhalb der regelmäßigen Arbeitszeit an einer dem Arbeitgeber anzuzeigenden Stelle aufhalten, um auf Abruf die Arbeit aufzunehmen. [2]Der Arbeitgeber darf Rufbereitschaft nur anordnen, wenn erfahrungsgemäß lediglich in Ausnahmefällen Arbeit anfällt. [3]Rufbereitschaft wird nicht dadurch ausgeschlossen, dass Beschäftigte vom Arbeitgeber mit einem Mobiltelefon oder einem vergleichbaren technischen Hilfsmittel ausgestattet sind. [4]Durch tatsächliche Arbeitsleistung innerhalb der Rufbereitschaft kann die

tägliche Höchstarbeitszeit von zehn Stunden überschritten werden (§§ 3, 7 Absatz 1 Nr. 1 und Nr. 4 Arbeitszeitgesetz).«

3. § 7 erhält folgende Absätze 9 bis 11:

»(9) [1]Wenn in die Arbeitszeit regelmäßig und in erheblichem Umfang Bereitschaftsdienst fällt, kann im Rahmen des § 7 Absatz 1 Nr. 1 und Nr. 4 Arbeitszeitgesetz die tägliche Arbeitszeit im Sinne des Arbeitszeitgesetzes abweichend von den §§ 3 und 6 Absatz 2 Arbeitszeitgesetz über acht Stunden hinaus auf bis zu 24 Stunden (8 Stunden Volldienst und 16 Stunden Bereitschaftsdienst) verlängert werden, wenn mindestens die Zeit über acht Stunden als Bereitschaftsdienst abgeleistet wird. [2]Die Verlängerung setzt voraus:

a) eine Prüfung alternativer Arbeitszeitmodelle,
b) eine Belastungsanalyse gemäß § 5 Arbeitsschutzgesetz und
c) gegebenenfalls daraus resultierende Maßnahmen zur Gewährleistung des Gesundheitsschutzes.

[3]Die tägliche Arbeitszeit darf bei Ableistung ausschließlich von Bereitschaftsdienst an Samstagen, Sonn- und Feiertagen maximal 24 Stunden betragen, wenn dadurch für den Einzelnen mehr Wochenenden und Feiertage frei sind.

(10) [1]Unter den Voraussetzungen des Absatzes 9 Satz 2 Buchstabe a bis c und bei Einhaltung der Grenzwerte des Absatzes 9 kann im Rahmen des § 7 Absatz 2a Arbeitszeitgesetz eine Verlängerung der täglichen Arbeitszeit über acht Stunden hinaus auch ohne Ausgleich erfolgen. [2]Dabei ist eine wöchentliche Arbeitszeit von bis zu maximal durchschnittlich 58 Stunden in der Bereitschaftsdienststufe I und von bis zu maximal durchschnittlich 54 Stunden in der Bereitschaftsdienststufe II zulässig. [3]Durch Tarifvertrag auf Landesebene kann in begründeten Einzelfällen eine durchschnittliche wöchentliche Höchstarbeitszeit von bis zu 66 Stunden vereinbart werden. [4]Für die Berechnung des Durchschnitts der wöchentlichen Arbeitszeit ist ein Zeitraum von einem Jahr zugrunde zu legen.

(11) [1]In den Fällen, in denen Teilzeitarbeit (§ 11) vereinbart wurde, verringern sich die Höchstgrenzen der wöchentlichen Arbeitszeit in Absatz 10 – beziehungsweise in den Fällen, in denen Absatz 10 nicht zur Anwendung kommt, die Höchstgrenze von 48 Stunden – in demselben Verhältnis wie die Arbeitszeit dieser Teilzeitbeschäftigten zu der regelmäßigen Arbeitszeit der Vollbeschäftigten verringert worden ist. [2]Mit Zustimmung der/des Beschäftigten oder aufgrund von dringenden dienstlichen oder betrieblichen Belangen kann hiervon abgewichen werden.«

Nr. 5 Zu § 8 – Ausgleich für Sonderformen der Arbeit –

1. § 8 Absatz 1 gilt in folgender Fassung:

»(1) [1]Beschäftigte erhalten neben dem Entgelt für die tatsächliche Arbeitsleistung Zeitzuschläge. [2]Die Zeitzuschläge betragen – auch bei Teilzeitbeschäftigten – je Stunde

a)	für Überstunden	15 v. H.,
b)	für Nachtarbeit	20 v. H.,
c)	für Sonntagsarbeit	25 v. H.,
d)	bei Feiertagsarbeit	
	– ohne Freizeitausgleich	135 v. H.,
	– mit Freizeitausgleich	35 v. H.,
e)	für Arbeit am 24. Dezember und am 31. Dezember jeweils ab 6 Uhr	35 v. H.,
f)	für Arbeit an Samstagen von 13 bis 21 Uhr	0,64 €;

in den Fällen der Buchstaben a bis e beziehen sich die Werte bei Ärzten der Entgeltgruppe Ä 1 auf den Anteil des Tabellenentgelts der Stufe 3 und bei Ärzten der Entgeltgruppen Ä 2 bis Ä 4 auf den Anteil des Tabellenentgelts der Stufe 1 der jeweiligen Entgeltgruppe, der auf eine Stunde entfällt. [3]Beim Zusammentreffen von Zeitzuschlägen nach Satz 2 Buchstabe c bis f wird nur der höchste Zeitzuschlag gezahlt. [4]Auf Wunsch der Beschäftigten können, soweit ein Arbeitszeitkonto (§ 10) eingerichtet ist und die betrieblichen/dienstlichen Verhältnisse es zulassen, die nach Satz 2 zu zahlenden Zeitzuschläge entsprechend dem jeweiligen Vomhundertsatz einer Stunde in Zeit umgewandelt und ausgeglichen werden. [5]Dies gilt entsprechend für Überstunden als solche.

Protokollerklärung zu § 8 Absatz 1 Satz 2:

Bei Überstunden richtet sich das Entgelt für die tatsächliche Arbeitsleistung nach der jeweiligen Entgeltgruppe und der individuellen Stufe, höchstens jedoch nach der Stufe 2.

Protokollerklärung zu § 8 Absatz 1 Satz 2 Buchstabe d:

[1]Der Freizeitausgleich muss im Dienstplan besonders ausgewiesen und bezeichnet werden. [2]Falls kein Freizeitausgleich gewährt wird, werden als Entgelt einschließlich des Zeitzuschlags und des auf den Feiertag entfallenden Tabellenentgelts höchstens 235 v. H. gezahlt.«

2. § 8 Abs. 2 gilt in folgender Fassung:

»(2) [1]Überstunden sind grundsätzlich durch entsprechende Freizeit auszugleichen; für die Zeit des Freizeitausgleichs werden das Tabellenentgelt sowie die sonstigen, in Monatsbeträgen festgelegten Entgeltbestandteile weitergezahlt. [2]Sofern kein Arbeitszeitkonto nach § 10 eingerichtet ist, oder wenn ein solches besteht, die/der Beschäftigte jedoch keine Faktorisierung nach Absatz 1 geltend macht, erhält die/der Beschäftigte für Überstunden (§ 7

Absatz 7), die nicht bis zum Ende des dritten Kalendermonats – möglichst aber schon bis zum Ende des nächsten Kalendermonats – nach deren Entstehen mit Freizeit ausgeglichen worden sind, je Stunde 100 v.H. des auf die Stunde entfallenden Anteils des Tabellenentgelts der jeweiligen Entgeltgruppe und Stufe, höchstens jedoch nach der Stufe 2. [3]Der Anspruch auf den Zeitzuschlag für Überstunden nach Absatz 1 besteht unabhängig von einem Freizeitausgleich.«

3. § 8 Absatz 3 gilt nicht.
4. § 8 Absatz 6 gilt in folgender Fassung:

»(6) [1]Zur Berechnung des Entgelts wird die Zeit des Bereitschaftsdienstes einschließlich der geleisteten Arbeit in zwei Stufen als Arbeitszeit gewertet. [2]Ausschlaggaebend sind die Arbeitsleistungen, die während des Bereitschaftsdienstes erfahrungsgemäß durchschnittlich anfallen:

Bereitschafts-dienststufe	Arbeitsleistung innerhalb des Bereitschaftsdienstes	Bewertung als Arbeitszeit
I	0 bis zu 25 v.H.	60 v.H.
II	Mehr als 25 v.H. bis 49 v.H.	95 v.H.

[3]Für die Zeit des Bereitschaftsdienstes an gesetzlichen Feiertagen erhöht sich die Bewertung um 25 Prozentpunkte. [4]Im Übrigen werden Zeitzuschläge (Absatz 1) für die Zeit des Bereitschaftsdienstes einschließlich der geleisteten Arbeit nicht gezahlt.

[5]Für die Zeit des Bereitschaftsdienstes, die als Arbeitszeit gewertet wird, wird das tarifliche Stundenentgelt der jeweiligen Entgeltgruppe und Stufe (individuelles Stundenentgelt) gezahlt. [6]Das Bereitschaftsdienstentgelt kann im Verhältnis 1:1 in Freizeit abgegolten werden (Freizeitausgleich). [7]Für die Zeit des Freizeitausgleichs werden das Entgelt und die in Monatsbeträgen festgelegten Zulagen fortgezahlt. [8]Die Zuweisung zu den Stufen des Bereitschaftsdienstes erfolgt durch schriftliche Nebenabrede zum Arbeitsvertrag. [9]Die Nebenabrede ist mit einer Frist von drei Monaten jeweils zum Ende eines Kalenderhalbjahres kündbar.«

Nr. 6 Zu § 9 – Bereitschaftszeiten –

§ 9 gilt nicht.

Nr. 7 Zu § 12 – Eingruppierung –

§ 12 gilt in folgender Fassung:

»§ 12 Eingruppierung

Die Beschäftigten sind entsprechend ihrer nicht nur vorübergehend und zeitlich mindestens zur Hälfte auszuübenden Tätigkeit wie folgt eingruppiert:

Entgeltgruppe	Bezeichnung
Ä 1	Ärztin/Arzt mit entsprechender Tätigkeit
Ä 2	Fachärztin/Facharzt mit entsprechender Tätigkeit
Ä 3	Oberärztin/Oberarzt
	Oberarzt ist derjenige Arzt, dem die medizinische Verantwortung für Teil- oder Funktionsbereiche der Klinik beziehungsweise Abteilung vom Arbeitgeber übertragen worden ist.
	Oberarzt ist ferner der Facharzt in einer durch den Arbeitgeber übertragenen Spezialfunktion, für die dieser eine erfolgreich abgeschlossene Schwerpunkt- oder Zusatzweiterbildung nach der Weiterbildungsordnung fordert.
Ä 4	Fachärztin/Facharzt, der/dem die ständige Vertretung des leitenden Arztes (Chefarzt) vom Arbeitgeber übertragen worden ist.
	(**Protokollerklärung:** Ständiger Vertreter ist nur der Arzt, der den leitenden Arzt in der Gesamtheit seiner Dienstaufgaben vertritt. Das Tätigkeitsmerkmal kann daher innerhalb einer Klinik nur von einer Ärztin/einem Arzt erfüllt werden.)«

Nr. 8 Zu § 13

§ 13 gilt in folgender Fassung:

»§ 13 Zulage bei Überschreiten der Mindestweiterbildungszeit

Ärztinnen/Ärzte der Entgeltgruppe Ä 1 in der Weiterbildung zur Fachärztin beziehungsweise zum Facharzt erhalten eine monatliche Zulage in Höhe der Differenz zur Stufe 1 der Entgeltgruppe Ä 2, sobald sie die Mindestweiterbildungszeit nach der Weiterbildungsordnung um mehr als ein Jahr überschritten haben, ohne dass sie dies zu vertreten haben.«

Nr. 9 Zu § 14 – Vorübergehende Übertragung einer höherwertigen Tätigkeit –

§ 14 gilt in folgender Fassung:

»§ 14 Vorübergehende Übertragung einer höherwertigen Tätigkeit

(1) Wird Beschäftigten vorübergehend eine andere Tätigkeit übertragen, die den Tätigkeitsmerkmalen einer höheren Entgeltgruppe entspricht, und wurde diese Tätigkeit mindestens einen Monat ausgeübt, erhalten sie für die Dauer der Ausübung eine persönliche Zulage rückwirkend ab dem ersten Tag der Übertragung der Tätigkeit.
(2) Die persönliche Zulage bemisst sich bei Beschäftigten, die in eine der Entgeltgruppen Ä 1 bis Ä 3 eingruppiert sind, aus dem Unterschiedsbetrag zu dem Tabellenentgelt, das sich bei dauerhafter Übertragung ergeben hätte.«

Nr. 10 Zu § 15 – Tabellenentgelt –
§ 15 gilt in folgender Fassung:

»§ 15 Tabellenentgelt

(1) [1]Die/Der Beschäftigte erhält monatlich ein Tabellenentgelt. [2]Die Höhe bestimmt sich nach der Entgeltgruppe, in die sie/er eingruppiert ist, und nach der für sie/ihn geltenden Stufe.
(2) Die Höhe der Tabellenentgelte ist in Anlage D festgelegt.«

Nr. 11 Zu § 16 – Stufen der Entgelttabelle –
§ 16 gilt in folgender Fassung:

»§ 16 Stufen der Entgelttabelle

(1) [1]Die Entgeltgruppe Ä 1 umfasst fünf Stufen; die Entgeltgruppen Ä 2 bis Ä 4 umfassen drei Stufen. [2]Die Beschäftigten erreichen die jeweils nächste Stufe nach den Zeiten ärztlicher (Ä 1), fachärztlicher (Ä 2), oberärztlicher (Ä 3) Tätigkeit beziehungsweise der Tätigkeit als ständiger Vertreter des leitenden Arztes (Chefarztes), die in den Tabellen (Anlage D) angegeben sind.
(2) [1]Für die Anrechnung von Vorzeiten ärztlicher Tätigkeit gilt Folgendes: Bei der Einstellung werden Zeiten mit einschlägiger Berufserfahrung als förderliche Zeiten für die Stufenzuordnung berücksichtigt. [2]Zeiten von Berufserfahrung aus nichtärztlicher Tätigkeit können berücksichtigt werden.
(3) [1]Zur regionalen Differenzierung, zur Deckung des Personalbedarfs, zur Bindung von qualifizierten Fachkräften oder zum Ausgleich höherer Lebenshaltungskosten kann abweichend von der tarifvertraglichen Einstufung ein bis zu zwei Stufen höheres Entgelt ganz oder teilweise vorweg gewährt werden. [2]Beschäftigte mit einem Entgelt der Endstufe können bis zu 20 v. H. der Stufe 2 zusätzlich erhalten. [3]Die Zulage kann befristet werden. [4]Sie ist auch als befristete Zulage widerruflich.

(4) [1]Bei Wissenschaftlerinnen und Wissenschaftlern tritt bei Anwendung des Absatzes 3 an die Stelle des Wertes von 20 v. H. der Wert 25 v. H. [2]Dies gilt jedoch nur, wenn
a) sie aufgrund ihrer fachlichen Qualifikation besondere projektbezogene Anforderungen erfüllen oder
b) eine besondere Personalbindung beziehungsweise Personalgewinnung erreicht werden soll.«

Nr. 12 Zu § 17 – Allgemeine Regelungen zu den Stufen –
§ 17 gilt in folgender Fassung:

»§ 17 Allgemeine Regelungen zu den Stufen

(1) Die Beschäftigten erhalten das Tabellenentgelt nach der neuen Stufe vom Beginn des Monats an, in dem die nächste Stufe erreicht wird.
(2) [1]Den Zeiten einer ununterbrochenen Tätigkeit im Sinne des § 16 Absatz 1 Satz 2 stehen gleich:
a) Schutzfristen nach dem Mutterschutzgesetz,
b) Zeiten einer Arbeitsunfähigkeit nach § 22 bis zu 39 Wochen,
c) Zeiten eines bezahlten Urlaubs,
d) Zeiten eines Sonderurlaubs, bei denen der Arbeitgeber vor dem Antritt schriftlich ein dienstliches beziehungsweise betriebliches Interesse anerkannt hat,
e) Zeiten einer sonstigen Unterbrechung von weniger als einem Monat im Kalenderjahr,
f) Zeiten der vorübergehenden Übertragung einer höherwertigen Tätigkeit.

[2]Zeiten der Unterbrechung bis zu einer Dauer von jeweils drei Jahren, die nicht von Satz 1 erfasst werden, und Elternzeit sind unschädlich; sie werden aber nicht auf die Stufenlaufzeit angerechnet. [3]Zeiten, in denen eine Beschäftigung mit einer kürzeren als der regelmäßigen wöchentlichen Arbeitszeit eines entsprechenden Vollbeschäftigten erfolgt ist, werden voll angerechnet.«

Nr. 13 Zu § 18
§ 18 gilt in folgender Fassung:

»§ 18 Besondere Zahlung im Drittmittelbereich

[1]Die Beschäftigten im Drittmittelbereich können vom Arbeitgeber eine Sonderzahlung erhalten. [2]Voraussetzung ist, dass nach Deckung der Einzel- und Gemeinkosten des Drittmittelvorhabens entsprechende Erträge aus Mitteln privater Dritter verbleiben. [3]Die Beschäftigten müssen zudem durch besondere Leistungen bei der Einwerbung der Mittel oder der Erstellung

einer für die eingeworbenen Mittel zu erbringenden beziehungsweise erbrachten Leistung beigetragen haben. [4]Die Sonderzahlung kann bis zu 10 v. H. ihres Jahrestabellenentgelts betragen. [5]Sie ist nicht zusatzversorgungspflichtig.«

Nr. 14 Zu § 19 – Erschwerniszuschläge –
§ 19 gilt nicht.

Nr. 15 Zu § 20 – Jahressonderzahlungen –
§ 20 gilt nicht.

Nr. 16 Zu § 24 – Berechnung und Auszahlung des Entgelts –
§ 24 Absatz 6 gilt in folgender Fassung:
»(6) Durch Nebenabrede zum Arbeitsvertrag können neben dem Tabellenentgelt zustehende Entgeltbestandteile (zum Beispiel Zeitzuschläge, Erschwerniszuschläge, Überstundenentgelte) pauschaliert werden. Die Nebenabrede ist mit einer Frist von drei Monaten jeweils zum Ende eines Kalenderhalbjahres kündbar.«

Nr. 17 Zu § 27 – Zusatzurlaub –
§ 27 erhält folgenden Absatz 6:
»(6) [1]Beschäftigte erhalten Zusatzurlaub im Kalenderjahr bei einer Leistung im Kalenderjahr von mindestens

150 Nachtarbeitsstunden	1 Arbeitstag
300 Nachtarbeitsstunden	2 Arbeitstage
450 Nachtarbeitsstunden	3 Arbeitstage
600 Nachtarbeitsstunden	4 Arbeitstage.

[2]Bei Teilzeitkräften ist die Zahl der in Satz 1 geforderten Nachtarbeitsstunden entsprechend dem Verhältnis der vereinbarten durchschnittlichen regelmäßigen Arbeitszeit zur regelmäßigen Arbeitszeit von entsprechenden Vollzeitkräften zu kürzen. [3]Nachtarbeitsstunden, die in Zeiträumen geleistet werden, für die Zusatzurlaub für Wechselschicht- oder Schichtarbeit zusteht, bleiben unberücksichtigt. [4]Bei Anwendung des Satzes 1 werden nur die im Rahmen der regelmäßigen Arbeitszeit in der Zeit zwischen 21 Uhr und 6 Uhr dienstplanmäßig beziehungsweise betriebsüblich geleisteten Nachtarbeitsstunden berücksichtigt. [5]Absatz 4 und Absatz 5 finden Anwendung.

Protokollerklärung zu Absatz 6:
Der Anspruch auf Zusatzurlaub bemisst sich nach den abgeleisteten Nachtarbeitsstunden und entsteht im laufenden Jahr, sobald die Voraussetzungen nach Absatz 6 Satz 1 erfüllt sind.«

Nr. 18 Zu § 29 – Arbeitsbefreiung –

§ 29 Absatz 6 gilt in folgender Fassung, ergänzt um Absatz 7:

»(6) [1]Zur Teilnahme an Arztkongressen, Fachtagungen und vergleichbaren Veranstaltungen ist den Beschäftigten Arbeitsbefreiung bis zu drei Arbeitstage im Kalenderjahr zu gewähren. [2]Die Arbeitsbefreiung wird auf einen Anspruch nach den Weiterbildungsgesetzen der Länder angerechnet. [3]Bei Personalkostenerstattung durch Dritte erfolgt eine Freistellung für bis zu fünf Tage.

(7) In den Fällen der Absätze 1 bis 6 werden das Tabellenentgelt sowie die sonstigen Entgeltbestandteile, die in Monatsbeträgen festgelegt sind, weitergezahlt.«

Nr. 19 Zu § 30 – Befristete Arbeitsverträge –

1. § 30 Absatz 2 gilt in folgender Fassung:

»(2) [1]Kalendermäßig befristete Arbeitsverträge mit sachlichem Grund sind nur zulässig, wenn die Dauer des einzelnen Vertrages sieben Jahre nicht übersteigt; weitergehende Regelungen im Sinne von § 23 Teilzeit- und Befristungsgesetz bleiben unberührt. [2]Beschäftigte mit einem Arbeitsvertrag nach Satz 1 sind bei der Besetzung von Dauerarbeitsplätzen bevorzugt zu berücksichtigen, wenn die sachlichen und persönlichen Voraussetzungen erfüllt sind.«

2. § 30 erhält folgenden Absatz 7:

»(7) [1]Beim Abschluss von befristeten Arbeitsverträgen mit besonders kurzen Vertragslaufzeiten ist auch das Interesse der Beschäftigten an einer notwendigen Planungssicherheit zu berücksichtigen. [2]Bei befristeten Beschäftigungen nach dem Hochschulrahmengesetz beziehungsweise einer gesetzlichen Nachfolgeregelung mit dem Zweck der Weiterbildung zur Fachärztin beziehungsweise zum Facharzt soll der erste Vertrag möglichst für eine Laufzeit von nicht weniger als zwei Jahren und der weitere Vertrag bis zum Ende der Mindestweiterbildungszeit geschlossen werden. [3]Sachliche Gründe können eine kürzere Vertragslaufzeit erfordern.«

Nr. 20 Zu § 31 – Führung auf Probe –

§ 31 gilt in folgender Fassung:

»§ 31 Führung auf Probe

(1) [1]Führungspositionen können als befristetes Arbeitsverhältnis bis zur Gesamtdauer von zwei Jahren vereinbart werden. [2]Innerhalb dieser Gesamtdauer ist eine höchstens zweimalige Verlängerung des Arbeitsvertrages zulässig. [3]Die beiderseitigen Kündigungsrechte bleiben unberührt.

(2) Führungspositionen sind die ab Entgeltgruppe Ä 3 auszuübenden Tätigkeiten mit Weisungsbefugnis.

(3) [1]Besteht bereits ein Arbeitsverhältnis mit demselben Arbeitgeber, kann der/dem Beschäftigten vorübergehend eine Führungsposition bis zu der in Absatz 1 genannten Gesamtdauer übertragen werden. [2]Der/Dem Beschäftigten wird für die Dauer der Übertragung eine Zulage in Höhe des Unterschiedsbetrags zu dem Tabellenentgelt, das sich bei dauerhafter Übertragung ergeben hätte, gewährt. [3]Nach Fristablauf endet die Erprobung. [4]Bei Bewährung wird die Führungsfunktion auf Dauer übertragen; ansonsten erhält die/der Beschäftigte eine der bisherigen Eingruppierung entsprechende Tätigkeit.«

Nr. 21 Zu § 32 – Führung auf Zeit –

§ 32 gilt in folgender Fassung:

»§ 32 Führung auf Zeit

(1) [1]Führungspositionen können als befristetes Arbeitsverhältnis bis zur Dauer von vier Jahren vereinbart werden. [2]Folgende Verlängerungen des Arbeitsvertrages sind zulässig:

a) in der Entgeltgruppe Ä 3 eine höchstens zweimalige Verlängerung bis zu einer Gesamtdauer von acht Jahren,
b) in der Entgeltgruppe Ä 4 eine höchstens dreimalige Verlängerung bis zu einer Gesamtdauer von zwölf Jahren.

[3]Zeiten in einer Führungsposition nach Buchstabe a bei demselben Arbeitgeber können auf die Gesamtdauer nach Buchstabe b zur Hälfte angerechnet werden. [4]Die allgemeinen Vorschriften über die Probezeit (§ 2 Absatz 4) und die beiderseitigen Kündigungsrechte bleiben unberührt.

(2) Führungspositionen sind die ab Entgeltgruppe Ä 3 auszuübenden Tätigkeiten mit Weisungsbefugnis.

(3) [1]Besteht bereits ein Arbeitsverhältnis mit demselben Arbeitgeber, kann der/dem Beschäftigten vorübergehend eine Führungsposition bis zu den in Absatz 1 genannten Fristen übertragen werden. [2]Der/Dem Beschäftigten wird für die Dauer der Übertragung eine Zulage in Höhe des Unterschiedsbetrags zu dem Tabellenentgelt, das sich bei dauerhafter Übertragung ergeben hätte, gewährt. [3]Nach Fristablauf erhält die/der Beschäftigte eine der bisherigen Eingruppierung entsprechende Tätigkeit.«

Nr. 22 Zu § 33 – Beendigung des Arbeitsverhältnisses ohne Kündigung –

1. § 33 Absatz 4 gilt in folgender Fassung:

»(4) [1]Verzögert die/der Beschäftigte schuldhaft den Rentenantrag oder bezieht sie/er Altersrente nach § 236, § 236a oder § 236b SGB VI oder ist sie/

er nicht in der gesetzlichen Rentenversicherung oder in einem berufsständischen Versorgungswerk versichert, so tritt an die Stelle des Rentenbescheids das Gutachten einer Amtsärztin/eines Amtsarztes oder einer/eines nach § 3 Absatz 5 Satz 2 bestimmten Ärztin/Arztes. [2]Das Arbeitsverhältnis endet in diesem Fall mit Ablauf des Monats, in dem der/dem Beschäftigten das Gutachten bekannt gegeben worden ist.«

2. Dem § 33 wird folgende Protokollerklärung angefügt:

»Protokollerklärung zu § 33 Absatz 2 und 3:
Als Rentenversicherungsträger im Sinne der Absätze 2 und 3 gelten auch berufsständische Versorgungswerke.«

Nr. 23 Zu § 35 – Zeugnis –
Dem § 35 wird folgender Absatz 5 angefügt:
»(5) Das Zeugnis wird vom leitenden Arzt und vom Arbeitgeber ausgestellt.«

Nr. 24 Zu § 39 – In-Kraft-Treten, Laufzeit –
§ 39 Absatz 3 gilt in folgender Fassung:
»(3) Abweichend von Absatz 2 kann von jeder Tarifvertragspartei auf landesbezirklicher Ebene schriftlich gekündigt werden
a) § 6 Absatz 1 mit einer Frist von einem Monat zum Schluss eines Kalendermonats,
b) § 23 Absatz 2 mit einer Frist von einem Monat zum Schluss eines Kalendermonats.«

Nr. 25 Zu § 12 TVÜ-Länder
(1) [1]Abweichend von § 12 Absatz 7 TVÜ-Länder erhalten übergeleitete Fachärztinnen und Fachärzte, die
a) am 31. Oktober 2006 Grundvergütung aus den Lebensaltersstufen 45 oder 47 der Vergütungsgruppe I a BAT/BAT-O beziehen und
b) ab 1. November 2006 in die Entgeltgruppe Ä 2 eingruppiert sind,
ab November 2006 einen nicht dynamischen Strukturausgleich zusätzlich zu ihrem monatlichen Entgelt. [2]Der Strukturausgleich beträgt monatlich bei Anspruch auf Grundvergütung am 31. Oktober 2006 aus

Lebensaltersstufe	Tarifgebiet West	Tarifgebiet Ost
45	90,00 Euro	83,25 Euro
47	190,00 Euro	175,75 Euro

(2) [1]Bei Höhergruppierungen und allgemeinen Entgelterhöhungen wird der Unterschiedsbetrag zum bisherigen Entgelt auf den Strukturausgleich angerechnet. [2]Dasselbe gilt für die Zahlung von Zulagen nach §§ 14 und 16 Absatz 3 und 4. [3]Im Tarifgebiet Ost wird auch die Angleichung zum 1. Januar 2010 angerechnet.

§ 42 Sonderregelungen für Ärztinnen und Ärzte außerhalb von Universitätskliniken

Nr. 1 Zu § 1 – Geltungsbereich –

Diese Sonderregelungen gelten für Ärztinnen und Ärzte einschließlich Zahnärztinnen und Zahnärzte (Beschäftigte), die nicht unter den Geltungsbereich des § 41 fallen und in Krankenhäusern oder Einrichtungen, in denen die betreuten Personen in ärztlicher Behandlung stehen, beschäftigt werden.

Nr. 2 Zu § 3 – Allgemeine Arbeitsbedingungen –

§ 3 gilt in folgender Fassung:

»§ 3 Allgemeine Arbeitsbedingungen

(1) [1]Die arbeitsvertraglich geschuldete Leistung ist gewissenhaft und ordnungsgemäß auszuführen. [2]Die Beschäftigten müssen sich durch ihr gesamtes Verhalten zur freiheitlich demokratischen Grundordnung im Sinne des Grundgesetzes bekennen.
(2) Die Beschäftigten haben über Angelegenheiten, deren Geheimhaltung durch gesetzliche Vorschriften vorgesehen oder vom Arbeitgeber angeordnet ist, Verschwiegenheit zu wahren; dies gilt auch über die Beendigung des Arbeitsverhältnisses hinaus.
(3) [1]Die Beschäftigten dürfen von Dritten Belohnungen, Geschenke, Provisionen oder sonstige Vergünstigungen mit Bezug auf ihre Tätigkeit nicht annehmen. [2]Ausnahmen sind nur mit Zustimmung des Arbeitgebers möglich. [3]Werden den Beschäftigten derartige Vergünstigungen angeboten, haben sie dies dem Arbeitgeber unverzüglich anzuzeigen.
(4) [1]Eine Beteiligung der Beschäftigten an Poolgeldern hat nach transparenten Grundsätzen, insbesondere unter Berücksichtigung von Verantwortung, Leistung und Erfahrung zu erfolgen. [2]Sie richtet sich nach den landesrechtlichen Bestimmungen. [3]Soweit keine landesrechtlichen Bestimmungen erlassen sind, soll ein Poolvolumen gemäß den Grundsätzen des Satzes 1 verteilt werden; die Klinik kann weitere Kriterien bestimmen. [4]Die Beteiligung an Poolgeldern ist kein zusatzversorgungspflichtiges Entgelt.
(5) [1]Der Arbeitgeber ist bei begründeter Veranlassung berechtigt, Beschäftigte zu verpflichten, durch ärztliche Bescheinigung nachzuweisen, dass sie

zur Leistung der arbeitsvertraglich geschuldeten Tätigkeit in der Lage sind. [2]Bei dem beauftragten Arzt kann es sich um einen Betriebsarzt, Personalarzt oder Amtsarzt handeln, soweit sich die Betriebsparteien nicht auf einen anderen Arzt geeinigt haben. [3]Die Kosten dieser Untersuchung trägt der Arbeitgeber. [4]Der Arbeitgeber kann die Beschäftigten auch bei Beendigung des Arbeitsverhältnisses untersuchen lassen. [5]Auf Verlangen der Beschäftigten ist er hierzu verpflichtet. [6]Beschäftigte, die besonderen Ansteckungsgefahren ausgesetzt oder in gesundheitsgefährdenden Bereichen beschäftigt sind, sind in regelmäßigen Zeitabständen ärztlich zu untersuchen.

(6) [1]Die Beschäftigten haben ein Recht auf Einsicht in ihre vollständigen Personalakten. [2]Sie können das Recht auf Einsicht auch durch eine/n hierzu schriftlich Bevollmächtigte/n ausüben lassen. [3]Sie können Auszüge oder Kopien aus ihren Personalakten erhalten. [4]Die Beschäftigten müssen über Beschwerden und Behauptungen tatsächlicher Art, die für sie ungünstig sind oder ihnen nachteilig werden können, vor Aufnahme in die Personalakten gehört werden. [5]Ihre Äußerung ist zu den Personalakten zu nehmen.

(7) Für die Schadenshaftung der Beschäftigten finden die Bestimmungen, die für die Beamten des jeweiligen Landes jeweils gelten, entsprechende Anwendung.

(8) *(nicht besetzt)*

(9) [1]Zu den Pflichten der Beschäftigten gehört es auch, ärztliche Bescheinigungen auszustellen. [2]Die Beschäftigten können vom Arbeitgeber verpflichtet werden, im Rahmen einer zugelassenen Nebentätigkeit von leitenden Ärztinnen und Ärzten oder für Belegärztinnen und Belegärzte innerhalb der Einrichtung ärztlich tätig zu werden.

(10) [1]Zu den Pflichten der Beschäftigten aus der Haupttätigkeit gehört es, am Rettungsdienst in Notarztwagen und Hubschraubern teilzunehmen. [2]Für jeden Einsatz in diesem Rettungsdienst erhalten die Beschäftigten einen nicht zusatzversorgungspflichtigen Einsatzzuschlag in Höhe von 15,41 Euro. [3]Dieser Betrag verändert sich zu demselben Zeitpunkt und in dem gleichen Ausmaß wie das Tabellenentgelt der Entgeltgruppe 14 Stufe 3.

Protokollerklärungen zu § 3 Absatz 10:

1. Beschäftigte, denen aus persönlichen Gründen (zum Beispiel Vorliegen einer anerkannten Minderung der Erwerbsfähigkeit, die dem Einsatz im Rettungsdienst entgegensteht, Flugunverträglichkeit) oder aus fachlichen Gründen die Teilnahme am Rettungsdienst nicht zumutbar beziehungsweise untersagt ist, dürfen nicht zum Einsatz im Rettungsdienst herangezogen werden.
2. [1]Der Einsatzzuschlag steht nicht zu, wenn den Beschäftigten wegen der Teilnahme am Rettungsdienst außer den tariflichen Bezügen sonstige Leistungen vom Arbeitgeber oder von einem Dritten (zum Beispiel private Unfallversicherung, für die der Arbeitgeber oder ein Träger des Rettungsdienstes die Beiträge ganz oder teilweise trägt, Liquidationsansprüche) zustehen. [2]Die Beschäftigten können auf die sonstigen Leistungen verzichten.

3. Der Einsatzzuschlag beträgt
   - 22,12 Euro ab 1. Dezember 2022,
   - 22,98 Euro ab 1. November 2024 und
   - 24,24 Euro ab 1. Februar 2025.

(11) Zu den Pflichten der Beschäftigten aus der Haupttätigkeit gehören auch die Erstellung von Gutachten, gutachtlichen Äußerungen und wissenschaftlichen Ausarbeitungen, die nicht von einem Dritten angefordert und vergütet werden.

(12) [1]Für die Nebentätigkeiten der Beschäftigten finden die Bestimmungen, die für die Beamten des jeweiligen Landes jeweils gelten, sinngemäß Anwendung.

[2]Die Beschäftigten können vom Arbeitgeber verpflichtet werden, als Nebentätigkeit Unterricht zu erteilen sowie Gutachten, gutachtliche Äußerungen und wissenschaftliche Ausarbeitungen zu erstellen, die von einem Dritten angefordert und vergütet werden. [3]Dies gilt auch im Rahmen einer zugelassenen Nebentätigkeit des leitenden Arztes.

[4]Steht die Vergütung für das Gutachten, die gutachtliche Äußerung oder wissenschaftliche Ausarbeitung ausschließlich dem Arbeitgeber zu, so haben die Beschäftigten entsprechend ihrer Beteiligung einen Anspruch auf einen Teil dieser Vergütung.

[5]In allen anderen Fällen sind die Beschäftigten berechtigt, für die Nebentätigkeit einen Anteil der Vergütung anzunehmen, die von dem Dritten zu zahlen ist. [6]Die Beschäftigten können die Übernahme der Nebentätigkeit verweigern, wenn die angebotene Vergütung offenbar nicht dem Umfang ihrer Beteiligung entspricht.

[7]Im Übrigen kann die Übernahme der Nebentätigkeit nur in besonders begründeten Ausnahmefällen verweigert werden.

(13) Auch die Ausübung einer unentgeltlichen Nebentätigkeit bedarf der vorherigen Genehmigung des Arbeitgebers, wenn für sie Räume, Einrichtungen, Personal oder Material des Arbeitgebers in Anspruch genommen werden.

(14) [1]Werden für eine Nebentätigkeit Räume, Einrichtungen, Personal oder Material des Arbeitgebers in Anspruch genommen, so haben die Beschäftigten dem Arbeitgeber die Kosten hierfür zu erstatten, soweit sie nicht von anderer Seite zu erstatten sind. [2]Die Kosten können in einer Nebenabrede zum Arbeitsvertrag pauschaliert werden.«

Nr. 3 Zu § 5 – Qualifizierung –

§ 5 erhält folgende Absätze 10 bis 12:

»(10) Für Beschäftigte, die sich in Facharztweiterbildung, Schwerpunktweiterbildung oder Zusatzausbildung nach dem Gesetz über befristete Arbeitsverträge mit Ärzten in der Weiterbildung befinden, ist ein Weiterbildungs-

plan aufzustellen, der unter Berücksichtigung des Standes der Weiterbildung die zu vermittelnden Ziele und Inhalte der Weiterbildungsabschnitte sachlich und zeitlich gegliedert festlegt.
(11) Die Weiterbildung ist vom Betrieb im Rahmen seines Versorgungsauftrags bei wirtschaftlicher Betriebsführung so zu organisieren, dass die/der Beschäftigte die festgelegten Weiterbildungsziele in der nach der jeweiligen Weiterbildungsordnung vorgesehenen Zeit erreichen kann.
(12) [1]Können Weiterbildungsziele aus Gründen, die der Arbeitgeber zu vertreten hat, in der vereinbarten Dauer des Arbeitsverhältnisses nicht erreicht werden, so ist die Dauer des Arbeitsvertrages entsprechend zu verlängern. [2]Die Regelungen des Gesetzes über befristete Arbeitsverträge mit Ärzten in der Weiterbildung bleiben hiervon unberührt und sind für den Fall lang andauernder Arbeitsunfähigkeit sinngemäß anzuwenden. [3]Absatz 2 bleibt unberührt.«

Nr. 4 Zu § 6 – Regelmäßige Arbeitszeit –

1. § 6 Absatz 1 Satz 2 gilt nicht.

2. § 6 Absatz 3 gilt in folgender Fassung:

»(3) [1]Soweit es die betrieblichen/dienstlichen Verhältnisse zulassen, werden Beschäftigte am 24. Dezember und am 31. Dezember unter Fortzahlung des Tabellenentgelts und der sonstigen in Monatsbeträgen festgelegten Entgeltbestandteile von der Arbeit freigestellt. [2]Kann die Freistellung aus betrieblichen/dienstlichen Gründen nicht erfolgen, ist entsprechender Freizeitausgleich innerhalb von drei Monaten zu gewähren. [3]Die regelmäßige Arbeitszeit vermindert sich für den 24. Dezember und 31. Dezember, sofern sie auf einen Werktag fallen, um die dienstplanmäßig ausgefallenen Stunden.
[4]Die Arbeitszeit an einem gesetzlichen Feiertag, der auf einen Werktag fällt, wird durch eine entsprechende Freistellung an einem anderen Werktag bis zum Ende des dritten Kalendermonats ausgeglichen, wenn es die betrieblichen Verhältnisse zulassen; der Ausgleich soll möglichst aber schon bis zum Ende des nächsten Kalendermonats erfolgen. [5]Kann ein Freizeitausgleich nicht gewährt werden, erhält die/der Beschäftigte je Stunde 100 v. H. des Stundenentgelts; Stundenentgelt ist der auf eine Stunde entfallende Anteil des monatlichen Entgelts der jeweiligen Entgeltgruppe und Stufe nach der Entgelttabelle. [6]Ist ein Arbeitszeitkonto eingerichtet, ist eine Buchung gemäß § 10 Absatz 3 zulässig. [7]In den Fällen des Satzes 4 steht der Zeitzuschlag von 35 v. H. (§ 8 Absatz 1 Satz 2 Buchstabe d) zu.
[8]Für Beschäftigte, die regelmäßig nach einem Dienstplan eingesetzt werden, der Wechselschicht- oder Schichtdienst an sieben Tagen in der Woche vorsieht, vermindert sich die regelmäßige Wochenarbeitszeit um ein Fünftel der arbeitsvertraglich vereinbarten durchschnittlichen Wochenarbeitszeit, wenn sie an einem gesetzlichen Feiertag, der auf einen Werktag fällt, nicht wegen

des Feiertags, sondern dienstplanmäßig nicht zur Arbeit eingeteilt sind und deswegen an anderen Tagen der Woche ihre regelmäßige Arbeitszeit erbringen müssen. [9]In den Fällen des Satzes 8 gelten die Sätze 4 bis 7 nicht.

Protokollerklärung zu § 6 Absatz 3 Satz 3:
Die Verminderung der regelmäßigen Arbeitszeit betrifft die Beschäftigten, die wegen des Dienstplans frei haben und deshalb ohne diese Regelung nacharbeiten müssten.«

3. § 6 Absatz 5 gilt in folgender Fassung:
»(5) [1]Die Beschäftigten sind im Rahmen begründeter betrieblicher/dienstlicher Notwendigkeiten verpflichtet, Sonntags-, Feiertags-, Nacht-, Wechselschicht-, Schichtarbeit sowie – bei Teilzeitbeschäftigung aufgrund arbeitsvertraglicher Regelung oder mit ihrer Zustimmung – Bereitschaftsdienst, Rufbereitschaft, Überstunden und Mehrarbeit zu leisten. [2]Beschäftigte, die regelmäßig an Sonn- und Feiertagen arbeiten müssen, erhalten innerhalb von zwei Wochen zwei arbeitsfreie Tage. [3]Hiervon soll ein freier Tag auf einen Sonntag fallen.«

4. § 6 Absatz 10 gilt nicht.

Nr. 5 Zu § 7 – Sonderformen der Arbeit –

1. § 7 Absatz 1 gilt in folgender Fassung:
»(1) [1]Wechselschichtarbeit ist die Arbeit nach einem Schichtplan, der einen regelmäßigen Wechsel der täglichen Arbeitszeit in Wechselschichten vorsieht, bei denen die/der Beschäftigte durchschnittlich längstens nach Ablauf eines Monats erneut zu mindestens zwei Nachtschichten herangezogen wird. [2]Wechselschichten sind wechselnde Arbeitsschichten, in denen ununterbrochen bei Tag und Nacht, werktags, sonntags und feiertags gearbeitet wird. [3]Nachtschichten sind Arbeitsschichten, die mindestens zwei Stunden Nachtarbeit umfassen.«

2. § 7 Absätze 3 und 4 gelten in folgender Fassung:
»(3) [1]Beschäftigte sind verpflichtet, sich auf Anordnung des Arbeitgebers außerhalb der regelmäßigen Arbeitszeit an einer vom Arbeitgeber bestimmten Stelle aufzuhalten, um im Bedarfsfall die Arbeit aufzunehmen (Bereitschaftsdienst). [2]Der Arbeitgeber darf Bereitschaftsdienst nur anordnen, wenn zu erwarten ist, dass zwar Arbeit anfällt, erfahrungsgemäß aber die Zeit ohne Arbeitsleistung überwiegt.
(4) [1]Rufbereitschaft leisten Beschäftigte, die sich auf Anordnung des Arbeitgebers außerhalb der regelmäßigen Arbeitszeit an einer dem Arbeitgeber anzuzeigenden Stelle aufhalten, um auf Abruf die Arbeit aufzunehmen. [2]Der Arbeitgeber darf Rufbereitschaft nur anordnen, wenn erfahrungsgemäß

lediglich in Ausnahmefällen Arbeit anfällt. [3]Rufbereitschaft wird nicht dadurch ausgeschlossen, dass Beschäftigte vom Arbeitgeber mit einem Mobiltelefon oder einem vergleichbaren technischen Hilfsmittel ausgestattet sind. [4]Durch tatsächliche Arbeitsleistung innerhalb der Rufbereitschaft kann die tägliche Höchstarbeitszeit von zehn Stunden überschritten werden (§§ 3, 7 Absatz 1 Nr. 1 und Nr. 4 Arbeitszeitgesetz).«

3. § 7 erhält folgende Absätze 9 bis 12:

»(9) Abweichend von den §§ 3, 5 und 6 Absatz 2 Arbeitszeitgesetz kann im Rahmen des § 7 Arbeitszeitgesetz die tägliche Arbeitszeit im Sinne des Arbeitszeitgesetzes über acht Stunden hinaus verlängert werden, wenn mindestens die acht Stunden überschreitende Zeit im Rahmen von Bereitschaftsdienst geleistet wird, und zwar wie folgt:

a) bei Bereitschaftsdiensten der Stufen A und B bis zu insgesamt maximal 16 Stunden täglich; die gesetzlich vorgeschriebene Pause verlängert diesen Zeitraum nicht,
b) bei Bereitschaftsdiensten der Stufen C und D bis zu insgesamt maximal 13 Stunden täglich; die gesetzlich vorgeschriebene Pause verlängert diesen Zeitraum nicht.

(10) [1]Auf Grund einer Dienst-/Betriebsvereinbarung kann im Rahmen des § 7 Absatz 1 Nr. 1 und Nr. 4 Arbeitszeitgesetz die tägliche Arbeitszeit im Sinne des Arbeitszeitgesetzes abweichend von den §§ 3 und 6 Absatz 2 Arbeitszeitgesetz über acht Stunden hinaus auf bis zu 24 Stunden ausschließlich der Pausen verlängert werden, wenn in die Arbeitszeit regelmäßig und in erheblichem Umfang Bereitschaftsdienst fällt. [2]Die Verlängerung setzt voraus:

a) eine Prüfung alternativer Arbeitszeitmodelle,
b) eine Belastungsanalyse gemäß § 5 Arbeitsschutzgesetz und
c) gegebenenfalls daraus resultierende Maßnahmen zur Gewährleistung des Gesundheitsschutzes.

[3]Für einen Betrieb/eine Verwaltung, in dem/der ein Personalvertretungsgesetz Anwendung findet, kann eine Regelung nach Satz 1 in einem landesbezirklichen Tarifvertrag getroffen werden, wenn eine Dienstvereinbarung nicht einvernehmlich zustande kommt und der Arbeitgeber ein Letztentscheidungsrecht hat.

(11) [1]Unter den Voraussetzungen des Absatzes 10 Satz 2 kann im Rahmen des § 7 Absatz 2a Arbeitszeitgesetz eine Verlängerung der täglichen Arbeitszeit über acht Stunden hinaus auch ohne Ausgleich erfolgen. [2]Dabei ist eine wöchentliche Arbeitszeit von bis zu maximal durchschnittlich 58 Stunden in den Bereitschaftsdienststufen A und B und von bis zu maximal durchschnittlich 54 Stunden in den Bereitschaftsdienststufen C und D zulässig. [3]Für die Berechnung des Durchschnitts der wöchentlichen Arbeitszeit gilt § 6 Absatz 2 Satz 1.

Protokollerklärung zu § 7 Absatz 11:
[1]Die Tarifvertragsparteien sind sich einig: Das In-Kraft-Treten des Tarifvertrages kann nicht der Anlass sein, die bestehenden betrieblichen und für die Beschäftigten günstigeren Regelungen zur Arbeitszeit zu kündigen und zu verändern. [2]Ziel ist es, die Belastungen durch eine entsprechende Arbeitszeitgestaltung zu verringern. [3]Für jede Änderung der betrieblichen Regelungen, die zu einer längeren Arbeitszeit führen, ist zwingende Voraussetzung: Im Rahmen des § 7 Absatz 2a Arbeitszeitgesetz
- muss eine Prüfung alternativer Arbeitszeitmodelle erfolgen,
- muss eine Belastungsanalyse gemäß § 5 Arbeitsschutzgesetz vorliegen und
- müssen gegebenenfalls daraus resultierende Maßnahmen zur Gewährleistung des Gesundheitsschutzes umgesetzt werden

und für diese Maßnahme müssen dringende dienstliche oder betriebliche Gründe vorliegen. [4]Mit dem Personal- oder Betriebsrat soll eine einvernehmliche Regelung getroffen werden.

(12) [1]In den Fällen, in denen Teilzeitarbeit (§ 11) vereinbart wurde, verringern sich die Höchstgrenzen der wöchentlichen Arbeitszeit in Absatz 11 – beziehungsweise in den Fällen, in denen Absatz 11 nicht zur Anwendung kommt, die Höchstgrenze von 48 Stunden – in demselben Verhältnis wie die Arbeitszeit dieser Teilzeitbeschäftigten zu der regelmäßigen Arbeitszeit der Vollbeschäftigten verringert worden ist. [2]Mit Zustimmung der/des Beschäftigten oder aufgrund von dringenden dienstlichen oder betrieblichen Belangen kann hiervon abgewichen werden.«

Nr. 6 Zu § 8 – Ausgleich für Sonderformen der Arbeit –

1. § 8 Absatz 1 gilt in folgender Fassung:

»(1) [1]Beschäftigte erhalten neben dem Entgelt für die tatsächliche Arbeitsleistung Zeitzuschläge. [2]Die Zeitzuschläge betragen – auch bei Teilzeitbeschäftigten – je Stunde

a) für Überstunden	15 v. H.,
b) für Nachtarbeit	20 v. H.,
c) für Sonntagsarbeit	25 v. H.,
d) bei Feiertagsarbeit	
– ohne Freizeitausgleich	135 v. H.,
– mit Freizeitausgleich	35 v. H.,
e) für Arbeit am 24. Dezember und am 31. Dezember jeweils ab 6 Uhr	35 v. H.,
f) für Arbeit an Samstagen von 13 bis 21 Uhr	0,64 €;

in den Fällen der Buchstaben a bis e beziehen sich die Werte auf den Anteil des Tabellenentgelts der Stufe 3 der jeweiligen Entgeltgruppe, der auf eine Stunde entfällt. [3]Beim Zusammentreffen von Zeitzuschlägen nach Satz 2 Buchstabe c bis f wird nur der höchste Zeitzuschlag gezahlt. [4]Auf Wunsch der Beschäftigten können, soweit ein Arbeitszeitkonto (§ 10) eingerichtet ist und die betrieblichen/dienstlichen Verhältnisse es zulassen, die nach Satz 2 zu zahlenden Zeitzuschläge entsprechend dem jeweiligen Vomhundertsatz einer Stunde in Zeit umgewandelt und ausgeglichen werden. [5]Dies gilt entsprechend für Überstunden als solche.

Protokollerklärung zu § 8 Absatz 1 Satz 1:
Bei Überstunden richtet sich das Entgelt für die tatsächliche Arbeitsleistung nach der jeweiligen Entgeltgruppe und der individuellen Stufe, höchstens jedoch nach der Stufe 4.

Protokollerklärung zu § 8 Absatz 1 Satz 2 Buchstabe d:
[1]Der Freizeitausgleich muss im Dienstplan besonders ausgewiesen und bezeichnet werden. [2]Falls kein Freizeitausgleich gewährt wird, werden als Entgelt einschließlich des Zeitzuschlags und des auf den Feiertag entfallenden Tabellenentgelts höchstens 235 v. H. gezahlt.«

2. § 8 Absatz 3 gilt nicht.
3. § 8 Absatz 6 gilt in folgender Fassung:

»(6) Zur Berechnung des Entgelts wird die Zeit des Bereitschaftsdienstes einschließlich der geleisteten Arbeit wie folgt als Arbeitszeit gewertet und bezahlt:

a) [1]Ausschlaggebend sind die Arbeitsleistungen, die während des Bereitschaftsdienstes erfahrungsgemäß durchschnittlich anfallen:

Stufe	Arbeitsleistung innerhalb des Bereitschaftsdienstes	Bewertung als Arbeitszeit
A	0 bis 10 v. H.	15 v. H.
B	mehr als 10 bis 25 v. H.	25 v. H.
C	mehr als 25 bis 40 v. H.	40 v. H.
D	mehr als 40 bis 49 v. H.	55 v. H.

[2]Ein der Stufe A zugeordneter Bereitschaftsdienst wird der Stufe B zugeteilt, wenn die/der Beschäftigte während des Bereitschaftsdienstes in der Zeit von 22 bis 6 Uhr erfahrungsgemäß durchschnittlich mehr als dreimal dienstlich in Anspruch genommen wird.

b) Entsprechend der Zahl der Bereitschaftsdienste je Kalendermonat, die vom Beschäftigten abgeleistet werden, wird die Zeit eines jeden Bereitschaftsdienstes zusätzlich wie folgt als Arbeitszeit gewertet:

Zahl der Bereitschaftsdienste im Kalendermonat	Bewertung als Arbeitszeit
1. bis 8. Bereitschaftsdienst	25 v.H.
9. bis 12. Bereitschaftsdienst	35 v.H.
13. und folgende Bereitschaftsdienste	45 v.H.

c) [1]Für die Zeit des Bereitschaftsdienstes an gesetzlichen Feiertagen erhöht sich die Bewertung nach Buchstabe a um 25 Prozentpunkte. [2]Im Übrigen werden Zeitzuschläge (Absatz 1) für die Zeit des Bereitschaftsdienstes einschließlich der geleisteten Arbeit nicht gezahlt.

d) [1]Die Zuweisung zu den Stufen des Bereitschaftsdienstes erfolgt durch schriftliche Nebenabrede zum Arbeitsvertrag. [2]Die Nebenabrede ist mit einer Frist von drei Monaten jeweils zum Ende eines Kalenderhalbjahres kündbar.

e) [1]Das Entgelt für die gewertete Bereitschaftsdienstzeit nach den Buchstaben a bis c bestimmt sich für übergeleitete Beschäftigte auf der Basis ihrer Eingruppierung am 31. Oktober 2006 nach der Anlage E. [2]Für Beschäftigte, die nach dem 31. Oktober 2006 eingestellt werden und in den Fällen der Übertragung einer höher oder niedriger bewerteten Tätigkeit ist die Vergütungsgruppe maßgebend, die sich zum Zeitpunkt der Einstellung beziehungsweise der Höher- oder Herabgruppierung bei Fortgeltung des bisherigen Tarifrechts ergeben hätte.

f) [1]Das Bereitschaftsdienstentgelt kann, soweit ein Arbeitszeitkonto (§ 10) eingerichtet ist und die betrieblichen/dienstlichen Verhältnisse es zulassen (Absatz 1 Satz 4), im Einvernehmen mit der/dem Beschäftigten im Verhältnis 1:1 in Freizeit (faktorisiert) abgegolten werden. [2]Weitere Faktorisierungsregelungen können in einer einvernehmlichen Dienst- oder Betriebsvereinbarung getroffen werden.

Protokollerklärung zu § 8 Absatz 6 Buchstabe f:
Unabhängig von den Vorgaben des Absatzes 6 Buchstabe f kann der Arbeitgeber einen Freizeitausgleich anordnen, wenn dies zur Einhaltung der Vorschriften des Arbeitszeitgesetzes erforderlich ist.«

Nr. 7 Zu § 24 – Berechnung und Auszahlung des Entgelts –

§ 24 Absatz 6 gilt in folgender Fassung:

»(6) Durch Nebenabrede zum Arbeitsvertrag können neben dem Tabellenentgelt zustehende Entgeltbestandteile (zum Beispiel Zeitzuschläge, Erschwerniszuschläge, Überstundenentgelte) pauschaliert werden. Die Nebenabrede ist mit einer Frist von drei Monaten jeweils zum Ende eines Kalenderhalbjahres kündbar.«

Nr. 8 Zu § 27 – Zusatzurlaub –

§ 27 erhält folgenden Absatz 6:

»(6) [1]Beschäftigte erhalten Zusatzurlaub im Kalenderjahr bei einer Leistung im Kalenderjahr von mindestens

150 Nachtarbeitsstunden	1 Arbeitstag
300 Nachtarbeitsstunden	2 Arbeitstage
450 Nachtarbeitsstunden	3 Arbeitstage
600 Nachtarbeitsstunden	4 Arbeitstage.

[2]Bei Teilzeitkräften ist die Zahl der in Satz 1 geforderten Nachtarbeitsstunden entsprechend dem Verhältnis der vereinbarten durchschnittlichen regelmäßigen Arbeitszeit zur regelmäßigen Arbeitszeit von entsprechenden Vollzeitkräften zu kürzen. [3]Nachtarbeitsstunden, die in Zeiträumen geleistet werden, für die Zusatzurlaub für Wechselschicht- oder Schichtarbeit zusteht, bleiben unberücksichtigt. [4]Bei Anwendung des Satzes 1 werden nur die im Rahmen der regelmäßigen Arbeitszeit in der Zeit zwischen 21 Uhr und 6 Uhr dienstplanmäßig beziehungsweise betriebsüblich geleisteten Nachtarbeitsstunden berücksichtigt. [5]Absatz 4 und Absatz 5 finden Anwendung.

Protokollerklärung zu Absatz 6:

Der Anspruch auf Zusatzurlaub bemisst sich nach den abgeleisteten Nachtarbeitsstunden und entsteht im laufenden Jahr, sobald die Voraussetzungen nach Absatz 6 Satz 1 erfüllt sind.«

Nr. 9 Zu § 33 – Beendigung des Arbeitsverhältnisses ohne Kündigung –

1. § 33 Absatz 4 gilt in folgender Fassung:

»(4) [1]Verzögert die/der Beschäftigte schuldhaft den Rentenantrag oder bezieht sie/er Altersrente nach § 236, § 236a oder § 236b SGB VI oder ist sie/er nicht in der gesetzlichen Rentenversicherung oder in einem berufsständischen Versorgungswerk versichert, so tritt an die Stelle des Rentenbescheids das Gutachten einer Amtsärztin/eines Amtsarztes oder einer/eines nach § 3 Absatz 5 Satz 2 bestimmten Ärztin/Arztes. [2]Das Arbeitsverhältnis endet in diesem Fall mit Ablauf des Monats, in dem der/dem Beschäftigten das Gutachten bekannt gegeben worden ist.«

2. Dem § 33 wird folgende Protokollerklärung angefügt:

»Protokollerklärung zu § 33 Absatz 2 und 3:

Als Rentenversicherungsträger im Sinne der Absätze 2 und 3 gelten auch berufsständische Versorgungswerke.«

Nr. 10 Zu § 35 – Zeugnis –

Dem § 35 wird folgender Absatz 5 angefügt:

»(5) Das Zeugnis wird vom leitenden Arzt und vom Arbeitgeber ausgestellt.«

§ 43 Sonderregelungen für die nichtärztlichen Beschäftigten in Universitätskliniken und Krankenhäusern

Nr. 1 Zu § 1 – Geltungsbereich –

Diese Sonderregelungen gelten für Beschäftigte (mit Ausnahme der Ärztinnen und Ärzte, Zahnärztinnen und Zahnärzte, die unter § 41 oder § 42 fallen), wenn sie in Universitätskliniken, Krankenhäusern oder sonstigen Einrichtungen und Heimen, in denen die betreuten Personen in ärztlicher Behandlung stehen, beschäftigt werden.

Nr. 2 Zu § 3 – Allgemeine Arbeitsbedingungen –

§ 3 Absatz 5 gilt in folgender Fassung:

»(5) [1]Der Arbeitgeber ist bei begründeter Veranlassung berechtigt, Beschäftigte zu verpflichten, durch ärztliche Bescheinigung nachzuweisen, dass sie zur Leistung der arbeitsvertraglich geschuldeten Tätigkeit in der Lage sind. [2]Bei dem beauftragten Arzt kann es sich um einen Betriebsarzt, Personalarzt oder Amtsarzt handeln, soweit sich die Betriebsparteien nicht auf einen anderen Arzt geeinigt haben. [3]Die Kosten dieser Untersuchung trägt der Arbeitgeber. [4]Der Arbeitgeber kann die Beschäftigten auch bei Beendigung des Arbeitsverhältnisses untersuchen lassen. [5]Auf Verlangen der Beschäftigten ist er hierzu verpflichtet. [6]Beschäftigte, die besonderen Ansteckungsgefahren ausgesetzt oder in gesundheitsgefährdenden Bereichen beschäftigt sind, sind in regelmäßigen Zeitabständen ärztlich zu untersuchen.«

Nr. 3 Zu § 6 – Regelmäßige Arbeitszeit –

1. § 6 Absatz 1 Satz 2 gilt nicht.
2. § 6 Absatz 3 gilt in folgender Fassung:

»(3) [1]Soweit es die betrieblichen/dienstlichen Verhältnisse zulassen, werden Beschäftigte am 24. Dezember und am 31. Dezember unter Fortzahlung des Tabellenentgelts und der sonstigen in Monatsbeträgen festgelegten Entgeltbestandteile von der Arbeit freigestellt. [2]Kann die Freistellung aus betrieblichen/dienstlichen Gründen nicht erfolgen, ist entsprechender Freizeitausgleich innerhalb von drei Monaten zu gewähren. [3]Die regelmäßige Arbeitszeit vermindert sich für den 24. Dezember und 31. Dezember, sofern sie auf einen Werktag fallen, um die dienstplanmäßig ausgefallenen Stunden. [4]Die Arbeitszeit an einem gesetzlichen Feiertag, der auf einen Werktag fällt, wird durch eine entsprechende Freistellung an einem anderen Werktag bis zum Ende des dritten Kalendermonats ausgeglichen, wenn es die betrieblichen Verhältnisse zulassen; der Ausgleich soll möglichst aber schon bis zum Ende des nächsten Kalendermonats erfolgen. [5]Kann ein Freizeitausgleich nicht gewährt werden, erhält die/der Beschäftigte je Stunde 100 v. H. des Stundenentgelts; Stundenentgelt ist der auf eine Stunde entfallende Anteil des monatlichen Entgelts der jeweiligen Entgeltgruppe und Stufe nach der

Entgelttabelle. [6]Ist ein Arbeitszeitkonto eingerichtet, ist eine Buchung gemäß § 10 Absatz 3 zulässig. [7]In den Fällen des Satzes 4 steht der Zeitzuschlag von 35 v. H. (§ 8 Absatz 1 Satz 2 Buchstabe d) zu.
[8]Für Beschäftigte, die regelmäßig nach einem Dienstplan eingesetzt werden, der Wechselschicht- oder Schichtdienst an sieben Tagen in der Woche vorsieht, vermindert sich die regelmäßige Wochenarbeitszeit um ein Fünftel der arbeitsvertraglich vereinbarten durchschnittlichen Wochenarbeitszeit, wenn sie an einem gesetzlichen Feiertag, der auf einen Werktag fällt, nicht wegen des Feiertags, sondern dienstplanmäßig nicht zur Arbeit eingeteilt sind und deswegen an anderen Tagen der Woche ihre regelmäßige Arbeitszeit erbringen müssen. [9]In den Fällen des Satzes 8 gelten die Sätze 4 bis 7 nicht.

Protokollerklärung zu § 6 Absatz 3 Satz 3:
Die Verminderung der regelmäßigen Arbeitszeit betrifft die Beschäftigten, die wegen des Dienstplans frei haben und deshalb ohne diese Regelung nacharbeiten müssten.«

3. § 6 Absatz 5 gilt in folgender Fassung:
»(5) [1]Die Beschäftigten sind im Rahmen begründeter betrieblicher/dienstlicher Notwendigkeiten verpflichtet, Sonntags-, Feiertags-, Nacht-, Wechselschicht-, Schichtarbeit sowie – bei Teilzeitbeschäftigung aufgrund arbeitsvertraglicher Regelung oder mit ihrer Zustimmung – Bereitschaftsdienst, Rufbereitschaft, Überstunden und Mehrarbeit zu leisten. [2]Beschäftigte, die regelmäßig an Sonn- und Feiertagen arbeiten müssen, erhalten innerhalb von zwei Wochen zwei arbeitsfreie Tage. [3]Hiervon soll ein freier Tag auf einen Sonntag fallen.«

4. § 6 Absatz 10 gilt nicht.

Nr. 4 Zu § 7 – Sonderformen der Arbeit –
1. § 7 Absatz 1 gilt in folgender Fassung:
»(1) [1]Wechselschichtarbeit ist die Arbeit nach einem Schichtplan, der einen regelmäßigen Wechsel der täglichen Arbeitszeit in Wechselschichten vorsieht, bei denen die/der Beschäftigte durchschnittlich längstens nach Ablauf eines Monats erneut zu mindestens zwei Nachtschichten herangezogen wird. [2]Wechselschichten sind wechselnde Arbeitsschichten, in denen ununterbrochen bei Tag und Nacht, werktags, sonntags und feiertags gearbeitet wird. [3]Nachtschichten sind Arbeitsschichten, die mindestens zwei Stunden Nachtarbeit umfassen.«

2. § 7 Absätze 3 und 4 gelten in folgender Fassung:
»(3) [1]Beschäftigte sind verpflichtet, sich auf Anordnung des Arbeitgebers außerhalb der regelmäßigen Arbeitszeit an einer vom Arbeitgeber bestimm-

ten Stelle aufzuhalten, um im Bedarfsfall die Arbeit aufzunehmen (Bereitschaftsdienst). [2]Der Arbeitgeber darf Bereitschaftsdienst nur anordnen, wenn zu erwarten ist, dass zwar Arbeit anfällt, erfahrungsgemäß aber die Zeit ohne Arbeitsleistung überwiegt.

(4) [1]Rufbereitschaft leisten Beschäftigte, die sich auf Anordnung des Arbeitgebers außerhalb der regelmäßigen Arbeitszeit an einer dem Arbeitgeber anzuzeigenden Stelle aufhalten, um auf Abruf die Arbeit aufzunehmen. [2]Der Arbeitgeber darf Rufbereitschaft nur anordnen, wenn erfahrungsgemäß lediglich in Ausnahmefällen Arbeit anfällt. [3]Rufbereitschaft wird nicht dadurch ausgeschlossen, dass Beschäftigte vom Arbeitgeber mit einem Mobiltelefon oder einem vergleichbaren technischen Hilfsmittel ausgestattet sind. [4]Durch tatsächliche Arbeitsleistung innerhalb der Rufbereitschaft kann die tägliche Höchstarbeitszeit von zehn Stunden überschritten werden (§§ 3, 7 Absatz 1 Nr. 1 und Nr. 4 Arbeitszeitgesetz).«

3. § 7 erhält folgende Absätze 9 bis 12:

»(9) Abweichend von den §§ 3, 5 und 6 Absatz 2 Arbeitszeitgesetz kann im Rahmen des § 7 Arbeitszeitgesetz die tägliche Arbeitszeit im Sinne des Arbeitszeitgesetzes über acht Stunden hinaus verlängert werden, wenn mindestens die acht Stunden überschreitende Zeit im Rahmen von Bereitschaftsdienst geleistet wird, und zwar wie folgt:

a) bei Bereitschaftsdiensten der Stufen A und B bis zu insgesamt maximal 16 Stunden täglich; die gesetzlich vorgeschriebene Pause verlängert diesen Zeitraum nicht,
b) bei Bereitschaftsdiensten der Stufen C und D bis zu insgesamt maximal 13 Stunden täglich; die gesetzlich vorgeschriebene Pause verlängert diesen Zeitraum nicht.

(10) [1]Auf Grund einer Dienst-/Betriebsvereinbarung kann im Rahmen des § 7 Absatz 1 Nr. 1 und Nr. 4 Arbeitszeitgesetz die tägliche Arbeitszeit im Sinne des Arbeitszeitgesetzes abweichend von den §§ 3 und 6 Absatz 2 Arbeitszeitgesetz über acht Stunden hinaus auf bis zu 24 Stunden ausschließlich der Pausen verlängert werden, wenn in die Arbeitszeit regelmäßig und in erheblichem Umfang Bereitschaftsdienst fällt. [2]Die Verlängerung setzt voraus:

a) eine Prüfung alternativer Arbeitszeitmodelle,
b) eine Belastungsanalyse gemäß § 5 Arbeitsschutzgesetz und
c) gegebenenfalls daraus resultierende Maßnahmen zur Gewährleistung des Gesundheitsschutzes.

[3]Für einen Betrieb/eine Verwaltung, in dem/der ein Personalvertretungsgesetz Anwendung findet, kann eine Regelung nach Satz 1 in einem landesbezirklichen Tarifvertrag getroffen werden, wenn eine Dienstvereinbarung nicht einvernehmlich zustande kommt und der Arbeitgeber ein Letztentscheidungsrecht hat.

(11) [1]Unter den Voraussetzungen des Absatzes 10 Satz 2 kann im Rahmen des § 7 Absatz 2a Arbeitszeitgesetz eine Verlängerung der täglichen Arbeitszeit über acht Stunden hinaus auch ohne Ausgleich erfolgen. [2]Dabei ist eine wöchentliche Arbeitszeit von bis zu maximal durchschnittlich 58 Stunden in den Bereitschaftsdienststufen A und B und von bis zu maximal durchschnittlich 54 Stunden in den Bereitschaftsdienststufen C und D zulässig. [3]Für die Berechnung des Durchschnitts der wöchentlichen Arbeitszeit gilt § 6 Absatz 2 Satz 1.

Protokollerklärung zu § 7 Absatz 11:
[1]Die Tarifvertragsparteien sind sich einig: Das In-Kraft-Treten des Tarifvertrages kann nicht der Anlass sein, die bestehenden betrieblichen und für die Beschäftigten günstigeren Regelungen zur Arbeitszeit zu kündigen und zu verändern. [2]Ziel ist es, die Belastungen durch eine entsprechende Arbeitszeitgestaltung zu verringern. [3]Für jede Änderung der betrieblichen Regelungen, die zu einer längeren Arbeitszeit führen, ist zwingende Voraussetzung: Im Rahmen des § 7 Absatz 2a Arbeitszeitgesetz

- muss eine Prüfung alternativer Arbeitszeitmodelle erfolgen,
- muss eine Belastungsanalyse gemäß § 5 Arbeitsschutzgesetz vorliegen und
- müssen gegebenenfalls daraus resultierende Maßnahmen zur Gewährleistung des Gesundheitsschutzes umgesetzt werden

und für diese Maßnahme müssen dringende dienstliche oder betriebliche Gründe vorliegen. [4]Mit dem Personal- oder Betriebsrat soll eine einvernehmliche Regelung getroffen werden.

(12) [1]In den Fällen, in denen Teilzeitarbeit (§ 11) vereinbart wurde, verringern sich die Höchstgrenzen der wöchentlichen Arbeitszeit in Absatz 11 – beziehungsweise in den Fällen, in denen Absatz 11 nicht zur Anwendung kommt, die Höchstgrenze von 48 Stunden – in demselben Verhältnis wie die Arbeitszeit dieser Teilzeitbeschäftigten zu der regelmäßigen Arbeitszeit der Vollbeschäftigten verringert worden ist. [2]Mit Zustimmung der/des Beschäftigten oder aufgrund von dringenden dienstlichen oder betrieblichen Belangen kann hiervon abgewichen werden.«

Nr. 5 Zu § 8 – Ausgleich für Sonderformen der Arbeit –

1. § 8 Absatz 1 gilt in folgender Fassung:

»(1) [1]Beschäftigte erhalten neben dem Entgelt für die tatsächliche Arbeitsleistung Zeitzuschläge. [2]Die Zeitzuschläge betragen – auch bei Teilzeitbeschäftigten – je Stunde

a) für Überstunden
   - in den Entgeltgruppen 1 bis 9b — 30 v. H.,
   - in den Entgeltgruppen 10 bis 15 — 15 v. H.,
b) für Nachtarbeit — 20 v. H.,
c) für Sonntagsarbeit — 25 v. H.,

d) bei Feiertagsarbeit
   - ohne Freizeitausgleich 135 v. H.,
   - mit Freizeitausgleich 35 v. H.,

e) für Arbeit am 24. Dezember und am 31. Dezember jeweils ab 6 Uhr 35 v. H.,

f) für Arbeit an Samstagen von 13 bis 21 Uhr
   - für Beschäftigte nach § 38 Absatz 5 Satz 1, soweit die Samstagsarbeit nicht im Rahmen von Wechselschicht- oder Schichtarbeit anfällt, 20 v. H., im Übrigen 0,64 Euro,
   - für die übrigen Beschäftigten, soweit die Samstagsarbeit nicht im Rahmen von Wechselschicht- oder Schichtarbeit anfällt, 20 v. H.;

in den Fällen der Buchstaben a bis f beziehen sich auf die Vomhundertsätze auf den Anteil des Tabellenentgelts der Stufe 3 der jeweiligen Entgeltgruppe, der auf eine Stunde entfällt. [3]Beim Zusammentreffen von Zeitzuschlägen nach Satz 2 Buchstabe c bis f wird nur der höchste Zeitzuschlag gezahlt. [4]Auf Wunsch der Beschäftigten können, soweit ein Arbeitszeitkonto (§ 10) eingerichtet ist und die betrieblichen/dienstlichen Verhältnisse es zulassen, die nach Satz 2 zu zahlenden Zeitzuschläge entsprechend dem jeweiligen Vomhundertsatz einer Stunde in Zeit umgewandelt und ausgeglichen werden. [5]Dies gilt entsprechend für Überstunden als solche.

Protokollerklärung zu § 8 Absatz 1 Satz 1:
Bei Überstunden richtet sich das Entgelt für die tatsächliche Arbeitsleistung nach der jeweiligen Entgeltgruppe und der individuellen Stufe, höchstens jedoch nach der Stufe 4.

Protokollerklärung zu § 8 Absatz 1 Satz 2 Buchstabe d:
[1]Der Freizeitausgleich muss im Dienstplan besonders ausgewiesen und bezeichnet werden. [2]Falls kein Freizeitausgleich gewährt wird, werden als Entgelt einschließlich des Zeitzuschlags und des auf den Feiertag entfallenden Tabellenentgelts höchstens 235 v. H. gezahlt.«

2. § 8 Absatz 6 gilt in folgender Fassung:

»(6) Zur Berechnung des Entgelts wird die Zeit des Bereitschaftsdienstes einschließlich der geleisteten Arbeit wie folgt als Arbeitszeit gewertet und bezahlt:

a) [1]Ausschlaggebend sind die Arbeitsleistungen, die während des Bereitschaftsdienstes erfahrungsgemäß durchschnittlich anfallen:

Stufe	Arbeitsleistung innerhalb des Bereitschaftsdienstes	Bewertung als Arbeitszeit
A	0 bis 10 v. H.	15 v. H.
B	mehr als 10 bis 25 v. H.	25 v. H.
C	mehr als 25 bis 40 v. H.	40 v. H.
D	mehr als 40 bis 49 v. H.	55 v. H.

[2]Ein der Stufe A zugeordneter Bereitschaftsdienst wird der Stufe B zugeteilt, wenn die/der Beschäftigte während des Bereitschaftsdienstes in der Zeit von 22 bis 6 Uhr erfahrungsgemäß durchschnittlich mehr als dreimal dienstlich in Anspruch genommen wird.

b) Entsprechend der Zahl der Bereitschaftsdienste je Kalendermonat, die vom Beschäftigten abgeleistet werden, wird die Zeit eines jeden Bereitschaftsdienstes zusätzlich wie folgt als Arbeitszeit gewertet:

Zahl der Bereitschaftsdienste im Kalendermonat	Bewertung als Arbeitszeit
1. bis 8. Bereitschaftsdienst	25 v. H.
9. bis 12. Bereitschaftsdienst	35 v. H.
13. und folgende Bereitschaftsdienste	45 v. H.

c) [1]Für die Zeit des Bereitschaftsdienstes an gesetzlichen Feiertagen erhöht sich die Bewertung nach Buchstabe a um 25 Prozentpunkte. [2]Im Übrigen werden Zeitzuschläge (Absatz 1) für die Zeit des Bereitschaftsdienstes einschließlich der geleisteten Arbeit nicht gezahlt.

d) Die Zuweisung zu den Stufen des Bereitschaftsdienstes erfolgt durch die Betriebsparteien.

e) [1]Das Entgelt für die gewertete Bereitschaftsdienstzeit nach den Buchstaben a bis c bestimmt sich für übergeleitete Beschäftigte auf der Basis ihrer Eingruppierung am 31. Oktober 2006 nach der Anlage E. [2]Für Beschäftigte, die nach dem 31. Oktober 2006 eingestellt werden und in den Fällen der Übertragung einer höher oder niedriger bewerteten Tätigkeit ist die Vergütungs- beziehungsweise Lohngruppe maßgebend, die sich zum Zeitpunkt der Einstellung beziehungsweise der Höher- oder Herabgruppierung bei Fortgeltung des bisherigen Tarifrechts ergeben hätte.

f) [1]Das Bereitschaftsdienstentgelt kann, soweit ein Arbeitszeitkonto (§ 10) eingerichtet ist und die betrieblichen/dienstlichen Verhältnisse es zulassen (Absatz 1 Satz 4), im Einvernehmen mit der/dem Beschäftigten im Verhältnis 1:1 in Freizeit (faktorisiert) abgegolten werden. [2]Weitere

Faktorisierungsregelungen können in einer einvernehmlichen Dienst- oder Betriebsvereinbarung getroffen werden.

Protokollerklärung zu § 8 Absatz 6 Buchstabe f:
Unabhängig von den Vorgaben des Absatzes 6 Buchstabe f kann der Arbeitgeber einen Freizeitausgleich anordnen, wenn dies zur Einhaltung der Vorschriften des Arbeitszeitgesetzes erforderlich ist.«

3. § 8 Absatz 7 Satz 1 gilt in folgender Fassung:
»(7) [1]Beschäftigte, die ständig Wechselschichtarbeit leisten, erhalten eine Wechselschichtzulage von 150 Euro monatlich.«
4. § 8 Absatz 8 Satz 1 gilt in folgender Fassung:
»(8) [1]Beschäftigte, die ständig Schichtarbeit leisten, erhalten eine Schichtzulage von 60 Euro monatlich.«

Nr. 5a Zu § 16 – Stufen der Entgelttabelle –

1. § 16 Absatz 1 gilt in folgender Fassung:
   »(1) [1]Die Entgeltgruppen KR 5 und KR 6 umfassen sechs Stufen. [2]Die Entgeltgruppen KR 7 bis KR 17 umfassen die Stufen 2 bis 6. [3]Die Abweichungen von Satz 1 oder Satz 2 sind in den jeweiligen Tätigkeitsmerkmalen der Entgeltordnung geregelt.«
2. § 16 Absatz 2 Satz 1 gilt in folgender Fassung:
   »[1]Bei der Einstellung werden die Beschäftigten der Entgeltgruppen KR 7 bis KR 17 der Stufe 2 zugeordnet, sofern keine einschlägige Berufserfahrung vorliegt.«
3. § 16 Absatz 2 Satz 3 gilt für die Entgeltgruppen KR 7 bis KR 17 in folgender Fassung:
   »[1]Ist die einschlägige Berufserfahrung von mindestens zwei Jahren in einem Arbeitsverhältnis zu einem anderen Arbeitgeber erworben worden, erfolgt die Einstellung in die Stufe 3.«

Nr. 6 Zu § 24 – Berechnung und Auszahlung des Entgelts –

§ 24 Absatz 6 gilt in folgender Fassung:
»(6) Durch Nebenabrede zum Arbeitsvertrag können neben dem Tabellenentgelt zustehende Entgeltbestandteile (zum Beispiel Zeitzuschläge, Erschwerniszuschläge, Überstundenentgelte) pauschaliert werden. Die Nebenabrede ist mit einer Frist von drei Monaten jeweils zum Ende eines Kalenderhalbjahres kündbar.«

Nr. 7 Zu § 27 – Zusatzurlaub –

§ 27 erhält folgende Absätze 6 bis 8:
»(6) [1]Beschäftigte erhalten Zusatzurlaub im Kalenderjahr bei einer Leistung im Kalenderjahr von mindestens

150 Nachtarbeitsstunden	1 Arbeitstag
300 Nachtarbeitsstunden	2 Arbeitstage
450 Nachtarbeitsstunden	3 Arbeitstage
600 Nachtarbeitsstunden	4 Arbeitstage.

[2]Bei Teilzeitkräften ist die Zahl der in Satz 1 geforderten Nachtarbeitsstunden entsprechend dem Verhältnis der vereinbarten durchschnittlichen regelmäßigen Arbeitszeit zur regelmäßigen Arbeitszeit von entsprechenden Vollzeitkräften zu kürzen. [3]Nachtarbeitsstunden, die in Zeiträumen geleistet werden, für die Zusatzurlaub für Wechselschicht- oder Schichtarbeit zusteht, bleiben unberücksichtigt. [4]Bei Anwendung des Satzes 1 werden nur die im Rahmen der regelmäßigen Arbeitszeit in der Zeit zwischen 21 Uhr und 6 Uhr dienstplanmäßig beziehungsweise betriebsüblich geleisteten Nachtarbeitsstunden berücksichtigt. [5]Absatz 4 und Absatz 5 finden Anwendung.

Protokollerklärung zu Absatz 6:
Der Anspruch auf Zusatzurlaub bemisst sich nach den abgeleisteten Nachtarbeitsstunden und entsteht im laufenden Jahr, sobald die Voraussetzungen nach Absatz 6 Satz 1 erfüllt sind.«

(7) [1]Besteht im Kalenderjahr 2020 Anspruch auf mindestens drei Tage Zusatzurlaub nach Absatz 2 Buchstabe a, wird ein weiterer Tag Zusatzurlaub gewährt. [2]Im Kalenderjahr 2021 wird bei einem Anspruch auf mindestens drei Tage Zusatzurlaub nach Absatz 2 Buchstabe a ein weiterer Tag Zusatzurlaub gewährt; besteht Anspruch auf mindestens vier Tage Zusatzurlaub nach Absatz 2 Buchstabe a, wird ein zweiter zusätzlicher Tag Zusatzurlaub gewährt. [3]Ab dem Kalenderjahr 2022 wird für je zwei Tage Zusatzurlaubsanspruch nach Absatz 2 Buchstabe a ein zusätzlicher Tag Zusatzurlaub gewährt.

(8) [1]Soweit Zusatzurlaub für ständige Wechselschichtarbeit zusteht, wird abweichend von Absatz 4 Satz 1 Zusatzurlaub nach diesem Tarifvertrag und sonstigen Bestimmungen mit Ausnahme von § 208 SGB IX nur bis zu insgesamt sieben Arbeitstagen im Kalenderjahr 2020, acht Arbeitstagen im Kalenderjahr 2021 und neun Arbeitstagen ab dem Kalenderjahr 2022 gewährt. [2]Im Übrigen gilt § 27 Absatz 4 entsprechend.

Nr. 8 Regelungen zur Anwendung des Teils IV der Entgeltordnung

[1]Pflegepersonen nach Teil IV Abschnitt 2 der Entgeltordnung, denen die Leitung des Pflegepersonals einer organisatorischen Einheit oder mehrerer organisatorischer Einheiten übertragen ist, erhalten für die Dauer dieser Tätigkeit eine monatliche Zulage von 45,00 Euro, soweit diesen Beschäftigten in dem selben Zeitraum keine Zulage nach der Vorbemerkung Nr. 7 zu Teil IV Abschnitt 2 in Verbindung mit der Vorbemerkung Nr. 9 oder 10 zu Teil IV Abschnitt 1 der Entgeltordnung gezahlt wird. [2]Dasselbe gilt für

Beschäftigte in der Funktionsdiagnostik, in der Endoskopie, im Operationsdienst und im Anästhesiedienst.

Nr. 9 Zuordnung der Entgeltgruppen ab 1. Januar 2019

Soweit in diesem Tarifvertrag auf bestimmte Entgeltgruppen der Anlage B Bezug genommen wird, entspricht:

die Entgeltgruppe	der Entgeltgruppe
KR 5	3
KR 6	4
KR 7	7
KR 8	8
KR 9, KR 10	9a
KR 11, KR 12	9b
KR 13	10
KR 14, KR 15	11
KR 16, KR 17	12

§ 44 Sonderregelungen für Beschäftigte als Lehrkräfte

Nr. 1 Zu § 1 – Geltungsbereich –

[1]Diese Sonderregelungen gelten für Beschäftigte als Lehrkräfte an allgemeinbildenden Schulen und berufsbildenden Schulen (zum Beispiel Berufs-, Berufsfach- und Fachschulen). [2]Sie gelten nicht für Lehrkräfte an Schulen und Einrichtungen der Verwaltung, die der Ausbildung oder Fortbildung von Angehörigen des öffentlichen Dienstes dienen, sowie an Krankenpflegeschulen und ähnlichen der Ausbildung dienenden Einrichtungen, soweit es sich nach den in den Ländern jeweils geltenden landesrechtlichen Regelungen nicht um berufsbildende Schulen handelt.

Protokollerklärung:
Lehrkräfte im Sinne dieser Sonderregelungen sind Personen, bei denen die Vermittlung von Kenntnissen und Fertigkeiten im Rahmen eines Schulbetriebes der Tätigkeit das Gepräge gibt.

Nr. 2 Zu Abschnitt II – Arbeitszeit –

[1]Die §§ 6 bis 10 finden keine Anwendung. [2]Es gelten die Bestimmungen für die entsprechenden Beamten in der jeweils geltenden Fassung. [3]Sind entsprechende Beamte nicht vorhanden, so ist die Arbeitszeit im Arbeitsvertrag zu regeln.

Nr. 2a Zu Abschnitt III – Eingruppierung, Entgelt und sonstige Leistungen –

Die §§ 12 bis 14, 16 und 17 finden Anwendung nach Maßgabe der §§ 3 bis 7 des Tarifvertrages über die Eingruppierung und die Entgeltordnung für die Lehrkräfte der Länder (TV EntgO-L) in der jeweils geltenden Fassung.

Nr. 3 Zu Abschnitt IV – Urlaub und Arbeitsbefreiung –

(1) [1]Der Urlaub ist in den Schulferien zu nehmen. [2]Wird die Lehrkraft während der Schulferien durch Unfall oder Krankheit arbeitsunfähig, so hat sie dies unverzüglich anzuzeigen. [3]Die Lehrkraft hat sich nach Ende der Schulferien oder, wenn die Krankheit länger dauert, nach Wiederherstellung der Arbeitsfähigkeit zur Arbeitsleistung zur Verfügung zu stellen.

(2) [1]Für eine Inanspruchnahme der Lehrkraft während der den Urlaub in den Schulferien übersteigenden Zeit gelten die Bestimmungen für die entsprechenden Beamten. [2]Sind entsprechende Beamte nicht vorhanden, regeln dies die Betriebsparteien.

Nr. 4 Zu Abschnitt V – Befristung und Beendigung des Arbeitsverhältnisses –

Das Arbeitsverhältnis endet, ohne dass es einer Kündigung bedarf, mit Ablauf des Schulhalbjahres (31. Januar beziehungsweise 31. Juli), in dem die Lehrkraft das gesetzlich festgelegte Alter zum Erreichen der Regelaltersrente vollendet hat.

§ 45 Sonderregelungen für Beschäftigte an Theatern und Bühnen

Nr. 1 Zu § 1 – Geltungsbereich –

(1) Diese Sonderregelungen gelten für die Beschäftigten in Theatern und Bühnen.

(2) *(aufgehoben)*

(3) Die Arbeitsbedingungen des Abendpersonals (insbesondere Platzanweiser, Logenschließer, Garderobenpersonal, Toilettenpersonal, Aushilfen) werden abweichend von Protokollerklärung Nr. 3 zu § 1 Absatz 2 Buchstabe j gesondert vereinbart.

Nr. 2 Zu § 2 – Arbeitsvertrag, Nebenabreden, Probezeit –

Im Arbeitsvertrag kann eine Probezeit bis zur Dauer einer Spielzeit vereinbart werden.

Nr. 3 Zu § 3 – Allgemeine Arbeitsbedingungen –

Beschäftigte sind verpflichtet, an Reisen zu auswärtigen Aufführungen teilzunehmen.

Protokollerklärung:
Bei Reisen zu auswärtigen Aufführungen ist die Zeit einer aus betrieblichen Gründen angeordneten Mitfahrt auf dem Wagen, der Geräte oder Kulissen befördert, als Arbeitszeit zu bewerten.

Nr. 4 Zu Abschnitt II – Arbeitszeit –

(1) [1]Beschäftigte sind an Sonn- und Feiertagen ebenso zu Arbeitsleistungen verpflichtet wie an Werktagen. [2]Zum Ausgleich für die Arbeit an Sonntagen wird jede Woche ein ungeteilter freier Tag gewährt. [3]Dieser soll mindestens in jeder siebenten Woche auf einen Sonn- oder Feiertag fallen.

(2) Die regelmäßige Arbeitszeit der Beschäftigten, die eine Theaterbetriebszulage (Absatz 5) erhalten, kann um sechs Stunden wöchentlich verlängert werden.

(3) Beschäftigte erhalten für jede Arbeitsstunde, um die die allgemeine regelmäßige Arbeitszeit (§ 6 Absatz 1) nach Absatz 2 verlängert worden ist, 100 v. H. des auf eine Stunde entfallenden Anteils des monatlichen Entgelts der jeweiligen Entgeltgruppe und Stufe nach Maßgabe der Entgelttabelle.

(4) [1]Überstunden dürfen nur angeordnet werden, wenn ein außerordentliches dringendes betriebliches Bedürfnis besteht oder die besonderen Verhältnisse des Theaterbetriebes es erfordern. [2]Für Überstunden ist neben dem Entgelt für die tatsächliche Arbeitsleistung der Zeitzuschlag nach § 8 Absatz 1 Satz 2 Buchstabe a zu zahlen. [3]Die Protokollerklärung zu § 8 Absatz 1 Satz 1 über die Berechnung des Entgelts für die tatsächliche Arbeitsleistung findet Anwendung.

(5) [1]Die Regelungen über Zeitzuschläge und über die Wechselschichtzulage und Schichtzulage (§ 8 Absätze 1, 7 und 8) gelten nicht für Beschäftigte, die eine Theaterbetriebszulage oder einen Theaterbetriebszuschlag nach einem landesbezirklichen Tarifvertrag erhalten. [2]Landesbezirklich kann Abweichendes geregelt werden.

Protokollerklärung zu Nr. 4 Absatz 5:
Am 31. Oktober 2006 bestehende Tarifverträge über eine Theaterbetriebszulage oder einen Theaterbetriebszuschlag können nach den jeweils vereinbarten Kündigungsfristen von den Tarifvertragsparteien auf landesbezirklicher Ebene gekündigt werden; dies gilt auch für die von der TdL für das Tarifgebiet Ost geschlossenen Tarifverträge.

(6) Die Arbeitszeit darf nur in Ausnahmefällen, wenn es der Betrieb erfordert, auf mehr als zwei Zeitabschnitte des Tages verteilt werden.

§ 46 Sonderregelungen für Beschäftigte auf Schiffen und schwimmenden Geräten

Nr. 1 Zu § 1 – Geltungsbereich –

[1]Diese Sonderregelungen gelten für die Besatzungsmitglieder auf Schiffen und schwimmenden Geräten, soweit die Schiffe und schwimmenden Geräte in den Schiffslisten der Verwaltung aufgeführt sind. [2]Zur Besatzung eines Schiffes oder schwimmenden Gerätes gehören nur diejenigen Beschäftigten, die mit Rücksicht auf Schifffahrt und Betrieb an Bord, gegebenenfalls in mehreren Schichten, tätig sein müssen und in der von der Verwaltung aufzustellenden Bordliste aufgeführt sind. [3]Beschäftigte, die an Bord dieselben Arbeiten verrichten, ohne selbst in der Bordliste aufgeführt zu sein, werden für die Dauer dieser Tätigkeit wie Besatzungsmitglieder behandelt. [4]Die Regelungen gelten auch für Beschäftigte der Länder, die auf nicht landeseigenen Schiffen und schwimmenden Geräten eingesetzt sind.

Protokollerklärung:
Die Eintragung in die Bordliste berührt die tarifliche Eingruppierung in die Entgeltgruppen nicht.

Nr. 2 Zu § 3 – Allgemeine Arbeitsbedingungen –

Zu den allgemeinen Pflichten gehört auch das Ableisten von Wachdienst.

Nr. 3 Zu § 6 – Regelmäßige Arbeitszeit –

(1) [1]Die Arbeitszeit beginnt und endet an der Arbeitsstelle. [2]Im Tidebetrieb richten sich Beginn und Ende der Arbeitszeit nach den Gezeiten. [3]Kann die Arbeitsstelle nur mit einem vom Arbeitgeber gestellten Fahrzeug erreicht werden und trifft das Fahrzeug infolge höherer Gewalt nicht rechtzeitig an der Arbeitsstelle ein, wird die Zeit ab dem Zeitpunkt des auf der Arbeitsstelle angeordneten Arbeitsbeginns als Arbeitszeit gewertet.

(2) [1]Kann die Arbeitsstelle auf Schiffen und schwimmenden Geräten nur mit einem vom Arbeitgeber gestellten schwimmenden Fahrzeug erreicht werden, so wird die Transportzeit bei der Hin- und Rückfahrt jeweils mit 50 v. H. als Arbeitszeit gewertet. [2]Die regelmäßige Arbeitszeit kann entsprechend verlängert werden. [3]Für Maschinisten auf Schiffen, schwimmenden Geräten und sonstigen Motorgeräten kann die regelmäßige Arbeitszeit für Vor- und Abschlussarbeiten um täglich bis zu einer Stunde verlängert werden.

(3) [1]Sofern die Einsatzkonzeption von seegehenden Schiffen und schwimmenden Geräten dies erfordert (zum Beispiel 24-Stunden-Betrieb), kann die Arbeitszeit in einem Zeitraum von 24 Stunden auf bis zu 12 Stunden verlängert und auf einen Zeitraum von 168 Stunden verteilt werden, wenn im unmittelbaren Anschluss an den verlängerten Arbeitszeitraum ein Aus-

gleich durch Freizeit erfolgt, der dem Umfang der regelmäßigen Arbeitszeit nach § 6 Absatz 1 entspricht. [2]Im Rahmen der Wechselschichten nach Satz 1 geleistete Arbeitsstunden, die über das Doppelte der regelmäßigen wöchentlichen Arbeitszeit nach § 6 Absatz 1 hinausgehen, sind Überstunden im Sinne des § 7 Absatz 7.

(4) Außerhalb der regelmäßigen Arbeitszeit angeordnete Anwesenheit an Bord wird bei der Bemessung des Entgelts zu 50 v. H. als Arbeitszeit gewertet, es sei denn, dass Freiwache gewährt wird oder dass Arbeit angeordnet ist.

(5) [1]Für Beschäftigte, die über 10 Stunden hinaus zum Wachdienst herangezogen werden, können Wachschichten bis zu zwölf Stunden festgesetzt werden, wenn in den Wachdienst in erheblichem Umfang Bereitschaftsdienst im Sinne des § 7 Absatz 1 Nr. 1 Buchstabe a Arbeitszeitgesetz fällt. [2]Für die Bemessung des Entgelts während der Wachdienste gelten folgende Vorschriften:

1. Bei folgenden Wachschichten wird für jede Wachstunde das volle Entgelt gezahlt:
   a) Durchgehende Wachdienste, bei denen Pausen oder inaktive Zeiten während des Bereitschaftsdienstes weniger als ein Drittel der Gesamtwachzeit ausmachen.
   b) Wachdienste, die ausschließlich im Freien abgeleistet werden oder bei denen auf Anordnung oder infolge besonderer Umstände eine Bindung an einen vorgeschriebenen Platz besteht (zum Beispiel Decks-, Maschinen-, Brücken- oder Ankerwachen).
2. Anwesenheitswachdienste, die nicht den in Nr. 1 genannten Einschränkungen unterliegen, werden wie folgt bewertet:
   a) Bei einer Tageswachschicht wird je eineinhalb Wachstunden das Entgelt für eine Arbeitsstunde gezahlt.
   b) Bei einer Nachtwachschicht bis zu zwölf Stunden wird eine Stundengarantie von drei Arbeitsstunden angesetzt, wenn beim Wachdienst nur Anwesenheit verlangt und eine Schlafgelegenheit gestellt wird. Soweit die Voraussetzungen nach Satz 1 nicht vorliegen, gilt Buchstabe a entsprechend.

(6) Bei sämtlichen Arten der Anwesenheitswachdienste wird für kleine Arbeiten während der Wache, die insgesamt weniger als zwei Stunden betragen, keine besondere Vergütung gezahlt.

(7) [1]Besatzungsmitglieder auf Schadstoffunfallbekämpfungsschiffen und auf Laderaumsaugbaggern, deren Arbeitszeit sich nach Absatz 3 richtet, erhalten pro Einsatztag einen Zuschlag in Höhe von 25 Euro. [2]Überstunden sind bis zu zwei Stunden täglich abgegolten (zum Beispiel für kleinere Reparaturen); dies gilt nicht im Falle von Havarien, Bergungsarbeiten oder angeordneten Reparaturen. [3]Der Zuschlag nach Satz 1 ist von der Durchschnittsberechnung nach § 21 Satz 2 ausgenommen.

Nr. 4 Zu § 8 – Ausgleich für Sonderformen der Arbeit –

(1) Bei angeordneter Anwesenheit an Bord nach Nr. 3 Absatz 4 werden Zeitzuschläge nach § 8 Absatz 1 Satz 2 Buchstabe b bis f nicht gezahlt.

(2) Bei allen Formen des Wachdienstes im Sinne der Nr. 3 Absatz 5 Satz 2 Nr. 2 wird der Zeitzuschlag nach § 8 Absatz 1 Satz 2 Buchstabe b und Buchstabe f nicht gezahlt.

Nr. 5 Zu Abschnitt III – Eingruppierung, Entgelt und sonstige Leistungen –

Beschäftigte, die für eine andere Tätigkeit qualifiziert werden, erhalten während der Qualifizierungszeit ihr bisheriges Tabellenentgelt und sonstige Entgeltbestandteile.

Nr. 6 Zu § 19 – Erschwerniszuschläge –

(1) [1]Bei Bergungen und Hilfeleistungen sowie Havariearbeiten und mit diesen zusammenhängenden Arbeiten werden Zuschläge in Höhe von 25 v. H. des auf eine Stunde entfallenden Anteils des monatlichen Entgelts der Stufe 2 der Entgeltgruppe 2 gezahlt. [2]Dies gilt auch bei Bergungen von Fahrzeugen und Gegenständen der eigenen Verwaltung sowie Hilfeleistungen für solche Fahrzeuge und Gegenstände, sofern die Leistungen besonders schwierig oder mit erheblicher Gefahr verbunden waren.

(2) [1]Auf Schadstoffunfallbekämpfungsschiffen und Laderaumsaugbaggern wird für Einsätze zum Feuerschutz beziehungsweise zur Bekämpfung von Schadstoffen, Öl oder Chemikalien je Einsatztag ein Zuschlag in Höhe von 50 Euro gezahlt und die Verpflegung vom Arbeitgeber unentgeltlich bereitgestellt; dies gilt nicht für Übungseinsätze. [2]Absatz 1 findet keine Anwendung.

(3) Beschäftigten, die auf einem Fahrzeug oder schwimmenden Gerät tätig sind, wird der bei Havarie oder Sinken des Fahrzeuges oder schwimmenden Gerätes, durch Brand, Explosion oder Einbruchsdiebstahl oder durch ähnliche Ursachen auf dem Fahrzeug oder Gerät nachweisbar entstandene Schaden an persönlichen Gegenständen bis zum Höchstbetrag von 1500 Euro im Einzelfall ersetzt.

Nr. 7 Zu § 23 Absatz 4 – Reise- und Umzugskosten, Trennungsgeld –

(1) [1]Für Fahrten zur Arbeitsstelle werden die entstandenen notwendigen Fahrtkosten nach Maßgabe der §§ 4 und 5 Bundesreisekostengesetz beziehungsweise entsprechender landesrechtlicher Vorschriften erstattet, sofern sie die Fahrtkosten zu der Arbeitsstätte, der die/der Beschäftigte dauerhaft personell zugeordnet ist, übersteigen. [2]An Stelle des Tagegeldes (§ 6 Bundesreisekostengesetz beziehungsweise entsprechende landesrechtliche Vorschriften) wird nachfolgende Aufwandsvergütung gezahlt:

- bei einer Abwesenheit ab 8 Stunden in Höhe von 3 Euro,
- bei einer Abwesenheit ab 14 Stunden in Höhe von 5 Euro,
- bei einer Abwesenheit ab 24 Stunden für je 24 Stunden in Höhe von 8 Euro.

[3]Beträgt hierbei die Entfernung zwischen der Arbeitsstätte, der die/der Beschäftigte dauerhaft personell zugeordnet ist und der Stelle, an der das Dienstgeschäft erledigt wird, weniger als 2 km, wird Aufwandsvergütung nach Satz 2 nicht gewährt. [4]Notwendige Übernachtungskosten werden gemäß § 7 Bundesreisekostengesetz beziehungsweise entsprechenden landesrechtlichen Vorschriften erstattet.

(2) Abweichend von Absatz 1 Satz 2 wird bei Abwesenheit von 3 bis zu 8 Stunden eine Pauschale in Höhe von 2 Euro gezahlt.

(3) [1]Für Beschäftigte auf Schiffen oder schwimmenden Geräten – mit Ausnahme der Besatzungsmitglieder auf Fähren der Länder Bremen, Niedersachsen und Schleswig-Holstein – ist Absatz 1 mit folgenden Maßgaben anzuwenden:

1. Für die Berechnung des Tagegeldes nach Absatz 1 Satz 2 ist maßgebend, dass sich das Schiff nicht am ständigen Liegeplatz (Heimathafen) befindet.
2. Bei Übernachtungen auf Schiffen oder schwimmenden Geräten, die nicht den erlassenen Mindestbestimmungen entsprechen, wird ein Übernachtungsgeld in Höhe von 8 Euro gezahlt.

[2]Reisebeihilfen für Familienheimfahrten werden nach Maßgabe des § 8 Sätze 3 und 4 Bundesreisekostengesetz beziehungsweise entsprechender landesrechtlicher Vorschriften gezahlt. [3]Satz 2 gilt nicht für Trennungsgeldempfänger.

(4) Die Regelungen in den Absätzen 1 und 3 ersetzen die Vorschriften über die Erstattung von Reisekosten in § 23 Absatz 4.

(5) Abweichend von § 6 Absatz 11 Satz 3 werden nicht anrechenbare Reisezeiten bei fester Arbeitszeit zu 50 v. H. als Freizeitausgleich gewährt und bei gleitender Arbeitszeit im Rahmen der jeweils geltenden Vorschriften als Arbeitszeit angerechnet.

Nr. 7 Zu § 27 – Zusatzurlaub –

Die Regelungen über Zusatzurlaub nach § 27 gelten nicht bei Tätigkeiten nach Nr. 3 Absatz 4 bis 6.

§ 47 Sonderregelungen für Beschäftigte im Justizvollzugsdienst der Länder sowie im feuerwehrtechnischen Dienst der Freien und Hansestadt Hamburg sowie des Landes Berlin

Nr. 1 Zu § 1 – Geltungsbereich –

(1) Diese Sonderregelungen gelten für Beschäftigte des Justizvollzugsdienstes, die im Aufsichtsdienst, im Werkdienst oder im Sanitätsdienst tätig sind sowie für Beschäftigte im feuerwehrtechnischen Dienst der Freien und Hansestadt Hamburg sowie des Landes Berlin.

(2) Nr. 2 gilt nur für Beschäftigte im feuerwehrtechnischen Dienst der Freien und Hansestadt Hamburg sowie des Landes Berlin.

(3) Diese Sonderregelungen gelten nur im Tarifgebiet West.

Nr. 2 Zu Abschnitt II – Arbeitszeit – und zu Abschnitt III – Eingruppierung, Entgelt –

(1) [1]Die §§ 6 bis 9 und 19 finden auf Beschäftigte im feuerwehrtechnischen Dienst der Freien und Hansestadt Hamburg sowie des Landes Berlin keine Anwendung. [2]Es gelten die Bestimmungen für die entsprechenden Beamten. [3]§ 27 Absätze 2 und 3 finden unbeschadet der Sätze 1 und 2 mit der Maßgabe Anwendung, dass an die Stelle der Zulagen nach § 8 Absätze 7 und 8 die entsprechenden besoldungsrechtlichen Zulagen treten.

(2) [1]Beschäftige im Einsatzdienst erhalten eine monatliche Zulage (Feuerwehrzulage). [2]Hierfür finden die Bestimmungen, die für die Beamtinnen und Beamten des Arbeitgebers jeweils gelten, entsprechende Anwendung.

(3) [1]Die Feuerwehrzulage wird nur für Zeiträume gezahlt, für die Entgelt, Urlaubsentgelt oder Entgelt im Krankheitsfall zusteht. [2]Sie ist bei der Bemessung des Sterbegeldes (§ 23 Absatz 3) zu berücksichtigen.

Nr. 3 Zu Abschnitt V – Befristung und Beendigung des Arbeitsverhältnisses – Übergangszahlung

(1) [1]Das Arbeitsverhältnis von Beschäftigten mit einer Tätigkeit von mindestens 36 Jahren bei demselben Arbeitgeber im Aufsichts-, Werk- oder Sanitätsdienst des Justizvollzugsdienstes oder im Einsatzdienst der Berufsfeuerwehr endet auf schriftliches Verlangen der/des Beschäftigten zu dem von ihr/ihm gewünschten Zeitpunkt, frühestens jedoch 36 Kalendermonate vor dem Erreichen der gesetzlichen Regelaltersgrenze und nicht vor dem Zeitpunkt, zu dem vergleichbare Beamtinnen und Beamte des Arbeitgebers im Aufsichts-, Werk- oder Sanitätsdienst des Justizvollzugsdienstes beziehungsweise im Einsatzdienst der Berufsfeuerwehr in den gesetzlichen Ruhestand treten. [2]Besteht ein Anspruch auf Altersrente für schwerbehinderte Menschen, tritt an die Stelle der Regelaltersgrenze die Altersgrenze für die abschlagsfreie Inanspruchnahme der Altersrente für schwerbehinderte Menschen. [3]Bei einer kürzeren Beschäftigung im Aufsichts-, Werk- oder Sa-

nitätsdienst des Justizvollzugsdienstes beziehungsweise im Einsatzdienst der Berufsfeuerwehr als 36 Jahre ist Satz 1 mit der Maßgabe anzuwenden, dass sich die 36-monatige Frist um jeweils einen Monat für jedes fehlende volle Beschäftigungsjahr vermindert. [4]Die/Der Beschäftigte hat das Verlangen mindestens drei Monate vor dem von ihr/ihm gewünschten Beendigungszeitpunkt zu erklären.

(2) [1]Beschäftigte, deren Arbeitsverhältnis nach Absatz 1 geendet hat, erhalten für jeden Kalendermonat, der nach dem Ausscheiden und vor dem Erreichen der Altersgrenze nach Absatz 1 Satz 1 beziehungsweise 2 liegt, eine Übergangszahlung in Höhe von 65 v. H. des monatlichen Tabellenentgelts der Entgeltgruppe 7 Stufe 6. [2]Bei Beschäftigten, die zum Zeitpunkt des Ausscheidens in der Entgeltgruppe 8 oder höher beziehungsweise in der Entgeltgruppe KR 10 oder höher eingruppiert sind, ist Berechnungsgrundlage für die Übergangszahlung das monatliche Tabellenentgelt der Entgeltgruppe 8 Stufe 6. [3]Die Übergangszahlung erfolgt in einer Summe mit dem Ausscheiden der/des Beschäftigten. [4]Auf Wunsch der/des Beschäftigten kann die Übergangszahlung auch in Teilbeträgen ausgezahlt werden.

(3) [1]Bei Beschäftigten, für die am 31. Dezember 2016 § 47 Nr. 3 Absatz 4 Satz 1 Buchstabe a in der am 31. Dezember 2016 geltenden Fassung gegolten hat, beträgt der Bemessungssatz für die Übergangszahlung abweichend von Absatz 2 Satz 1 75 v. H. [2]Bei Beschäftigten, für die am 31. Dezember 2016 § 47 Nr. 3 Absatz 4 Satz 1 Buchstabe b in der am 31. Dezember 2016 geltenden Fassung gegolten hat, beträgt der Bemessungssatz für die Übergangszahlung abweichend von Absatz 2 Satz 1 71 v. H.

(4) Auf Beschäftigte, die Anspruch auf Altersrente für besonders langjährig Versicherte haben, finden die vorstehenden Regelungen keine Anwendung.

§ 48 Sonderregelungen für Beschäftigte im forstlichen Außendienst

Nr. 1 Zu § 1 – Geltungsbereich –

Diese Sonderregelungen gelten für Beschäftigte im forstlichen Außendienst, die nicht von § 1 Absatz 2 Buchstabe d erfasst werden.

Nr. 2 Zu Abschnitt II – Arbeitszeit –

(1) [1]Der tarifliche wöchentliche Arbeitszeitkorridor beträgt 48 Stunden. [2]Abweichend von § 7 Absatz 7 sind nur die Arbeitsstunden Überstunden, die über den Arbeitszeitkorridor nach Satz 1 hinaus auf Anordnung geleistet worden sind. [3]§ 10 Absatz 1 Satz 3 findet keine Anwendung, auf Antrag der/des Beschäftigten kann ein Arbeitszeitkonto in vereinfachter Form durch Selbstaufschreibung geführt werden.

(2) Absatz 1 gilt nicht, wenn Dienstvereinbarungen zur Gleitzeit bestehen oder vereinbart werden.

§ 49 Sonderregelungen für Beschäftigte in landwirtschaftlichen Verwaltungen und Betrieben, Weinbau- und Obstanbaubetrieben

Nr. 1 Zu § 1 Absatz 1 – Geltungsbereich –

Diese Sonderregelungen gelten für Beschäftigte in landwirtschaftlichen Verwaltungen und Betrieben, Weinbau- und Obstanbaubetrieben.

Nr. 2 Zu § 6 – Regelmäßige Arbeitszeit –

[1]Die regelmäßige Arbeitszeit kann in vier Monaten bis auf 50 und weiteren vier Monaten des Jahres auf bis zu 56 Stunden wöchentlich festgesetzt werden. [2]Sie darf im Jahr aber 2188 Stunden im Tarifgebiet West und 2214 Stunden im Tarifgebiet Ost nicht übersteigen. [3]Dies gilt nicht für Beschäftigte im Sinne des § 38 Absatz 5 Satz 1, denen Arbeiten übertragen sind, deren Erfüllung zeitlich nicht von der Eigenart der Verwaltung oder des Betriebes abhängig ist.

§ 50 Sonderregelungen für Beschäftigte in Zentren für Psychiatrie Baden-Württemberg

Nr. 1 Zu § 1 Absatz 1 – Geltungsbereich –

Diese Sonderregelungen gelten für Beschäftigte in Zentren für Psychiatrie Baden-Württemberg neben den Sonderregelungen in § 42 und § 43.

Nr. 2 Zu § 27 – Zusatzurlaub –

Nach Absatz 3 wird folgender Absatz 3a eingefügt:

»(3a) [1]Beschäftigte in Zentren für Psychiatrie Baden-Württemberg, die überwiegend und nicht nur vorübergehend in unmittelbaren Kontakt mit psychisch kranken Menschen stehen, erhalten im Kalenderjahr einen Arbeitstag Zusatzurlaub, soweit sich nicht aufgrund von Absatz 1 Satz 1 ein entsprechender Anspruch auf mehr als einen Tag Zusatzurlaub ergibt; § 26 gilt für diesen Zusatzurlaub entsprechend. [2]Der Zusatzurlaub nach Satz 1 gilt nicht als Zusatzurlaub im Sinne von Absatz 4.«

Nr. 3 Pflegezulage

[1]Pflegerinnen und Pflegehelferinnen nach der Vorbemerkung Nr. 1 zu Teil IV Abschnitt 1 der Entgeltordnung, die nach Teil IV Abschnitt 1 oder 2 der Entgeltordnung eingruppiert sind, erhalten eine monatliche Zulage nach Anlage F Abschnitt IV Nr. 8; die Vorbemerkung Nr. 8 zu Teil IV Abschnitt 1 und die Vorbemerkung Nr. 8 zu Teil IV Abschnitt 2 der Entgeltordnung

finden keine Anwendung. [2]Die Zulage verändert sich bei allgemeinen Entgeltanpassungen um den von den Tarifvertragsparteien für die jeweilige Entgeltgruppe festgelegten Vomhundertsatz; Sockelbeträge, Mindestbeträge und vergleichbare nichtlineare Steigerungen bleiben unberücksichtigt. [3]Sie wird nur für die Zeiträume gezahlt, in denen Beschäftigte einen Anspruch auf Entgelt oder Entgeltfortzahlung nach § 21 haben. [4]Sie ist bei der Bemessung des Sterbegeldes (§ 23 Absatz 3) zu berücksichtigen.

Nr. 4 Zulage für Diätassistenten, Ergotherapeuten, Logopäden, Masseure und medizinische Bademeister, medizinische Fachangestellte und zahnmedizinische Fachangestellte, medizinisch-technische Assistenten und medizinisch-technische Gehilfen, pharmazeutisch-technische Assistenten, Physiotherapeuten, biologisch-technische Assistenten und chemisch-technische Assistenten sowie Arbeitserzieher

[1]Diätassistenten, Ergotherapeuten, Logopäden, Masseure und medizinische Bademeister, medizinische Fachangestellte und zahnmedizinische Fachangestellte, medizinisch-technische Assistenten und medizinisch-technische Gehilfen, pharmazeutisch-technische Assistenten und Physiotherapeuten, die nach Teil II Abschnitt 10 Unterabschnitte 4 bis 8, 10, 13 oder 14 der Entgeltordnung eingruppiert sind, biologisch-technische Assistenten und chemisch-technische Assistenten, die nach Teil II Abschnitt 22 Unterabschnitt 3 der Entgeltordnung eingruppiert sind, sowie Arbeitserzieher erhalten eine monatliche Zulage nach Anlage F Abschnitt IIa. [2]Die Vorbemerkungen zu Abschnitt 10 Unterabschnitt 4 bis 8, 10, 13 und 14 und die Vorbemerkung Nr. 2 zu Abschnitt 22 Unterabschnitt 3 des Teils II der Entgeltordnung finden keine Anwendung.

§ 51 Sonderregelungen für Beschäftigte im Kampfmittelbeseitigungsdienst

Nr. 1 Zu § 1 – Geltungsbereich –

[1]Diese Sonderregelungen gelten für die Beschäftigten im Kampfmittelbeseitigungsdienst. [2]Für Beschäftigte, die zu Lokalisierung von Fundmunition überwiegend Luftbildmaterial aus den beiden Weltkriegen auswerten (Luftbildauswerter), gilt nur nachstehender § 19 Ziffer 5.

Nr. 2 Zu § 19 – Erschwerniszuschläge –

§ 19 gilt in folgender Fassung:

»§ 19 Zulagen, Zuschläge und Sonderprämie

1. Gefahrenzulage

(1) [1]Leiter des Kampfmittelbeseitigungsdienstes, ständige Vertreter des Leiters des Kampfmittelbeseitigungsdienstes und Leiter im Kampfmittel-

beseitigungsdienst im Sinne der Protokollerklärung Nr. 1 zu Abschnitt 26 des Teils II der Entgeltordnung erhalten eine monatliche Gefahrenzulage. [2]Sie beträgt

vom 1. Dezember 2022 bis 31. Oktober 2024	1216,67 Euro,
vom 1. November 2024 bis 31. Januar 2025	1274,58 Euro,
ab 1. Februar 2025	1344,68 Euro.

(2) [1]Truppführer im Sinne der Protokollerklärung Nr. 3 zu Abschnitt 26 des Teils II der Entgeltordnung sowie Munitionsfacharbeiter, die in den Entgeltgruppen 5 und 6 nach Teil II Abschnitt 26 der Entgeltordnung eingruppiert sind, erhalten bei einer Beschäftigung von monatlich mindestens 125 Arbeitsstunden im unmittelbaren Gefahrenbereich eine monatliche Gefahrenzulage. [2]Sie beträgt

– für Truppführer

vom 1. Dezember 2022 bis 31. Oktober 2024	1216,67 Euro,
vom 1. November 2024 bis 31. Januar 2025	1274,58 Euro,
ab 1. Februar 2025	1344,68 Euro

und

– für Munitionsfacharbeiter

vom 1. Dezember 2022 bis 31. Oktober 2024	1106,07 Euro,
vom 1. November 2024 bis 31. Januar 2025	1158,72 Euro,
ab 1. Februar 2025	1222,45 Euro.

[3]Sinkt die Zahl der Arbeitsstunden im unmittelbaren Gefahrenbereich um mehr als 28, so wird die Gefahrenzulage für jede Stunde, die an 125 fehlt, um 1/125 gekürzt.

Protokollerklärung zu Ziffer 1 Absatz 2:
Die Tätigkeit im unmittelbaren Gefahrenbereich im Sinne des Absatzes 2 ist das Suchen, Prüfen, Entfernen, Entschärfen, Sprengen oder Zerlegen von Munition oder Munitionsteilen sowie deren Transport.

(3) [1]Für die Dauer des Erholungsurlaubs, der Gewährung von Entgelt im Krankheitsfall nach § 22 sowie für die Dauer von dienstlich erforderlichen Lehrgängen wird die Gefahrenzulage weitergezahlt. [2]Im Falle des Todes wird die Gefahrenzulage auch im Sterbemonat gezahlt. [3]Eine Kürzung nach Absatz 2 Satz 3 tritt in diesen Fällen nicht ein.

(4) [1]Die Beschäftigten, die chemische Munition suchen, prüfen, entfernen, oder transportieren, erhalten bei einer Beschäftigung von monatlich mindestens 125 Arbeitsstunden im unmittelbaren Gefahrenbereich eine weitere monatliche Gefahrenzulage; sie beträgt

vom 1. Dezember 2022 bis 31. Oktober 2024	147,48 Euro,
vom 1. November 2024 bis 31. Januar 2025	154,50 Euro,
ab 1. Februar 2025	163,00 Euro.

[2]Absatz 2 Satz 3 gilt sinngemäß.

(5) Die Gefahrenzulagen sind kein zusatzversorgungspflichtiges Entgelt, soweit sie 50 v.H. des in Absatz 1, 2 oder 4 festgesetzten Betrages übersteigen.

2. Sonderprämie

(1) [1]In Sonderfällen, in denen die Entschärfung ein außergewöhnliches Gefahrenmoment in sich birgt (z.B. Bombe mit Langzeitzünder), einschließlich eines erforderlichen Transports vor der Entschärfung, wird eine Sonderprämie als zusätzliche Gefahrenzulage gezahlt; sie beträgt

vom 1. Dezember 2022 bis 31. Oktober 2024	816,05 Euro,
vom 1. November 2024 bis 31. Januar 2025	854,89 Euro,
ab 1. Februar 2025	901,91 Euro.

[2]Die Sonderprämie erhält jeder Beschäftigte, der unmittelbar an der Entschärfung oder beim Transport der noch nicht entschärften Bombe mitarbeitet. [3]Die Prämie wird jedoch je Sonderfall im Sinne von Satz 1 nur einmal gezahlt.

Protokollerklärungen zu Ziffer 2 Absatz 1:

1. Der Entschärfung einer Bombe mit Langzeitzünder steht die Entschärfung entsprechender Seemunition (z.B. Torpedos, Wasserbomben, Seeminen) gleich.
2. [1]Zum Entschärfen gehört auch das Entfernen des Zünders durch Sprengung. [2]Das Sprengen des gesamten Sprengkörpers gilt nicht als Entschärfung.

(2) Die Sonderprämie ist kein zusatzversorgungspflichtiges Entgelt.

3. Zulage für Tauchertätigkeiten

[1]Die Beschäftigten erhalten eine Zulage für Tauchertätigkeiten. [2]Sie bestimmt sich nach den gemäß Anlage 1 Teil B Nrn. 12, 13 TVÜ-Länder bzw. § 29 TVÜ-Länder fortgeltenden Tarifverträgen.

4. Schmutz-, Gefahren- und Erschwerniszuschläge, Schutzkleidung

(1) Ständig in der Kampfmittelbeseitigung beschäftigte Munitionsfacharbeiter, die in den Entgeltgruppen 5 und 6 nach Teil II Abschnitt 26 der Entgeltordnung eingruppiert sind, erhalten zur Abgeltung aller Schmutz-, Gefahren- und Erschwerniszuschläge für jede Arbeitsstunde einen Zuschlag.

(2) [1]Der Zuschlag wird in Höhe der Zuschlagsgruppe II der gemäß Anlage 1 Teil B Nrn. 12, 13 TVÜ-Länder fortgeltenden Tarifverträge bzw. in Höhe von 6 v.H. der Bemessungsgrundlage des nach § 29 TVÜ-Länder fortgeltenden Tarifvertrages gezahlt. [2]Soweit Schutzkleidung gewährt wird, vermindert sich der Zuschlag um ein Drittel.

5. Zulage für Luftbildauswerter

(1) [1]Luftbildauswerter in den Entgeltgruppen 8 und 9a, die nicht nach Teil II Abschnitt 26 der Entgeltordnung eingruppiert sind, erhalten eine monatliche Zulage. [2]Sie beträgt

vom 1. Dezember 2022 bis 31. Oktober 2024	124,98 Euro,
vom 1. November 2024 bis 31. Januar 2025	130,93 Euro,
ab 1. Februar 2025	138,13 Euro.

(2) [1]Die Zulage wird nur für Zeiträume gezahlt, für die den Beschäftigten Tabellenentgelt, Urlaubsentgelt oder Entgelt im Krankheitsfall nach § 22 zusteht. [2]Sie ist bei der Bemessung des Sterbegeldes (§ 23 Absatz 3) zu berücksichtigen.«

Nr. 3 Zu § 23 – Gruppenunfallversicherung –

(1) [1]Die Beschäftigten werden zusätzlich gegen Unfälle im unmittelbaren Gefahrenbereich versichert. [2]Die Versicherungssumme beträgt für den Fall des Todes 56 497,75 Euro und für den Invaliditätsfall 112 995,51 Euro bei Zahlung einer Rente nach der Rententabelle des Versicherungsträgers. [3]Die Prämien werden vom Arbeitgeber gezahlt.

(2) Von der Gruppenunfallversicherung kann abgesehen werden, wenn entsprechende Leistungen im Fall eines Unfalles anderweitig gewährleistet sind.

Nr. 4 Zu § 27 – Zusatzurlaub –

Die Beschäftigten der Freien Hansestadt Bremen, der Freien und Hansestadt Hamburg, von Niedersachsen und von Schleswig-Holstein erhalten im Kalenderjahr drei Arbeitstage Zusatzurlaub.

Nr. 5 Laufzeit

(1) Die vorstehenden Nummern 1 bis 4 sowie Abschnitt 26 in Teil II der Entgeltordnung können ohne Einhaltung einer Frist jederzeit schriftlich gekündigt werden.

(2) [1]Die Beträge in den Nummern 2 und 3 können frühestens zum 31. Dezember 2018 schriftlich gekündigt werden. [2]Eine Erhöhung dieser Beträge bleibt der Vereinbarung künftiger Tarifrunden vorbehalten.

§ 52 Sonderregelungen für Beschäftigte im Sozial- und Erziehungsdienst

Nr. 1 Zu § 1 – Geltungsbereich –

Diese Sonderregelungen gelten für die Beschäftigten im Sozial- und Erziehungsdienst.

Nr. 2 Zu § 15 – Tabellenentgelt –

§ 15 Absatz 2 gilt in folgender Fassung:

»(2) Die Höhe der Tabellenentgelte ist in der Anlage G festgelegt.«

Nr. 3 Zu § 16 – Stufen der Entgelttabelle –

§ 16 Absatz 1 Satz 1 gilt in folgender Fassung:
»Die Entgeltgruppen S 2 bis S 18 umfassen sechs Stufen.«

Nr. 4 Zuordnung der Entgeltgruppen

Soweit in diesem Tarifvertrag auf bestimmte Entgeltgruppen der Anlage B Bezug genommen wird, entspricht:

die Entgeltgruppe	der Entgeltgruppe
S 2	2
S 3	4
S 4	5
S 5 (nicht besetzt)	6
S 6 (nicht besetzt), S 7, S 8a, S 8b	8
S 9, S 10 (nicht besetzt), S 11a	9a
S 11b, S 12, S 13, S 14	9b
S 15, S 16	10
S 17	11
S 18	12

Nr. 5 Zulage für bestimmte Beschäftigte im Sozial- und Erziehungsdienst der Länder Berlin, Bremen und Hamburg

(1) Die Regelungen dieser Nummer gelten nur für Beschäftigte im Sozial- und Erziehungsdienst des Landes Berlin, der Freien Hansestadt Bremen und der Freien und Hansestadt Hamburg.

(2) Beschäftigte, die nach Teil II Abschnitt 20 Unterabschnitt 2 der Entgeltordnung in der Entgeltgruppe S 9 eingruppiert sind, erhalten eine monatliche Zulage in Höhe von 130 Euro.

(2) [1]Beschäftigte, die nach Teil II Abschnitt 20 Unterabschnitt 4 der Entgeltordnung in einer der Entgeltgruppen S 8b bis S 14 oder in der Entgeltgruppe S 15 Fallgruppe 1 eingruppiert sind, erhalten eine monatliche Zulage. [2]Die Zulage beträgt für Beschäftigte der Entgeltgruppe S 8b und S 9 130 Euro, im Übrigen 180 Euro.

(4) Beschäftigte, die nach Teil II Abschnitt 20 Unterabschnitt 5 der Entgeltordnung eingruppiert sind, erhalten eine monatliche Zulage in Höhe von 130 Euro.

(5) Beschäftigte, die nach Teil II Abschnitt 20 Unterabschnitt 6 der Entgeltordnung in einer der Entgeltgruppen S 2 bis S 9 eingruppiert sind, erhalten eine monatliche Zulage in Höhe von 130 Euro.

(6) [1]Die Zulage nach den Absätzen 2 bis 5 wird nur für Zeiträume gezahlt, in denen Beschäftigte einen Anspruch auf Entgelt oder Entgeltfortzahlung nach § 21 haben. [2]Sie ist bei der Bemessung des Sterbegeldes (§ 23 Absatz 3) zu berücksichtigen.

Anhang zu § 6
Regelung der durchschnittlichen regelmäßigen wöchentlichen Arbeitszeit im Tarifgebiet West

(1) Grundsätze der Berechnung

a) Die durchschnittliche regelmäßige wöchentliche Arbeitszeit ausschließlich der Pausen wird für jedes Bundesland im Tarifgebiet West auf der Grundlage der festgestellten tatsächlichen durchschnittlichen wöchentlichen Arbeitszeit im Februar 2006 ohne Überstunden und Mehrarbeit (tariflich und arbeitsvertraglich vereinbarte Arbeitszeit) von den Tarifvertragsparteien einvernehmlich festgelegt.

b) [1]Die Differenz zwischen der bisherigen tariflichen Arbeitszeit zur tatsächlichen Arbeitszeit wird verdoppelt, dabei werden aber nicht mehr als 0,4 Stunden für den zweiten Teil der Verdoppelung der Differenz berücksichtigt. [2]Das Ergebnis ist die Gesamtdifferenz. [3]Die Gesamtdifferenz wird der bisherigen tariflichen Arbeitszeit zugerechnet.

c) [1]Für die Beschäftigten beziehungsweise Beschäftigtengruppen, welche die Tarifvertragsparteien in § 6 Absatz 1 Satz 1 Buchstabe b Doppelbuchstabe aa bis ff festgelegt haben beziehungsweise die durch landesbezirkliche Vereinbarung nach § 6 Absatz 1 Satz 1 Buchstabe b Doppelbuchstabe gg einbezogen sind, beträgt die durchschnittliche regelmäßige wöchentliche Arbeitszeit ausschließlich der Pausen 38,5 Stunden. [2]Das auf diese Beschäftigten (einschließlich der Ärzte nach § 6 Absatz 1 Satz 1 Buchstabe d) entfallende Volumen der Differenz zu der Arbeitszeit nach Buchstabe b wird auf die Beschäftigten in den anderen Beschäftigungsbereichen übertragen und erhöht beziehungsweise verringert für diese das Ergebnis der nach Buchstabe b errechneten regelmäßigen wöchentlichen Arbeitszeit. [3]Unter Berücksichtigung der Ergebnisse nach Satz 1 und 2 wird die Gesamtdifferenz mit einem ermittelten Faktor multipliziert.

(2) Feststellungen und Berechnungen

[1]Die tatsächliche durchschnittliche wöchentliche Arbeitszeit im Monat Februar 2006, ermittelt nach § 6 Absatz 1 Satz 1 Buchstabe a, beträgt nach den Feststellungen der Tarifvertragsparteien in

Baden-Württemberg	38,95 Stunden
Bayern	39,33 Stunden
Bremen	38,795 Stunden
Hamburg	38,73 Stunden
Niedersachsen	38,92 Stunden
Nordrhein-Westfalen	39,20 Stunden
Rheinland-Pfalz	38,75 Stunden
Saarland	38,80 Stunden
Schleswig-Holstein	38,60 Stunden.

[2]Ergebnisse der Berechnungen nach Absatz 1 Buchstabe b:

Land	**§ 6 Absatz 1 Satz 1 Buchstabe a**	**Bisherige tarifliche Arbeitszeit § 15 Absatz 1 BAT**	**Differenz**	**Gesamtdifferenz nach Absatz 1 Buchstabe b**
Baden-Württemberg	38,95	38,50	0,45	0,85
Bayern	39,33	38,50	0,83	1,23
Bremen	38,795	38,50	0,295	0,59
Hamburg	38,73	38,50	0,23	0,46
Niedersachsen	38,92	38,50	0,42	0,82
Nordrhein-Westfalen	39,20	38,50	0,70	1,10
Rheinland-Pfalz	38,75	38,50	0,25	0,50
Saarland	38,80	38,50	0,30	0,60
Schleswig-Holstein	38,60	38,50	0, 10	0,20

[3]Die Tarifvertragsparteien in den Ländern errechnen aufgrund der Daten nach Absatz 1 Buchstabe b und Buchstabe c die regelmäßige wöchentliche Arbeitszeit für die Beschäftigten nach § 6 Absatz 1 Satz 1 Buchstabe a. [4]Ist eine Einigung über die Daten und das ermittelte Ergebnis zur Arbeitszeit in einem Land nicht zu erzielen, werden die Tarifvertragsparteien auf Bundesebene in einer gemeinsamen Kommission eine abschließende Festlegung vornehmen.

[5]Zur praktischen Umsetzung ermitteln die Tarifvertragsparteien auf Bundesebene entsprechend dem festgestellten Ergebnis unter Berücksichtigung des Absatzes 1 Buchstabe c einen Faktor, mit dem die Gesamtdifferenz nach Absatz 1 Buchstabe b multipliziert wird.

[6]Danach ergibt sich für die Ermittlung der regelmäßigen wöchentlichen Arbeitszeit in den einzelnen Bundesländern jeweils folgender Faktor:

Land	Faktor
Baden-Württemberg	46,47
Bayern	32,60
Bremen	66,44
Hamburg	84,78
Niedersachsen	48,54
Nordrhein-Westfalen	36,21
Rheinland-Pfalz	78,00
Saarland	65,83
Schleswig-Holstein	193,50

7 Die Ergebnisse werden auf volle Hundertstel gerundet.

Anlagen A zum TV-L

Entgeltordnung zum TV-L

(nicht abgedruckt)

Anlage B zum TV-L

Entgelttabelle für Beschäftigte in den Entgeltgruppen 1 bis 15

– Gültig vom 1. November 2024 bis 31. Januar 2025 –

Entgelt-gruppe	Grundentgelt		Entwicklungsstufen			
	Stufe 1	Stufe 2	Stufe 3	Stufe 4	Stufe 5	Stufe 6
15	5217,31	5594,35	5793,59	6501,27	7037,15	7242,26
14	4742,64	5085,93	5367,63	5793,59	6446,27	6633,67
13	4388,38	4708,07	4948,54	5415,72	6061,53	6237,38
12	3974,86	4240,88	4804,26	5298,93	5937,87	6110,00
11	3852,64	4098,38	4378,29	4804,26	5422,60	5579,28
10	3723,62	3964,77	4240,88	4522,55	5058,48	5204,24
9b	3336,59	3569,08	3720,54	4139,07	4495,09	4623,96

Entgelt-gruppe	Grundentgelt		Entwicklungsstufen			
9a	3336,59	3569,08	3619,58	3720,54	4139,07	4255,96
8	3146,46	3373,48	3499,66	3619,58	3752,10	3834,13
7	2972,35	3194,05	3360,84	3487,05	3588,03	3676,36
6	2925,66	3145,10	3267,49	3392,41	3474,43	3562,77
5	2818,93	3034,95	3157,34	3273,61	3367,15	3430,26
4	2700,70	2918,69	3071,67	3157,34	3243,02	3298,08
3	2668,79	2881,96	2943,16	3041,06	3120,62	3187,93
2	2502,84	2704,49	2765,69	2826,88	2967,62	3114,51
1	Je 4 Jahre	2294,49	2325,06	2361,78	2398,51	2490,30

Anlage B zum TV-L

Entgelttabelle für Beschäftigte in den Entgeltgruppen 1 bis 15

– Gültig ab 1. Februar 2025 –

Entgelt-gruppe	Grundentgelt		Entwicklungsstufen			
	Stufe 1	Stufe 2	Stufe 3	Stufe 4	Stufe 5	Stufe 6
15	5504,26	5902,04	6112,24	6858,84	7424,19	7640,58
14	5003,49	5365,66	5662,85	6112,24	6800,81	6998,52
13	4629,74	4967,01	5220,71	5713,58	6394,91	6580,44
12	4193,48	4474,13	5068,49	5590,37	6264,45	6446,05
11	4064,54	4323,79	4619,10	5068,49	5720,84	5886,14
10	3928,42	4182,83	4474,13	4771,29	5336,70	5490,47
9b	3520,10	3765,38	3925,17	4366,72	4742,32	4878,28
9a	3520,10	3765,38	3818,66	3925,17	4366,72	4490,04
8	3319,52	3559,02	3692,14	3818,66	3958,47	4045,01
7	3135,83	3369,72	3545,69	3678,84	3785,37	3878,56
6	3086,57	3318,08	3447,20	3578,99	3665,52	3758,72
5	2973,97	3201,87	3330,99	3453,66	3552,34	3618,92

Entgelt-gruppe	Grundentgelt		Entwicklungsstufen			
4	2849,24	3079,22	3240,61	3330,99	3421,39	3479,47
3	2815,57	3040,47	3105,03	3208,32	3292,25	3363,27
2	2642,84	2853,24	2917,80	2982,36	3130,84	3285,81
1	Je 4 Jahre	2434,49	2465,06	2501,78	2538,51	2630,30

Anlage C zum TV-L

Entgelttabelle für Pflegekräfte

– Gültig vom 1. November 2024 bis 31. Januar 2025 –

Entgelt-gruppe	Grundentgelt		Entwicklungsstufen			
	Stufe 1	Stufe 2	Stufe 3	Stufe 4	Stufe 5	Stufe 6
KR 17		4919,56	5084,75	5615,57	6176,21	6524,11
KR 16		4810,42	4972,03	5493,92	6102,25	6370,60
KR 15		4711,39	4859,30	5229,08	5671,63	5840,65
KR 14		4602,25	4746,59	5107,44	5597,68	5687,14
KR 13		4493,11	4633,87	4985,74	5239,82	5305,43
KR 12		4274,79	4408,41	4742,39	4947,57	5042,99
KR 11		4056,51	4182,94	4499,07	4709,00	4804,42
KR 10		3838,23	3957,49	4291,50	4452,54	4553,93
KR 9		3659,29	3838,23	3957,49	4184,14	4279,57
KR 8		3382,89	3537,98	3736,82	3897,43	4120,15
KR 7		3199,63	3382,89	3664,84	3805,78	3950,99
KR 6	2714,29	2889,60	3058,69	3418,14	3509,76	3678,90
KR 5	2608,81	2848,47	2917,75	3030,51	3115,09	3313,82

Anlage C zum TV-L

Entgelttabelle für Pflegekräfte

– Gültig ab 1. Februar 2025 –

Entgelt-gruppe	Grundentgelt		Entwicklungsstufen			
	Stufe 1	Stufe 2	Stufe 3	Stufe 4	Stufe 5	Stufe 6
KR 17		5190,14	5364,41	5924,43	6515,90	6882,94
KR 16		5074,99	5245,49	5796,09	6437,87	6720,98
KR 15		4970,52	5126,56	5516,68	5983,57	6161,89
KR 14		4855,37	5007,65	5388,35	5905,55	5999,93
KR 13		4740,23	4888,73	5259,96	5528,01	5597,23
KR 12		4509,90	4650,87	5003,22	5219,69	5320,35
KR 11		4279,62	4413,00	4746,52	4968,00	5068,66
KR 10		4049,33	4175,15	4527,53	4697,43	4804,40
KR 9		3860,55	4049,33	4175,15	4414,27	4514,95
KR 8		3568,95	3732,57	3942,35	4111,79	4346,76
KR 7		3375,61	3568,95	3866,41	4015,10	4168,29
KR 6	2863,58	3048,53	3226,92	3606,14	3702,80	3881,24
KR 5	2752,29	3005,14	3078,23	3197,19	3286,42	3496,08

Anlage D zum TV-L

Entgelttabelle für Ärztinnen und Ärzte im Geltungsbereich des § 41 TV-L

Monatsbeiträge in Euro bei 42 Wochenstunden
– Gültig vom 1. November 2024 bis 31. Januar 2025 –

Entgelt-gruppe	Stufe 1	Stufe 2	Stufe 3	Stufe 4	Stufe 5
Ä 1	**5367,63** im 1. Jahr	**5656,17** im 2. Jahr	**5362,30** im 3. Jahr	**6219,57** im 4. Jahr	**6645,54** ab dem 5. Jahr

Ä 2	6995,90 ab dem 1. Jahr	7559,29 ab dem 4. Jahr	8053,95 ab dem 7. Jahr		
Ä 3	8692,91 ab dem 1. Jahr	9187,58 ab dem 4. Jahr	9895,24 ab dem 7. Jahr		
Ä 4	10 176,96 ab dem 1. Jahr	10 884,59 ab dem 4. Jahr	11 447,96 ab dem 7. Jahr		

Anlage D zum TV-L

Entgelttabelle für Ärztinnen und Ärzte im Geltungsbereich des § 41 TV-L

Monatsbeiträge in Euro bei 42 Wochenstunden
– Gültig ab 1. Februar 2025 –

Entgelt-gruppe	Stufe 1	Stufe 2	Stufe 3	Stufe 4	Stufe 5
Ä 1	5662,85 im 1. Jahr	5967,26 im 2. Jahr	6184,73 im 3. Jahr	6561,65 im 4. Jahr	7011,04 ab dem 5. Jahr
Ä 2	7380,67 ab dem 1. Jahr	7975,05 ab dem 4. Jahr	8496,92 ab dem 7. Jahr		
Ä 3	9171,02 ab dem 1. Jahr	9692,90 ab dem 4. Jahr	10 439,48 ab dem 7. Jahr		
Ä 4	10 736,69 ab dem 1. Jahr	11 483,24 ab dem 4. Jahr	12 077,60 ab dem 7. Jahr		

Anlage E zum TV-L

Bereitschaftsdienstentgelte
(zu § 8 Abs. 6 Buchstabe e Satz 1 in der Fassung des § 42 Nr. 6 und des § 43 Nr. 5)

A. Beschäftigte, deren Eingruppierung sich nach der Anlage 1a zum BAT/BAT-O richtet

– Gültig vom 1. November 2024 bis 31. Januar 2025 –

Vergütungsgruppe	Tarifgebiet West €	Tarifgebiet Ost €
VergGr. I	45,05	43,36
VergGr. Ia	41,28	39,71
VergGr. Ib	38,02	36,56
VergGr. IIa	34,80	33,46
VergGr. III	31,43	30,23
VergGr. IVa	28,91	27,82
VergGr. IVb	26,62	25,59
VergGr. Va/b	25,68	24,70
VergGr. Vc	24,38	23,49
VergGr. VIb	22,65	21,80
VergGr. VII	21,23	20,44
VergGr. VIII	19,98	19,23
VergGr. IXa	19,24	18,52
VergGr. IXb	18,86	18,17
VergGr. X	17,90	17,25

B. Beschäftigte, deren Eingruppierung sich nach der Anlage 1b zum BAT/BAT-O richtet

– Gültig vom 1. November 2024 bis 31. Januar 2025 –

Vergütungsgruppe	Tarifgebiet West €	Tarifgebiet Ost €
Kr. XIII	37,41	36,00
Kr. XII	34,47	33,16
Kr. XI	32,51	31,30
Kr. X	30,54	29,42
Kr. IX	28,81	27,68
Kr. VIII	28,29	27,20
Kr. VII	26,67	25,68
Kr. VI	25,87	24,91
Kr. Va	24,92	23,96
Kr. V	24,26	23,30
Kr. IV	23,04	22,18
Kr. III	21,83	21,04
Kr. II	20,78	20,00
Kr. I	19,85	19,13

C. Beschäftigte, deren Eingruppierung sich nach dem MTArb/MTArb-O richtet

– Gültig vom 1. November 2024 bis 31. Januar 2025 –

Lohngruppe	Tarifgebiet West €	Tarifgebiet Ost €
LGr. 9	25,30	24,31
LGr. 8a	24,74	23,80
LGr. 8	24,21	23,26
LGr. 7a	23,68	22,80
LGr. 7	23,15	22,27
LGr. 6a	22,65	21,80
LGr. 6	22,18	21,31
LGr. 5a	21,69	20,86

Lohngruppe	Tarifgebiet West €	Tarifgebiet Ost €
LGr. 5	21,19	20,40
LGr. 4a	20,75	19,97
LGr. 4	20,29	19,50
LGr. 3a	19,85	19,13
LGr. 3	19,40	18,69
LGr. 2a	18,96	18,28
LGr. 2	18,59	17,85
LGr. 1a	18,20	17,46
LGr. 1	17,77	17,10

Anlage E zum TV-L

Bereitschaftsdienstentgelte
(zu § 8 Abs. 6 Buchstabe e Satz 1 in der Fassung des § 42 Nr. 6 und des § 43 Nr. 5)

A. Beschäftigte, deren Eingruppierung sich nach der Anlage 1a zum BAT/BAT-O richtet

– Gültig ab 1. Februar 2025 –

Vergütungsgruppe	Tarifgebiet West €	Tarifgebiet Ost €
VergGr. I	47,53	45,74
VergGr. Ia	43,55	41,89
VergGr. Ib	40,11	38,57
VergGr. IIa	36,71	35,30
VergGr. III	33,16	31,89
VergGr. IVa	30,50	29,35
VergGr. IVb	28,08	27,00
VergGr. Va/b	27,09	26,06
VergGr. Vc	25,72	24,78
VergGr. VIb	23,90	23,00

Vergütungsgruppe	Tarifgebiet West €	Tarifgebiet Ost €
VergGr. VII	22,40	21,56
VergGr. VIII	21,08	20,29
VergGr. IXa	20,30	19,54
VergGr. IXb	19,90	19,17
VergGr. X	18,88	18,20

B. Beschäftigte, deren Eingruppierung sich nach der Anlage 1b zum BAT/BAT-O richtet

– Gültig ab 1. Februar 2025 –

Vergütungsgruppe	Tarifgebiet West €	Tarifgebiet Ost €
Kr. XIII	39,47	37,98
Kr. XII	36,37	34,98
Kr. XI	34,30	33,02
Kr. X	32,22	31,04
Kr. IX	30,39	29,20
Kr. VIII	29,85	28,70
Kr. VII	28,14	27,09
Kr. VI	27,29	26,28
Kr. Va	26,29	25,28
Kr. V	25,59	24,58
Kr. IV	24,31	23,40
Kr. III	23,03	22,20
Kr. II	21,92	21,10
Kr. I	20,94	20,18

C. Beschäftigte, deren Eingruppierung sich nach dem MTArb/MTArb-O richtet

– Gültig ab 1. Februar 2025 –

Lohngruppe	Tarifgebiet West €	Tarifgebiet Ost €
LGr. 9	26,69	25,65
LGr. 8a	26,10	25,11
LGr. 8	25,54	24,54
LGr. 7a	24,98	24,05
LGr. 7	24,42	23,49
LGr. 6a	23,90	23,00
LGr. 6	23,40	22,48
LGr. 5a	22,88	22,01
LGr. 5	22,36	21,52
LGr. 4a	21,89	21,07
LGr. 4	21,41	20,57
LGr. 3a	20,94	20,18
LGr. 3	20,47	19,72
LGr. 2a	20,00	19,29
LGr. 2	19,61	18,83
LGr. 1a	19,20	18,42
LGr. 1	18,75	18,04

Anlage F zum TV-L

Beträge der in der Entgeltordnung (Anlage A zum TV-L) geregelten Zulagen

– Gültig vom 1. November 2024 bis 31. Januar 2025 –

I. Entgeltgruppenzulagen gemäß Teil II der Entgeltordnung

[1]Die Entgeltgruppenzulagen gemäß Teil II der Entgeltordnung verändern sich bei allgemeinen Entgeltanpassungen um den von den Tarifvertragsparteien für die jeweilige Entgeltgruppe festgelegten Vomhundertsatz; Sockelbeträge, Mindestbeträge und vergleichbare nichtlineare Steigerungen bleiben unberücksichtigt. [2]Sie betragen

Nr. der Entgeltgruppenzulage	Euro/Monat
1	179,01
2	168,85
3	156,61
4	147,73
5	143,21
6	139,66
7	(unbesetzt)
8	125,71
9	110,79
10	(unbesetzt)
11	66,11
12	(unbesetzt)
13	(unbesetzt)
14	(unbesetzt)
15	98,48

II. Funktionszulagen gemäß Teil II Abschnitte 5 und 8 der Entgeltordnung

[1]Die Funktionszulagen

- für Beschäftigte im Fernmeldebetriebsdienst gemäß Nr. 3 der Protokollerklärungen zu Abschnitt 5 Unterabschnitt 2 des Teils II der Entgeltordnung sowie

- für Fremdsprachenassistenten (Fremdsprachensekretäre) gemäß Nr. 1 der Vorbemerkungen zu Abschnitt 8 Unterabschnitt 3 des Teils II der Entgeltordnung

verändern sich bei allgemeinen Entgeltanpassungen um den von den Tarifvertragsparteien für die jeweilige Entgeltgruppe festgelegten Vomhundertsatz; Sockelbeträge, Mindestbeträge und vergleichbare nichtlineare Steigerungen bleiben unberücksichtigt. [2]Sie betragen

Nr. der Funktionszulage	Euro/Monat
1	126,23
2	109,45
3	172,13
4	152,20
5	143,87
6	136,22

IIa. Zulagen für bestimmte Beschäftigte in Universitätskliniken, im Maßregelvollzug (§ 61 Nrn. 1, 2 und 3 StGB) sowie im Justizvollzug gemäß Teil II der Entgeltordnung und gemäß § 50 Nr. 4

[1]Die Zulagen

- gemäß der Vorbemerkung zu Abschnitt 10 Unterabschnitt 4 des Teils II der Entgeltordnung,
- gemäß der Vorbemerkung zu Abschnitt 10 Unterabschnitt 5 des Teils II der Entgeltordnung,
- gemäß der Vorbemerkung zu Abschnitt 10 Unterabschnitt 6 des Teils II der Entgeltordnung,
- gemäß der Vorbemerkung zu Abschnitt 10 Unterabschnitt 7 des Teils II der Entgeltordnung,
- gemäß der Vorbemerkung zu Abschnitt 10 Unterabschnitt 8 des Teils II der Entgeltordnung,
- gemäß der Vorbemerkung zu Abschnitt 10 Unterabschnitt 10 des Teils II der Entgeltordnung,
- gemäß der Vorbemerkung zu Abschnitt 10 Unterabschnitt 13 des Teils II der Entgeltordnung,
- gemäß der Vorbemerkung zu Abschnitt 10 Unterabschnitt 14 des Teils II der Entgeltordnung,
- gemäß Nr. 2 der Vorbemerkungen zu Abschnitt 22 Unterabschnitt 3 des Teils II der Entgeltordnung,
- gemäß § 50 Nr. 4

betragen 75,39 Euro. [2]Sie verändern sich bei allgemeinen Entgeltanpassungen um den von den Tarifvertragsparteien für die jeweilige Entgeltgruppe festgelegten Vomhundertsatz; Sockelbeträge, Mindestbeträge und vergleichbare nichtlineare Steigerungen bleiben unberücksichtigt. [3]Sie werden nur für die Zeiträume gezahlt, in denen Beschäftigte einen Anspruch auf Entgelt oder Entgeltfortzahlung nach § 21 haben. [4]Sie sind bei der Bemessung des Sterbegeldes (§ 23 Absatz 3) zu berücksichtigen.

III. Vorarbeiterzulagen gemäß Nr. 8 der Vorbemerkungen zu Teil III der Entgeltordnung

Die Vorarbeiterzulagen gemäß Nr. 8 der Vorbemerkungen zu Teil III der Entgeltordnung betragen

Nr. der Vorarbeiterzulage	Euro/Monat
1	184,89
2	316,48

IV. Zulagen für Beschäftigte im Pflegedienst gemäß Teil IV der Entgeltordnung

Die Zulagen für Beschäftigte im Pflegedienst
- gemäß Nr. 8 oder 11 der Vorbemerkungen zu Abschnitt 1 des Teils IV der Entgeltordnung,
- gemäß der Protokollerklärung Nr. 3 zu Abschnitt 1 des Teils IV der Entgeltordnung sowie
- gemäß Nr. 8 oder 9 der Vorbemerkungen zu Abschnitt 2 des Teils IV der Entgeltordnung

betragen

Nr. der Zulage	Euro/Monat	Euro/Stunde
1		1,72
2	592,76	
3	550,03	
4	510,08	
5	473,00	
6	438,87	
7	407,29	
8	150,77	
9	84,36	

Anlage F zum TV-L

Beträge der in der Entgeltordnung (Anlage A zum TV-L) geregelten Zulagen

– Gültig ab 1. Februar 2025 –

I. Entgeltgruppenzulagen gemäß Teil II der Entgeltordnung

[1]Die Entgeltgruppenzulagen gemäß Teil II der Entgeltordnung verändern sich bei allgemeinen Entgeltanpassungen um den von den Tarifvertragsparteien für die jeweilige Entgeltgruppe festgelegten Vomhundertsatz; Sockelbeträge, Mindestbeträge und vergleichbare nichtlineare Steigerungen bleiben unberücksichtigt. [2]Sie betragen

Nr. der Entgeltgruppenzulage	Euro/Monat
1	188,86
2	178,14
3	165,22
4	155,86
5	151,09
6	147,34
7	(unbesetzt)
8	132,62
9	116,88
10	(unbesetzt)
11	69,75
12	(unbesetzt)
13	(unbesetzt)
14	(unbesetzt)
15	103,90

II. Funktionszulagen gemäß Teil II Abschnitte 5 und 8 der Entgeltordnung

[1]Die Funktionszulagen
- für Beschäftigte im Fernmeldebetriebsdienst gemäß Nr. 3 der Protokollerklärungen zu Abschnitt 5 Unterabschnitt 2 des Teils II der Entgeltordnung sowie
- für Fremdsprachenassistenten (Fremdsprachensekretäre) gemäß Nr. 1 der Vorbemerkungen zu Abschnitt 8 Unterabschnitt 3 des Teils II der Entgeltordnung

verändern sich bei allgemeinen Entgeltanpassungen um den von den Tarifvertragsparteien für die jeweilige Entgeltgruppe festgelegten Vomhundertsatz; Sockelbeträge, Mindestbeträge und vergleichbare nichtlineare Steigerungen bleiben unberücksichtigt. [2]Sie betragen

Nr. der Funktionszulage	Euro/Monat
1	133,17
2	115,47
3	181,60
4	160,57
5	151,78
6	143,71

IIa. Zulagen für bestimmte Beschäftigte in Universitätskliniken, im Maßregelvollzug (§ 61 Nrn. 1, 2 und 3 StGB) sowie im Justizvollzug gemäß Teil II der Entgeltordnung und gemäß § 50 Nr. 4

[1]Die Zulagen
- gemäß der Vorbemerkung zu Abschnitt 10 Unterabschnitt 4 des Teils II der Entgeltordnung,
- gemäß der Vorbemerkung zu Abschnitt 10 Unterabschnitt 5 des Teils II der Entgeltordnung,
- gemäß der Vorbemerkung zu Abschnitt 10 Unterabschnitt 6 des Teils II der Entgeltordnung,
- gemäß der Vorbemerkung zu Abschnitt 10 Unterabschnitt 7 des Teils II der Entgeltordnung,
- gemäß der Vorbemerkung zu Abschnitt 10 Unterabschnitt 8 des Teils II der Entgeltordnung,
- gemäß der Vorbemerkung zu Abschnitt 10 Unterabschnitt 10 des Teils II der Entgeltordnung,

- gemäß der Vorbemerkung zu Abschnitt 10 Unterabschnitt 13 des Teils II der Entgeltordnung,
- gemäß der Vorbemerkung zu Abschnitt 10 Unterabschnitt 14 des Teils II der Entgeltordnung,
- gemäß Nr. 2 der Vorbemerkungen zu Abschnitt 22 Unterabschnitt 3 des Teils II der Entgeltordnung und
- gemäß § 50 Nr. 4

betragen 79,54 Euro. [2]Sie verändern sich bei allgemeinen Entgeltanpassungen um den von den Tarifvertragsparteien für die jeweilige Entgeltgruppe festgelegten Vomhundertsatz; Sockelbeträge, Mindestbeträge und vergleichbare nichtlineare Steigerungen bleiben unberücksichtigt. [3]Sie werden nur für die Zeiträume gezahlt, in denen Beschäftigte einen Anspruch auf Entgelt oder Entgeltfortzahlung nach § 21 haben. [4]Sie ist bei der Bemessung des Sterbegeldes (§ 23 Absatz 3) zu berücksichtigen.

III. Vorarbeiterzulagen gemäß Nr. 8 der Vorbemerkungen zu Teil III der Entgeltordnung

Die Vorarbeiterzulagen gemäß Nr. 8 der Vorbemerkungen zu Teil III der Entgeltordnung betragen

Nr. der Vorarbeiterzulage	Euro/Monat
1	195,06
2	333,89

IV. Zulagen für Beschäftigte im Pflegedienst gemäß Teil IV der Entgeltordnung

Die Zulagen für Beschäftigte im Pflegedienst

- gemäß Nr. 8 oder 11 der Vorbemerkungen zu Abschnitt 1 des Teils IV der Entgeltordnung,
- gemäß der Protokollerklärung Nr. 3 zu Abschnitt 1 des Teils IV der Entgeltordnung sowie
- gemäß Nr. 8 oder 9 der Vorbemerkungen zu Abschnitt 2 des Teils IV der Entgeltordnung

betragen

Nr. der Zulage	Euro/Monat	Euro/Stunde
1		1,81
2	625,36	
3	580,28	

Nr. der Zulage	Euro/Monat	Euro/Stunde
4	538,13	
5	499,02	
6	463,01	
7	429,69	
8	159,06	
9	89,00	

Anlage G zum TV-L

Entgelttabelle für Beschäftigte im Sozial- und Erziehungsdienst

– Gültig vom 1. November 2024 bis 31. Januar 2025 –

Entgelt-gruppe	Grundentgelt		Entwicklungsstufen			
	Stufe 1	Stufe 2	Stufe 3	Stufe 4	Stufe 5	Stufe 6
S 18	4329,77	4455,33	5004,44	5416,23	6033,95	6411,42
S 17	3951,26	4283,75	4729,86	5004,44	5553,48	5876,08
S 16	3862,48	4194,55	4496,52	4867,14	5278,96	5526,04
S 15	3725,89	4043,52	4318,10	4633,81	5141,69	5361,30
S 14	3707,36	4004,10	4309,21	4619,58	4962,78	5202,98
S 13	3647,95	3908,47	4249,44	4523,95	4867,14	5038,72
S 12	3600,60	3897,96	4224,89	4513,15	4870,07	5021,07
S 11b	3512,44	3845,37	4019,73	4458,98	4802,18	5008,08
S 11a	3444,38	3775,21	3948,45	4386,72	4729,86	4935,78
S 9	3273,29	3570,86	3831,83	4215,00	4575,30	4853,28
S 8b	3212,84	3499,02	3761,97	4144,47	4503,05	4777,98
S 8a	3169,94	3427,29	3654,40	3869,56	4078,72	4296,87
S 7	3098,63	3342,08	3555,33	3768,53	3928,47	4167,08
S 4	2944,34	3202,13	3388,73	3515,33	3635,29	3822,14
S 3	2767,24	3024,89	3204,13	3368,73	3444,03	3533,99
S 2	2668,79	2881,96	2943,16	3041,06	3120,62	3187,93

Anlage G zum TV-L

Entgelttabelle für Beschäftigte im Sozial- und Erziehungsdienst

– Gültig ab 1. Februar 2025 –

Entgelt-gruppe	Grundentgelt		Entwicklungsstufen			
	Stufe 1	Stufe 2	Stufe 3	Stufe 4	Stufe 5	Stufe 6
S 18	4567,91	4700,37	5279,68	5714,12	6365,82	6764,05
S 17	4168,58	4519,36	4990,00	5279,68	5858,92	6199,26
S 16	4074,92	4425,25	4743,83	5134,83	5569,30	5829,97
S 15	3930,81	4265,91	4555,60	4888,67	5424,48	5656,17
S 14	3911,26	4224,33	4546,22	4873,66	5235,73	5489,14
S 13	3848,59	4123,44	4483,16	4772,77	5134,83	5315,85
S 12	3798,63	4112,35	4457,26	4761,37	5137,92	5297,23
S 11b	3705,62	4056,87	4240,82	4704,22	5066,30	5283,52
S 11a	3633,82	3982,85	4165,61	4627,99	4990,00	5207,25
S 9	3453,32	3767,26	4042,58	4446,83	4826,94	5120,21
S 8b	3389,55	3691,47	3968,88	4372,42	4750,72	5040,77
S 8a	3344,29	3615,79	3855,39	4082,39	4303,05	4533,20
S 7	3269,05	3525,89	3750,87	3975,80	4144,54	4396,27
S 4	3106,28	3378,25	3575,11	3708,67	3835,23	4032,36
S 3	2919,44	3191,26	3380,36	3554,01	3633,45	3728,36
S 2	2815,57	3040,47	3105,03	3208,32	3292,25	3363,27

Niederschriftserklärungen zum TV-L

1. Zu § 1 Absatz 2 Buchstabe b:
Bei der Bestimmung des regelmäßigen Entgelts werden Leistungsentgelt, Zulagen und Zuschläge nicht berücksichtigt.

2. Zu § 1 Absatz 3:
Die Tarifvertragsparteien gehen davon aus, dass studentische Hilfskräfte Beschäftigte sind, zu deren Aufgabe es gehört, das hauptberufliche wissenschaftliche Personal in Forschung und Lehre sowie bei außeruniversitären Forschungseinrichtungen zu unterstützen.

3. Zu § 1 Absatz 3 und § 40:
Soweit es vereinbart ist, gilt dieser Tarifvertrag auch an außeruniversitären Forschungseinrichtungen, die nicht unter den Geltungsbereich des TV-L fallen.

4. Zu § 4 Absatz 1:
Der Begriff »Arbeitsort« ist ein generalisierter Oberbegriff; die Bedeutung unterscheidet sich nicht von dem bisherigen Begriff »Dienstort«.

5. Zu § 8 Absatz 5:

a) Zur Erläuterung von § 8 Absatz 5 und der dazugehörigen Protokollerklärung sind sich die Tarifvertragsparteien über folgendes Beispiel einig: »Beginnt eine Wochenendrufbereitschaft am Freitag um 15 Uhr und endet am Montag um 7 Uhr, so erhalten Beschäftigte folgende Pauschalen: Zwei Stunden für Freitag, je vier Stunden für Samstag und Sonntag, keine Pauschale für Montag. Sie erhalten somit zehn Stundenentgelte.«

b) Zur Erläuterung von § 8 Absatz 5 Satz 6 sind sich die Tarifvertragsparteien über folgendes Beispiel einig:
Während eines Rufbereitschaftsdienstes von Freitag 16 Uhr bis Montag 8 Uhr werden Arbeitsleistungen am Aufenthaltsort in folgendem Umfang geleistet:
   - Freitag 21.00 Uhr bis 21.08 Uhr (8 Minuten),
   - Samstag 8.00 Uhr bis 8.15 Uhr (15 Minuten) sowie 15.50 Uhr bis 16.18 Uhr (28 Minuten),
   - Sonntag 9.00 Uhr bis 9.35 Uhr (35 Minuten) sowie 22.00 Uhr bis 22.40 Uhr (40 Minuten).

   Es werden aufgerundet:
   - 8 und 15 Minuten = 23 Minuten auf 30 Minuten,
   - 28 und 35 Minuten = 63 Minuten auf 1 Stunde 30 Minuten,
   - 40 Minuten auf 60 Minuten (1 Stunde).

6. Zu § 8 Absatz 6:
Die Faktorisierung erfolgt entsprechend dem jeweiligen Vomhundertsatz einer Stunde des vereinbarten Bereitschaftsdienstentgeltes.

7. Zu § 10 Absatz 4:
Durch diese Regelung werden aus dem Urlaubsrecht entlehnte Ansprüche nicht begründet.

8. Zu § 12

Zur Sicherstellung einer differenzierten Eingruppierung anhand des zeitlichen Umfangs, in dem eine bestimmte Anforderung (z. B. Schwierigkeit, Verantwortung) innerhalb der auszuübenden Tätigkeit erfüllt sein muss (Hierarchisierung), werden die Tarifvertragsparteien unmittelbar nach der Redaktion Gespräche aufnehmen (Nr. II 1. Der Tarifeinigung vom 2. März 2019).

9. Zu § 14 Absatz 1:

a) Ob die vorübergehend übertragene höherwertige Tätigkeit einer höheren Entgeltgruppe entspricht, bestimmt sich bis zum 31. Dezember 2011 nach den gemäß § 18 Absatz 3 TVÜ-Länder fortgeltenden Regelungen des § 22 Absatz 2 BAT/BAT-O bzw. den entsprechenden Regelungen für Arbeiterinnen und Arbeiter. Für Beschäftigte, die gemäß Teil II Abschnitt B der Anlage 1a zum BAT/BAT-O eingruppiert sind, sowie für Beschäftigte, die unter § 17 Abs. 10 TVÜ-Länder fallen, gilt Satz 1 auch über den 31. Dezember hinaus fort. Die Tarifvertragsparteien stellen klar, dass diese Niederschriftserklärung im Zusammenhang mit einer neuen Entgeltordnung überprüft wird.

b) Die Tarifvertragsparteien stellen klar, dass die vertretungsweise Übertragung einer höherwertigen Tätigkeit ein Unterfall der vorübergehenden Übertragung einer höherwertigen Tätigkeit ist.

10. Zu § 15:

Als Tabellenentgelt gilt auch das Entgelt aus der individuellen Zwischenstufe und der individuellen Endstufe.

11. gestrichen

11a. Zu § 16 Absatz 3 Satz 2:

Die Tarifvertragsparteien sind sich darüber einig, dass stichtagsbezogene Verwerfungen zwischen übergeleiteten Beschäftigten und Neueinstellungen entstehen können.

12. Zu § 19 Absatz 6:

Die Tarifvertragsparteien sind sich einig, dass die Pauschalzahlung nach § 19 Absatz 6 TV-L nur für diejenigen Monate gezahlt wird, für die der/dem Beschäftigten Erschwerniszuschläge aufgrund tatsächlicher Arbeitsleistung oder im Wege der Entgeltfortzahlung nach § 21 TV-L zustehen.

13. Zu § 20 Absatz 2 Satz 1:

Die Tarifvertragsparteien stimmen überein, dass die Beschäftigten der Entgeltgruppe 2 Ü zu den Entgeltgruppen 1 bis 4 und die Beschäftigten der Entgeltgruppe 15 Ü zu den Entgeltgruppen 14 bis 15 gehören.

14. Zu § 21 Satz 2

Bereitschaftsdienstentgelte und Rufbereitschaftsentgelte einschließlich des Entgelts für die Inanspruchnahme während der Rufbereitschaft fallen unter die Regelung des § 21 Satz 2.

15. Zu § 29 Absatz 1 Buchstabe f:
Die ärztliche Behandlung erfasst auch die ärztliche Untersuchung und die ärztlich verordnete Behandlung.

16. Zu § 40 Nr. 1 (betreffend § 1 TV-L):
Hochschulen im Sinne von § 40 Nr. 1 sind die Hochschulen nach dem jeweiligen Landesrecht.

17. Zu § 40 Nr. 6 (betreffend § 18 Absätze 2 und 3 TV-L):
a) Die Tarifvertragsparteien stimmen darin überein, dass in der nächsten Tarifrunde weitergehende Regelungen zur dienstlichen beziehungsweise betrieblichen Ausgestaltung geprüft werden, wenn in der Praxis erhebliche Umsetzungsprobleme erkennbar sind.
b) Die Gewerkschaften weisen darauf hin, dass etwaige Mittel für Leistungszulagen und Leistungsprämien nach den Absätzen 2 und 3 vom Arbeitgeber aufzubringen sind.

18. Zu § 40 Nr. 8 (betreffend § 30 TV-L):
Die Tarifvertragsparteien werden bis zum 30. September 2007 prüfen, ob und inwieweit aufgrund der erhöhten Mobilitätsanforderungen bei wissenschaftlichen Beschäftigten in Befristungsfällen, die nicht aufgrund des Hochschulrahmengesetzes beziehungsweise der gesetzlichen Nachfolgeregelungen oder im Rahmen einer Vertretungsregelung erfolgen, eine Überbrückungsleistung im Sinne einer Härtefallregelung gezahlt werden kann, wenn im Anschluss an eine befristete Beschäftigung keine zeitnahe Anschlussbeschäftigung erfolgt.

19. Zu § 40 Nr. 8 und § 41 Nr. 19 (betreffend § 30 TV-L):
Die Tarifvertragsparteien erwarten eine verantwortungsbewusste Handhabung der Befristungen im Wissenschaftsbereich.

20. Zu § 41 Nr. 4 (betreffend § 7 Absatz 10 TV-L):
Die Tarifvertragsparteien gehen davon aus, dass es für die Vereinbarung einer durchschnittlichen wöchentlichen Höchstarbeitszeit von bis zu 66 Stunden einen Bedarf geben kann.

21. Zu § 41 Nr. 4, § 42 Nr. 5 und § 43 Nr. 4 (betreffend § 7 Absatz 1 TV-L):
Der Anspruch auf die Wechselschichtzulage ist auch erfüllt, wenn unter Einhaltung der Monatsfrist zwei Nachtdienste geleistet werden, die nicht zwingend unmittelbar aufeinander folgen müssen.

22. Zu § 41 Nr. 6, § 42 Nr. 6 und § 43 Nr. 5 (betreffend §§ 6 bis 10 TV-L):
Die Dokumentation der Arbeitszeit, der Mehrarbeit, der Überstunden, der Bereitschaftsdienste usw. ist nicht mit dem Arbeitszeitkonto (§ 10 TV-L) gleichzusetzen. Arbeitszeitkonten können nur auf der Grundlage des § 10 TV-L durch Betriebs- bzw. Dienstvereinbarung eingerichtet und geführt werden.

23. Zu § 43 Nr. 5:
Die Tarifvertragsparteien werden Verhandlungen über die Erhöhung des Zeitzuschlags für Samstagsarbeit bei Wechselschicht- oder Schichtarbeit in Krankenhäusern (§ 43 TV-L) aufnehmen, nachdem die entsprechenden Tarifverhandlungen der VKA abgeschlossen sind.

24. Zu § 43 Nr. 7
Die Tarifvertragsparteien sind sich darüber einig, dass auch der Zusatzurlaub für ständige Wechselschichtarbeit nach § 43 Nr. 7 gemäß § 27 Absatz 4 Satz 3 nicht auf den Gesamturlaub nach § 27 Absatz 4 Satz 2 angerechnet wird.

25. Zu § 43 Nr. 8:
Die Tarifvertragsparteien sind sich darin einig, dass durch die Änderung des § 43 Nr. 8 im Hinblick auf die zwischen den Tarifvertragsparteien strittige und beim BAG anhängige Frage des Geltungsbereichs des § 43 Nr. 8 Absatz 2 Satz 2 keine Änderung der vom BAG abschließend zu beurteilenden Rechtslage herbeigeführt wird.

B. Tarifvertrag zur Überleitung der Beschäftigten der Länder in den TV-L und zur Regelung des Übergangsrechts (TVÜ-Länder)

vom 12. Oktober 2006, in der Fassung des Änderungstarifvertrages Nr. 12 vom 9. Dezember 2023

1. Abschnitt
Allgemeine Vorschriften

§ 1 Geltungsbereich

(1) [1]Dieser Tarifvertrag gilt für Angestellte, Arbeiterinnen und Arbeiter (Beschäftigte),

- deren Arbeitsverhältnis zu einem Arbeitgeber, der Mitglied der Tarifgemeinschaft deutscher Länder (TdL) oder eines Mitgliedverbandes der TdL ist, über den 31. Oktober 2006 hinaus fortbesteht, und
- die am 1. November 2006 unter den Geltungsbereich des Tarifvertrages für den öffentlichen Dienst der Länder (TV-L) fallen,

für die Dauer des ununterbrochen fortbestehenden Arbeitsverhältnisses. [2]Dieser Tarifvertrag gilt ferner für die unter § 19 Absatz 3 fallenden Beschäftigten der Entgeltgruppe 15 Ü.

Protokollerklärungen zu § 1 Absatz 1 Satz 1:

1. Unterbrechungen von bis zu einem Monat sind unschädlich; bei Lehrkräften im Sinne der Nr. 4 der Vorbemerkungen Nr. 5 zu allen Teilen der Entgeltordnung zum TV-L tritt bei Unterbrechungen während der Sommerferien an die Stelle des Zeitraums von einem Monat die Dauer der Sommerferien.
2. [1]Auf Beschäftigte, die seit mindestens fünf Jahren für eine jahreszeitlich begrenzte regelmäßig wiederkehrende Tätigkeit in einem Arbeitsverhältnis standen oder stehen (Saisonbeschäftigte), werden die §§ 2 bis 8, 11, 14, 17, 18, 19 Absatz 1, 29a auch dann angewandt, wenn das Arbeitsverhältnis am 31. Oktober beziehungsweise 1. November 2006 nicht bestanden hat. [2]Für die Überleitung, insbesondere für die Berechnung des Vergleichsentgelts, finden die Regelungen für Beschäftigte, die im Oktober 2006 beurlaubt waren, sinngemäß Anwendung. [3]Die Anwendung dieses Tarifvertrages endet, wenn der Saisonbeschäftigte in einer neuen Saison nicht wieder eingestellt wird. [4]Dieser Tarifvertrag gilt uneingeschränkt für Saisonarbeitnehmer, deren Arbeitsverhältnis am 31. Oktober 2006 besteht, bis zum Ende dieses Saisonarbeitsverhältnisses. [5]Bestand mit den Saisonbeschäftigten am 31. Oktober beziehungs-

weise 1. November 2006 ein Arbeitsverhältnis, finden die in Satz 1 angeführten Vorschriften dieses Tarifvertrages auf nachfolgende Saisonbeschäftigungen unter den Voraussetzungen der Sätze 1 und 3 Anwendung.

3. Hat das Arbeitsverhältnis nur wegen des Feiertages am 31. Oktober oder 1. November 2006 nicht bestanden, ist dies für die Anwendung dieses Tarifvertrages unschädlich.

(2) Nur soweit nachfolgend ausdrücklich bestimmt, gelten die Vorschriften dieses Tarifvertrages auch für Beschäftigte, deren Arbeitsverhältnis zu einem Arbeitgeber im Sinne des Absatzes 1 nach dem 31. Oktober 2006 beginnt und die unter den Geltungsbereich des TV-L fallen.

(3) Für geringfügig Beschäftigte im Sinne des § 8 Absatz 1 Nr. 2 SGB IV, die am 31. Oktober 2006 unter den Geltungsbereich des BAT/BAT-O/MTArb/MTArb-O fallen, finden die bisher jeweils einschlägigen tarifvertraglichen Regelungen für die Dauer ihres ununterbrochen fortbestehenden Arbeitsverhältnisses weiterhin Anwendung.

(4) Die Bestimmungen des TV-L gelten, soweit dieser Tarifvertrag keine abweichenden Regelungen trifft.

§ 2 Ersetzung bisheriger Tarifverträge durch den TV-L

(1) [1]Der TV-L ersetzt in Verbindung mit diesem Tarifvertrag für den Bereich der Tarifgemeinschaft deutscher Länder (TdL) die in Anlage 1 TVÜ-Länder Teil A und Teil B aufgeführten Tarifverträge (einschließlich deren Anlagen) beziehungsweise Tarifvertragsregelungen, soweit im TV-L, in diesem Tarifvertrag oder in den Anlagen nicht ausdrücklich etwas anderes bestimmt ist. [2]Die Ersetzung erfolgt mit Wirkung vom 1. November 2006, soweit kein abweichender Termin bestimmt ist.

Protokollerklärungen zu § 2 Absatz 1:

1. [1]Die Anlage 1 TVÜ-Länder Teil B (Liste der ersetzten Tarifverträge beziehungsweise Tarifvertragsregelungen) enthält – über die Anlage 1 TVÜ-Länder Teil A hinaus – die Tarifverträge beziehungsweise die Tarifvertragsregelungen, die am 1. November 2006 ohne Nachwirkung außer Kraft treten. [2]Ist für diese Tarifvorschriften in der Liste ein abweichender Zeitpunkt für das Außerkrafttreten beziehungsweise eine vorübergehende Fortgeltung vereinbart, beschränkt sich die Fortgeltung dieser Tarifverträge auf deren bisherigen Geltungsbereich (Arbeiter/Angestellte; Tarifgebiet Ost/Tarifgebiet West usw.).
2. Von der ersetzenden Wirkung werden ergänzende Tarifverträge, die von der TdL abgeschlossen sind, nicht erfasst, soweit diese anstelle landesbezirklicher Regelungen oder für das Tarifgebiet Ost vereinbart sind.

(2) [1]Tarifverträge, die von einzelnen Mitgliedern der TdL abgeschlossen wurden, sind durch die landesbezirklichen Tarifvertragsparteien hinsichtlich ihrer Weitergeltung zu prüfen und bei Bedarf an den TV-L anzupassen.

[2]Das Recht zur Kündigung der in Satz 1 genannten Tarifverträge bleibt unberührt.

Protokollerklärung zu § 2 Absatz 2:
Entsprechendes gilt für Tarifverträge, die von der TdL abgeschlossen sind, soweit diese anstelle landesbezirklicher Regelungen oder für das Tarifgebiet Ost vereinbart sind.

(3) Unabhängig von den Absätzen 1 und 2 gelten Tarifverträge gemäß § 3 des Tarifvertrages zur sozialen Absicherung fort und sind bei Bedarf an den TV-L anzupassen.

(4) [1]Im Übrigen werden solche Tarifvertragsregelungen mit Wirkung vom 1. November 2006 ersetzt, die

- materiell in Widerspruch zu Regelungen des TV-L beziehungsweise dieses Tarifvertrages stehen,
- einen Regelungsinhalt haben, der nach dem Willen der Tarifvertragsparteien durch den TV-L beziehungsweise diesen Tarifvertrag ersetzt oder aufgehoben worden ist, oder
- zusammen mit dem TV-L beziehungsweise diesem Tarifvertrag zu Doppelleistungen führen würden.

(5) [1]Die in der Anlage 1 TVÜ-Länder Teil C aufgeführten Tarifverträge und Tarifvertragsregelungen gelten fort, soweit im TV-L, in diesem Tarifvertrag oder in den Anlagen nicht ausdrücklich etwas anderes bestimmt ist. [2]Die Fortgeltung erfasst auch Beschäftigte im Sinne des § 1 Absatz 2.

Protokollerklärung zu § 2 Absatz 5:
Die Fortgeltung dieser Tarifverträge beschränkt sich auf den bisherigen Geltungsbereich (zum Beispiel Arbeiter/Angestellte; Tarifgebiet Ost/Tarifgebiet West).

(6) Soweit in nicht ersetzten Tarifverträgen und Tarifvertragsregelungen auf Vorschriften verwiesen wird, die aufgehoben oder ersetzt worden sind, gelten an deren Stelle bis zu einer redaktionellen Anpassung die Regelungen des TV-L beziehungsweise dieses Tarifvertrages entsprechend.

2. Abschnitt
Überleitungsregelungen

§ 3 Überleitung in den TV-L

Die von § 1 Absatz 1 erfassten Beschäftigten werden am 1. November 2006 nach den folgenden Regelungen in den TV-L übergeleitet.

§ 4 Zuordnung der Vergütungs- und Lohngruppen

(1) [1]Für die Überleitung der Beschäftigten wird ihre Vergütungs- beziehungsweise Lohngruppe (§ 22 BAT/BAT-O beziehungsweise entsprechende Regelungen für Arbeiterinnen und Arbeiter beziehungsweise besondere tarifvertragliche Vorschriften für bestimmte Berufsgruppen) nach der Anlage 2 TVÜ-Länder Teil A und B beziehungsweise den Anlagen 5A und 5B den Entgeltgruppen des TV-L zugeordnet. [2]Für Ärztinnen und Ärzte, einschließlich Ärztinnen und Ärzte in ärztlichen Servicebereichen, Zahnärztinnen und Zahnärzte, die an einer Universitätsklinik überwiegend Aufgaben in der Patientenversorgung wahrnehmen, gilt die Entgeltordnung gemäß Anlage 2 TVÜ-Länder Teil C. [3]Satz 2 gilt entsprechend für sonstige Ärztinnen und Ärzte, soweit für sie die Anwendung dieser Entgeltordnung vereinbart ist.

Protokollerklärungen zu § 4 Absatz 1:

1. [1]Bis zum In-Kraft-Treten einer neuen Entgeltordnung verständigen sich die Tarifvertragsparteien zur besseren Übersichtlichkeit für die Zuordnung der Beschäftigten gemäß Anlage 1b zum BAT/BAT-O auf eine Anwendungstabelle gemäß Anlage 5 A und Anlage 5 B; dies gilt auch für Beschäftigte im Sinne des § 1 Absatz 2. [2]In den Entgeltgruppen KR 11b und KR 12a erhöht sich der Tabellenwert nach 5 Jahren in Stufe 5 um 200,– Euro, § 9 Absatz 4 Satz 2 gilt entsprechend; ist bei übergeleiteten Beschäftigten das Vergleichsentgelt höher als das Entgelt der Stufe 5, erhalten sie den erhöhten Tabellenwert ab dem 1. November 2008. [3]Die Tarifvertragsparteien sind sich einig, dass diese Anwendungstabelle – insbesondere die Bezeichnung der Entgeltgruppen – keinen Vorgriff auf die Verhandlungen zu einer neuen Entgeltordnung darstellt. [4]Die Regelungen des TV-L über die Bezahlung im Tarifgebiet Ost gelten entsprechend.
2. Lehrkräfte, die ihre Lehrbefähigung nach dem Recht der DDR erworben haben und deren Ämter in den Landesbesoldungsgesetzen der neuen Bundesländer beziehungsweise deren Tätigkeitsmerkmale in den Richtlinien des Freistaates Sachsen zur Eingruppierung der angestellten Lehrkräfte an öffentlichen Schulen ausgebracht wurden, sind »Erfüller« im Sinne der Überleitung der Lehrkräfte.
3. Zu den ärztlichen Servicebereichen in der Patientenversorgung zählen zum Beispiel Pathologie, Labor, Krankenhaushygiene.

(2) Beschäftigte, die im November 2006 bei Fortgeltung des bisherigen Tarifrechts die Voraussetzungen für eine Höhergruppierung, einen Bewährungs-, Fallgruppen- oder Tätigkeitsaufstieg erfüllt hätten, werden für die Überleitung so behandelt, als wären sie bereits im Oktober 2006 höhergruppiert beziehungsweise höher eingereiht worden.

(3) Beschäftigte, die im November 2006 bei Fortgeltung des bisherigen Tarifrechts in eine niedrigere Vergütungs- beziehungsweise Lohngruppe eingruppiert beziehungsweise eingereiht worden wären, werden für die Über-

leitung so behandelt, als wären sie bereits im Oktober 2006 herabgruppiert beziehungsweise niedriger eingereiht worden.

§ 5 Vergleichsentgelt

(1) Für die Zuordnung zu den Stufen der Entgelttabelle des TV-L wird für die Beschäftigten nach § 4 ein Vergleichsentgelt auf der Grundlage der Bezüge, die im Oktober 2006 zustehen, nach den Absätzen 2 bis 6 gebildet.

(2) [1]Bei Beschäftigten aus dem Geltungsbereich des BAT/BAT-O setzt sich das Vergleichsentgelt aus Grundvergütung, allgemeiner Zulage und Ortszuschlag der Stufe 1 oder 2 zusammen. [2]Ist auch eine andere Person im Sinne von § 29 Abschnitt B Absatz 5 BAT/BAT-O ortszuschlagsberechtigt oder nach beamtenrechtlichen Grundsätzen familienzuschlagsberechtigt, wird die Stufe 1 und der jeweilige Anteil des Unterschiedsbetrages der Ortszuschlagsstufe 1 und 2 beziehungsweise des Familienzuschlags der Stufe 1, den die andere Person aufgrund von Teilzeitbeschäftigung nicht mehr erhält, zugrunde gelegt; findet der TV-L am 1. November 2006 auch auf die andere Person Anwendung, geht der jeweils individuell zustehende Teil des Unterschiedsbetrages zwischen den Stufen 1 und 2 des Ortszuschlags in das Vergleichsentgelt ein. [3]Ferner fließen im Oktober 2006 tarifvertraglich zustehende Funktionszulagen insoweit in das Vergleichsentgelt ein, als sie nach dem TV-L nicht mehr vorgesehen sind. [4]Erhalten Beschäftigte eine Gesamtvergütung (§ 30 BAT/BAT-O), bildet diese das Vergleichsentgelt. [5]Bei Lehrkräften im Sinne der Vorbemerkung Nr. 5 zu allen Vergütungsgruppen der Anlage 1a zum BAT/AT-O wird die Zulage nach § 2 Absatz 3 des Tarifvertrages über Zulagen an Angestellte in das Vergleichsentgelt eingerechnet. [6]Abweichend von Satz 5 wird bei Lehrkräften, die am 31. Oktober 2006 einen Anspruch auf die Zulage nach Abschnitt A Nr. 2 der Lehrer-Richtlinien der TdL beziehungsweise der Lehrer-Richtlinien-O der TdL haben, die Zulage nach § 2 Absatz 2 Buchstabe c des Tarifvertrages über Zulagen an Angestellte, und bei Lehrkräften, die einen arbeitsvertraglichen Anspruch auf Zahlung einer allgemeinen Zulage wie die unter die Anlage 1a zum BAT/BAT-O fallenden Angestellten haben, diese Zulage in das Vergleichsentgelt eingerechnet.

Protokollerklärung zu § 5 Absatz 2 Satz 3:
[1]Vorhandene Beschäftigte erhalten unter den bisherigen Voraussetzungen bis zum 31. Dezember 2018 ihre Techniker- und Meisterzulagen bzw. bis zum 31. Dezember 2020 ihre Programmiererzulage als persönliche Besitzstandszulage. [2]Die Protokollerklärung zu § 6 Absatz 1 gilt entsprechend.

(3) [1]Bei Beschäftigten aus dem Geltungsbereich des MTArb/MTArb-O wird der Monatstabellenlohn als Vergleichsentgelt zugrunde gelegt. [2]Absatz 2

Satz 3 gilt entsprechend. [3]Erhalten Beschäftigte den Lohn nach § 23 Absatz 1 MTArb/MTArb-O, bildet dieser das Vergleichsentgelt.

(4) [1]Beschäftigte, die im November 2006 bei Fortgeltung des bisherigen Rechts die Grundvergütung beziehungsweise den Monatstabellenlohn der nächsthöheren Lebensalters- beziehungsweise Lohnstufe erhalten hätten, werden für die Bemessung des Vergleichsentgelts so behandelt, als wäre der Stufenaufstieg bereits im Oktober 2006 erfolgt. [2]§ 4 Absatz 2 und 3 gilt bei der Bemessung des Vergleichsentgelts entsprechend.

(5) [1]Bei Teilzeitbeschäftigten wird das Vergleichsentgelt auf der Grundlage eines entsprechenden Vollzeitbeschäftigten bestimmt. [2]Satz 1 gilt für Beschäftigte, deren Arbeitszeit nach § 3 des Tarifvertrages zur sozialen Absicherung vom 6. Juli 1992 herabgesetzt ist, entsprechend.

Protokollerklärung zu § 5 Absatz 5:

[1]Lediglich das Vergleichsentgelt wird auf der Grundlage eines entsprechenden Vollzeitbeschäftigten ermittelt; sodann wird nach der Stufenzuordnung das zustehende Entgelt zeitanteilig berechnet. [2]Die zeitanteilige Kürzung des auf den Ehegattenanteil im Ortszuschlag entfallenden Betrages (§ 5 Absatz 2 Satz 2 2. Halbsatz) unterbleibt nach Maßgabe des § 29 Abschnitt B Absatz 5 Satz 2 BAT/BAT-O. [3]Neue Ansprüche entstehen hierdurch nicht.

(6) Für Beschäftigte, die nicht für alle Tage im Oktober 2006 oder für keinen Tag dieses Monats Bezüge erhalten, wird das Vergleichsentgelt so bestimmt, als hätten sie für alle Tage dieses Monats Bezüge erhalten; in den Fällen des § 27 Abschnitt A Absatz 7 BAT/BAT-O und § 27 Abschnitt B Absatz 3 Unterabsatz 4 BAT/Unterabsatz 3 BAT-O beziehungsweise der entsprechenden Regelungen für Arbeiterinnen und Arbeiter werden die Beschäftigten für das Vergleichsentgelt so gestellt, als hätten sie am 1. Oktober 2006 die Arbeit wieder aufgenommen.

§ 6 Stufenzuordnung der Angestellten

(1) [1]Beschäftigte aus dem Geltungsbereich des BAT/BAT-O – mit Ausnahme der Ärztinnen und Ärzte im Sinne des § 4 Absatz 1 Satz 2 und 3 – werden einer ihrem Vergleichsentgelt entsprechenden individuellen Zwischenstufe der Entgeltgruppe (§ 4) zugeordnet. [2]Das Entgelt der individuellen Zwischenstufe nach Satz 1 wird zum 1. Januar 2008 im Tarifgebiet West um 2,9 v. H. erhöht und auf volle fünf Euro aufgerundet. [3]Die Erhöhung einschließlich Aufrundung gilt im Tarifgebiet Ost ab 1. Mai 2008. [4]Zum 1. November 2008 steigen diese Beschäftigten in die betragsmäßig nächsthöhere reguläre Stufe ihrer Entgeltgruppe auf. [5]Der weitere Stufenaufstieg richtet sich nach den Regelungen des TV-L. [6]Für die Stufenzuordnung der Lehrkräfte im Sinne der Vorbemerkung Nr. 5 zu allen Vergütungsgruppen der Anlage 1a

zum BAT/BAT-O gilt die Entgelttabelle zum TV-L mit den Maßgaben des § 20.

Protokollerklärung zu § 6 Absatz 1:
Das Entgelt der individuellen Zwischenstufe nach Satz 1 wird für Beschäftigte, auf die die Regelungen des Tarifgebietes Ost Anwendung finden und die nach dem BAT-O (einschließlich des § 2 Nr. 3 des Änderungstarifvertrages Nr. 1 zum BAT-O vom 8. Mai 1991) in die Vergütungsgruppen X bis Vb, Kr. I bis Kr. VIII eingruppiert oder nach dem MTArb-O in die Lohngruppen 1 bis 9 eingereiht wären, am 1. Januar 2008 um den Faktor 1,081081 erhöht.

(2) [1]Werden Beschäftigte vor dem 1. November 2008 höhergruppiert (nach § 8 Absatz 1 und 3, § 9 Absatz 3 Buchstabe a oder aufgrund Übertragung einer mit einer höheren Entgeltgruppe bewerteten Tätigkeit), so erhalten sie in der höheren Entgeltgruppe Tabellenentgelt nach der regulären Stufe, deren Betrag mindestens der individuellen Zwischenstufe entspricht, jedoch nicht weniger als das Tabellenentgelt der Stufe 2; der weitere Stufenaufstieg richtet sich nach den Regelungen des TV-L. [2]In den Fällen des Satzes 1 gilt § 17 Absatz 4 Satz 2 TV-L entsprechend. [3]Werden Beschäftigte vor dem 1. November 2008 herabgruppiert, werden sie in der niedrigeren Entgeltgruppe derjenigen individuellen Zwischenstufe zugeordnet, die sich bei Herabgruppierung im Oktober 2006 ergeben hätte; der weitere Stufenaufstieg richtet sich nach Absatz 1 Satz 4 und 5.
(3) [1]Ist bei Beschäftigten, deren Eingruppierung sich nach der Vergütungsordnung für Angestellte im Pflegedienst (Anlage 1b zum BAT/BAT-O) richtet, das Vergleichsentgelt niedriger als das Entgelt der Stufe 3, entspricht es aber mindestens dem Mittelwert aus den Beträgen der Stufen 2 und 3 und ist die/der Beschäftigte am Stichtag mindestens drei Jahre in einem Arbeitsverhältnis bei dem selben Arbeitgeber beschäftigt, wird sie/er abweichend von Absatz 1 bereits zum 1. November 2006 in die Stufe 3 übergeleitet. [2]Der weitere Stufenaufstieg richtet sich nach den Regelungen des TV-L.
(4) [1]Liegt das Vergleichsentgelt über der höchsten Stufe der nach § 4 bestimmten Entgeltgruppe, werden die Beschäftigten abweichend von Absatz 1 einer dem Vergleichsentgelt entsprechenden individuellen Endstufe zugeordnet; bei Lehrkräften im Sinne der Vorbemerkung Nr. 5 zu allen Vergütungsgruppen der Anlage 1a zum BAT/BAT-O gilt dabei die Entgelttabelle zum TV-L mit den Maßgaben des § 20. [2]Absatz 1 Sätze 2 und 3 gelten entsprechend. [3]Werden Beschäftigte aus einer individuellen Endstufe höhergruppiert, so erhalten sie in der höheren Entgeltgruppe mindestens den Betrag, der ihrer bisherigen individuellen Endstufe entspricht. [4]Im Übrigen gilt Absatz 2 entsprechend. [5]Die individuelle Endstufe verändert sich um denselben Vomhundertsatz beziehungsweise in demselben Umfang wie die höchste Stufe der jeweiligen Entgeltgruppe.

Protokollerklärung zu § 6 Absatz 4:
[1]Die Protokollerklärung zu § 6 Absatz 1 gilt entsprechend. [2]Sie findet am 1. Januar 2010 entsprechend Anwendung auf Beschäftigte im Tarifgebiet Ost, für deren Entgelt am 31. Dezember 2009 noch ein Bemessungssatz von 92,5 v. H. gilt.

(5) [1]Beschäftigte, deren Vergleichsentgelt niedriger ist als das Tabellenentgelt in der Stufe 2, werden abweichend von Absatz 1 der Stufe 2 zugeordnet. [2]Der weitere Stufenaufstieg richtet sich nach den Regelungen des TV-L. [3]Abweichend von Satz 1 werden Beschäftigte, denen am 31. Oktober 2006 eine in der Allgemeinen Vergütungsordnung (Anlage 1a zum BAT/BAT-O) durch die Eingruppierung in Vergütungsgruppe Va BAT/BAT-O mit Aufstieg nach IVb und IVa BAT/BAT-O abgebildete Tätigkeit übertragen ist, der Stufe 1 der Entgeltgruppe 10 zugeordnet.
(6) [1]Ärztinnen und Ärzte im Sinne des § 4 Absatz 1 Satz 2 und 3 werden derjenigen Stufe der Entgeltgruppe (§ 4) zugeordnet, die sie erreicht hätten, wenn die Entgelttabelle für Ärztinnen und Ärzte bereits seit Beginn ihrer Zugehörigkeit zu der für sie maßgebenden Entgeltgruppe gegolten hätte. [2]Für die Stufenfindung bei der Überleitung zählen die Zeiten im jetzigen Arbeitsverhältnis zu demselben Arbeitgeber. [3]Für die Berücksichtigung von Vorzeiten ärztlicher Tätigkeit bei der Stufenfindung gilt § 16 Absatz 2 in Verbindung mit § 41 Nr. 11 TV-L. [4]Ist das Vergleichsentgelt höher als das nach den Sätzen 1 bis 3 maßgebende Tabellenentgelt, wird das Vergleichsentgelt so lange gezahlt, bis das Tabellenentgelt das Vergleichsentgelt erreicht; Absatz 1 Sätze 2 und 3 gelten entsprechend.

Protokollerklärungen zu §§ 4 und 6:
Für die Überleitung in die Entgeltgruppe 8a gemäß Anlagen 5 A und 5 B TVÜ-Länder gilt für übergeleitete Beschäftigte
- der Vergütungsgruppe Kr. V vier Jahre Kr. Va zwei Jahre Kr. VI
- der Vergütungsgruppe Kr. Va drei Jahre Kr. VI
- der Vergütungsgruppe Kr. Va fünf Jahre Kr. VI
- der Vergütungsgruppe Kr. V sechs Jahre Kr. VI

mit Ortszuschlag der Stufe 2:
1. Zunächst erfolgt die Überleitung nach den allgemeinen Grundsätzen.
2. Die Verweildauer in Stufe 3 wird von drei Jahren auf zwei Jahre verkürzt.
3. Der Tabellenwert der Stufe 4 wird nach der Überleitung um 100 Euro erhöht.

§ 7 Stufenzuordnung der Arbeiterinnen und Arbeiter

(1) [1]Beschäftigte aus dem Geltungsbereich des MTArb/MTArb-O werden entsprechend ihrer Beschäftigungszeit nach § 6 MTArb/MTArb-O – mit Ausnahme der Übergangsvorschrift Nr. 3 zu § 6 MTArb-O – der Stufe der gemäß § 4 bestimmten Entgeltgruppe zugeordnet, die sie erreicht hätten, wenn die Entgelttabelle des TV-L bereits seit Beginn ihrer Beschäftigungszeit gegolten hätte; Stufe 1 ist hierbei ausnahmslos mit einem Jahr zu berück-

sichtigen. [2]Der weitere Stufenaufstieg richtet sich nach den Regelungen des TV-L.

(2) § 6 Absatz 4 und Absatz 5 Satz 1 und 2 gilt für Beschäftigte gemäß Absatz 1 entsprechend.

(3) [1]Ist das Tabellenentgelt nach Absatz 1 Satz 1 niedriger als das Vergleichsentgelt, werden die Beschäftigten einer dem Vergleichsentgelt entsprechenden individuellen Zwischenstufe zugeordnet; § 6 Absatz 1 Satz 2 und 3 gilt entsprechend. [2]Der Aufstieg aus der individuellen Zwischenstufe in die betragsmäßig nächsthöhere reguläre Stufe ihrer Entgeltgruppe findet zu dem Zeitpunkt statt, zu dem sie gemäß Absatz 1 Satz 1 die Voraussetzungen für diesen Stufenaufstieg aufgrund der Beschäftigungszeit erfüllt haben. [3]§ 6 Absatz 4 Satz 5 gilt entsprechend.

(4) [1]Werden Beschäftigte während ihrer Verweildauer in der individuellen Zwischenstufe höhergruppiert, erhalten sie in der höheren Entgeltgruppe Tabellenentgelt nach der regulären Stufe, deren Betrag mindestens der individuellen Zwischenstufe entspricht, jedoch nicht weniger als das Entgelt der Stufe 2; der weitere Stufenaufstieg richtet sich nach den Regelungen des TV-L. [2]§ 17 Absatz 4 Satz 2 TV-L gilt entsprechend. [3]Werden Beschäftigte während ihrer Verweildauer in der individuellen Zwischenstufe herabgruppiert, erfolgt die Stufenzuordnung in der niedrigeren Entgeltgruppe, als sei die niedrigere Einreihung bereits im Oktober 2006 erfolgt; der weitere Stufenaufstieg richtet sich bei Zuordnung zu einer individuellen Zwischenstufe nach Absatz 3 Satz 2, ansonsten nach Absatz 1 Satz 2.

Protokollerklärung zu den Absätzen 2 bis 4:
Die Protokollerklärung zu § 6 Absatz 1 gilt entsprechend.

3. Abschnitt
Besitzstandsregelungen

§ 8 Bewährungs- und Fallgruppenaufstiege

(1) [1]Beschäftigte, die aus dem Geltungsbereich des BAT/BAT-O in eine der Entgeltgruppen 3, 5, 6 oder 8 übergeleitet werden und

- die am 1. November 2006 bei Fortgeltung des bisherigen Tarifrechts die für eine Höhergruppierung erforderliche Zeit der Bewährung oder Tätigkeit zur Hälfte erfüllt haben,
- bis zum individuellen Aufstiegszeitpunkt weiterhin eine Tätigkeit auszuüben haben, die diesen Aufstieg ermöglicht hätte, und
- bei denen zum individuellen Aufstiegszeitpunkt keine Anhaltspunkte vorliegen, die bei Fortgeltung des bisherigen Rechts einer Höhergruppierung entgegengestanden hätten,

sind zu dem Zeitpunkt, zu dem sie nach bisherigem Recht höhergruppiert wären, in die nächsthöhere Entgeltgruppe des TV-L eingruppiert. [2]Abweichend von Satz 1 erfolgt die Höhergruppierung in die Entgeltgruppe 5, wenn die Beschäftigten aus der Vergütungsgruppe VIII BAT/BAT-O mit ausstehendem Aufstieg nach Vergütungsgruppe VII BAT/BAT-O in die Entgeltgruppe 3 übergeleitet worden sind; sie erfolgt in die Entgeltgruppe 8, wenn die Beschäftigten aus der Vergütungsgruppe VIb BAT/BAT-O mit ausstehendem Aufstieg nach Vergütungsgruppe Vc BAT/BAT-O in die Entgeltgruppe 6 übergeleitet worden sind. [3]Die Sätze 1 und 2 gelten nicht in den Fällen des § 4 Absatz 2. [4]Erfolgt die Höhergruppierung vor dem 1. November 2008, gilt – gegebenenfalls unter Berücksichtigung des Satzes 2 – § 6 Absatz 2 Satz 1 und 2 entsprechend.

(2) [1]Beschäftigte, die aus dem Geltungsbereich des BAT/BAT-O in eine der Entgeltgruppen 2 sowie 9 bis 15 übergeleitet werden und

- die am 1. November 2006 bei Fortgeltung des bisherigen Tarifrechts die für eine Höhergruppierung erforderliche Zeit der Bewährung oder Tätigkeit zur Hälfte erfüllt haben,
- in der Zeit zwischen dem 1. Dezember 2006 und dem 31. Oktober 2008 höhergruppiert wären,
- bis zum individuellen Aufstiegszeitpunkt weiterhin eine Tätigkeit auszuüben haben, die diesen Aufstieg ermöglicht hätte, und
- bei denen zum individuellen Aufstiegszeitpunkt keine Anhaltspunkte vorliegen, die bei Fortgeltung des bisherigen Rechts einer Höhergruppierung entgegengestanden hätten,

erhalten ab dem Zeitpunkt, zu dem sie nach bisherigem Recht höhergruppiert wären, in ihrer bisherigen Entgeltgruppe Entgelt nach derjenigen individuellen Zwischen- beziehungsweise Endstufe, die sich ergeben hätte, wenn sich ihr Vergleichsentgelt (§ 5) nach der Vergütung aufgrund der Höhergruppierung bestimmt hätte. [2]Ein etwaiger Strukturausgleich wird ab dem individuellen Aufstiegszeitpunkt nicht mehr gezahlt. [3]Der weitere Stufenaufstieg richtet sich bei Zuordnung zu einer individuellen Zwischenstufe nach § 6 Absatz 1. [4]§ 4 Absatz 2 bleibt unberührt. [5]Zur Ermittlung einer neuen individuellen Zwischenstufe gemäß Satz 1 ist für Beschäftigte im Tarifgebiet Ost, die unter die Protokollerklärung zu § 6 Absatz 1 fallen, das auf den Rechtsstand vom 31. Oktober 2006 festgestellte neue Vergleichsentgelt um den Faktor 1,081081 zu erhöhen, wenn die Neuberechnung des Vergleichsentgelts in der Zeit nach dem 31. Dezember 2007 zu erfolgen hat. [6]Darüber hinaus ist das Vergleichsentgelt um 2,9 v. H. zu erhöhen und auf volle fünf Euro aufzurunden, wenn die Neuberechnung des Vergleichsentgelts für Beschäftigte im Tarifgebiet West nach dem 31. Dezember 2007 und für Beschäftigte im Tarifgebiet Ost nach dem 30. April 2008 zu erfolgen hat.

(3) [1]Abweichend von Absatz 1 Satz 1 und Absatz 2 Satz 1 gelten die Absätze 1 beziehungsweise 2 auf schriftlichen Antrag entsprechend für überge-

leitete Beschäftigte, die bei Fortgeltung des BAT/BAT-O bis spätestens zum 31. Oktober 2012 wegen Erfüllung der erforderlichen Zeit der Bewährung oder Tätigkeit höhergruppiert worden wären, unabhängig davon, ob die Hälfte der erforderlichen Bewährungs- oder Tätigkeitszeit am Stichtag erfüllt ist. [2]In den Fällen des Absatzes 2 Satz 1 erhalten Beschäftigte, die in der Zeit zwischen dem 1. November 2008 und dem 31. Oktober 2012 bei Fortgeltung des BAT/BAT-O höhergruppiert worden wären, in ihrer bisherigen Entgeltgruppe Entgelt nach derjenigen individuellen Zwischen- oder Endstufe, die sich aus der Summe des bisherigen Tabellenentgelts und dem nach Absatz 2 ermittelten Höhergruppierungsgewinn nach bisherigem Recht ergibt; die Stufenlaufzeit bleibt hiervon unberührt. [3]Bei Beschäftigten mit individueller Endstufe erhöht sich in diesen Fällen ihre individuelle Endstufe um den nach bisherigem Recht ermittelten Höhergruppierungsgewinn. [4]Im Tarifgebiet Ost sind Anpassungen des Bemessungssatzes bei der Ermittlung des Höhergruppierungsgewinns zu berücksichtigen; ab 1. Januar 2010 werden in den Fällen, in denen noch keine Bemessungssatzanhebung stattgefunden hat, die Höhergruppierungsgewinne um den Faktor 1,081081 erhöht. [5]§ 6 Absatz 4 Satz 5 gilt – auch bei Zuordnung zu einer individuellen Zwischenstufe – entsprechend.

Protokollerklärung zu § 8 Absatz 3:
Wäre die/der Beschäftigte bei Fortgeltung des BAT/BAT-O in der Zeit vom 1. Januar 2011 bis 31. März 2011 wegen Erfüllung der Voraussetzungen des Absatzes 3 höhergruppiert worden, findet Absatz 3 auf schriftlichen Antrag vom 1. April 2011 an Anwendung.

(4) [1]Die Absätze 1 bis 3 finden auf übergeleitete Beschäftigte, deren Eingruppierung sich bis zum 31. Dezember 2011 nach der Vergütungsordnung für Angestellte im Pflegedienst (Anlage 1b zum BAT/BAT-O) richtet, und die zum 1. Januar 2012 in den Teil IV der Entgeltordnung zum TV-L übergeleitet werden, sowie auf übergeleitete Ärztinnen und Ärzte im Sinne des § 4 Absatz 1 Satz 2 und 3 keine Anwendung. [2]Satz 1 gilt nicht für die gemäß Anlagen 5 A und 5 B in die Entgeltgruppen 9a bis 9d übergeleiteten Beschäftigten.

(5) [1]Ist bei einer Lehrkraft, die bis zum 31. Dezember 2011 gemäß Nr. 5 der Vorbemerkungen zu allen Vergütungsgruppen nicht unter die Anlage 1a zum BAT/BAT-O und ab 1. Januar 2012 gemäß Nr. 4 der Vorbemerkungen zu allen Teilen der Entgeltordnung nicht unter die Entgeltordnung zum TV-L fällt, eine Höhergruppierung nur vom Ablauf einer Bewährungszeit und von der Bewährung abhängig und ist am 1. November 2006 die Hälfte der Mindestzeitdauer für einen solchen Aufstieg erfüllt, erfolgt in den Fällen des Absatzes 1 unter den weiteren dort genannten Voraussetzungen zum individuellen Aufstiegszeitpunkt der Aufstieg in die nächsthöhere Entgeltgruppe. [2]Absatz 1 Satz 2 und Höhergruppierungsmöglichkeiten durch ent-

sprechende Anwendung beamtenrechtlicher Regelungen bleiben unberührt. [3]In den Fällen des Absatzes 2 gilt Satz 1 mit der Maßgabe, dass anstelle der Höhergruppierung eine Neuberechnung des Vergleichsentgelts nach Absatz 2 erfolgt. [4]Absatz 3 gilt entsprechend.

§ 9 Vergütungsgruppenzulagen

(1) Aus dem Geltungsbereich des BAT/BAT-O übergeleitete Beschäftigte, denen am 31. Oktober 2006 nach der Vergütungsordnung zum BAT/BAT-O eine Vergütungsgruppenzulage zusteht, erhalten in der Entgeltgruppe, in die sie übergeleitet werden, eine Besitzstandszulage in Höhe ihrer bisherigen Vergütungsgruppenzulage.

(2) [1]Aus dem Geltungsbereich des BAT/BAT-O übergeleitete Beschäftigte, die bei Fortgeltung des bisherigen Rechts nach dem 31. Oktober 2006 eine Vergütungsgruppenzulage ohne vorausgehenden Fallgruppenaufstieg erreicht hätten, erhalten ab dem Zeitpunkt, zu dem ihnen die Zulage nach bisherigem Recht zugestanden hätte, eine Besitzstandszulage. [2]Die Höhe der Besitzstandszulage bemisst sich nach dem Betrag, der als Vergütungsgruppenzulage zu zahlen gewesen wäre, wenn diese bereits am 31. Oktober 2006 zugestanden hätte. [3]Voraussetzung ist, dass

- am 1. November 2006 die für die Vergütungsgruppenzulage erforderliche Zeit der Bewährung oder Tätigkeit nach Maßgabe des § 23b Abschnitt A BAT/BAT-O zur Hälfte erfüllt ist,
- zu diesem Zeitpunkt keine Anhaltspunkte vorliegen, die bei Fortgeltung des bisherigen Rechts der Vergütungsgruppenzulage entgegengestanden hätten und
- bis zum individuellen Zeitpunkt nach Satz 1 weiterhin eine Tätigkeit auszuüben ist, die zu der Vergütungsgruppenzulage geführt hätte.

(2a) [1]Absatz 2 gilt auf schriftlichen Antrag entsprechend für übergeleitete Beschäftigte, die bei Fortgeltung des BAT/BAT-O bis spätestens zum 31. Oktober 2012 wegen Erfüllung der erforderlichen Zeit der Bewährung oder Tätigkeit die Voraussetzungen der Vergütungsgruppenzulage erfüllt hätten, unabhängig davon, ob die Hälfte der erforderlichen Zeit der Bewährung oder Tätigkeit am Stichtag erfüllt ist. [2]Die Protokollerklärung zu § 8 Absatz 3 gilt entsprechend.

(3) [1]Für aus dem Geltungsbereich des BAT/BAT-O übergeleitete Beschäftigte, die bei Fortgeltung des bisherigen Rechts nach dem 31. Oktober 2006 im Anschluss an einen Fallgruppenaufstieg eine Vergütungsgruppenzulage erreicht hätten, gilt Folgendes:

a) [1]In eine der Entgeltgruppen 3, 5, 6 oder 8 übergeleitete Beschäftigte, die den Fallgruppenaufstieg am 31. Oktober 2006 noch nicht erreicht haben, sind zu dem Zeitpunkt, zu dem sie nach bisherigem Recht höhergruppiert worden wären, in die nächsthöhere Entgeltgruppe des TV-L eingruppiert; § 8 Absatz 1 Satz 2 bis 4 gilt entsprechend. [2]Eine Besitzstandszulage für eine Vergütungsgruppenzulage steht nicht zu.

b) [1]Ist ein der Vergütungsgruppenzulage vorausgehender Fallgruppenaufstieg am 31. Oktober 2006 bereits erfolgt, gilt Absatz 2 mit der Maßgabe, dass am 1. November 2006 die Hälfte der Gesamtzeit für den Anspruch auf die Vergütungsgruppenzulage einschließlich der Zeit für den vorausgehenden Aufstieg zurückgelegt sein muss oder die Vergütungsgruppenzulage bei Fortgeltung des bisherigen Rechts bis zum 31. Oktober 2012 erworben worden wäre. [2]Im Fall des Satzes 1 2. Alternative wird die Vergütungsgruppenzulage auf schriftlichen Antrag gewährt. [3]Die Protokollerklärung zu § 8 Absatz 3 gilt entsprechend.

c) [1]Wäre im Fall des Buchstaben a nach bisherigem Recht der Fallgruppenaufstieg spätestens am 31. Oktober 2008 erreicht worden, gilt Absatz 2 auf schriftlichen Antrag mit der Maßgabe, dass am 1. November 2008 die Hälfte der Gesamtzeit für den Anspruch auf die Vergütungsgruppenzulage einschließlich der Zeit für den vorausgehenden Aufstieg erreicht worden sein muss und die Vergütungsgruppenzulage bei Fortgeltung des bisherigen Rechts bis zum 31. Oktober 2012 erworben worden wäre. [2]Die Protokollerklärung zu § 8 Absatz 3 gilt entsprechend.

(4) [1]Die Besitzstandszulage nach den Absätzen 1, 2 und 3 Buchstabe b und c wird so lange gezahlt, wie die anspruchsbegründende Tätigkeit ununterbrochen ausgeübt wird und die sonstigen Voraussetzungen für die Vergütungsgruppenzulage nach bisherigem Recht weiterhin bestehen. [2]Sie verändert sich bei allgemeinen Entgeltanpassungen um den von den Tarifvertragsparteien für die jeweilige Entgeltgruppe vereinbarten Vomhundertsatz. [3]Daneben steht ein weiterer Anspruch auf eine Entgeltgruppenzulage nach der Entgeltordnung zum TV-L nicht zu.

Protokollerklärungen zu § 9 Absatz 4:

1. Unterbrechungen wegen Mutterschutz, Elternzeit, Krankheit und Urlaub sind unschädlich.
2. Die Protokollerklärung zu § 6 Absatz 4 gilt entsprechend.

Protokollerklärung zu § 9 Absatz 4 Satz 2:

Die Besitzstandszulage erhöht sich ab 1. November 2024 um 4,76 v.H. und ab 1. Februar 2025 um 5,5 v.H.

§ 10 Fortführung vorübergehend übertragener höherwertiger Tätigkeit

[1]Beschäftigte, denen am 31. Oktober 2006 eine Zulage nach § 24 BAT/BAT-O zusteht, erhalten nach Überleitung in den TV-L eine Besitzstandszulage in Höhe ihrer bisherigen Zulage, solange sie die anspruchsbegründende Tätigkeit weiterhin ausüben und die Zulage nach bisherigem Recht zu zahlen

wäre. [2]Wird die anspruchsbegründende Tätigkeit über den 31. Oktober 2008 hinaus beibehalten, finden mit Wirkung ab dem 1. November 2008 die Regelungen des TV-L über die vorübergehende Übertragung einer höherwertigen Tätigkeit Anwendung. [3]Für eine vor dem 1. November 2006 vorübergehend übertragene höherwertige Tätigkeit, für die am 31. Oktober 2006 wegen der zeitlichen Voraussetzungen des § 24 Absatz 1 beziehungsweise 2 BAT/BAT-O noch keine Zulage gezahlt wird, gilt Satz 1 und 2 ab dem Zeitpunkt entsprechend, zu dem nach bisherigem Recht die Zulage zu zahlen gewesen wäre. [4]Sätze 1 bis 3 gelten in den Fällen des § 9 MTArb/MTArb-O entsprechend; bei Vertretung einer Arbeiterin/eines Arbeiters bemisst sich die Zulage nach dem Unterschiedsbetrag zwischen dem Lohn nach § 9 Absatz 2 Buchstabe a MTArb/MTArb-O und dem im Oktober 2006 ohne Zulage zustehenden Lohn. [5]Sätze 1 bis 4 gelten bei besonderen tarifvertraglichen Vorschriften über die vorübergehende Übertragung höherwertiger Tätigkeiten entsprechend. [6]Die Zulage nach Satz 1 verändert sich bei allgemeinen Entgeltanpassungen um den von den Tarifvertragsparteien für die jeweilige Entgeltgruppe vereinbarten Vomhundertsatz. [7]Ist Beschäftigten, die eine Besitzstandszulage nach Satz 1 erhalten, die anspruchsbegründende Tätigkeit bis zum 31. Oktober 2008 dauerhaft übertragen worden, erhalten sie eine persönliche Zulage, wenn sich die Bezüge dadurch verringert haben. [8]Die Zulage nach Satz 7 wird für die Dauer der Wahrnehmung dieser Tätigkeit auf einen bis zum 31. Dezember 2009 zu stellenden schriftlichen Antrag (Ausschlussfrist) der/des Beschäftigten vom 1. März 2009 an gezahlt. [9]Die Höhe der Zulage bemisst sich nach dem Unterschiedsbetrag zwischen dem am 1. November 2006 nach § 6 oder § 7 zustehenden Tabellenentgelt oder Entgelt nach einer individuellen Zwischen- oder Endstufe einschließlich der Besitzstandszulage nach Satz 1 und dem Tabellenentgelt nach der Höhergruppierung. [10]Nach der Höhergruppierung erfolgte Entgelterhöhung durch allgemeine Entgeltanpassungen, Erhöhungen des Entgelts durch Stufenaufstiege und Höhergruppierungen und durch Zulagen gemäß § 14 Absatz 3 TV-L sind auf die persönliche Zulage in voller Höhe anzurechnen.

Protokollerklärung zu § 10 Satz 10:
Die Anrechnung umfasst auch entsprechende Entgeltsteigerungen, die nach dem 31. Oktober 2006 erfolgt sind.

§ 11 Kinderbezogene Entgeltbestandteile

(1) [1]Für im Oktober 2006 zu berücksichtigende Kinder werden die kinderbezogenen Entgeltbestandteile des BAT/BAT-O oder MTArb/MTArb-O in der für Oktober 2006 zustehenden Höhe als Besitzstandszulage fortgezahlt, solange für diese Kinder Kindergeld nach dem Einkommensteuergesetz (EStG) oder nach dem Bundeskindergeldgesetz (BKGG) ununterbrochen gezahlt

wird oder ohne Berücksichtigung des § 64 oder § 65 EStG oder des § 3 oder § 4 BKGG gezahlt würde. [2]Die Besitzstandszulage entfällt ab dem Zeitpunkt, zu dem einer anderen Person, die im öffentlichen Dienst steht oder auf Grund einer Tätigkeit im öffentlichen Dienst nach beamtenrechtlichen Grundsätzen oder nach einer Ruhelohnordnung versorgungsberechtigt ist, für ein Kind, für welches die Besitzstandszulage gewährt wird, das Kindergeld gezahlt wird; die Änderung der Kindergeldberechtigung hat die/der Beschäftigte dem Arbeitgeber unverzüglich schriftlich anzuzeigen. [3]Unterbrechungen der Kindergeldzahlung wegen Ableistung von Grundwehrdienst, Zivildienst oder Wehrübungen sowie die Ableistung eines freiwilligen sozialen oder ökologischen Jahres sind unschädlich; soweit die unschädliche Unterbrechung bereits im Monat Oktober 2006 vorliegt, wird die Besitzstandszulage ab dem Zeitpunkt des Wiederauflebens der Kindergeldzahlung gewährt.

Protokollerklärungen zu § 11 Absatz 1:

1. [1]Die Unterbrechung der Entgeltzahlung im Oktober 2006 bei Ruhen des Arbeitsverhältnisses wegen Elternzeit, Rente auf Zeit oder Ablauf der Krankenbezugsfristen ist für das Entstehen des Anspruchs auf die Besitzstandszulage unschädlich. [2]Bei späteren Unterbrechungen der Entgeltzahlung in den Fällen von Satz 1 wird die Besitzstandszulage nach Wiederaufnahme der Beschäftigung weiter gezahlt. [3]Die Höhe der Besitzstandszulage nach Satz 1 richtet sich nach § 5 Absatz 6. [4]Diejenigen Beschäftigten, die im Oktober 2006 nicht kindergeldberechtigt waren und deshalb keinen kinderbezogenen Ortszuschlagsanteil erhalten haben und bis zum 31. Dezember 2006 einen Berechtigtenwechsel beim Kindergeld vornehmen, haben Anspruch auf die Besitzstandszulage nach Satz 1. [5]Die Höhe der Besitzstandszulage ist so zu bemessen, als hätte die/der Beschäftigte bereits im Oktober 2006 Anspruch auf Kindergeld gehabt.
2. [1]Nr. 1 gilt entsprechend auf schriftlichen Antrag bei Ruhen des Arbeitsverhältnisses wegen eines Sonderurlaubs aufgrund von Familienpflichten oder eines Sonderurlaubs, für den der Arbeitgeber vor dessen Antritt ein dienstliches oder betriebliches Interesse an der Beurlaubung schriftlich anerkannt hat. [2]Familienpflichten im Sinne des Satzes 1 liegen vor, wenn die/der Beschäftigte mindestens ein Kind unter 18 Jahren oder einen nach ärztlichem Gutachten pflegebedürftigen Angehörigen tatsächlich betreut oder pflegt. [3]Die/Der Beschäftigte hat das Vorliegen der Voraussetzungen nachzuweisen und Änderungen anzuzeigen.
3. [1]Bei Tod der/des Kindergeldberechtigten wird ein Anspruch nach Absatz 1 für den anderen in den TV-L übergeleiteten Beschäftigten auf schriftlichen Antrag auch nach dem 1. November 2006 begründet. [2]Der Anspruch auf die kinderbezogenen Entgeltbestandteile muss bei der verstorbenen Person unbeschadet der sonstigen Voraussetzungen des Absatzes 1 bis zum Todestag bestanden haben. [3]Die Höhe der Besitzstandszulage ist so zu bemessen, als hätte die/der Beschäftigte bereits im Oktober 2006 Anspruch auf Kindergeld gehabt. [4]Die Besitzstandszulage wird ab dem ersten Tag des Monats, der dem Sterbemonat folgt, frühestens jedoch ab 1. März 2009, gezahlt. [5]Satz 3 der Nr. 2 gilt entsprechend.

(2) [1]§ 24 Absatz 2 TV-L ist anzuwenden. [2]Die Besitzstandszulage nach Absatz 1 Satz 1 verändert sich bei allgemeinen Entgeltanpassungen um den von den Tarifvertragsparteien für die jeweilige Entgeltgruppe vereinbarten Vomhundertsatz. [3]Ansprüche nach Absatz 1 können für Kinder ab dem vollendeten 16. Lebensjahr durch Vereinbarung mit der/dem Beschäftigten abgefunden werden.

Protokollerklärung zu § 11 Absatz 2:
Die Protokollerklärungen zu § 6 Absatz 4 und zu § 9 Absatz 4 Satz 2 gelten entsprechend.

(3) Die Absätze 1 und 2 gelten entsprechend für
a) zwischen dem 1. November 2006 und dem 31. Dezember 2006 geborene Kinder der übergeleiteten Beschäftigten,
b) die Kinder von bis zum 31. Dezember 2006 in ein Arbeitsverhältnis übernommenen Auszubildenden, Schülerinnen/Schüler in der Gesundheits- und Krankenpflege, Gesundheits- und Kinderkrankenpflege und in der Entbindungspflege sowie Praktikantinnen und Praktikanten aus tarifvertraglich geregelten Beschäftigungsverhältnissen, soweit diese Kinder vor dem 1. Januar 2007 geboren sind.

§ 12 Strukturausgleich

(1) [1]Aus dem Geltungsbereich des BAT/BAT-O übergeleitete Beschäftigte erhalten einen nicht dynamischen Strukturausgleich ausschließlich in den in Anlage 3 aufgeführten Fällen zusätzlich zu ihrem monatlichen Entgelt. [2]Maßgeblicher Stichtag für die anspruchsbegründenden Voraussetzungen (Vergütungsgruppe, Lebensaltersstufe, Ortszuschlag, Aufstiegszeiten) ist der 1. November 2006, sofern in Anlage 3 nicht ausdrücklich etwas anderes geregelt ist.

Protokollerklärung zu § 12 Absatz 1:
[1]Bei aus dem Geltungsbereich des BAT-O übergeleiteten »Erfüller«-Lehrkräften mit einer Ausbildung nach dem Recht der ehemaligen DDR wird, sofern sie nach dem 1. Juli 1995 im Wege der Höhergruppierung eine Vergütungsgruppe erreicht haben, die für vergleichbare Lehrkräfte mit einer Ausbildung nach bundesdeutschem Recht das Eingangsamt darstellt, diese Vergütungsgruppe als für den Strukturausgleich maßgebliche Vergütungsgruppe angesehen. [2]Für Beschäftigte im Sinne des Satzes 1, die noch nicht im Wege des Aufstiegs höhergruppiert wurden, ist die zum Zeitpunkt der Überleitung maßgebende Vergütungsgruppe die für den Strukturausgleich maßgebliche Vergütungsgruppe. [3]Maßgeblich ist jeweils in der Spalte »Aufstieg« der Anlage 3 die Bezeichnung »ohne« zu der jeweiligen Vergütungsgruppe. [4]Werden Beschäftigte im Sinne des Satzes 2, die bereits einen Strukturausgleich nach der Anlage 3 erhalten, nach dem 31. Oktober 2006 in eine Entgeltgruppe höhergruppiert, in die vergleichbare Lehrkräfte mit einer Ausbildung nach

bundesdeutschem Recht im Eingangsamt eingruppiert werden, findet § 12 Absatz 5 Anwendung. [5]Zahlungen werden frühestens ab dem 1. März 2009 geleistet.

(2) Die Zahlung des Strukturausgleichs beginnt im November 2008, sofern in Anlage 3 nicht etwas anderes bestimmt ist.
(3) Für Beschäftigte, für die nach dem TV-L die Regelungen des Tarifgebiets Ost Anwendung finden, gilt der jeweilige Bemessungssatz.
(4) [1]Bei Teilzeitbeschäftigung steht der Strukturausgleich anteilig zu (§ 24 Absatz 2 TV-L). [2]Satz 1 gilt für Beschäftigte, deren Arbeitszeit nach § 3 des Tarifvertrages zur sozialen Absicherung vom 6. Juli 1992 bzw. vom 12. Oktober 2006 herabgesetzt ist, entsprechend.

Protokollerklärung zu § 12 Absatz 4:
Bei späteren Veränderungen der individuellen regelmäßigen wöchentlichen Arbeitszeit der/des Beschäftigten ändert sich der Strukturausgleich entsprechend.

(5) [1]Bei Höhergruppierungen wird der Unterschiedsbetrag zum bisherigen Entgelt auf den Strukturausgleich angerechnet. [2]Dies gilt auch, wenn die Höhergruppierung aufgrund der Überleitung von Beschäftigten in die Entgeltordnung zum TV-L gemäß § 29a Absatz 3 oder aufgrund § 29c Absatz 3, § 29d Absatz 2, § 29e oder § 29f erfolgt. [3]Für Beschäftigte in einer der Entgeltgruppen 9a bis 15 (Anlage B zum TV-L), in der Entgeltgruppe 13 Ü (§ 19) oder in einer der Entgeltgruppen KR 9 bis KR 16 (Anlage C zum TV-L) wird bei Erreichen der Stufe 6 auch der Unterschiedsbetrag zwischen Stufe 5 und Stufe 6 auf den Strukturausgleich angerechnet. [4]Satz 3 gilt ab 1. Januar 2020 entsprechend für Beschäftigte in einer der Entgeltgruppen S 9 bis S 18 (Anlage G zum TV-L). [5]Satz 3 findet keine Anwendung auf Beschäftigte im Sinne von § 19 Absatz 2 Satz 2.

Protokollerklärungen zu § 12 Absatz 5:
1. Die Überleitung in die Entgeltgruppe 14 gemäß § 29a Absatz 5 gilt nicht als Höhergruppierung.
2. [1]Für Beschäftigte, die in der Zeit vom 1. Januar 2018 bis zum 30. September 2018 der Stufe 6 zugeordnet werden, wird auch die Erhöhung des Unterschiedsbetrages am 1. Oktober 2018 auf den Strukturausgleich angerechnet. [2]Satz 1 gilt entsprechend bei Beschäftigten in Entgeltgruppe 9 mit besonderer Stufenlaufzeit von fünf Jahren in Stufe 2 für den Erhöhungsbetrag nach Anlage B zum TV-L. [3]Satz 1 findet keine Anwendung auf Beschäftigte im Sinne von § 19 Absatz 2 Satz 2.

(6) Einzelvertraglich kann der Strukturausgleich abgefunden werden.
(7) Die Absätze 1 bis 6 finden auf Ärztinnen und Ärzte im Sinne des § 4 Absatz 1 Satz 2 und 3 keine Anwendung.

§ 13 Entgeltfortzahlung im Krankheitsfall

(1) [1]Bei Beschäftigten, für die bis zum 31. Oktober 2006 § 71 BAT gegolten hat und die nicht in der privaten Krankenversicherung versichert sind, wird abweichend von § 22 Absatz 2 TV-L für die Dauer des über den 31. Oktober 2006 hinaus ununterbrochen fortbestehenden Arbeitsverhältnisses der Krankengeldzuschuss in Höhe des Unterschiedsbetrages zwischen dem festgesetzten Nettokrankengeld oder der entsprechenden gesetzlichen Nettoleistung und dem Nettoentgelt (§ 22 Absatz 2 Satz 2 und 3 TV-L) gezahlt. [2]Nettokrankengeld ist das um die Arbeitnehmeranteile zur Sozialversicherung reduzierte Krankengeld. [3]Bei Beschäftigten, die in der gesetzlichen Krankenversicherung versicherungsfrei oder die von der Versicherungspflicht in der gesetzlichen Krankenversicherung befreit sind, werden bei der Berechnung des Krankengeldzuschusses diejenigen Leistungen zu Grunde gelegt, die ihnen als Pflichtversicherte in der gesetzlichen Krankenversicherung zustünden.

(2) [1]Beschäftigte im Sinne des Absatzes 1 erhalten längstens bis zum Ende der 26. Woche seit dem Beginn ihrer über den 31. Oktober 2006 hinaus ununterbrochen fortbestehenden Arbeitsunfähigkeit infolge derselben Krankheit oder Arbeitsverhinderung infolge einer Maßnahme der medizinischen Vorsorge oder Rehabilitation ihr Entgelt nach § 21 TV-L fortgezahlt. [2]Tritt nach dem 1. November 2006 Arbeitsunfähigkeit infolge derselben Krankheit ein, werden die Zeiten der Entgeltfortzahlung nach Satz 1 auf die Fristen gemäß § 22 TV-L angerechnet.

(3) [1]Bei Beschäftigten, für die bis zum 31. Oktober 2006 § 71 BAT gegolten hat und die in der privaten Krankenversicherung versichert sind, wird anstelle des Krankengeldzuschusses nach § 22 Absatz 2 und 3 TV-L für die Dauer des über den 31. Oktober 2006 hinaus ununterbrochen fortbestehenden Arbeitsverhältnisses das Entgelt nach § 21 TV-L bis zur Dauer von 26 Wochen gezahlt. [2]§ 22 Absatz 4 TV-L findet auf die Entgeltfortzahlung nach Satz 1 entsprechende Anwendung. [3]Die Sätze 1 und 2 gelten auf Antrag entsprechend für bisher unter § 71 BAT fallende Beschäftigte, die freiwillig in der gesetzlichen Krankenversicherung versichert sind und am 19. Mai 2006 (Stichtag) einen Anspruch auf Krankengeld erst ab der 27. Woche der Arbeitsunfähigkeit hatten; der Antrag ist bis zum 31. Dezember 2006 zu stellen.

Protokollerklärung zu § 13:

[1]Ansprüche aufgrund von Regelungen für die Gewährung von Beihilfen an Arbeitnehmerinnen und Arbeitnehmer im Krankheitsfall bleiben für übergeleitete Beschäftigte, die am 31. Oktober 2006 noch Anspruch auf Beihilfe haben, unberührt. [2]Änderungen von Beihilfevorschriften für Beamte kommen zur Anwendung, soweit auf Landes- beziehungsweise Bundesvorschriften Bezug genommen wird.

§ 14 Beschäftigungszeit

(1) Für die Dauer des über den 31. Oktober 2006 hinaus fortbestehenden Arbeitsverhältnisses werden die vor dem 1. November 2006 nach Maßgabe der jeweiligen tarifrechtlichen Vorschriften anerkannten Beschäftigungszeiten – mit Ausnahme der Zeiten im Sinne der Übergangsvorschrift Nr. 3 zu § 19 BAT-O/§ 6 MTArb-O – als Beschäftigungszeit im Sinne des § 34 Absatz 3 TV-L berücksichtigt.

(2) Für die Anwendung des § 23 Absatz 2 TV-L werden die bis zum 31. Oktober 2006 zurückgelegten Zeiten, die nach Maßgabe

- des § 39 BAT anerkannte Dienstzeit,
- des § 39 BAT-O beziehungsweise § 45 MTArb-O anerkannte Beschäftigungszeit,
- des § 45 MTArb anerkannte Jubiläumszeit

sind, als Beschäftigungszeit im Sinne des § 34 Absatz 3 TV-L berücksichtigt.

§ 15 Urlaub

(1) [1]Für die Dauer und die Bewilligung des Erholungsurlaubs beziehungsweise von Zusatzurlaub für das Urlaubsjahr 2006 sowie für dessen Übertragung auf das Urlaubsjahr 2007 gelten die im Oktober 2006 jeweils maßgebenden Vorschriften bis zum 31. Dezember 2006 fort. [2]Die Regelungen des TV-L gelten für die Bemessung des Urlaubsentgelts.

(2) [1]Aus dem Geltungsbereich des BAT/BAT-O übergeleitete Beschäftigte der Vergütungsgruppen I und Ia, die für das Urlaubsjahr 2006 einen Anspruch auf 30 Arbeitstage Erholungsurlaub erworben haben, behalten bei einer Fünftagewoche diesen Anspruch für die Dauer des über den 31. Oktober 2006 hinaus ununterbrochen fortbestehenden Arbeitsverhältnisses. [2]Die Urlaubsregelungen des TV-L bei abweichender Verteilung der Arbeitszeit gelten entsprechend.

(3) [1]§ 49 Absatz 1 und 2 MTArb/MTArb-O i. V. m. dem Tarifvertrag über Zusatzurlaub für gesundheitsgefährdende Arbeiten für Arbeiter der Länder gelten bis zum In-Kraft-Treten eines entsprechenden Tarifvertrags der Länder fort; im Übrigen gilt Absatz 1 entsprechend. [2]Aus dem Geltungsbereich des MTArb übergeleiteten Beschäftigten, die am 31. Oktober 2006 Anspruch auf einen Zusatzurlaub nach § 49 Absatz 4 MTArb haben, behalten diesen Anspruch, solange sie die Anspruchsvoraussetzungen in dem über den 31. Oktober 2006 hinaus ununterbrochen fortbestehenden Arbeitsverhältnis weiterhin erfüllen.

(4) [1]In den Fällen des § 48a BAT/BAT-O oder § 48a MTArb/MTArb-O wird der nach der Arbeitsleistung im Kalenderjahr 2006 zu bemessende Zusatzurlaub im Kalenderjahr 2007 gewährt. [2]Die nach Satz 1 zustehenden Ur-

laubstage werden auf den nach den Bestimmungen des TV-L im Kalenderjahr 2007 zustehenden Zusatzurlaub für Wechselschichtarbeit und Schichtarbeit angerechnet. [3]Absatz 1 Satz 2 gilt entsprechend.

§ 16 Abgeltung

[1]Durch Vereinbarung mit der/dem Beschäftigten können Entgeltbestandteile aus Besitzständen, ausgenommen für Vergütungsgruppenzulagen, pauschaliert beziehungsweise abgefunden werden. [2]§ 11 Absatz 2 Satz 3 und § 12 Absatz 6 bleiben unberührt.

Protokollerklärung zum 3. Abschnitt:
[1]Einvernehmlich werden die Verhandlungen zur Überleitung der Entgeltsicherung bei Leistungsminderung zurückgestellt. [2]Da damit die fristgerechte Überleitung bei Beschäftigten, die eine Zahlung nach §§ 25, 37 MTArb/MTArb-O beziehungsweise § 56 BAT/BAT-O erhalten, nicht sichergestellt ist, erfolgt am 1. November 2006 eine Fortzahlung der bisherigen Bezüge als zu verrechnender Abschlag auf das Entgelt, das diesen Beschäftigten nach dem noch zu erzielenden künftigen Verhandlungsergebnis zusteht; § 6 Absatz 1 Sätze 2 und 3 sowie die Protokollerklärung zu § 6 Absatz 1 gelten entsprechend. [3]Die in Satz 2 genannten Bestimmungen – einschließlich etwaiger Sonderregelungen – finden in ihrem jeweiligen Geltungsbereich bis zum In-Kraft-Treten einer Neuregelung weiterhin Anwendung, und zwar auch für Beschäftigte im Sinne des § 1 Absatz 2. [4]§ 55 Absatz 2 Unterabsatz 2 Satz 2 BAT bleibt in seinem bisherigen Geltungsbereich unberührt. [5]Sollte das künftige Verhandlungsergebnis geringer als bis dahin gewährte Leistungen ausfallen, ist eine Rückforderung ausgeschlossen.

4. Abschnitt
Sonstige vom TV-L abweichende oder ihn ergänzende Bestimmungen

§ 17 Eingruppierung

(1) [1]Die §§ 22, 23 BAT/BAT-O einschließlich der Vergütungsordnung, die §§ 1, 2 Absatz 1 und § 5 des Tarifvertrages über das Lohngruppenverzeichnis der Länder zum MTArb (TV Lohngruppen TdL) einschließlich des Lohngruppenverzeichnisses mit Anlagen 1 und 2 sowie die entsprechenden Regelungen für das Tarifgebiet Ost einschließlich § 2 Nr. 3 des Änderungstarifvertrages Nr. 1 zum BAT-O vom 8. Mai 1991 gelten über den 31. Oktober 2006 hinaus bis zum 31. Dezember 2011 fort. [2]Für Beschäftigte, die unter § 2 Nr. 3 des Änderungstarifvertrages Nr. 1 zum BAT-O vom 8. Mai 1991 fallen, gelten die entsprechenden Vorschriften des Satzes 1 auch über den 31. Dezember 2011 hinaus fort; dies gilt entsprechend für Beschäftigte, die unter Absatz 10 fallen. [3]Diese über den 31. Dezember 2011 hinaus fortgel-

tenden Regelungen finden auf übergeleitete und ab dem 1. November 2006 neu eingestellte Beschäftigte im jeweiligen bisherigen Geltungsbereich nach Maßgabe dieses Tarifvertrages Anwendung. [4]An die Stelle der Begriffe Vergütung und Lohn tritt der Begriff Entgelt.

Protokollerklärung zu § 17 Absatz 1 Satz 2:
Satz 2 findet für Lehrkräfte, für die die Entgeltordnung zum TV-L besondere Tätigkeitsmerkmale enthält, keine Anwendung.

(2) Abweichend von Absatz 1
- gelten Vergütungsordnung und Lohngruppenverzeichnis nicht für ab dem 1. November 2006 in Entgeltgruppe 1 TV-L neu eingestellte Beschäftigte,
- gilt die Vergütungsgruppe I der Vergütungsordnung zum BAT/BAT-O ab dem 1. November 2006 nicht fort; die Ausgestaltung entsprechender Arbeitsverhältnisse erfolgt außertariflich,
- gilt für übergeleitete und ab dem 1. November 2006 neu eingestellte Ärztinnen und Ärzte im Sinne des § 4 Absatz 1 Satz 2 und 3 die Entgeltordnung gemäß Anlage 2 TVÜ-Länder Teil C.

(3) [1]Mit Ausnahme der Eingruppierung in die Entgeltgruppe 1 sind für Beschäftigte, die unter § 2 Nr. 3 des Änderungstarifvertrages Nr. 1 zum BAT-O vom 8. Mai 1991 fallen, sowie für Beschäftigte, die unter Absatz 10 fallen, alle zwischen dem 1. Januar 2012 und dem In-Kraft-Treten entsprechender neuer Eingruppierungsregelungen stattfindenden Eingruppierungsvorgänge (Neueinstellungen und Umgruppierungen) vorläufig und begründen keinen Vertrauensschutz und keinen Besitzstand. [2]Dies gilt nicht für Aufstiege gemäß § 8 Absatz 1 Satz 1 und 2 und Absatz 3.

(4) *(aufgehoben)*

(5) [1]Bewährungs-, Fallgruppen- und Tätigkeitsaufstiege gibt es ab dem 1. November 2006 nicht mehr; §§ 8 und 9 bleiben unberührt. [2]Satz 1 gilt auch für Vergütungsgruppenzulagen, es sei denn, dem Tätigkeitsmerkmal einer Vergütungsgruppe der Allgemeinen Vergütungsordnung (Anlage 1a zum BAT) ist eine Vergütungsgruppenzulage zugeordnet, die unmittelbar mit Übertragung der Tätigkeit zusteht; bei Übertragung einer entsprechenden Tätigkeit bis zum 31. Dezember 2011 wird diese unter den Voraussetzungen des bisherigen Tarifrechts als Besitzstandszulage in der bisherigen Höhe gezahlt; § 9 Absatz 4 gilt entsprechend.

(6) Soweit die Anforderungen nach bisherigem Tarifrecht erfüllt wären, erhalten diejenigen Beschäftigten, denen ab 1. November 2006 eine anspruchsbegründende Tätigkeit übertragen wird, eine persönliche Zulage,

a) die sich betragsmäßig nach der entfallenen Techniker- und Meisterzulage bemisst bis zum 31. Dezember 2018;

b) die sich betragsmäßig nach der entfallenen Programmiererzulage bemisst bis zum 31. Dezember 2020.

Protokollerklärung zu § 17 Absatz 6:
Die Protokollerklärung zu § 6 Absatz 4 gilt entsprechend.

(7) [1]Für Eingruppierungen ab dem 1. November 2006 bis zum 31. Dezember 2011 werden die Vergütungsgruppen der Allgemeinen Vergütungsordnung (Anlage 1a zum BAT) und die Lohngruppen des Lohngruppenverzeichnisses gemäß Anlage 4 den Entgeltgruppen des TV-L, zugeordnet. [2]Für Beschäftigte, die unter § 2 Nr. 3 des Änderungstarifvertrages Nr. 1 zum BAT-O vom 8. Mai 1991 fallen, sowie für Beschäftigte, die unter Absatz 10 fallen, gilt Satz 1 auch für Eingruppierungen nach dem 31. Dezember 2011 fort. [3]In den Fällen des § 16 Absatz 2a TV-L kann die Eingruppierung auch über den 31. Dezember 2011 hinaus unter Anwendung der Anlage 2 in die im unmittelbar vorhergehenden Arbeitsverhältnis gemäß § 4 Absatz 1 in Verbindung mit Anlage 2, § 8 Absatz 1 und 3, § 9 Absatz 3 Buchstabe a oder durch vergleichbare Regelungen erworbene Entgeltgruppe erfolgen, sofern das unmittelbar vorhergehende Arbeitsverhältnis vor dem 1. November 2006 begründet worden ist und derselben Ausgangsvergütungsgruppe zugeordnet war; im vorhergehenden Arbeitsverhältnis noch nicht vollzogene Bewährungs-, Tätigkeits- oder Zeitaufstiege werden in dem neuen Arbeitsverhältnis nicht weitergeführt. [4]Absatz 1 Satz 3 bleibt unberührt.

Protokollerklärungen zu § 17 Absatz 7:
1. Die Protokollerklärung Nr. 1 zu § 4 Absatz 1 gilt entsprechend für übergeleitete und ab dem 1. November 2006 neueingestellte Pflegekräfte.
2. Satz 2 findet für Lehrkräfte, für die die Entgeltordnung zum TV-L besondere Tätigkeitsmerkmale enthält, keine Anwendung.

(8) [1]Beschäftigte, die ab dem 1. November 2006 in die Entgeltgruppe 13 eingruppiert sind und die nach der Allgemeinen Vergütungsordnung (Anlage 1a zum BAT/BAT-O) in Vergütungsgruppe IIa BAT/BAT-O mit fünf- beziehungsweise sechsjährigem Aufstieg nach Vergütungsgruppe Ib BAT/BAT-O eingruppiert wären, erhalten bis zum 31. Dezember 2011 eine persönliche Zulage in Höhe des Unterschiedsbetrages zwischen dem Entgelt ihrer Stufe nach Entgeltgruppe 13 und der entsprechenden Stufe der Entgeltgruppe 14. [2]Von Satz 1 werden auch Fallgruppen der Vergütungsgruppe Ib BAT/BAT-O erfasst, deren Tätigkeitsmerkmale eine bestimmte Tätigkeitsdauer voraussetzen. [3]Die Sätze 1 und 2 gelten auch für Beschäftigte im Sinne des § 1 Absatz 2. [4]Sie gelten nicht für Ärztinnen und Ärzte im Sinne des § 4 Absatz 1 Satz 2 und 3.

(9) [1]Die bisherigen Regelungen für Vorarbeiterinnen und Vorarbeiter gelten bis zum 31. Dezember 2011 im bisherigen Geltungsbereich fort; dies gilt

auch für Beschäftigte im Sinne des § 1 Absatz 2. [2]Ist anlässlich der vorübergehenden Übertragung einer höherwertigen Tätigkeit im Sinne des § 14 TV-L zusätzlich eine Tätigkeit auszuüben, für die nach bisherigem Recht ein Anspruch auf Zahlung einer Zulage für Vorarbeiterinnen und Vorarbeiter besteht, erhält die/der Beschäftigte bis zum 31. Dezember 2011 abweichend von Satz 1 sowie von § 14 Absatz 3 TV-L anstelle der Zulage nach § 14 TV-L für die Dauer der Ausübung sowohl der höherwertigen als auch der zulagenberechtigenden Tätigkeit eine persönliche Zulage in Höhe von insgesamt 10 v. H. ihres/seines Tabellenentgelts. [3]Für Beschäftigte, die unter Absatz 10 fallen, gelten Satz 1 und 2 auch über den 31. Dezember 2011 hinaus fort.

Protokollerklärung zu § 17 Absatz 9 Satz 1:
[1]Die Zulage für Vorarbeiterinnen und Vorarbeiter verändert sich bei allgemeinen Entgeltanpassungen nach dem 31. Dezember 2010 um den von den Tarifvertragsparteien für die jeweilige Entgeltgruppe festgelegten Vomhundertsatz. [2]Sie erhöht sich ab 1. April 2011 um 1,5 v. H. und ab 1. Januar 2012 um 1,9 v. H. [3] Ab 1. Januar 2013 erhöht sie sich um 2,65 v. H. und ab 1. Januar 2014 um 2,95 v. H.

(10) Die Absätze 1 bis 9 gelten für besondere tarifvertragliche Vorschriften über die Eingruppierungen entsprechend.

Protokollerklärung zu § 17:
Die Tarifvertragsparteien sind sich darin einig, dass im Falle einer neuen Entgeltordnung die bisherigen unterschiedlichen materiellen Wertigkeiten aus Fachhochschulabschlüssen (einschließlich Sozialpädagogen/innen und Ingenieuren/innen) auf das Niveau der vereinbarten Entgeltwerte der Entgeltgruppe 9 ohne Mehrkosten (unter Berücksichtigung der Kosten für den Personenkreis, der nach der Übergangsphase nicht mehr in eine höhere beziehungsweise niedrigere Entgeltgruppe eingruppiert ist) zusammengeführt werden; die Abbildung von Heraushebungsmerkmalen oberhalb der Entgeltgruppe 9 bleibt davon unberührt.

§ 18 Vorübergehende Übertragung einer höherwertigen Tätigkeit nach dem 31. Oktober 2006

(1) [1]Wird aus dem Geltungsbereich des BAT/BAT-O übergeleiteten Beschäftigten in der Zeit zwischen dem 1. November 2006 und dem 31. Oktober 2008 erstmalig außerhalb von § 10 eine höherwertige Tätigkeit vorübergehend übertragen, findet der TV-L Anwendung. [2]Ist die/der Beschäftigte in eine individuelle Zwischenstufe übergeleitet worden, gilt für die Bemessung der persönlichen Zulage § 6 Absatz 2 Satz 1 und 2 entsprechend. [3]Bei Überleitung in eine individuelle Endstufe gilt § 6 Absatz 4 Satz 3 entsprechend. [4]In den Fällen des § 6 Absatz 5 bestimmt sich die Höhe der Zulage nach den Vorschriften des TV-L über die vorübergehende Übertragung einer höherwertigen Tätigkeit.

(2) Wird aus dem Geltungsbereich des MTArb/MTArb-O übergeleiteten Beschäftigten nach dem 31. Oktober 2006 erstmalig außerhalb von § 10 eine höherwertige Tätigkeit vorübergehend übertragen, gelten bis zum In-Kraft-Treten eines Tarifvertrages über eine persönliche Zulage die bisherigen Regelungen des MTArb/MTArb-O mit der Maßgabe entsprechend, dass sich die Höhe der Zulage nach dem TV-L richtet, soweit sich aus § 17 Absatz 9 Satz 2 und 3 nichts anderes ergibt.
(3) [1]Bis zum 31. Dezember 2011 gilt – auch für Beschäftigte im Sinne des § 1 Absatz 2 – die Regelung des § 14 TV-L zur vorübergehenden Übertragung einer höherwertigen Tätigkeit mit der Maßgabe, dass sich die Voraussetzungen für die übertragene höherwertige Tätigkeit nach § 22 Absatz 2 BAT/BAT-O beziehungsweise den entsprechenden Regelungen für Arbeiter bestimmen. [2]Für Beschäftigte, die unter § 17 Absatz 10 fallen, gilt Satz 1 bis zum In-Kraft-Treten entsprechender Eingruppierungsvorschriften über den 31. Dezember 2011 hinaus fort.

§ 19 Entgeltgruppen 2Ü, 13Ü und 15Ü

(1) [1]Für Beschäftigte, die in die Entgeltgruppe 2Ü übergeleitet worden sind, oder ab dem 1. November 2006 in die Lohngruppe 1 mit Aufstieg nach 2 und 2a oder in die Lohngruppe 2 mit Aufstieg nach 2a eingestellt und gemäß § 17 Absatz 7 der Entgeltgruppe 2Ü zugeordnet worden sind, gelten besondere Tabellenwerte, soweit sich aus § 29a nichts anderes ergibt. [2]Die besonderen Tabellenwerte betragen

a) in der Zeit vom 1. Oktober 2023 bis 31. Oktober 2024

Stufe 1	Stufe 2	Stufe 3	Stufe 4	Stufe 5	Stufe 6
2369,86	2577,93	2657,48	2755,41	2822,72	2914,51

b) in der Zeit vom 1. November 2024 bis 31. Januar 2025

Stufe 1	Stufe 2	Stufe 3	Stufe 4	Stufe 5	Stufe 6
2569,86	2777,93	2857,48	2955,41	3022,72	3114,51

c) ab 1. Februar 2025

Stufe 1	Stufe 2	Stufe 3	Stufe 4	Stufe 5	Stufe 6
2711,20	2930,72	3014,64	3117,96	3188,97	3285,81

(2) [1]Für Beschäftigte, die in die Entgeltgruppe 13 Ü übergeleitet worden sind, gelten folgende Tabellenwerte:

a) in der Zeit vom 1. Oktober 2023 bis 31. Oktober 2024

	Stufe 2	Stufe 3	Stufe 4a	Stufe 4b	Stufe 5	Stufe 6
		Nach 2 Jahren in Stufe 2	Nach 4 Jahren in Stufe 3	Nach 3 Jahren in Stufe 4a	Nach 3 Jahren in Stufe 4b	Nach 5 Jahren in Stufe 5
Beträge aus	(E 13/2)	(E 13/3)	(E 14/3)	(E 14/4)	(E 14/5)	(E 14/6)
E 13Ü	**4508,07**	**4748,54**	**5167,63**	**5593,59**	**6246,27**	**6433,67**

b) in der Zeit vom 1. November 2024 bis 31. Januar 2025

	Stufe 2	Stufe 3	Stufe 4a	Stufe 4b	Stufe 5	Stufe 6
		Nach 2 Jahren in Stufe 2	Nach 4 Jahren in Stufe 3	Nach 3 Jahren in Stufe 4a	Nach 3 Jahren in Stufe 4b	Nach 5 Jahren in Stufe 5
Beträge aus	(E 13/2)	(E 13/3)	(E 14/3)	(E 14/4)	(E 14/5)	(E 14/6)
E 13Ü	**4708,07**	**4948,54**	**5367,63**	**5793,59**	**6446,27**	**6633,67**

c) ab 1. Februar 2025

	Stufe 2	Stufe 3	Stufe 4a	Stufe 4b	Stufe 5	Stufe 6
		Nach 2 Jahren in Stufe 2	Nach 4 Jahren in Stufe 3	Nach 3 Jahren in Stufe 4a	Nach 3 Jahren in Stufe 4b	Nach 5 Jahren in Stufe 5
Beträge aus	(E 13/2)	(E 13/3)	(E 14/3)	(E 14/4)	(E 14/5)	(E 14/6)
E 13Ü	**4967,01**	**5220,71**	**5662,85**	**6112,24**	**6800,81**	**6998,52**

[2]Bei Beschäftigten im Sinne des § 53 Hochschulrahmengesetz, die in die Entgeltgruppe 13Ü übergeleitet werden und bei denen das Vergleichsentgelt im Zeitpunkt der Überleitung den Betrag von 3300 Euro nicht erreicht, erhöht sich der Tabellenwert in der Stufe 6 um den Betrag, der sich ergibt, wenn von 200 Euro die Differenz zwischen den Stufen 5 und 6 der Entgelttabelle abgezogen wird. [3]Dasselbe gilt bei Neueinstellungen von Beschäftigten im Sinne des § 53 Hochschulrahmengesetz in die Stufen 1 oder 2 der Entgeltgruppe 13 für die Erhöhung des Tabellenwertes der Stufe 6 der Entgeltgruppe 13.

Protokollerklärung zu § 19 Absatz 2 Satz 2:
Die Erhöhung des Tabellenwertes beträgt
- 12,60 Euro vom 1. Oktober 2023 bis 31. Januar 2025,
- 2,29 Euro ab 1. Februar 2025.

Protokollerklärung zu § 19 Absatz 2 Satz 3:
Die Erhöhung des Tabellenwertes beträgt
- 24,15 Euro vom 1. Oktober 2023 bis 31. Januar 2025,
- 14,47 Euro ab 1. Februar 2025.

(3) [1]Übergeleitete Beschäftigte der Vergütungsgruppe I BAT/BAT-O unterliegen dem TV-L. [2]Sie werden in die Entgeltgruppe 15Ü übergeleitet. [3]Für sie gelten folgende Tabellenwerte:
a) in der Zeit vom 1. Oktober 2023 bis 31. Oktober 2024

Stufe 1	Stufe 2	Stufe 3	Stufe 4	Stufe 5
6122,63	6795,90	7434,88	7853,95	7975,04

b) in der Zeit vom 1. November 2024 bis 31. Januar 2025

Stufe 1	Stufe 2	Stufe 3	Stufe 4	Stufe 5
6322,63	6995,90	7634,88	8053,95	8157,04

c) ab 1. Februar 2025

Stufe 1	Stufe 2	Stufe 3	Stufe 4	Stufe 5
6670,37	7380,67	8054,80	8496,92	8605,68

[4]Die Verweildauer in den Stufen 1 bis 4 beträgt jeweils fünf Jahre. [5]§ 6 Absatz 5 findet keine Anwendung.
(4) Die Regelungen des TV-L über die Bezahlung im Tarifgebiet Ost gelten entsprechend.
(5) [1]Für am 1. Januar 2018 vorhandene Beschäftigte der Entgeltgruppe 13 Ü wird die bis zum 31. Dezember 2017 in Stufe 5 bzw. in der individuellen Endstufe zurückgelegte Zeit angerechnet. [2]Ist das Tabellenentgelt der Stufe 6 niedriger als der bisherige Betrag der individuellen Endstufe, werden die Beschäftigten erneut einer individuellen Endstufe unter Beibehaltung der bisherigen Entgelthöhe zugeordnet; § 6 Absatz 4 Sätze 3 bis 5 TVÜ-Länder gelten entsprechend.

§ 20 Anwendung der Entgelttabelle auf Lehrkräfte

(1) [1]Für übergeleitete und für ab 1. November 2006 neu eingestellte Lehrkräfte, die bis zum 31. Dezember 2011 gemäß Nr. 5 der Vorbemerkungen zu allen Vergütungsgruppen nicht unter die Anlage 1a zum BAT/BAT-O und/oder ab 1. Januar 2012 gemäß Nr. 4 der Vorbemerkungen zu allen Teilen der Entgeltordnung nicht unter die Entgeltordnung zum TV-L fallen, gilt die Entgelttabelle zum TV-L bis zum 31. Dezember 2016 mit der Maßgabe, dass die Tabellenwerte

- der Entgeltgruppen 5 bis 8 um 64,00 Euro und
- der Entgeltgruppen 9 bis 13 um 72,00 Euro

vermindert werden; die verminderten Tabellenwerte sind auch maßgebend für die Zuordnung der Lehrkräfte in die individuelle Zwischenstufe beziehungsweise individuelle Endstufe am 1. November 2006. [2]Satz 1 gilt nicht für Lehrkräfte, die die fachlichen und pädagogischen Voraussetzungen für die Einstellung als Studienrat nach der Besoldungsgruppe A 13 BBesG oder eines entsprechenden Landesbesoldungsgesetzes erfüllen, und für übergeleitete Lehrkräfte, die einen arbeitsvertraglichen Anspruch auf Zahlung einer allgemeinen Zulage wie die unter die Anlage 1a zum BAT/BAT-O fallenden Angestellten haben.

(2) Im Tarifgebiet West vermindern sich die Beträge nach Absatz 1 Satz 1 bei jeder nach dem 1. November 2006 wirksam werdenden allgemeinen Tabellenanpassung in

- den Entgeltgruppen 5 bis 8 um 6,40 Euro und
- den Entgeltgruppen 9 bis 13 um 7,20 Euro.

(3) [1]Die Regelungen des TV-L über die Bezahlung im Tarifgebiet Ost gelten entsprechend. [2]Im Tarifgebiet Ost findet der Bemessungssatz für die Entgelte auch auf die Beträge nach Absatz 1 Satz 1 Halbsatz 1 und Absatz 2 Anwendung. [3]Die Verminderung nach Absatz 2 erfolgt mit jeder nach dem 1. November 2006 wirksam werdenden allgemeinen Tabellenanpassung im Tarifgebiet Ost.

Protokollerklärung zu § 20:
Die Verminderungsbeträge nach Absatz 1 betragen

in den Entgeltgruppen	vom 1.3.2015 bis 29.2.2016	vom 1.3.2016 bis 31.12.2016
	Euro	Euro
5 bis 8	12,80	6,40
9 bis 13	14,40	7,20

§ 21 Jahressonderzahlung in den Jahren 2006 und 2007

(1) Für Beschäftigte, deren Arbeitsverhältnis bereits am 30. Juni 2003 bestanden hat und die bis zum 31. Oktober 2006 für die Zuwendung der tariflichen Nachwirkung unterliegen, richtet sich die Jahressonderzahlung nach § 20 TV-L.

(2) [1]Für die Beschäftigten, mit denen arbeitsvertraglich vor dem 31. Oktober 2006 abweichende Vereinbarungen zur Zuwendung und zum Urlaubsgeld getroffen worden sind, gilt:

a) Im Jahr 2006 richtet sich der Anspruch auf Zuwendung und Urlaubsgeld nach den am 19. Mai 2006 geltenden Landesregelungen.

b) Im Jahr 2007 wird die nach den jeweiligen arbeitsvertraglichen Vereinbarungen zustehende Summe aus Zuwendung und Urlaubsgeld um 50 v.H. des Differenzbetrages zu der Jahressonderzahlung nach § 20 TV-L erhöht, sofern die Jahressonderzahlung nach § 20 TV-L höher wäre.

c) Ab dem Jahr 2008 gilt § 20 TV-L.

[2]Der Arbeitgeber kann die Angleichungsschritte hinsichtlich des Umfangs und/oder der Zeitfolge schneller vollziehen.

(3) Nach dem 31. Oktober 2006 neu eingestellte Beschäftigte erhalten die Jahressonderzahlung in den Jahren 2006 und 2007 in Höhe des Betrages, der ihnen nach Absatz 2 zustehen würde, wenn das Arbeitsverhältnis am 31. Oktober 2006 bestanden hätte.

(4) Soweit nach den Absätzen 2 und 3 Urlaubsgeld gezahlt wird, ist dieser Teil der Jahressonderzahlung nicht zusatzversorgungspflichtig.

(5) Die Absätze 1 bis 4 finden auf Ärztinnen und Ärzte im Sinne des § 4 Absatz 1 Satz 2 und 3 keine Anwendung.

§ 22 Abrechnung unständiger Bezügebestandteile

Bezüge im Sinne des § 36 Absatz 1 Unterabsatz 2 BAT/BAT-O, § 31 Absatz 2 Unterabsatz 2 MTArb/MTArb-O für Arbeitsleistungen bis zum 31. Oktober 2006 werden nach den bis dahin jeweils geltenden Regelungen abgerechnet, als ob das Arbeitsverhältnis mit Ablauf des 31. Oktober 2006 beendet worden wäre.

§ 23 Bereitschaftszeiten

[1]Nr. 3 SR 2r BAT/BAT-O für Hausmeister und entsprechende Tarifregelungen für Beschäftigtengruppen mit Bereitschaftszeiten innerhalb ihrer regelmäßigen Arbeitszeit gelten fort. [2]Dem § 9 TV-L widersprechende Regelungen zur Arbeitszeit sind bis zum 31. Dezember 2006 entsprechend anzupassen.

§ 24 Nebentätigkeiten

Für bis zum 31. Oktober 2006 genehmigte Nebentätigkeiten der übergeleiteten Beschäftigten gelten die bisher anzuwendenden Bestimmungen weiter; eine arbeitsvertragliche Neuregelung bleibt unberührt.

§ 25 Sonderregelungen für Beschäftigte im bisherigen Geltungsbereich der SR 2a, SR 2b, SR 2m und SR 2o BAT/BAT-O und der SR 2a, SR 2b, SR 2i und SR 2l der Anlage 2 Abschnitt B MTArb/MTArb-O

(1) Nr. 7 SR 2a BAT/BAT-O gilt im bisherigen Geltungsbereich für Maßnahmen, die vor dem 1. November 2006 bewilligt worden sind, fort.

(2) Bestehende Regelungen zur Anrechnung von Wege- und Umkleidezeiten auf die Arbeitszeit bleiben durch das In-Kraft-Treten des TV-L unberührt.

(3) Regelungen gemäß Nr. 2 SR 2m BAT/BAT-O bleiben durch das In-Kraft-Treten des TV-L unberührt.

(4) Übergeleiteten Beschäftigten, die am 31. Oktober 2006 Zulagen nach Nr. 5a und Nr. 6 Absatz 3 SR 2o BAT/BAT-O beziehungsweise nach Nr. 7 SR 2l der Anlage 2 Abschnitt B MTArb/Nr. 6 SR 2l der Anlage 2 Abschnitt B MTArb-O erhalten haben, wird diese Zulage unter den bisherigen Voraussetzungen als weiterhin widerrufliche Zulage fortgezahlt.

(5) [1]Für die von § 1 Absatz 1 und 2 erfassten Beschäftigten gelten im bisherigen Geltungsbereich fort:

- Nr. 8 und Nr. 10 SR 2a der Anlage 2 Abschnitt B MTArb/Nr. 7 und Nr. 11 SR 2a der Anlage 2 Abschnitt B MTArb-O,
- Nr. 6 Absatz 2, Nr. 8 und Nr. 9 SR 2b der Anlage 2 Abschnitt B MTArb/Nr. 7 Absatz 2, Nr. 10 und Nr. 13 SR 2b der Anlage 2 Abschnitt B MTArb-O und
- Nr. 4 SR 2i der Anlage 2 Abschnitt B MTArb.

[2]Sie können durch landesbezirklichen Tarifvertrag geändert werden.

§ 26 Beschäftigte im Vollstreckungsdienst

§ 33 Absatz 1 Buchstabe b BAT/BAT-O gilt für übergeleitete und neueingestellte Beschäftigte im Vollstreckungsdienst fort.

§ 27 Übergangsregelungen für bestehende Dienstwohnungsverhältnisse

Für bestehende Dienstwohnungsverhältnisse gelten § 65 BAT/BAT-O, § 69 MTArb/MTArb-O und § 5 Abschnitt A der Ausbildungsvergütungstarifverträge weiter.

§ 28 Änderung des Beschäftigungsumfangs im Zuge der Arbeitszeitverlängerung

(1) [1]Bei Teilzeitbeschäftigten, mit denen am 31. Oktober 2006 im Arbeitsvertrag eine feste Stundenzahl vereinbart ist und bei denen sich am 1. November 2006 das Entgelt wegen einer anderen Relation von ermäßigter zur vollen Arbeitszeit vermindert, ist auf Antrag der/des Beschäftigten die Stundenzahl so aufzustocken, dass die Höhe ihres bisherigen regelmäßigen Brutto-Entgelts erreicht wird. [2]Der Antrag ist bis zum 31. Januar 2007 zu stellen. [3]Satz 1 gilt nicht für Beschäftigte in Altersteilzeit.
(2) Die/Der Beschäftigte, die/der unter § 41 TV-L fällt, erhält das Recht auf Beibehaltung der regelmäßigen wöchentlichen Arbeitszeit von 38,5 Stunden (Tarifgebiet West) beziehungsweise 40 Stunden (Tarifgebiet Ost); in diesem Fall wird das entsprechende zeitanteilige Tabellenentgelt gezahlt.

§ 29 Arbeiterinnen und Arbeiter der Freien und Hansestadt Hamburg

Der Tarifvertrag über die Gewährung von Schmutz-, Gefahren- und Erschwerniszuschlägen an die Arbeiter der Freien und Hansestadt Hamburg vom 4. Dezember 1975 in der Fassung des 4. Änderungstarifvertrages vom 17. Juli 1996 gilt als in Anlage 1 Teil B Nr. 12 aufgeführter Tarifvertrag. Ausgenommen von der dort genannten Fortgeltung sind seine Kennziffern 17, 33, 51, 57, 61 bis 66 und 70 bis 117.

§ 29a Überleitung in die Entgeltordnung zum TV-L am 1. Januar 2012

(1) [1]Für in den TV-L übergeleitete und für zwischen dem 1. November 2006 und dem 31. Dezember 2011 neu eingestellte Beschäftigte gelten für Eingruppierungen ab dem 1. Januar 2012 die §§ 12, 13 TV-L sowie die Entgeltordnung zum TV-L. [2]Hängt die Eingruppierung nach den §§ 12, 13 TV-L von der Zeit einer Tätigkeit oder Berufsausübung ab, wird die vor dem 1. Januar 2012 zurückgelegte Zeit so berücksichtigt, wie sie zu berücksichtigen wäre, wenn die Entgeltordnung zum TV-L bereits seit dem Beginn des Arbeitsverhältnisses gegolten hätte.

(2) [1]In den TV-L übergeleitete und ab dem 1. November 2006 neu eingestellte Beschäftigte,

- deren Arbeitsverhältnis zu einem Arbeitgeber, der Mitglied der TdL oder eines Mitgliedsverbandes der TdL ist, über den 31. Dezember 2011 hinaus fortbesteht, und
- die am 1. Januar 2012 unter den Geltungsbereich des TV-L fallen,

sind – jedoch unter Beibehaltung der bisherigen Entgeltgruppe für die Dauer der unverändert auszuübenden Tätigkeit – zum 1. Januar 2012 in die Entgeltordnung zum TV-L übergeleitet; Absatz 3 bleibt unberührt. [2]Soweit an die Tätigkeit in der bisherigen Entgeltgruppe in Abweichung von § 16 Absatz 1 Satz 1 und Absatz 3 Satz 1 TV-L besondere Stufenregelungen nach den Anlagen 2, 4 oder 5 geknüpft waren, gelten diese für die Dauer der unverändert auszuübenden Tätigkeit fort. [3]Soweit an die Tätigkeit in der bisherigen Entgeltgruppe besondere Entgeltbestandteile geknüpft waren und diese in der Entgeltordnung zum TV-L in geringerer Höhe entsprechend vereinbart sind, wird die hieraus am 1. Januar 2012 bestehende Differenz unter den bisherigen Voraussetzungen als Besitzstandszulage so lange gezahlt, wie die anspruchsbegründende Tätigkeit unverändert ausgeübt wird und die sonstigen Voraussetzungen für den besonderen Entgeltbestandteil nach bisherigem Recht weiterhin bestehen; § 9 Absatz 4 bleibt unberührt. [4]Satz 3 gilt entsprechend, wenn besondere Entgeltbestandteile in der Entgeltordnung zum TV-L nicht mehr vereinbart sind.

Protokollerklärung zu § 29a Absatz 2:
[1]Die vorläufige Zuordnung zu der Entgeltgruppe des TV-L nach der Anlage 2 oder 4 gilt als Eingruppierung. [2]Eine Überprüfung und Neufeststellung der Eingruppierungen findet aufgrund der Überleitung in die Entgeltordnung zum TV-L nicht statt.

(3) [1]Ergibt sich in den Fällen des Absatzes 2 Satz 1 nach der Entgeltordnung zum TV-L eine höhere Entgeltgruppe, sind die Beschäftigten auf Antrag in die Entgeltgruppe eingruppiert, die sich nach § 12 TV-L ergibt. [2]Die Stufenzuordnung in der höheren Entgeltgruppe richtet sich nach den Regelungen für Höhergruppierungen (§ 17 Absatz 4 TV-L). [3]War die/der Beschäftigte in der bisherigen Entgeltgruppe der Stufe 1 zugeordnet, wird sie/er abweichend von Satz 2 der Stufe 1 der höheren Entgeltgruppe zugeordnet; die bisher in Stufe 1 verbrachte Zeit wird angerechnet. [4]Bei Beschäftigten im Sinne von Teil II Abschnitt 22 Unterabschnitt 1 der Entgeltordnung zum TV-L werden übertariflich gewährte Leistungen auf den Höhergruppierungsgewinn angerechnet. [5]Satz 1 gilt für den erstmaligen Anspruch auf eine Entgeltgruppenzulage entsprechend, sofern bei Eingruppierungen zwischen dem 1. November 2006 und dem 31. Dezember 2011 die vergleichbare Vergütungsgruppenzulage aufgrund von § 17 Absatz 5 nicht mehr gezahlt wurde.

(4) [1]Der Antrag nach Absatz 3 Satz 1 und/oder nach Absatz 3 Satz 5 kann nur bis zum 31. Dezember 2012 gestellt werden (Ausschlussfrist) und wirkt auf den 1. Januar 2012 zurück; nach dem Inkrafttreten der Entgeltordnung zum TV-L eingetretene Änderungen der Stufenzuordnung in der bisherigen Entgeltgruppe bleiben bei der Stufenzuordnung nach Absatz 3 Satz 2 und 3 unberücksichtigt. [2]Ruht das Arbeitsverhältnis am 1. Januar 2012, beginnt die Frist von einem Jahr mit der Wiederaufnahme der Tätigkeit; der Antrag wirkt auf den 1. Januar 2012 zurück.

(5) Abweichend von den Absätzen 2 und 3 sind Beschäftigte mit einem Anspruch auf die bisherige Zulage nach § 17 Absatz 8 stufengleich und unter Beibehaltung der in ihrer Stufe zurückgelegten Stufenlaufzeit in die Entgeltgruppe 14 übergeleitet.

(6) Die Absätze 1 bis 5 gelten nicht für Beschäftigte, die unter § 2 Nr. 3 des Änderungstarifvertrages Nr. 1 zum BAT-O vom 8. Mai 1991 fallen, sowie für Beschäftigte, die unter § 17 Absatz 10 fallen.

(7) Für Beschäftigte, die gemäß Teil II Abschnitt B der Anlage 1a zum BAT/BAT-O eingruppiert sind, gilt Absatz 4 mit folgenden Maßgaben:

a) Anstatt bis zum 31. Dezember 2012 kann der Antrag gemäß Satz 1 bis zum 31. August 2013 gestellt werden.
b) Erfolgt bei einem ruhenden Arbeitsverhältnis nach Satz 2 die Wiederaufnahme der Tätigkeit bis zum 31. August 2012, kann der Antrag bis zum 31. August 2013 gestellt werden; der Antrag wird auf den 1. Januar 2012 zurück.

§ 29b Überleitung aus der bisherigen Entgeltgruppe 9 in die Entgeltgruppen 9a und 9b am 1. Januar 2019

(1) Beschäftigte der Entgeltgruppe 9, für die keine besonderen Stufenregelungen gelten,

- deren Arbeitsverhältnis zu einem Arbeitgeber, der Mitglied der TdL oder eines Mitgliedsverbandes der TdL ist, über den 31. Dezember 2018 hinaus fortbesteht, und
- die am 1. Januar 2019 unter den Geltungsbereich des TV-L fallen,

sind stufengleich und unter Mitnahme der in ihrer Stufe zurückgelegten Stufenlaufzeit in die Entgeltgruppe 9b übergeleitet.

(2) [1]Beschäftigte der Entgeltgruppe 9 mit der besonderen Stufenlaufzeit in der Stufe 3 von sieben Jahren,

- deren Arbeitsverhältnis zu einem Arbeitgeber, der Mitglied der TdL oder eines Mitgliedsverbandes der TdL ist, über den 31. Dezember 2018 hinaus fortbesteht, und
- die am 1. Januar 2019 unter den Geltungsbereich des TV-L fallen,

sind in die Entgeltgruppe 9a übergeleitet. [2]Sie sind wie folgt einer Stufe und innerhalb dieser Stufe dem Jahr der Stufenlaufzeit unter Mitnahme der Restzeit zugeordnet:

bisherige Stufe/Jahr innerhalb der Stufe/Restzeit (R)	**neue Stufe/Jahr innerhalb der Stufe/ Restzeit (R)**
1 / 1 / R	1 / 1 / R
2 / 1 / R	2 / 1 / R
2 / 2 / R	2 / 2 / R
3 / 1 / R	3 / 1 / R
3 / 2 / R	3 / 2 / R
3 / 3 / R	3 / 3 / R
3 / 4 / R	4 / 1 / R
3 / 5 / R	4 / 2 / R
3 / 6 / R	4 / 3 / R
3 / 7 / R	4 / 4 / R
4 / 1 / R	5 / 1 / R
4 / 2 / R	5 / 2 / R
4 / 3 / R	5 / 3 / R
4 / 4 / R	5 / 4 / R
4 / 5 / R	5 / 5 / R
4 / 6 und weitere	6

[3]Beschäftigte, die in die Entgeltgruppe 9a Stufe 3 übergeleitet werden, erhalten bis zur Zuordnung zur Stufe 4 das Entgelt der Stufe 4.

(3) [1]Beschäftigte der Entgeltgruppe 9 mit der besonderen Stufenlaufzeit in der Stufe 2 von fünf Jahren,

– deren Arbeitsverhältnis zu einem Arbeitgeber, der Mitglied der TdL oder eines Mitgliedsverbandes der TdL ist, über den 31. Dezember 2018 hinaus fortbesteht, und
– die am 1. Januar 2019 unter den Geltungsbereich des TV-L fallen,

sind in die Entgeltgruppe 9a übergeleitet. [2]Sie sind wie folgt einer Stufe und innerhalb dieser Stufe dem Jahr der Stufenlaufzeit unter Mitnahme der Restzeit zugeordnet:

bisherige Stufe / Jahr innerhalb der Stufe / Restzeit (R)	neue Stufe / Jahr innerhalb der Stufe / Restzeit (R)
1 / 1 / R	1 / 1 / R
2 / 1 / R	2 / 1 / R
2 / 2 / R	2 / 2 / R
2 / 3 / R	3 / 1 / R
2 / 4 / R	3 / 2 / R
2 / 5 / R	3 / 3 / R
3 / 1 / R	4 / 1 / R
3 / 2 / R	4 / 2 / R
3 / 3 / R	4 / 3 / R
3 / 4 / R	4 / 4 / R
3 / 5 / R	5 / 1 / –
3 / 6 / R	5 / 1 / –
3 / 7 / R	5 / 1 / –
3 / 8 / R	5 / 1 / –
3 / 9 / R	5 / 1 / –
4 / 1 / R	5 / 1 / R
4 / 2 / R	5 / 2 / R
4 / 3 / R	5 / 3 / R
4 / 4 / R	5 / 4 / R
4 / 5 / R	5 / 5 / R
4 / 6 und weitere	6

(4) Beschäftigte im Sinne der Absätze 1 bis 3 in einer individuellen Endstufe werden einer neuen individuellen Endstufe zugeordnet, die der nach bisherigem Recht für Januar 2019 zustehenden individuellen Endstufe entspricht; § 6 Absatz 4 Satz 5 gilt entsprechend.

(5) Die Absätze 1 bis 4 gelten auch für Beschäftigte im Sinne des § 1 Absatz 2.

§ 29c Überleitung der Pflegekräfte am 1. Januar 2019

(1) Beschäftigte im Sinne von Teil IV der Entgeltordnung zum TV-L,
- deren Arbeitsverhältnis zu einem Arbeitgeber, der Mitglied der TdL oder eines Mitgliedsverbandes der TdL ist, über den 31. Dezember 2018 hinaus fortbesteht, und
- die am 1. Januar 2019 unter den Geltungsbereich des TV-L fallen,

sind für die Dauer der unverändert auszuübenden Tätigkeit wie folgt von der bisherigen in die neue KR-Entgeltgruppe übergeleitet:

bisherige KR-Entgeltgruppe	neue KR-Entgeltgruppe
KR 3a	KR 5
KR 4a	KR 6
KR 7a	KR 7
KR 8a	KR 8
KR 9a	KR 9
KR 9b	KR 10
KR 9c	KR 11
KR 9d	KR 12
KR 10a	KR 13
KR 11a	KR 14
KR 11b	KR 15
KR 12a	KR 16

[2]Absatz 3 bleibt unberührt.

Protokollerklärung zu § 29c Absatz 1:
Eine Überprüfung und Neufeststellung der Eingruppierungen findet aufgrund der Überleitung nicht statt.

(2) [1]Die Überleitung nach Absatz 1 erfolgt stufengleich unter Mitnahme der in der Stufe zurückgelegten Stufenlaufzeit. [2]Ist durch eine Verkürzung der Stufenlaufzeit in der neuen KR-Entgeltgruppe die Stufenlaufzeit zum Erreichen der nächsthöheren Stufe der jeweiligen neuen KR-Entgeltgruppe erfüllt, beginnt in dieser nächsthöheren Stufe die Stufenlaufzeit neu. [3]Der weitere Stufenaufstieg richtet sich nach § 16 Absatz 3 Satz 1 TV-L. [4]Beschäftigte in einer individuellen Endstufe werden wie folgt einer Stufe zugeordnet:
- übersteigt der Betrag, der ohne die Änderungen in Teil IV der Entgeltordnung für Januar 2019 als individuelle Endstufe zustehen würde,

den Betrag der höchsten Stufe, werden Beschäftigte einer individuellen Endstufe zugeordnet, die der nach bisherigen Recht für Januar 2019 zustehenden individuellen Endstufe entspricht; § 6 Absatz 4 Satz 5 gilt entsprechend;
- übersteigt der Betrag, der ohne die Änderungen in Teil IV der Entgeltordnung für Januar 2019 als individuelle Endstufe zustehen würde, den Betrag der höchsten Stufe nicht, werden Beschäftigte der Stufe 6 zugeordnet.

(3) [1]Ergibt sich in den Fällen des Absatzes 1 nach Teil IV der Entgeltordnung zum TV-L eine höhere Entgeltgruppe, sind die Beschäftigten auf Antrag in die Entgeltgruppe eingruppiert, die sich nach § 12 TV-L ergibt. [2]Die Stufenzuordnung in der höheren Entgeltgruppe richtet sich nach den Regelungen für Höhergruppierungen (§ 17 Absatz 4 TV-L). [3]War die/der Beschäftigte in der bisherigen Entgeltgruppe der Stufe 1 zugeordnet, wird sie/er abweichend von Satz 2 der Stufe 1 der höheren Entgeltgruppe zugeordnet; die bisher in Stufe 1 verbrachte Zeit wird angerechnet.

(4) [1]Der Antrag nach Absatz 3 Satz 1 kann nur bis zum 31. März 2020 gestellt werden (Ausschlussfrist) und wirkt auf den 1. Januar 2019 zurück; nach dem 1. Januar 2019 eingetretene Änderungen der Stufenzuordnung in der bisherigen Entgeltgruppe bleiben bei der Stufenzuordnung nach Absatz 2 Satz 2 und 3 unberücksichtigt. [2]Ruht das Arbeitsverhältnis am 1. Januar 2019, beginnt die Frist von einem Jahr mit der Wiederaufnahme der Tätigkeit; der Antrag wirkt auf den 1. Januar 2019 zurück.

(5) Die Absätze 1 bis 4 gelten auch für Beschäftigte im Sinne des § 1 Absatz 1.

§ 29d Überleitung der Beschäftigten, für die sich ab 1. Januar 2020 Verbesserungen in der Eingruppierung ergeben

(1) [1]Beschäftigte,
- deren Arbeitsverhältnis zu einem Arbeitgeber, der Mitglied der TdL oder eines Mitgliedsverbandes der TdL ist, über den 31. Dezember 2019 hinaus fortbesteht, und
- die am 1. Januar 2020 unter den Geltungsbereich des TV-L fallen,

sind für den Fall, dass sich für sie eine höhere Eingruppierung ausschließlich aufgrund der zum 1. Januar 2020 in Kraft tretenden Änderungen in der Entgeltordnung zum TV-L ergibt, für die Dauer der unverändert auszuübenden Tätigkeit in der bisherigen Entgeltgruppe eingruppiert. [2]Absatz 2 bleibt unberührt. [3]Soweit an die Tätigkeit in der bisherigen Entgeltgruppe in Abweichung von § 16 Absatz 1 Satz 1 und Absatz 3 Satz 1 TV-L besondere Stufenregelungen in den Tätigkeitsmerkmalen der Entgeltordnung zum TV-L oder nach den Anlagen 2 oder 4 geknüpft waren, gelten diese für die Dauer der unverändert auszuübenden Tätigkeit fort; dies gilt nicht für die besonderen Stufenregelungen nach den Anlagen 2 und 4 für die Entgeltgruppe 9.

Protokollerklärung zu § 29d Absatz 1:
Die Protokollerklärung zu § 29a Absatz 2 gilt entsprechend.

(2) [1]Ergibt sich in den Fällen des Absatzes 1 Satz 1 nach den Änderungen in der Entgeltordnung zum TV-L eine höhere Entgeltgruppe, sind die Beschäftigten auf Antrag in die Entgeltgruppe eingruppiert, die sich nach § 12 TV-L ergibt. [2]Die Stufenzuordnung in der höheren Entgeltgruppe richtet sich nach den Regelungen für Höhergruppierungen (§ 17 Absatz 4 TV-L). [3]War die/der Beschäftigte in der bisherigen Entgeltgruppe der Stufe 1 zugeordnet, wird sie/er abweichend von Satz 2 der Stufe 1 der höheren Entgeltgruppe zugeordnet; die bisher in Stufe 1 verbrachte Zeit wird angerechnet.
(3) [1]Der Antrag nach Absatz 2 Satz 1 kann nur bis zum 31. Dezember 2020 gestellt werden (Ausschlussfrist) und wirkt auf den 1. Januar 2020 zurück; nach dem 1. Januar 2020 eingetretene Änderungen der Stufenzuordnung in der bisherigen Entgeltgruppe bleiben bei der Stufenzuordnung nach Absatz 2 Satz 2 und 3 unberücksichtigt. [2]Ruht das Arbeitsverhältnis am 1. Januar 2020, beginnt die Frist von einem Jahr mit der Wiederaufnahme der Tätigkeit; der Antrag wirkt auf den 1. Januar 2020 zurück.
(4) Die Absätze 1 bis 3 gelten nicht
- für Beschäftigte im Sinne von Teil II Abschnitt 20 der Entgeltordnung zum TV-L,
- für Beschäftigte, die unter § 2 Nr. 3 des Änderungstarifvertrages Nr. 1 zum BAT-O vom 8. Mai 1991 fallen, sowie
- für Beschäftigte, die unter § 17 Absatz 10 fallen.

(5) Die Absätze 1 bis 4 gelten auch für Beschäftigte im Sinne des § 1 Absatz 2.

§ 29e Überleitung der Beschäftigten im Sozial- und Erziehungsdienst am 1. Januar 2020

(1) Beschäftigte im Sinne von Teil II Abschnitt 20 der Entgeltordnung zum TV-L,
- deren Arbeitsverhältnis zu einem Arbeitgeber, der Mitglied der TdL oder eines Mitgliedsverbandes der TdL ist, über den 31. Dezember 2019 hinaus fortbesteht, und
- die am 1. Januar 2020 unter den Geltungsbereich des TV-L fallen,

sind in die neue S-Entgeltgruppe übergeleitet.
(2) [1]Beschäftigte im Sinne von Absatz 1 sind wie folgt einer Stufe und innerhalb dieser Stufe dem Jahr der Stufenlaufzeit unter Mitnahme der Restzeit zugeordnet:

bisherige Stufe / Jahr innerhalb der Stufe / Restzeit (R)	neue Stufe / Jahr innerhalb der Stufe / Restzeit (R)
1 / 1 / R	1 / 1 / R
2 / 1 / R	2 / 1 / R
2 / 2 / R	2 / 2 / R
3 / 1 / R	2 / 3 / R
3 / 2 / R	3 / 1 / R
3 / 3 / R	3 / 2 / R
4 / 1 / R	3 / 3 / R
4 / 2 / R	3 / 4 / R
4 / 3 / R	4 / 1 / R
4 / 4 / R	4 / 2 / R
5 / 1 / R	4 / 3 / R
5 / 2 / R	4 / 4 / R
5 / 3 / R	5 / 1 / R
5 / 4 / R	5 / 2 / R
5 / 5 / R	5 / 3 / R
6 / 1 / R	5 / 4 / R
6 / 2 / R	5 / 5 / R
6 / 3 / R	6

[2]Für Beschäftigte im Sinne von Teil II Abschnitt 20, deren Eingruppierung sich nach Entgeltgruppe S 4 Fallgruppe 2 des Unterabschnitts 6 richtet, gilt Satz 1 mit der Maßgabe, dass die Stufe 4 die Endstufe ist. [3]Abweichend von Satz 1 sind Beschäftigte im Sinne von Teil II Abschnitt 20, deren Eingruppierung sich nach Entgeltgruppe S 8b der Unterabschnitte 5 oder 6 richtet, wie folgt einer Stufe und innerhalb dieser Stufe dem Jahr der Stufenlaufzeit unter Mitnahme der Restzeit zugeordnet:

bisherige Stufe / Jahr innerhalb der Stufe / Restzeit (R)	neue Stufe / Jahr innerhalb der Stufe / Restzeit (R)
1 / 1 / R	1 / 1 / R
2 / 1 / R	2 / 1 / R
2 / 2 / R	2 / 2 / R
3 / 1 / R	2 / 3 / R
3 / 2 / R	3 / 1 / R
3 / 3 / R	3 / 2 / R
4 / 1 / R	3 / 3 / R
4 / 2 / R	3 / 4 / R
4 / 3 / R	4 / 1 / R
4 / 4 / R	4 / 2 / R
5 / 1 / R	4 / 3 / R
5 / 2 / R	4 / 4 / R
5 / 3 / R	4 / 5 / R
5 / 4 / R	4 / 6 / R
5 / 5 / R	5 / 1 / R
6 / 1 / R	5 / 2 / R
6 / 2 / R	5 / 3 / R
6 / 3 / R	5 / 4 / R
6 / 4 / R	5 / 5 / R
6 / 5 / R	5 / 6 / R
6 / 6 / R	5 / 7 / R
6 / 7 / R	5 / 8 / R
6 / 8 / R	6

[4]Für Beschäftigte im Sinne von Teil II Abschnitt 20, deren Eingruppierung sich nach Entgeltgruppe S 8b des Unterabschnitts 4 richtet, gilt Satz 1 mit der Maßgabe, dass die Stufe 4 die Endstufe ist. [5]Abweichend von Satz 1 sind Beschäftigte, deren Eingruppierung sich nach Entgeltgruppe S 2 richtet, stufengleich unter Mitnahme der Restzeit übergeleitet. [6]Der weitere Stufenaufstieg richtet sich nach den für das jeweilige Tätigkeitsmerkmal geltenden Stufenregelungen. [7]Beschäftigte, die im Januar 2020 in ihrer bisherigen Entgeltgruppe bei Fortgeltung des bisherigen Rechts einen Stufenaufstieg gehabt hätten, werden für die Bemessung des Vergleichsentgelts so behandelt,

als wäre der Stufenaufstieg bereits im Dezember 2019 erfolgt. [8]Beschäftigte in einer individuellen Endstufe werden wie folgt einer Stufe zugeordnet:

- übersteigt der Betrag, der ohne die Änderungen in Teil II Abschnitt 20 der Entgeltordnung für Januar 2020 als individuelle Endstufe zustehen würde, den Betrag der höchsten Stufe, werden Beschäftigte einer individuellen Endstufe zugeordnet, die der nach bisherigem Recht für Januar 2020 zustehenden individuellen Endstufe entspricht; § 6 Absatz 4 Satz 5 gilt entsprechend;
- übersteigt der Betrag, der ohne die Änderungen in Teil II Abschnitt 20 der Entgeltordnung für Januar 2020 als individuelle Endstufe zustehen würde, den Betrag der höchsten Stufe nicht, werden sie zunächst der Stufe zugeordnet, in der sie mindestens den Betrag der individuellen Endstufe erhalten; anschließend erfolgt die Einstufung unter Berücksichtigung der in der individuellen Endstufe bisher verbrachten Zeit.

(3) [1]Es wird ein Vergleichsentgelt gebildet, das sich aus den für Januar 2020 zustehenden Entgeltbestandteilen im Sinne des Satzes 2 zusammensetzt, die ohne die Änderungen in Teil II Abschnitt 20 der Entgeltordnung zustehen würden. [2]Entgeltbestandteile im Sinne des Satzes 1 sind nur

- das Tabellenentgelt nach Anlage B zum TV-L einschließlich eines nach § 17 Absatz 4 TV-L gegebenenfalls zustehenden Garantiebetrages;
- das Entgelt aus einer individuellen Endstufe einschließlich eines nach § 17 Absatz 4 TV-V gegebenenfalls zustehenden Garantiebetrages;
- eine Entgeltgruppenzulage nach Anlage F zum TV-L in der bis zum 31. Dezember 2019 geltenden Fassung, erhöht um 3,12 v. H.;
- eine nach § 9 oder § 17 Absatz 5 Satz 2 zustehende Besitzstandszulage.

[3]Bei Teilzeitbeschäftigten wird das Vergleichsentgelt auf der Grundlage eines vergleichbaren Vollzeitbeschäftigten bestimmt, anschließend wird das zustehende Entgelt nach § 24 Absatz 2 TV-L berechnet. [4]Für Beschäftigte, die nicht für alle Tage im Januar 2020 oder für keinen Tag dieses Monats Entgelt erhalten haben, wird das Vergleichsentgelt so bestimmt, als hätten sie für alle Tage dieses Monats Entgelt erhalten.

(4) [1]Ist das Vergleichsentgelt nicht höher als das Tabellenentgelt nach Anlage G der sich nach Absatz 2 ergebenden Stufe der Entgeltgruppe, in der die/der Beschäftigte am 1. Januar 2020 eingruppiert ist, erhält die/der Beschäftigte das entsprechende Tabellenentgelt ihrer/seiner Entgeltgruppe. [2]Übersteigt das Vergleichsentgelt das Tabellenentgelt der sich nach Absatz 2 ergebenden Stufe, erhält die/der Beschäftigte so lange das Vergleichsentgelt, bis das jeweils zustehende Tabellenentgelt das Vergleichsentgelt erreicht bzw. übersteigt. [3]Das Vergleichsentgelt verändert sich um denselben Vomhundertsatz bzw. in demselben Umfang wie die nächstniedrigere Stufe.

(5) Die Absätze 1 bis 4 gelten auch für Beschäftigte im Sinne des § 1 Absatz 2.

§ 29f Überleitung der Beschäftigten in der Informationstechnik am 1. Januar 2021

(1) Für Beschäftigte im Sinne von Teil II Abschnitt 11 der Entgeltordnung zum TV-L gilt § 29d mit folgenden Maßgaben:

a) Anstatt bis zum 31. Dezember 2020 kann der Antrag gemäß Absatz 3 Satz 1 bis zum 31. Dezember 2021 gestellt werden.

b) Abweichend von Absatz 3 Satz 2 beginnt bei einem Ruhen des Arbeitsverhältnisses am 1. Januar 2021 die Frist von einem Jahr mit der Wiederaufnahme der Tätigkeit; der Antrag wirkt auf den 1. Januar 2021 zurück.

(2) Beschäftigten, die nicht gemäß Absatz 1 höhergruppiert werden, wird die anstatt der Programmiererzulage zustehende persönliche Besitzstandszulage nach der Protokollerklärung zu § 5 Absatz 2 Satz 3 bzw. die persönliche Zulage nach § 17 Absatz 6 unter den bisherigen Vorrausetzungen über den 31. Dezember 2020 hinaus weitergezahlt.

(3) Die Absätze 1 und 2 gelten auch für Beschäftigte im Sinne des § 1 Absatz 2.

§ 29g Übergangsregelungen für Beschäftigte, die am 1. Oktober 2024 unter § 52 TV-L fallen

(1) [1]Beschäftigte, die nach Teil II Abschnitt 20 der Entgeltordnung zum TV-L eingruppiert sind und die am 1. Oktober 2024 in der Stufe 2 eine Stufenlaufzeit von mehr als zwei Jahren absolviert haben, werden zum 1. Oktober 2024 der Stufe 3 zugeordnet. [2]Beschäftigte, die nach Teil II Abschnitt 20 der Entgeltordnung zum TV-L eingruppiert sind und die am 1. Oktober 2024 in der Stufe 3 eine Stufenlaufzeit von mehr als drei Jahren absolviert haben, werden zum 1. Oktober 2024 der Stufe 4 zugeordnet.

(2) Beschäftigte, die in Entgeltgruppe S 8b des Teils II Abschnitt 20 Unterabschnitt 4 der Entgeltordnung zum TV-L eingruppiert sind sowie Beschäftigte, die in Entgeltgruppe S 4 Fallgruppe 2 des Teils II Abschnitt 20 Unterabschnitt 6 der Entgeltordnung zum TV-L eingruppiert sind und die am 1. Oktober 2024 jeweils in der Stufe 4 eine Stufenlaufzeit von mehr als vier Jahren absolviert haben, werden zum 1. Oktober 2024 der Stufe 5 zugeordnet.

(3) [1]Beschäftigte, die in Entgeltgruppe S 8b des Teils II Abschnitt 20 Unterabschnitte 5 oder 6 der Entgeltordnung zum TV-L eingruppiert sind und die am 1. Oktober 2024 in der Stufe 4 eine Stufenlaufzeit von mehr als vier Jahren absolviert haben, werden zum 1. Oktober 2024 der Stufe 5 zugeordnet. [2]Beschäftigte, die in Entgeltgruppe S 8b des Teils II Abschnitt 20 Unterabschnitte 5 oder 6 der Entgeltordnung zum TV-L eingruppiert sind und die am 1. Oktober 2024 in der Stufe 5 eine Stufenlaufzeit von mehr als

fünf Jahren absolviert haben, werden zum 1. Oktober 2024 der Stufe 6 zugeordnet.

(4) Für die Stufenzuordnung gemäß den Absätzen 1 bis 3 gilt, dass die ab dem 1. Oktober 2024 zugeordnete Stufe jeweils neu zu laufen beginnt.

(5) Die Absätze 1 bis 4 gelten auch für Beschäftigte im Sinne des § 1 Absatz 2.

§ 29h Überleitung der Beschäftigten im Straßenbetriebsdienst und Straßenbau zum 1. Januar 2025

(1) Beschäftigte, die nach Teil III Abschnitt 3 Unterabschnitt 7 der Entgeltordnung zum TV-L eingruppiert sind,

- deren Arbeitsverhältnis zu einem Arbeitgeber, der Mitglied der TdL oder eines Mitgliedsverbandes der TdL ist, über den 31. Dezember 2024 hinaus fortbesteht, und
- die am 1. Januar 2025 unter den Geltungsbereich des TV-L fallen,

sind für den Fall, dass sich für sie eine höhere Eingruppierung ausschließlich aufgrund der nach dem Änderungstarifvertrag Nr. 13 zum TV-L zum 1. Januar 2025 in Kraft tretenden Änderungen in Teil III Abschnitt 3 Unterabschnitt 7 der Entgeltordnung zum TV-L ergibt, für die Dauer der unverändert auszuübenden Tätigkeit in der bisherigen Entgeltgruppe eingruppiert.

(2) Eine Überprüfung und Neufeststellung der Eingruppierungen findet aufgrund der Änderungen der Entgeltordnung zum TV-L nicht statt.

(3) [1]Ergibt sich in den Fällen des Absatzes 1 nach den Änderungen in Teil III Abschnitt 3 Unterabschnitt 7 der Entgeltordnung zum TV-L eine höhere Entgeltgruppe, sind die Beschäftigten auf Antrag in der Entgeltgruppe eingruppiert, die sich nach § 12 TV-L ergibt. [2]Die Stufenzuordnung in der höheren Entgeltgruppe entspricht der erreichten Stufe in der bisherigen Entgeltgruppe; die Stufenlaufzeit beginnt neu. [3]Abweichend von Satz 2 Halbsatz 2 wird bei Beschäftigten, die in der bisherigen Entgeltgruppe der Stufe 1 zugeordnet waren, die bisher verbrachte Stufenlaufzeit angerechnet. [4]Der Antrag nach Satz 1 kann nur bis zum 31. Dezember 2025 gestellt werden (Ausschlussfrist) und wirkt auf den 1. Januar 2025 zurück; nach dem 1. Januar 2025 eingetretene Änderungen der Stufenzuordnung in der bisherigen Entgeltgruppe bleiben bei der Stufenzuordnung nach den Sätzen 2 und 3 unberücksichtigt. [5]Ruht das Arbeitsverhältnis am 1. Januar 2025, beginnt die Ausschlussfrist von einem Jahr mit der Wiederaufnahme der Tätigkeit; der Antrag wirkt auf den 1. Januar 2025 zurück.

(4) Bei Höhergruppierungen nach Absatz 3 wird der Unterschiedsbetrag zum bisherigen Entgelt auf einen etwaigen Strukturausgleich nach § 12 angerechnet.

(5) Die Absätze 1 bis 4 gelten auch für Beschäftigte im Sinne des § 1 Absatz 2.

5. Abschnitt
Übergangs- und Schlussvorschrift

§ 30 In-Kraft-Treten, Laufzeit

(1) Dieser Tarifvertrag tritt am 1. November 2006 in Kraft.

(2) Dieser Tarifvertrag kann ohne Einhaltung einer Frist jederzeit schriftlich gekündigt werden, frühestens zum 31. Dezember 2009.

(3) § 21 Absätze 1 bis 4 können auf landesbezirklicher Ebene mit einer Frist von drei Kalendermonaten zum 31. Dezember jeden Kalenderjahres gekündigt werden, frühestens jedoch zum 31. Dezember desjenigen Jahres, in dem die volle Angleichung nach § 21 Absatz 2 erreicht ist.

(4) Die §§ 17 und 18 einschließlich Anlagen können ohne Einhaltung einer Frist, jedoch nur insgesamt, schriftlich gekündigt werden, frühestens zum 31. Oktober 2025; die Nachwirkung dieser Vorschriften wird ausgeschlossen.

(5) [1]Die nach § 25 Absatz 5 fortgeltenden Regelungen können – auch einzeln – von jeder Tarifvertragspartei auf landesbezirklicher Ebene mit einer Frist von einem Monat zum Ende eines Kalendermonats schriftlich gekündigt werden. [2]Die Nachwirkung (§ 4 Absatz 5 Tarifvertragsgesetz) wird nicht ausgeschlossen.

(6) [1]Unabhängig von Absatz 4 kann § 2 Nr. 3 des Änderungstarifvertrages Nr. 1 zum BAT-O vom 8. Mai 1991 gesondert gekündigt werden, frühestens jedoch zum Tag des Inkrafttretens der neuen Entgeltordnung. [2]Die Nachwirkung ist ausgeschlossen.

Anlage 1 TVÜ-Länder Teil A – Ersetzte Tarifverträge –

1. Bundes-Angestelltentarifvertrag (BAT) vom 23. Februar 1961, zuletzt geändert durch den 78. Tarifvertrag zur Änderung des Bundes-Angestelltentarifvertrages vom 31. Januar 2003.
2. Tarifvertrag zur Anpassung des Tarifrechts – Manteltarifliche Vorschriften – (BAT-O) vom 10. Dezember 1990, zuletzt geändert durch den Änderungstarifvertrag Nr. 13 vom 31. Januar 2003 zum Tarifvertrag zur Anpassung des Tarifrechts – Manteltarifliche Vorschriften – (BAT-O).
3. Manteltarifvertrag für Arbeiterinnen und Arbeiter des Bundes und der Länder (MTArb) vom 6. Dezember 1995, zuletzt geändert durch den Änderungstarifvertrag Nr. 4 vom 31. Januar 2003 zum Manteltarifvertrag für Arbeiterinnen und Arbeiter des Bundes und der Länder (MTArb).
4. Tarifvertrag zur Anpassung des Tarifrechts für Arbeiter an den MTArb – (MTArb-O) vom 10. Dezember 1990, zuletzt geändert durch den Än-

derungstarifvertrag Nr. 11 vom 31. Januar 2003 zum Tarifvertrag zur Anpassung des Tarifrechts für Arbeiter an den MTArb – (MTArb-O).

Anlage 1 TVÜ-Länder Teil B – Ersetzte Tarifverträge bzw. Tarifvertragsregelungen –

Vorbemerkungen:

1. Die nachfolgende Liste ist noch nicht abschließend. Sobald die Verhandlungen der Tarifvertragsparteien zu Anlage 1 TVÜ-Länder Teil B abgeschlossen sind, ersetzt die Neufassung diese Anlage.
2. Soweit einzelne Tarifvertragsregelungen vorübergehend fortgelten, erstreckt sich die Fortgeltung auch auf Beschäftigte i. S. d. § 1 Abs. 2 TVÜ-Länder.

1. Tarifvertrag zu § 71 BAT betreffend Besitzstandswahrung vom 23. Februar 1961
2. Vergütungstarifvertrag Nr. 35 zum BAT für den Bereich der Länder vom 31. Januar 2003
3. Vergütungstarifvertrag Nr. 7 zum BAT-O für den Bereich der Länder vom 31. Januar 2003, mit Ausnahme des § 3 Abs. 1, der für die Tabellenentgelte der zu § 15 Abs. 2 TV-L vereinbarten Anlage B – nach § 15 Abs. 2 Satz 2 TV-L i. V. m. der Anlage 2 zu § 4 Abs. 1 und der Anlage 4 zu § 17 Abs. 7 TVÜ-Länder – fortgilt
4. Monatslohntarifvertrag Nr. 5 zum MTArb vom 31. Januar 2003
5. Monatslohntarifvertrag Nr. 7 zum MTArb-O vom 31. Januar 2003, mit Ausnahme des § 3 Abs. 1, der für die Tabellenentgelte der zu § 15 Abs. 2 TV-L vereinbarten Anlage B – nach § 15 Abs. 2 Satz 2 TV-L i. V. m. der Anlage 2 zu § 4 Abs. 1 und der Anlage 4 zu § 17 Abs. 7 TVÜ-Länder – fortgilt
6. Tarifvertrag über das Lohngruppenverzeichnis der Länder zum MTArb (TV Lohngruppen-TdL) vom 11. Juli 1966
7. Tarifvertrag über das Lohngruppenverzeichnis der Länder zum MTArb-O (TV Lohngruppen-O-TdL) vom 8. Mai 1991
8. Tarifvertrag über Zusatzurlaub für gesundheitsgefährdende Arbeiten für Arbeiter der Länder vom 17. Dezember 1959
9. Tarifvertrag über Zulagen an Angestellte (Länder) vom 17. Mai 1982
10. Tarifvertrag über Zulagen an Angestellte (TV Zulagen Ang-O) (Länder) vom 8. Mai 1991, mit Ausnahme
    - des Eingangssatzes des § 1 Abs. 1,
    - des § 1 Abs. 1 Nr. 1, 1. Halbsatz entsprechend Nr. 11 und
    - des § 1 Abs. 1 Nr. 6
11. Tarifvertrag über die Gewährung von Zulagen gemäß § 33 Abs. 1 Buchst. c BAT vom 11. Januar 1962 – Fortgeltung bis zum In-Kraft-Treten einer tariflichen Neuregelung der Erschwerniszuschläge gemäß § 19 TV-L
12. Tarifvertrag über die Lohnzuschläge gemäß § 29 MTL II (TVZ zum MTL) vom 9. Oktober 1963 – Fortgeltung bis zum In-Kraft-Treten einer tariflichen Neuregelung der Erschwerniszuschläge gemäß § 19 TV-L
13. Tarifvertrag über die Lohnzuschläge gemäß § 29 MTArb-O für Arbeiter der Länder (TVZ zum MTArb-O-TdL) vom 8. Mai 1991 – Fortgeltung bis zum In-

Kraft-Treten einer tariflichen Neuregelung der Erschwerniszuschläge gemäß § 19 TV-L

14. Tarifvertrag über vermögenswirksame Leistungen an Angestellte vom 17. Dezember 1970
15. Tarifvertrag über vermögenswirksame Leistungen an Angestellte (TV VL Ang-O) vom 8. Mai 1991
16. Tarifvertrag über vermögenswirksame Leistungen an Arbeiter (Länder) vom 17. Dezember 1970
17. Tarifvertrag über vermögenswirksame Leistungen an Arbeiter (TV VL Arb-O) vom 8. Mai 1991
18. Tarifvertrag über eine Zuwendung für Angestellte vom 12. Oktober 1973
19. Tarifvertrag über eine Zuwendung für Angestellte (TV Zuwendung Ang-O) vom 10. Dezember 1990
20. Tarifvertrag über eine Zuwendung für Arbeiter des Bundes und der Länder vom 2. Oktober 1973
21. Tarifvertrag über eine Zuwendung für Arbeiter (TV Zuwendung Arb-O) vom 10. Dezember 1990
22. Tarifvertrag über ein Urlaubsgeld für Angestellte vom 16. März 1977
23. Tarifvertrag über ein Urlaubsgeld für Angestellte (TV Urlaubsgeld Ang-O) vom 10. Dezember 1990
24. Tarifvertrag über ein Urlaubsgeld für Arbeiter vom 16. März 1977
25. Tarifvertrag über ein Urlaubsgeld für Arbeiter (TV Urlaubsgeld Arb-O) vom 10. Dezember 1990
26. Tarifvertrag zur Regelung der Rechtsverhältnisse der Ärzte/Ärztinnen im Praktikum vom 10. April 1987
27. Tarifvertrag zur Regelung der Rechtsverhältnisse der Ärzte/Ärztinnen im Praktikum (Mantel-TV AiP-O) vom 5. März 1991
28. Entgelttarifvertrag Nr. 12 für Ärzte/Ärztinnen im Praktikum vom 31. Januar 2003
29. Entgelttarifvertrag Nr. 7 für Ärzte/Ärztinnen im Praktikum (Ost) vom 31. Januar 2003
30. Tarifvertrag über vermögenswirksame Leistungen an Ärzte/Ärztinnen im Praktikum vom 10. April 1987
31. Tarifvertrag über eine Zuwendung für Ärzte/Ärztinnen im Praktikum vom 10. April 1987
32. Tarifvertrag über eine Zuwendung für Ärzte/Ärztinnen im Praktikum (TV Zuwendung AiP-O) vom 5. März 1991
33. Tarifvertrag über ein Urlaubsgeld für Ärzte/Ärztinnen im Praktikum vom 10. April 1987
34. Tarifvertrag über ein Urlaubsgeld für Ärzte/Ärztinnen im Praktikum (TV Urlaubsgeld AiP-O) vom 5. März 1991
35. Tarifvertrag über die Erhöhung der Löhne und Gehälter für Beschäftigte im öffentlichen Dienst vom 4. September 1990
36. Vereinbarung über die Schaffung zusätzlicher Ausbildungsplätze im öffentlichen Dienst vom 17. Juli 1996
37. Tarifvertrag über die Versorgung der Arbeitnehmer des Bundes und der Länder sowie von Arbeitnehmern kommunaler Verwaltungen und Betriebe (Versorgungs-TV) vom 4. November 1966

38. Tarifvertrag über die Versorgung der Arbeitnehmer des Saarlandes und der Mitglieder des Kommunalen Arbeitgeberverbandes Saar e.V. (VersTV-Saar) vom 15. November 1966
39. Tarifvertrag über Zulagen an Arbeiter bei obersten Landesbehörden (Ost) vom 12. November 1991
40. Tarifvertrag vom 26. Mai 1964 betreffend Beihilfe für Angestellte und Lehrlinge des Landes Baden-Württemberg
41. Tarifvertrag vom 26. Mai 1964 betreffend Beihilfe für Arbeiter und Lehrlinge des Landes Baden-Württemberg
42. Tarifvertrag vom 26. Mai 1964 betreffend Beihilfe für Angestellte und Lehrlinge des Landes Bremen
43. Tarifvertrag vom 26. Mai 1964 betreffend Beihilfe für Arbeiter und Lehrlinge des Landes Bremen
44. Tarifvertrag vom 26. Mai 1964 betreffend Beihilfe für Angestellte und Lehrlinge des Landes Hamburg
45. Tarifvertrag vom 26. Mai 1964 betreffend Beihilfe für Arbeiter und Lehrlinge des Landes Hamburg
46. Tarifvertrag vom 26. Mai 1964 betreffend Beihilfe für Angestellte und Lehrlinge des Landes Niedersachsen
47. Tarifvertrag vom 26. Mai 1964 betreffend Beihilfe für Arbeiter und Lehrlinge des Landes Niedersachsen
48. Tarifvertrag vom 26. Mai 1964 betreffend Beihilfe für Angestellte, Arbeiter und Lehrlinge des Landes Rheinland-Pfalz
49. Tarifvertrag vom 26. Mai 1964 betreffend Beihilfe für Angestellte, Arbeiter und Lehrlinge des Saarlandes
50. Tarifvertrag vom 26. Mai 1964 betreffend Beihilfe für Angestellte und Lehrlinge des Landes Schleswig-Holstein
51. Tarifvertrag vom 26. Mai 1964 betreffend Beihilfe für Arbeiter und Lehrlinge des Landes Schleswig-Holstein

Anlage 1 TVÜ-Länder Teil C – Fortgeltende Tarifverträge –

Vorbemerkung:

1. Die nachfolgende Liste ist noch nicht abschließend. Sobald die Verhandlungen der Tarifvertragsparteien zu Anlage 1 TVÜ-Länder Teil C abgeschlossen sind, ersetzt die Neufassung diese Anlage.
2. Die in dieser Anlage aufgeführten Tarifverträge sind in der jeweils geltenden Fassung zitiert.

1. Tarifvertrag über den Rationalisierungsschutz für Angestellte (RatSchTV Ang) vom 9. Januar 1987
2. Tarifvertrag über den Rationalisierungsschutz für Arbeiter des Bundes und der Länder (RatSchTV Arb) vom 9. Januar 1987
3. Tarifvertrag zur sozialen Absicherung vom 6. Juli 1992
4. Tarifvertrag zur Regelung der Altersteilzeitarbeit (TV ATZ) vom 5. Mai 1998
5. Tarifvertrag zur Regelung des Übergangs in den Ruhestand für Angestellte im Flugverkehrskontrolldienst durch Altersteilzeitarbeit vom 26. März 1999

6. Tarifvertrag über die betriebliche Altersversorgung der Beschäftigten des öffentlichen Dienstes (Tarifvertrag Altersversorgung – ATV) vom 1. März 2002
7. Tarifvertrag über die betriebliche Altersversorgung der Waldarbeiter der Länder und Gemeinden sowie der Arbeiter in den landwirtschaftlichen Betrieben und in den Weinbaubetrieben der Länder (Tarifvertrag Altersversorgung-Wald – ATV-W) vom 18. November 2002
8. Tarifvertrag über den Geltungsbereich der für den öffentlichen Dienst in der Bundesrepublik Deutschland bestehenden Tarifverträge vom 1. August 1990
9. Tarifvertrag über Zulagen an Angestellte bei obersten Bundesbehörden oder bei obersten Landesbehörden vom 4. November 1971
10. Tarifvertrag über Zulagen an Arbeiter bei obersten Bundesbehörden oder bei obersten Landesbehörden vom 4. November 1971
11. Tarifvertrag über Zulagen an Angestellte bei den Sicherheitsdiensten der Länder vom 9. Februar 1978
12. Tarifvertrag über Zulagen an Arbeiter bei den Sicherheitsdiensten der Länder vom 9. Februar 1978
13. Tarifvertrag über Zulagen an Arbeiter bei den Sicherheitsdiensten der Länder (Ost) vom 8. Mai 1991
14. *gestrichen*
15. *gestrichen*
16. Tarifvertrag über die Ausführung von Arbeiten im Gedingeverfahren im Bereich der SR 2b des Abschnitts B der Anlage 2 MTArb (Gedingerichtlinien) vom 15. Mai1962
17. Tarifvertrag über die Bewertung der Personalunterkünfte für Angestellte vom 16. März 1974
18. Tarifvertrag über die Bewertung der Personalunterkünfte für Arbeiter vom 16. März 1974
19. *gestrichen*
20. *gestrichen*
21. *gestrichen*
22. *gestrichen*
23. *gestrichen*
24. *gestrichen*
25. *gestrichen*
26. *gestrichen*
27. *gestrichen*
28. Tarifvertrag über die Regelung der Arbeitsbedingungen über das ständig beschäftigte Abendpersonal an Theatern und Bühnen vom 25. Juni 1991
29. Tarifvertrag vom 25. Juni 1991 über die Theaterbetriebszulage für Angestellte (Ost)
30. Tarifvertrag vom 25. Juni 1991 über den Theaterbetriebszuschlag für Arbeiter (Ost)

Ferner gelten bis zu einer Neuregelung diejenigen Tarifregelungen fort, die Eingruppierungsregelungen enthalten.

Anlage 2 TVÜ-Länder
Zuordnung der Vergütungs- und Lohngruppen zu den Entgeltgruppen für am 31. Oktober 2006/ 1. November 2006 vorhandene Beschäftigte für die Überleitung (Länder)

Teil A
Beschäftigte mit Ausnahme der Lehrkräfte im Sinne des Teils B und der Ärztinnen und Ärzte im Sinne des Teils C

Entgelt-gruppe	Vergütungsgruppe	Lohngruppe
15 Ü	I	Keine
15	Keine Stufe 6 Ia Ia nach Aufstieg aus Ib Ib mit ausstehendem Aufstieg nach Ia	Keine
14	Keine Stufe 6 Ib ohne Aufstieg nach Ia Ib nach Aufstieg aus IIa IIa mit ausstehendem Aufstieg nach Ib nach 5 oder 6 Jahren	Keine
13 Ü	Keine Stufe 6 IIa mit ausstehendem Aufstieg nach Ib nach 11 oder 15 Jahren	Keine
13	Keine Stufe 6 IIa ohne Aufstieg nach Ib	Keine
12	Keine Stufe 6 IIa nach Aufstieg aus III III mit ausstehendem Aufstieg nach IIa	Keine
11	Keine Stufe 6 III ohne Aufstieg nach IIa III nach Aufstieg aus IVa IVa mit ausstehendem Aufstieg nach III	Keine
10	Keine Stufe 6 IVa ohne Aufstieg nach III IVa nach Aufstieg aus IVb IVb mit ausstehendem Aufstieg nach IVa Va in den ersten sechs Monaten der Berufsausübung, wenn danach IVb mit Aufstieg nach IVa (Zuordnung zu Stufe 1)	Keine

Entgelt-gruppe	Vergütungsgruppe	Lohngruppe
9	IVb ohne Aufstieg nach IVa (keine Stufe 6) IVb nach Aufstieg aus Va ohne weiteren Aufstieg nach IVa (keine Stufe 6) IVb nach Aufstieg aus Vb (keine Stufe 6) Va mit ausstehendem Aufstieg nach IVb ohne weiteren Aufstieg nach IVa (keine Stufe 6) Va ohne Aufstieg nach IVb (Stufe 3 nach 5 Jahren in Stufe 2, Stufe 4 nach 9 Jahren in Stufe 3, keine Stufen 5 und 6) Vb mit ausstehendem Aufstieg nach IVb (keine Stufe 6) Vb ohne Aufstieg nach IVb (Stufe 3 nach 5 Jahren in Stufe 2, Stufe 4 nach 9 Jahren in der Stufe 3, keine Stufen 5 und 6) Vb nach Aufstieg aus Vc (Stufe 3 nach 5 Jahren in Stufe 2, Stufe 4 nach 9 Jahren in Stufe 3, keine Stufen 5 und 6)	9 (Stufe 4 nach 7 Jahren in Stufe 3, keine Stufen 5 und 6)
8	Vc mit ausstehendem Aufstieg nach Vb Vc ohne Aufstieg nach Vb Vc nach Aufstieg aus VIb	8a 8 mit ausstehendem Aufstieg nach 8a 7 mit ausstehendem Aufstieg nach 8 und 8a
7	Keine	7a 7 mit ausstehendem Aufstieg nach 7a 7 nach Aufstieg aus 6 6 mit ausstehendem Aufstieg nach 7 und 7a
6	VIb mit ausstehendem Aufstieg nach Vc VIb ohne Aufstieg nach Vc VIb nach Aufstieg aus VII	6a 6 mit ausstehendem Aufstieg nach 6a 6 nach Aufstieg aus 5 5 mit ausstehendem Aufstieg nach 6 und 6a
5	VII mit ausstehendem Aufstieg nach VIb	5a 5 mit ausstehendem Aufstieg nach 5a 5 nach Aufstieg aus 4
	VII ohne Aufstieg nach VIb VII nach Aufstieg aus VIII	4 mit ausstehendem Aufstieg nach 5 und 5a
4	Keine	4a 4 mit ausstehendem Aufstieg nach 4a 4 nach Aufstieg aus 3 3 mit ausstehendem Aufstieg nach 4 und 4a

Entgelt-gruppe	Vergütungsgruppe	Lohngruppe
3	Keine Stufe 6 VIII mit ausstehendem Aufstieg nach VII VIII ohne Aufstieg nach VII VIII nach Aufstieg aus IXb	3a 3 mit ausstehendem Aufstieg nach 3a 3 nach Aufstieg aus 2 und 2a mit ausstehendem Aufstieg nach 3a 3 nach Aufstieg aus 2a mit ausstehendem Aufstieg nach 3a 3 nach Aufstieg aus 2 und 2a (keine Stufe 6) 2a nach Aufstieg aus 2 mit ausstehendem Aufstieg nach 3 und 3a 2a mit ausstehendem Aufstieg nach 3 und 3a 2a nach Aufstieg aus 2 mit ausstehendem Aufstieg nach 3 (keine Stufe 6) 2 mit ausstehendem Aufstieg nach 2a, 3 und 3a 2 mit ausstehendem Aufstieg nach 2a und 3 (keine Stufe 6)
2 Ü	Keine	2a 2 mit ausstehendem Aufstieg nach 2a 2 nach Aufstieg aus 1 1 mit ausstehendem Aufstieg nach 2 und 2a
2	IXa IXb mit ausstehendem Aufstieg nach VIII IXb mit ausstehendem Aufstieg nach IXa IXb nach Aufstieg aus X (keine Stufe 6) X (keine Stufe 6)	1a (keine Stufe 6) 1 mit ausstehendem Aufstieg nach 1a (keine Stufe 6)
1	Keine	Keine

Teil B
Lehrkräfte, für die nach Nr. 5 der Vorbemerkungen zu allen Vergütungsgruppen die Anlage 1a zum BAT/BAT-O nicht gilt

Entgelt-gruppe	Überleitung Lehrkräfte »Erfüller« Vergütungsgruppe	Überleitung Lehrkräfte »Nichterfüller« Vergütungsgruppe
15 Ü	I	–
15	Ia	–
14	Ib	Ib nach Aufstieg aus IIa
13	IIa	IIa ohne Aufstieg nach Ib IIa mit ausstehendem Aufstieg nach Ib

12	IIa nach Aufstieg aus III IIa nach Aufstieg aus IIb III mit ausstehendem Aufstieg nach IIa IIb mit ausstehendem Aufstieg nach IIa	
11	III	IIb ohne Aufstieg nach IIa III ohne Aufstieg nach IIa III nach Aufstieg aus IVa IVa mit ausstehendem Aufstieg nach III
10	IVa	IV a ohne Aufstieg nach III IV a nach Aufstieg aus IVb IV b mit ausstehendem Aufstieg nach IVa
9	IVb Vb (Stufe 3 nach 5 Jahren in Stufe 2, Stufe 4 nach 9 Jahren in Stufe 3, keine Stufe 5)	IVb ohne Aufstieg nach IVa IVb nach Aufstieg aus Vb Vb mit ausstehendem Aufstieg nach IVb Vb ohne Aufstieg nach IVb (Stufe 3 nach 5 Jahren in Stufe 2, Stufe 4 nach 9 Jahren in Stufe 3, keine Stufe 5) Vb nach Aufstieg aus Vc (Stufe 3 nach 5 Jahren in Stufe 2, Stufe 4 nach 9 Jahren in Stufe 3, keine Stufe 5) V b nach Aufstieg aus VI b (Stufe 3 nach 5 Jahren in Stufe 2, Stufe 4 nach 9 Jahren in Stufe 3, keine Stufe 5)
8	Vc	Vc ohne Aufstieg Vc nach Aufstieg aus VIb Vc mit ausstehendem Aufstieg nach Vb
7	–	–
6	–	VIb ohne Aufstieg VIb mit ausstehendem Aufstieg nach Vc VIb mit ausstehendem Aufstieg nach Vb

Teil C
Ärztinnen und Ärzte im Sinne des § 4 Abs. 1 Satz 2 und 3

Entgelt-gruppe	Bezeichnung
Ä 1	Arzt mit entsprechender Tätigkeit
Ä 2	Facharzt mit entsprechender Tätigkeit
Ä 3	Oberarzt:
–	Oberarzt ist derjenige Arzt, dem die medizinische Verantwortung für Teil- oder Funktionsbereiche der Klinik bzw. Abteilung vom Arbeitgeber übertragen worden ist.
–	Facharzt in einer durch den Arbeitgeber übertragenen Spezialfunktion, für die dieser eine erfolgreich abgeschlossene Schwerpunkt- oder Zusatzweiterbildung nach der Weiterbildungsordnung fordert.
Ä 4	Facharzt, dem die ständige Vertretung des leitenden Arztes (Chefarzt) vom Arbeitgeber übertragen worden ist. (Protokollerklärung: Ständiger Vertreter ist nur der Arzt, der den leitenden Arzt in der Gesamtheit seiner Dienstaufgaben vertritt. Das Tätigkeitsmerkmal kann daher innerhalb einer Klinik nur von einem Arzt erfüllt werden.)

Anlage 3 TVÜ-Länder Strukturausgleiche für Angestellte

Angestellte, deren Ortszuschlag sich nach § 29 Abschn. B Abs. 5 BAT/BAT-O bemisst, erhalten den entsprechenden Anteil, in jedem Fall aber die Hälfte des Strukturausgleichs für Verheiratete.
Soweit nicht anders ausgewiesen, beginnt die Zahlung des Strukturausgleichs am 1. November 2008. Die Angabe »nach … Jahren« bedeutet, dass die Zahlung nach den genannten Jahren ab dem In-Kraft-Treten des TV-L beginnt; so wird z. B. bei dem Merkmal »nach 4 Jahren« der Zahlungsbeginn auf den 1. November 2010 festgelegt, wobei die Auszahlung eines Strukturausgleichs mit den jeweiligen Monatsbezügen erfolgt. Die Dauer der Zahlung ist ebenfalls angegeben; dabei bedeutet »dauerhaft« die Zahlung während der Zeit des Arbeitsverhältnisses.
Ist die Zahlung »für« eine bestimmte Zahl von Jahren angegeben, ist der Bezug auf diesen Zeitraum begrenzt (z. B. »für 5 Jahre« bedeutet Beginn der Zahlung im November 2008 und Ende der Zahlung mit Ablauf Oktober 2013). Eine Ausnahme besteht dann, wenn das Ende des Zahlungs-

zeitraumes nicht mit einem Stufenaufstieg in der jeweiligen Entgeltgruppe zeitlich zusammenfällt; in diesen Fällen wird der Strukturausgleich bis zum nächsten Stufenaufstieg fortgezahlt. Diese Ausnahmeregelung gilt nicht, wenn der Stufenaufstieg in die Endstufe erfolgt; in diesen Fällen bleibt es bei der festgelegten Dauer.

A.

Angestellte (einschl. Lehrkräfte), mit Ausnahme des Pflegepersonals im Sinne der Anlage 1b zum BAT/BAT-O

Entgeltgruppe	Vergütungsgruppe bei In-Kraft-Treten TVÜ	Aufstieg	Ortszuschlag Stufe 1, 2	Lebensaltersstufe	Höhe Ausgleichsbetrag	Dauer
			bei In-Kraft-Treten TVÜ			
2	X	IXb nach 2 Jahren	OZ 2	29	30 €	dauerhaft
2	X	IXb nach 2 Jahren	OZ 2	31	30 €	dauerhaft
2	X	IXb nach 2 Jahren	OZ 2	33	30 €	dauerhaft
2	X	IXb nach 2 Jahren	OZ 2	35	20 €	dauerhaft
3	VIII	ohne	OZ 2	25	35 €	nach 4 Jahren dauerhaft
3	VIII	ohne	OZ 2	27	35 €	dauerhaft
3	VIII	ohne	OZ 2	29	35 €	nach 4 Jahren dauerhaft
3	VIII	ohne	OZ 2	31	35 €	dauerhaft
3	VIII	ohne	OZ 2	33	35 €	dauerhaft
3	VIII	ohne	OZ 2	35	35 €	dauerhaft
3	VIII	ohne	OZ 2	37	20 €	dauerhaft
6	VIb	ohne	OZ 2	29	50 €	dauerhaft
6	VIb	ohne	OZ 2	31	50 €	dauerhaft
6	VIb	ohne	OZ 2	33	50 €	dauerhaft
6	VIb	ohne	OZ 2	35	50 €	dauerhaft

Entgelt-gruppe	Ver-gütungs-gruppe bei In-Kraft-Treten TVÜ	Aufstieg	Orts-zuschlag Stufe 1, 2	Lebens-alters-stufe	Höhe Aus-gleichs-betrag	Dauer
			bei In-Kraft-Treten TVÜ			
6	VIb	ohne	OZ 2	37	50 €	dauerhaft
6	VIb	ohne	OZ 2	39	50 €	dauerhaft
8	Vc	ohne	OZ 2	37	40 €	dauerhaft
8	Vc	ohne	OZ 2	39	40 €	dauerhaft
9	Vb	ohne	OZ 1	29	60 €	für 12 Jahre
9	Vb	ohne	OZ 1	31	60 €	nach 4 Jahren für 7 Jahre
9	Vb	ohne	OZ 1	33	60 €	für 7 Jahre
9	Vb	ohne	OZ 2	27	90 €	nach 4 Jahren für 7 Jahre
9	Vb	ohne	OZ 2	29	90 €	für 7 Jahre
9	Vb	ohne	OZ 2	35	20 €	nach 4 Jahren dauerhaft
9	Vb	ohne	OZ 2	37	40 €	nach 4 Jahren dauerhaft
9	Vb	ohne	OZ 2	39	40 €	dauerhaft
9	Vb	ohne	OZ 2	41	40 €	dauerhaft
9	Vb	IVb nach 6 Jahren	OZ 1	29	50 €	für 3 Jahre
9	Vb	IVb nach 2, 3, 4, 6 Jahren	OZ 1	35	60 €	für 4 Jahre
v9	Vb	IVb nach 2, 3, 4, 6 Jahren	OZ 2	31	50 €	für 4 Jahre
9	Vb	IVb nach 2, 3, 4, 6 Jahren	OZ 2	37	60 €	dauerhaft

Entgeltgruppe	Vergütungsgruppe bei In-Kraft-Treten TVÜ	Aufstieg	Ortszuschlag Stufe 1, 2	Lebensaltersstufe	Höhe Ausgleichsbetrag	Dauer
			bei In-Kraft-Treten TVÜ			
9	Vb	IVb nach 2, 3, 4, 6 Jahren	OZ 2	39	60 €	dauerhaft
9	Vb	IVb nach 2, 3, 4, 6 Jahren	OZ 2	41	60 €	dauerhaft
9	IVb	ohne	OZ 1	35	60 €	für 4 Jahre
9	IVb	ohne	OZ 2	31	50 €	für 4 Jahre
9	IVb	ohne	OZ 2	37	60 €	dauerhaft
9	IVb	ohne	OZ 2	39	60 €	dauerhaft
9	IVb	ohne	OZ 2	41	60 €	dauerhaft
10	IVb	IVa nach 2, 4, 6 Jahren	OZ 1	35	40 €	für 4 Jahre
10	IVb	IVa nach 2, 4, 6 Jahren	OZ 1	41	30 €	dauerhaft
10	IVb	IVa nach 2, 4, 6 Jahren	OZ 1	43	30 €	dauerhaft
10	IVb	IVa nach 6 Jahren	OZ 2	29	70 €	für 7 Jahre
10	IVb	IVa nach 2, 4, 6 Jahren	OZ 2	37	60 €	nach 4 Jahren dauerhaft
10	IVb	IVa nach 2, 4, 6 Jahren	OZ 2	39	60 €	dauerhaft
10	IVb	IVa nach 2, 4, 4, 6 Jahren	OZ 2	41	85 €	dauerhaft
10	IVb	IVa nach 2, 4, 4, 6 Jahren	OZ 2	43	60 €	dauerhaft

Entgeltgruppe	Vergütungsgruppe bei In-Kraft-Treten TVÜ	Aufstieg	Ortszuschlag Stufe 1, 2	Lebensaltersstufe	Höhe Ausgleichsbetrag	Dauer
			bei In-Kraft-Treten TVÜ			
10	IVa	ohne	OZ 1	35	40 €	für 4 Jahre
10	IVa	ohne	OZ 1	41	30 €	dauerhaft
10	IVa	ohne	OZ 1	43	30 €	dauerhaft
10	IVa	ohne	OZ 2	37	60 €	nach 4 Jahren dauerhaft
10	IVa	ohne	OZ 2	39	60 €	dauerhaft
10	IVa	ohne	OZ 2	41	85 €	dauerhaft
10	IVa	ohne	OZ 2	43	60 €	dauerhaft
11	IVa	III nach 4, 6, 8 Jahren	OZ 1	41	40 €	dauerhaft
11	IVa	III nach 4, 6, 8 Jahren	OZ 1	43	40 €	dauerhaft
11	IVa	III nach 4, 6, 8 Jahren	OZ 2	37	70 €	nach 4 Jahren dauerhaft
11	IVa	III nach 4, 6, 8 Jahren	OZ 2	39	70 €	dauerhaft
11	IVa	III nach 4, 6, 8 Jahren	OZ 2	41	85 €	dauerhaft
11	IVa	III nach 4, 6, 8 Jahren	OZ 2	43	70 €	dauerhaft
11	III	ohne	OZ 1	41	40 €	nach 4 Jahren dauerhaft
11	III	ohne	OZ 1	43	40 €	dauerhaft

Entgeltgruppe	Vergütungsgruppe bei In-Kraft-Treten TVÜ	Aufstieg	Ortszuschlag Stufe 1, 2	Lebensaltersstufe	Höhe Ausgleichsbetrag	Dauer
			bei In-Kraft-Treten TVÜ			
11	III	ohne	OZ 2	37	70 €	nach 4 Jahren dauerhaft
11	III	ohne	OZ 2	39	70 €	dauerhaft
11	III	ohne	OZ 2	41	85 €	dauerhaft
11	III	ohne	OZ 2	43	70 €	dauerhaft
11	IIb	ohne	OZ 1	31	60 €	nach 4 Jahren für 2 Jahre
11	IIb	ohne	OZ 1	39	60 €	nach 4 Jahren dauerhaft
11	IIb	ohne	OZ 1	41	80 €	dauerhaft*
11	IIb	ohne	OZ 2	29	60 €	nach 4 Jahren für 2 Jahre
11	IIb	ohne	OZ 2	35	80 €	nach 4 Jahren dauerhaft
11	IIb	ohne	OZ 2	37	100 €	nach 4 Jahren dauerhaft
11	IIb	ohne	OZ 2	39	110 €	dauerhaft*
11	IIb	ohne	OZ 2	41	80 €	dauerhaft*
12	III	IIa nach 10 Jahren	OZ 1	33	95 €	für 5 Jahre
12	III	IIa nach 10 Jahren	OZ 1	35	95 €	für 4 Jahre
12	III	IIa nach 10 Jahren	OZ 1	39	50 €	nach 4 Jahren dauerhaft
12	III	IIa nach 10 Jahren	OZ 1	41	50 €	dauerhaft

Entgelt-gruppe	Vergütungs-gruppe bei In-Kraft-Treten TVÜ	Aufstieg	Orts-zuschlag Stufe 1, 2	Lebens-alters-stufe	Höhe Aus-gleichs-betrag	Dauer
			bei In-Kraft-Treten TVÜ			
12	III	IIa nach 10 Jahren	OZ 1	43	50 €	dauerhaft
12	III	IIa nach 10 Jahren	OZ 2	33	100 €	für 4 Jahre
12	III	IIa nach 10 Jahren	OZ 2	37	100 €	nach 4 Jahren dauerhaft
12	III	IIa nach 10 Jahren	OZ 2	39	100 €	dauerhaft
12	III	IIa nach 10 Jahren	OZ 2	41	100 €	dauerhaft
12	III	IIa nach 10 Jahren	OZ 2	43	85 €	dauerhaft
12	III	IIa nach 8 Jahren	OZ 1	35	95 €	für 4 Jahre
12	III	IIa nach 8 Jahren	OZ 1	39	50 €	nach 4 Jahren dauerhaft
12	III	IIa nach 8 Jahren	OZ 1	41	50 €	dauerhaft
12	III	IIa nach 8 Jahren	OZ 1	43	50 €	dauerhaft
12	III	IIa nach 8 Jahren	OZ 2	31	100 €	für 5 Jahre
12	III	IIa nach 8 Jahren	OZ 2	33	100 €	für 4 Jahre
12	III	IIa nach 8 Jahren	OZ 2	37	100 €	nach 4 Jahren dauerhaft
12	III	IIa nach 8 Jahren	OZ 2	39	100 €	dauerhaft
12	III	IIa nach 8 Jahren	OZ 2	41	100 €	dauerhaft

Entgeltgruppe	Vergütungsgruppe bei In-Kraft-Treten TVÜ	Aufstieg	Ortszuschlag Stufe 1, 2	Lebensaltersstufe	Höhe Ausgleichsbetrag	Dauer
			bei In-Kraft-Treten TVÜ			
12	III	IIa nach 8 Jahren	OZ 2	43	85 €	dauerhaft
12	III	IIa nach 5 Jahren	OZ 1	29	100 €	für 3 Jahre
12	III	IIa nach 5 u. 6 Jahren	OZ 1	35	95 €	für 4 Jahre
12	III	IIa nach 5 u. 6 Jahren	OZ 1	39	50 €	nach 4 Jahren dauerhaft
12	III	IIa nach 5 u. 6 Jahren	OZ 1	41	50 €	dauerhaft
12	III	IIa nach 5 u. 6 Jahren	OZ 1	43	50 €	dauerhaft
12	III	IIa nach 5 u. 6 Jahren	OZ 2	33	100 €	für 4 Jahre
12	III	IIa nach 5 u. 6 Jahren	OZ 2	37	100 €	nach 4 Jahren dauerhaft
12	III	IIa nach 5 u. 6 Jahren	OZ 2	39	100 €	dauerhaft
12	III	IIa nach 5 u. 6 Jahren	OZ 2	41	100 €	dauerhaft
12	III	IIa nach 5 u. 6 Jahren	OZ 2	43	85 €	dauerhaft
13	IIa	ohne	OZ 2	39	60 €	nach 4 Jahren dauerhaft
13	IIa	ohne	OZ 2	41	60 €	dauerhaft

Entgeltgruppe	Vergütungsgruppe bei In-Kraft-Treten TVÜ	Aufstieg	Ortszuschlag Stufe 1, 2	Lebensaltersstufe	Höhe Ausgleichsbetrag	Dauer
			bei In-Kraft-Treten TVÜ			
13	IIa	ohne	OZ 2	43	60 €	dauerhaft
13 Ü	IIa	Ib nach 15 Jahren	OZ 1	27	20 €	nach 4 Jahren für 2 Jahre
13 Ü	IIa	Ib nach 15 Jahren	OZ 1	29	20 €	nach 2 Jahren für 2 Jahre
13 Ü	IIa	Ib nach 15 Jahren	OZ 1	29	130 €	nach 4 Jahren für 2 Jahre
13 Ü	IIa	Ib nach 15 Jahren	OZ 1	39	80 €	dauerhaft
13 Ü	IIa	Ib nach 15 Jahren	OZ 1	41	80 €	dauerhaft
13 Ü	IIa	Ib nach 15 Jahren	OZ 1	43	80 €	dauerhaft
13 Ü	IIa	Ib nach 15 Jahren	OZ 1	45	60 €	dauerhaft
13 Ü	IIa	Ib nach 15 Jahren	OZ 2	27	100 €	nach 4 Jahren für 2 Jahre
13 Ü	IIa	Ib nach 15 Jahren	OZ 2	37	110 €	dauerhaft
13 Ü	IIa	Ib nach 15 Jahren	OZ 2	39	110 €	dauerhaft
13 Ü	IIa	Ib nach 15 Jahren	OZ 2	41	110 €	dauerhaft
13 Ü	IIa	Ib nach 15 Jahren	OZ 2	43	110 €	dauerhaft
13 Ü	IIa	Ib nach 15 Jahren	OZ 2	45	60 €	dauerhaft
13 Ü	IIa	Ib nach 11 Jahren	OZ 1	27	20 €	nach 4 Jahren für 2 Jahre

Entgeltgruppe	Vergütungsgruppe bei In-Kraft-Treten TVÜ	Aufstieg	Ortszuschlag Stufe 1, 2	Lebensaltersstufe	Höhe Ausgleichsbetrag	Dauer
			bei In-Kraft-Treten TVÜ			
13 Ü	IIa	Ib nach 11 Jahren	OZ 1	29	20 €	nach 2 Jahren für 2 Jahre
13 Ü	IIa	Ib nach 11 Jahren	OZ 1	29	130 €	nach 4 Jahren für 2 Jahre
13 Ü	IIa	Ib nach 11 Jahren	OZ 1	33	60 €	nach 4 Jahren für 4 Jahre
13 Ü	IIa	Ib nach 11 Jahren	OZ 1	35	50 €	für 5 Jahre
13 Ü	IIa	Ib nach 11 Jahren	OZ 1	37	110 €	nach 2 Jahren für 3 Jahre
13 Ü	IIa	Ib nach 11 Jahren	OZ 1	41	80 €	nach 4 Jahren dauerhaft
13 Ü	IIa	Ib nach 11 Jahren	OZ 1	43	80 €	dauerhaft
13 Ü	IIa	Ib nach 11 Jahren	OZ 1	45	60 €	dauerhaft
13 Ü	IIa	Ib nach 11 Jahren	OZ 2	27	100 €	nach 4 Jahren für 2 Jahre
13 Ü	IIa	Ib nach 11 Jahren	OZ 2	35	165 €	nach 3 Jahren für 2 Jahre
13 Ü	IIa	Ib nach 11 Jahren	OZ 2	37	110 €	dauerhaft
13 Ü	IIa	Ib nach 11 Jahren	OZ 2	39	110 €	nach 4 Jahren dauerhaft
13 Ü	IIa	Ib nach 11 Jahren	OZ 2	41	110 €	dauerhaft

Entgelt-gruppe	Ver-gütungs-gruppe bei In-Kraft-Treten TVÜ	Aufstieg	Orts-zuschlag Stufe 1, 2	Lebens-alters-stufe	Höhe Aus-gleichs-betrag	Dauer
			bei In-Kraft-Treten TVÜ			
13 Ü	IIa	Ib nach 11 Jahren	OZ 2	43	110 €	dauerhaft
13 Ü	IIa	Ib nach 11 Jahren	OZ 2	45	60 €	dauerhaft
14	IIa	Ib nach 5 u. 6 Jahren	OZ 1	31	100 €	für 3 Jahre
14	IIa	Ib nach 5 u. 6 Jahren	OZ 1	35	100 €	für 4 Jahre
14	IIa	Ib nach 5 u. 6 Jahren	OZ 1	41	80 €	nach 4 Jahren dauerhaft
14	IIa	Ib nach 5 u. 6 Jahren	OZ 1	43	80 €	dauerhaft
14	IIa	Ib nach 5 u. 6 Jahren	OZ 1	45	60 €	dauerhaft
14	IIa	Ib nach 5 u. 6 Jahren	OZ 2	31	110 €	für 7 Jahre
14	IIa	Ib nach 5 u. 6 Jahren	OZ 2	33	50 €	für 4 Jahre
14	IIa	Ib nach 5 u. 6 Jahren	OZ 2	39	110 €	nach 4 Jahren dauerhaft
14	IIa	Ib nach 5 u. 6 Jahren	OZ 2	41	110 €	dauerhaft
14	IIa	Ib nach 5 u. 6 Jahren	OZ 2	43	110 €	dauerhaft

Entgeltgruppe	Vergütungsgruppe bei In-Kraft-Treten TVÜ	Aufstieg	Ortszuschlag Stufe 1, 2	Lebensaltersstufe	Höhe Ausgleichsbetrag	Dauer
			bei In-Kraft-Treten TVÜ			
14	IIa	Ib nach 5 u. 6 Jahren	OZ 2	45	60 €	dauerhaft
14	Ib	ohne	OZ 1	35	100 €	für 4 Jahre
14	Ib	ohne	OZ 1	41	80 €	nach 4 Jahren dauerhaft
14	Ib	ohne	OZ 1	43	80 €	dauerhaft
14	Ib	ohne	OZ 1	45	60 €	dauerhaft
14	Ib	ohne	OZ 2	33	50 €	für 4 Jahre
14	Ib	ohne	OZ 2	39	110 €	nach 4 Jahren dauerhaft
14	Ib	ohne	OZ 2	41	110 €	dauerhaft
14	Ib	ohne	OZ 2	43	110 €	dauerhaft
14	Ib	ohne	OZ 2	45	60 €	dauerhaft
15	Ia	ohne	OZ 1	39	110 €	für 4 Jahre
15	Ia	ohne	OZ 1	43	50 €	dauerhaft
15	Ia	ohne	OZ 1	45	50 €	dauerhaft
15	Ia	ohne	OZ 2	37	110 €	für 4 Jahre
15	Ia	ohne	OZ 2	41	50 €	dauerhaft
15	Ia	ohne	OZ 2	43	50 €	dauerhaft
15	Ia	ohne	OZ 2	45	50 €	dauerhaft
15	Ib	Ia nach 8 Jahren	OZ 1	39	110 €	für 4 Jahre
15	Ib	Ia nach 8 Jahren	OZ 1	43	50 €	dauerhaft
15	Ib	Ia nach 8 Jahren	OZ 1	45	50 €	dauerhaft
15	Ib	Ia nach 8 Jahren	OZ 2	37	110 €	für 4 Jahre

Entgelt-gruppe	Ver-gütungs-gruppe bei In-Kraft-Treten TVÜ	Aufstieg	Orts-zuschlag Stufe 1, 2	Lebens-alters-stufe	Höhe Aus-gleichs-betrag	Dauer
			bei In-Kraft-Treten TVÜ			
15	Ib	Ia nach 8 Jahren	OZ 2	41	50 €	dauerhaft
15	Ib	Ia nach 8 Jahren	OZ 2	43	50 €	dauerhaft
15	Ib	Ia nach 8 Jahren	OZ 2	45	50 €	dauerhaft
15	Ib	Ia nach 4 Jahren	OZ 1	39	110 €	für 4 Jahre
15	Ib	Ia nach 4 Jahren	OZ 1	43	50 €	dauerhaft
15	Ib	Ia nach 4 Jahren	OZ 1	45	50 €	dauerhaft
15	Ib	Ia nach 4 Jahren	OZ 2	37	110 €	für 4 Jahre
15	Ib	Ia nach 4 Jahren	OZ 2	41	50 €	dauerhaft
15	Ib	Ia nach 4 Jahren	OZ 2	43	50 €	dauerhaft
15	Ib	Ia nach 4 Jahren	OZ 2	45	50 €	dauerhaft
15 Ü	I	ohne	OZ 2	43	50 €	dauerhaft
15 Ü	I	ohne	OZ 2	45	50 €	dauerhaft

* Der Strukturausgleich wird frühestens ab dem 1. März 2009 geleistet.

B.
Pflegepersonal im Sinne der Anlage 1b zum BAT/BAT-O

Entgeltgruppe	Vergütungsgruppe	Ortszuschlag Stufe 1/2	Überleitung aus		nach	für	Betrag Tarifgebiet West
			VergGr.	Stufe			
12a	Kr. XII 5 Jahre Kr. XII	OZ 2	Kr. XII	6	1 Jahr	6 Jahre	90 €
11b	Kr. XI 5 Jahre Kr. XII	OZ 2	Kr. XI	6	1 Jahr	6 Jahre	150 €
		OZ 1	Kr. XI	6	1 Jahr	6 Jahre	90 €
			Kr. XI	7	2 Jahren	5 Jahre	130 €
11a	Kr. X 5 Jahre Kr. XI	OZ 2	Kr. X	4	5 Jahren	2 Jahre	220 €
			Kr. X	5	3 Jahren	4 Jahre	300 €
		OZ 1	Kr. X	5	3 Jahren	4 Jahre	190 €
			Kr. X	6	1 Jahr	6 Jahre	260 €
10a	Kr. IX 5 Jahre Kr. X	OZ 2	Kr. IX	5	3 Jahren	2 Jahre, danach dauerhaft	270 € 20 €
			Kr. IX	6	4 Jahren	dauerhaft	35 €
			Kr. X	7	2 Jahren	dauerhaft	35 €
			Kr. X	8	2 Jahren	dauerhaft	35 €
		OZ 1	Kr. IX	5	3 Jahren	2 Jahre	170 €
			Kr. IX	6	1 Jahr	4 Jahre	240 €
9d	Kr. VIII 5 Jahre Kr. IX	OZ 2	Kr. VIII	5	6 Jahren	dauerhaft	15 €
			Kr. VIII	6	1 Jahr	3 Jahre, danach dauerhaft	140 € 15 €

Entgeltgruppe	Vergütungsgruppe	Ortszuschlag Stufe 1/2	Überleitung aus		nach	für	Betrag Tarifgebiet West
			VergGr.	Stufe			
			Kr. IX	7	2 Jahren	dauerhaft	30 €
			Kr. IX	8	2 Jahren	dauerhaft	20 €
		OZ 1	Kr. VIII	6	1 Jahr	1 Jahr, danach dauerhaft	200 € 60 €
9c	Kr. VII 5 Jahre Kr. VIII	OZ 2	Kr. VII	4	4 Jahren	2 Jahre, danach für 4 Jahre	55 € 110 €
			Kr. VII	5	4 Jahren	3 Jahre	80 €
			Kr. VII	6	1 Jahr	6 Jahre	140 €
		OZ 1	Kr. VII	5	3 Jahren	2 Jahre, danach für 5 Jahre	150 € 60 €
			Kr. VIII	6	1 Jahr	9 Jahre	150 €
			Kr. VIII	7	2 Jahren	5 Jahre	100 €
9b	Kr. VII	OZ 2	Kr. VII	5	4 Jahren	3 Jahre	45 €
			Kr. VII	6	2 Jahren	2 Jahre, danach für 3 Jahre	40 € 100 €
			Kr. VII	7	2 Jahren	dauerhaft	10 €
			Kr. VII	8	2 Jahren	dauerhaft	10 €
		OZ 1	Kr. VII	6	6 Jahren	1 Jahr	60 €
			Kr. VII	7	4 Jahren	3 Jahre	60 €
9b	Kr. VI 5 Jahre Kr. VII	OZ 2	Kr. VI	6	1 Jahr	6 Jahre	90 €
			Kr. VII	6	1 Jahr	4 Jahre	90 €

Entgelt-gruppe	Ver-gütungs-gruppe	Ortszu-schlag Stufe 1/2	Über-leitung aus VergGr.	Stufe	nach	für	Betrag Tarif-gebiet West
			Kr. VII	7	2 Jahren	dauer-haft	10 €
			Kr. VII	8	2 Jahren	dauer-haft	10 €
		OZ 1	Kr. VI	5	3 Jahren	2 Jahre	240 €
			Kr. VI	6	1 Jahr	1 Jahr	200 €
			Kr. VII	7	4 Jahren	3 Jahre	65 €
9b	Kr. VI 7 Jahre Kr. VII	OZ 2	Kr. VI	6	4 Jahren	3 Jahre	90 €
			Kr. VI	7	1 Jahr	1 Jahr, danach für 5 Jahre	200 € 120 €
			Kr. VII	8	2 Jahren	dauer-haft	10 €
		OZ 1	Kr. VI	5	4 Jahren	4 Jahre	50 €
			Kr. VI	7	1 Jahr	1 Jahr, danach für 5 Jahre	190 € 20 €
9a	Kr. VI	OZ 2	Kr. VI	4	4 Jahren	3 Jahre	30 €
			Kr. VI	5	2 Jahren	5 Jahre	75 €
		OZ 1	Kr. VI	5	2 Jahren	8 Jahre	50 €
			Kr. VI	6	4 Jahren	3 Jahre	40 €
			Kr. VI	7	2 Jahren	5 Jahre	60 €
8a	Kr. Va 3 Jahre Kr. VI	OZ 2	Kr. Va	3	4 Jahren	7 Jahre	45 €
			Kr. VI	5	2 Jahren	5 Jahre	60 €
		OZ 1	Kr. VI	4	2 Jahren	9 Jahre	55 €
			Kr. VI	7	2 Jahren	5 Jahre	60 €

Entgelt-gruppe	Ver-gütungs-gruppe	Ortszu-schlag Stufe 1/2	Über-leitung aus		nach	für	Betrag Tarif-gebiet West
			VergGr.	Stufe			
8a	Kr. Va 5 Jahre Kr. VI	OZ 2	Kr. Va	3	4 Jahren	7 Jahre	45 €
			Kr. VI	5	2 Jahren	5 Jahre	
		OZ 1	Kr. Va	3	4 Jahren	3 Jahre	55 €
			Kr. Va	4	2 Jahren	9 Jahre	55 €
			Kr. VI	4	2 Jahren	8 Jahre	55 €
			Kr. VI	7	2 Jahren	5 Jahre	60 €
8a	Kr. V 6 Jahre Kr. VI	OZ 2	Kr. V	2	6 Jahren	7 Jahre	30 €
			Kr. V	3	4 Jahren	7 Jahre	35 €
			Kr. VI	5	2 Jahren	5 Jahre	60 €
		OZ 1	Kr. V	3	2 Jahren	7 Jahre	120 €
			Kr. VI	4	2 Jahren	9 Jahre	55 €
			Kr. VI	7	2 Jahren	5 Jahre	60 €
8a	Kr. V 4 Jahre Kr. Va 2 Jahre Kr. VI	OZ 2	Kr. V	2	6 Jahren	7 Jahre	60 €
			Kr. Va	3	4 Jahren	7 Jahre	60 €
			Kr. VI	4	3 Jahren	4 Jahre	25 €
			Kr. VI	5	1 Jahr	2 Jahre, danach für 4 Jahre	25 € 80 €
			Kr. VI	7	1 Jahr	1 Jahr	40 €
			Kr. VI	8	1 Jahr	1 Jahr	40 €
		OZ 1	Kr. Va	3	2 Jahren	5 Jahre	55 €
			Kr. VI	4	2 Jahren	4 Jahre danach für 5 Jahre	70 € 20 €
			Kr. VI	7	2 Jahre	5 Jahre	55 €

Entgelt-gruppe	Ver-gütungs-gruppe	Ortszu-schlag Stufe 1/2	Über-leitung aus		nach	für	Betrag Tarif-gebiet West
			VergGr.	Stufe			
7a	Kr. V 4 Jahre Kr. Va	OZ 2	Kr. V	3	4 Jahren	7 Jahre	55 €
			Kr. Va	5	4 Jahren	3 Jahre	70 €
			Kr. Va	7	2 Jahren	dauer-haft	25 €
			Kr. Va	8	2 Jahren	dauer-haft	20 €
		OZ 1	Kr. Va	5	2 Jahren	9 Jahre	45 €
			Kr. Va	7	2 Jahren	5 Jahre	40 €
7a	Kr. V 5 Jahre Kr. Va	OZ 2	Kr. V	3	4 Jahren	7 Jahre	45 €
			Kr. V	4	2 Jahren	9 Jahre	100 €
			Kr. Va	5	4 Jahren	3 Jahre	90 €
			Kr. Va	7	2 Jahren	dauer-haft	25 €
			Kr. Va	8	2 Jahren	dauer-haft	20 €
		OZ 1	Kr. Va	5	2 Jahren	9 Jahre	45 €
			Kr. Va	7	2 Jahren	5 Jahre	40 €
7a	Kr. IV 2 Jah-re (Heb-ammen 1 Jahr, Altenpfle-gerinnen 3 Jahre) Kr. V 4 Jahre Kr. Va	OZ 2	Kr. V	3	2 Jahren (Alten-pfle-gerinnen nach 3 Jahren)	9 Jahre (Alten-pfle-gerinnen für 8 Jahre)	50 €
			Kr. Va	5	2 Jahren	5 Jahre	55 €
			Kr. Va	7	2 Jahren	dauer-haft	25 €
			Kr. Va	8	2 Jahren	dauer-haft	20 €
		OZ 1	Kr. V	4	4 Jahren	2 Jahre	20 €

Entgelt-gruppe	Ver-gütungs-gruppe	Ortszu-schlag Stufe 1/2	Über-leitung aus		nach	für	Betrag Tarif-gebiet West
			VergGr.	Stufe			
			Kr. Va	5	2 Jahren	9 Jahre	55 €
			Kr. Va	6	4 Jahren	3 Jahre	10 €
			Kr. Va	7	2 Jahren	5 Jahre	60 €
7a	Kr. IV 4 Jahre Kr. V	OZ 2	Kr. V	4	4 Jahren	dauer-haft	25 €
			Kr. V	5	6 Jahren	dauer-haft	25 €
			Kr. V	6	4 Jahren	dauer-haft	35 €
			Kr. V	7	2 Jahren	dauer-haft	65 €
			Kr. V	8	2 Jahren	dauer-haft	40 €
		OZ 1	Kr. IV	3	2 Jahren	3 Jahre	100 €
			Kr. V	6	2 Jahren	4 Jahre	40 €
			Kr. V	7	2 Jahren	4 Jahre	90 €
4a	Kr. III 4 Jahre Kr. IV	OZ 2	Kr. IV	3	2 Jahren	2 Jahre, danach für 7 Jahre	20 € 60 €
			Kr. IV	4	4 Jahren	3 Jahre	40 €
			Kr. IV	5	2 Jahren	5 Jahre	60 €
			Kr. IV	7	2 Jahren	dauer-haft	25 €
			Kr. IV	8	2 Jahren	dauer-haft	35 €
		OZ 1	Kr. IV	5	2 Jahren	9 Jahre	55 €
			Kr. IV	7	2 Jahren	5 Jahre	40 €
4a	Kr. II 2 Jahre Kr. III 4 Jahre Kr. IV	OZ 2	Kr. III	3	2 Jahren	9 Jahre	40 €
			Kr. IV	4	4 Jahren	3 Jahre	40 €

Entgeltgruppe	Vergütungsgruppe	Ortszuschlag Stufe 1/2	Überleitung aus		nach	für	Betrag Tarifgebiet West
			VergGr.	Stufe			
			Kr. IV	5	2 Jahren	5 Jahre	60 €
			Kr. IV	7	2 Jahren	dauerhaft	25 €
			Kr. IV	8	2 Jahren	dauerhaft	35 €
		OZ 1	Kr. IV	5	2 Jahren	9 Jahre	55 €
			Kr. IV	7	2 Jahren	5 Jahre	40 €
3a	Kr. I 3 Jahre Kr. II	OZ 2	Kr. I	2	1 Jahr	10 Jahr	55 €
			Kr. II	2	1 Jahr	1 Jahr	40 €
			Kr. II	7	4 Jahren	dauerhaft	15 €
			Kr. II	8	2 Jahren	dauerhaft	25 €
		OZ 1	Kr. I	2	1 Jahr	3 Jahre	30 €
			Kr. II	2	1 Jahr	3 Jahre	30 €
			Kr. II	4	2 Jahren	9 Jahre	35 €

Anlage 4 TVÜ-Länder
Vorläufige Zuordnung der Vergütungs- und Lohngruppen zu den Entgeltgruppen für ab dem 1. November 2006 stattfindende Eingruppierungsvorgänge (Länder)

Teil A

Beschäftigte mit Ausnahme der Lehrkräfte im Sinne des Teils B

Entgeltgruppe	Vergütungsgruppe	Lohngruppe
15	keine Stufe 6 Ia Ib mit Aufstieg nach Ia	–
14	keine Stufe 6 Ib ohne Aufstieg nach Ia	–

Entgelt- gruppe	Vergütungsgruppe	Lohngruppe
13	keine Stufe 6 Beschäftigte mit Tätigkeiten, die eine abgeschlossene wissenschaftliche Hochschulausbildung voraussetzen (IIa mit und ohne Aufstieg nach Ib) [ggf. Zulage nach § 17 Abs. 8 TVÜ] und weitere Beschäftigte, die nach der Vergütungsordnung zum BAT/BAT-O unmittelbar in II a eingruppiert sind.	–
12	keine Stufe 6 III mit Aufstieg nach IIa	–
11	keine Stufe 6 III ohne Aufstieg nach IIa IVa mit Aufstieg nach III	–
10	keine Stufe 6 IVa ohne Aufstieg nach III IVb mit Aufstieg nach IVa Va in den ersten sechs Monaten der Berufsausübung, wenn danach IVb mit Aufstieg nach IVa	–
9	IVb ohne Aufstieg nach IVa, (keine Stufe 6) Va mit Aufstieg nach IVb ohne weiteren Aufstieg nach IVa, (keine Stufe 6) Va ohne Aufstieg nach IVb, (Stufe 3 nach 5 Jahren in Stufe 2, Stufe 4 nach 9 Jahren in Stufe 3, keine Stufen 5 und 6) Vb mit Aufstieg nach IVb (keine Stufe 6) Vb ohne Aufstieg nach IVb (Stufe 3 nach 5 Jahren in Stufe 2, Stufe 4 nach 9 Jahren in Stufe 3, keine Stufen 5 und 6)	9 (Stufe 4 nach 7 Jahren in Stufe 3, keine Stufen 5 und 6)
8	Vc mit Aufstieg nach Vb Vc ohne Aufstieg nach Vb	8 mit Aufstieg nach 8a 7 mit Aufstieg nach 8 und 8a
7	Keine	7 mit Aufstieg nach 7a 6 mit Aufstieg nach 7 und 7a
6	VIb mit Aufstieg nach Vc VIb ohne Aufstieg nach Vc	6 mit Aufstieg nach 6a 5 mit Aufstieg nach 6 und 6a

Entgelt-gruppe	Vergütungsgruppe	Lohngruppe
5	VII mit Aufstieg nach VIb VII ohne Aufstieg nach VIb	5 mit Aufstieg nach 5a 4 mit Aufstieg nach 5 und 5a
4	Keine	4 mit Aufstieg nach 4a 3 mit Aufstieg nach 4 und 4a
3	Keine Stufe 6 VIII mit Aufstieg nach VII VIII ohne Aufstieg nach VII	3 mit Aufstieg nach 3a 2a mit Aufstieg nach 3 und 3a 2 mit Aufstieg nach 2a, 3 und 3a 2 mit Aufstieg nach 2a und 3 (keine Stufe 6)
2 Ü	Keine	2 mit Aufstieg nach 2a 1 mit Aufstieg nach 2 und 2a
2	IXb mit Aufstieg nach VIII IXb mit Aufstieg nach IXa X mit Aufstieg nach IXb (keine Stufe 6)	1 mit Aufstieg nach 1a (keine Stufe 6)
1	Beschäftigte mit einfachsten Tätigkeiten, zum Beispiel	
	– Essens- und Getränkeausgeber/innen	
	– Garderobenpersonal	
	– Spülen und Gemüseputzen und sonstige Tätigkeiten im Haus- und Küchenbereich	
	– Reiniger/innen in Außenbereichen wie Höfe, Wege, Grünanlagen, Parks	
	– Wärter/innen von Bedürfnisanstalten	
	– Servierer/innen	
	– Hausarbeiter/innen	
	– Hausgehilfe/Hausgehilfin	
	– Bote/Botin (ohne Aufsichtsfunktion)	

Entgelt-gruppe	Vergütungsgruppe	Lohngruppe
	Ergänzungen können durch l andesbezirklichen Tarifvertrag geregelt werden. Hinweis: Diese Zuordnung gilt unabhängig von bisherigen tariflichen Zuordnungen zu Vergütungs-/Lohngruppen.	

Teil B
Lehrkräfte, für die nach Nr. 5 der Vorbemerkungen zu allen Vergütungsgruppen die Anlage 1a zum BAT/BAT-O nicht gilt

Entgelt-gruppe	Eingruppierung Lehrkräfte »Erfüller« Vergütungsgruppe	Eingruppierung Lehrkräfte »Nichterfüller« Vergütungsgruppe
15	Ia	–
14	Ib	–
13	IIa	IIa mit und ohne Aufstieg nach Ib
12	–	III mit Aufstieg nach IIa IIb mit Aufstieg nach IIa
11	III	IIb ohne Aufstieg nach IIa III ohne Aufstieg nach IIa IVa mit Aufstieg nach III
10	IVa	IVa ohne Aufstieg nach III IVb mit Aufstieg nach IVa
9	IVb Vb (Stufe 3 nach 5 Jahren in Stufe 2, Stufe 4 nach 9 Jahren in Stufe 3, keine Stufe 5)	IVb ohne Aufstieg nach IVa Vb mit Aufstieg nach IVb Vb ohne Aufstieg nach IVb (Stufe 3 nach 5 Jahren in Stufe 2, Stufe 4 nach 9 Jahren in Stufe 3, keine Stufe 5)
8	Vc	Vc ohne Aufstieg Vc mit Aufstieg nach Vb
7	–	–
6	–	VIb ohne Aufstieg VIb mit Aufstieg nach Vc VIb mit Aufstieg nach Vb

Anlage 5 (A/B) TVÜ-Länder

KR-Anwendungstabelle Gültig vom …								
Werte aus Entgeltgruppe allg. Tabelle	**Entgeltgruppe KR**	**Zuordnungen Vergütungsgruppen KR/ KR-Verläufe**	**Grundentgelt**		**Entwicklungsstufen**			
			Stufe 1	Stufe 2	Stufe 3	Stufe 4	Stufe 5	Stufe 6
EG 12	**12a**	**XII mit Aufstieg nach XIII**	–	–	…	… nach 2 J. St. 3	… nach 3 J. St. 4	–
EG 11	**11b**	**XI mit Aufstieg nach XII**	–	–		…	…	–
EG 11	**11a**	**X mit Aufstieg nach XI**	–	–	…	… nach 2 J. St. 3	… nach 5 J. St. 4	–
EG 10	**10a**	**IX mit Aufstieg nach X**	–	–	…	… nach 2 J. St. 3	… nach 3 J. St. 4	–
EG 9, EG 9b	**9d**	**VIII mit Aufstieg nach IX**	–	–	…	… nach 4 J. St. 3	… nach 2 J. St. 4	–
	9c	**VII mit Aufstieg nach VIII**	–	–	…	… nach 5 J. St. 3	… nach 5 J. St. 4	–
	9b	**VI mit Aufstieg nach VII**	–	–	…	… nach 5 J. St. 3	… nach 5 J. St. 4	–
		VII ohne Aufstieg						

KR-Anwendungstabelle
Gültig vom …

Werte aus Entgeltgruppe allg. Tabelle	Entgeltgruppe KR	Zuordnungen Vergütungsgruppen KR/ KR-Verläufe	Grundentgelt		Entwicklungsstufen			
			Stufe 1	Stufe 2	Stufe 3	Stufe 4	Stufe 5	Stufe 6
	9a	**VI ohne Aufstieg**	–	–	…	… nach 5 J. St. 3	… nach 5 J. St. 4	–
EG 7, EG 8, EG 9b	**8a**	**Va mit Aufstieg nach VI**	–	…	…	…	…	…
		V mit Aufstieg nach Va und VI						
		V mit Aufstieg nach VI	…					
EG 7, EG 8	**7a**	**V mit Aufstieg nach Va**	–	…	…	…	…	…
		IV mit Aufstieg nach V und Va	…					
		IV mit Aufstieg nach V						–
EG 4, EG 6	**4a**	**II mit Aufstieg nach III und IV**	…	…	…	…	…	…
		III mit Aufstieg nach IV						
EG 3, EG 4	**3a**	**I mit Aufstieg nach II**	…	…	…	…	…	…

In den Entgeltgruppen KR 11b und KR 12a erhöht sich der Tabellenwert nach 5 Jahren in Stufe 5 um … Euro. Anmerkung: Die aktuellen Tabellenentgelte für Pflegekräfte sind ab 1. Januar 2012 in Anlage C zum TV-L geregelt.

Niederschriftserklärungen zum TVÜ-Länder

1. Zu § 1:
Für den Fall des Wiedereintritts eines Landes in die Tarifgemeinschaft deutscher Länder (TdL) verpflichtet sich die TdL zur Aufnahme von Tarifverhandlungen über die Überleitung in den TV-L.

2. Zu § 2 Absatz 1:
Die Tarifvertragsparteien gehen davon aus, dass der TV-L und der TVÜ-Länder das bisherige Tarifrecht auch dann ersetzen, wenn arbeitsvertragliche Bezugnahmen nicht ausdrücklich den Fall der ersetzenden Regelung beinhalten.

3. Zu § 2 Absatz 4:
Mit Abschluss der Verhandlungen über die Anlage 1 TVÜ-Länder Teil B heben die Tarifvertragsparteien § 2 Absatz 4 auf.

4. Zu § 4:
Die Tarifvertragsparteien gehen davon aus, dass Ärzte, die am 31. Oktober 2006 die Bezeichnung »Oberarzt/Oberärztin« führen, ohne die Voraussetzungen für eine Eingruppierung als Oberärztin beziehungsweise Oberarzt nach § 12 TV-L zu erfüllen, die Berechtigung zur Führung ihrer bisherigen Bezeichnung nicht verlieren. Eine Eingruppierung nach Entgeltgruppe Ä 3 ist hiermit nicht verbunden.

5. Zu § 8 Absatz 2:
Die Neuberechnung des Vergleichsentgelts führt nicht zu einem Wechsel der Entgeltgruppe.

6. Zu § 8 Absatz 1 Satz 3 und Absatz 2 Satz 2 sowie § 9 Absatz 2 bis 4:
Eine missbräuchliche Entziehung der Tätigkeit mit dem ausschließlichen Ziel, eine Höhergruppierung bzw. eine Besitzstandszulage zu verhindern, ist nicht zulässig.

7. Zu § 10:
Die Tarifvertragsparteien stellen klar, dass die vertretungsweise Übertragung einer höherwertigen Tätigkeit ein Unterfall der vorübergehenden Übertragung einer höherwertigen Tätigkeit ist.

8. Zu § 12:
[1]Die Tarifvertragsparteien erkennen an, dass die Strukturausgleiche in einem Zusammenhang mit einer zukünftigen Entgeltordnung stehen. [2]Die Tarifvertragsparteien werden nach einer Vereinbarung einer neuen Entgeltordnung zum TV-L prüfen, ob und in welchem Umfang sie neben den bereits verbindlich vereinbarten Fällen, in denen Strukturausgleichsbeträge festgelegt sind, für einen Zeitraum bis längstens Ende 2015 in weiteren Fällen Regelungen, die auch in der Begrenzung der Zuwächse aus Strukturausgleichen bestehen können, vornehmen müssen. [3]Sollten zusätzliche Strukturausgleiche vereinbart werden, sind die sich daraus ergebenden Kostenwirkungen in der Entgeltrunde 2009 zu berücksichtigen.

9. Zu § 17 Absatz 8:
Mit dieser Regelung ist keine Entscheidung über Zuordnung und Fortbestand/Besitzstand der Zulage im Rahmen einer neuen Entgeltordnung verbunden.

9a. Zu § 20 Absatz 2:
Eine Lehrkraft, die in eine individuelle Endstufe übergeleitet wurde, erhält nach einem Harmonisierungsschritt mindestens den Tabellenwert der für ihre Entgeltgruppe maßgebenden letzten Tabellenstufe, wenn dieser den Betrag der neuen individuellen Endstufe übersteigt.

9b. Zu § 29a:
Die Tarifvertragsparteien erkennen die Komplexität der Verhandlungsmaterie an. Sie werden gegebenenfalls nicht erkannte Regelungsmaterie auf der Basis der bisherigen Verhandlungsgrundlage (keine strukturellen Veränderungen) lösen.

9c. Zu § 29a Absatz 3 Satz 4:
Die Tarifvertragsparteien stimmen darin überein, dass die Frage, inwieweit sich übertariflich gewährte Leistungen vermindern, von der arbeitsvertraglichen Regelung abhängt.

10. Zu § 30 Absatz 1:
[1]Im Hinblick auf die notwendigen personalwirtschaftlichen, organisatorischen und technischen Vorarbeiten für die Überleitung der vorhandenen Beschäftigten in den TV-L sehen die Tarifvertragsparteien die Problematik einer fristgerechten Umsetzung der neuen Tarifregelungen zum 1. November 2006. [2]Sie bitten die personalverwaltenden und bezügezahlenden Stellen, im Interesse der Beschäftigten gleichwohl eine terminnahe Überleitung zu ermöglichen und die Zwischenzeit mit zu verrechnenden Abschlagszahlungen zu überbrücken.

C. Tarifvertrag über die Arbeitsbedingungen der Personenkraftwagenfahrer der Länder (Pkw-Fahrer-TV-L)

vom 12. Oktober 2006, in der Fassung des Änderungstarifvertrages Nr. 9 vom 9. Dezember 2023

§ 1 Geltungsbereich

(1) [1]Dieser Tarifvertrag gilt für die unter den Tarifvertrag für den öffentlichen Dienst der Länder (TV-L) fallenden Personenkraftwagenfahrer und Personenkraftwagenfahrerinnen (Fahrer/Fahrerinnen) der Länder. [2]Ferner gilt dieser Tarifvertrag für die unter den Tarifvertrag für den öffentlichen Dienst der Länder (TV-L) fallenden Kraftfahrer von Leichenwagen der Gerichtsmedizin des Landes Berlin.

(2) Er gilt nicht für Fahrer und Fahrerinnen, die nicht oder nur gelegentlich über die regelmäßige Arbeitszeit (§ 6 Absatz 1 TV-L) hinaus beschäftigt werden.

Protokollerklärungen zu § 1:

1. [1]Personenkraftwagenfahrer und Personenkraftwagenfahrerinnen sind die ständig eingeteilten Fahrer und Fahrerinnen von Kraftfahrzeugen, die nach ihrer Bauart und Ausstattung zur Beförderung von nicht mehr als neun Personen einschließlich Fahrer/Fahrerin geeignet und bestimmt sind. [2]Zu den Personenkraftwagenfahrern/Personenkraftwagenfahrerinnen gehören ferner die ständig eingeteilten Fahrer/Fahrerinnen von Kombinationskraftwagen mit höchstens acht fest eingebauten Fahrgastsitzen sowie die Fahrer/Fahrerinnen von Krankentransportwagen.
2. [1]Ein Fahrer/eine Fahrerin ist dann nicht nur gelegentlich über die regelmäßige Arbeitszeit hinaus beschäftigt, wenn er/sie im vorangegangenen Kalenderhalbjahr in einem Monat mindestens 15 Überstunden geleistet hat. [2]Er/sie bleibt in der Pauschalgruppe, wenn im Durchschnitt des laufenden Kalenderhalbjahres die für die jeweilige Pauschalgruppe erforderliche Arbeitszeit erfüllt wird. [3]Ist der Fahrer/die Fahrerin im vorangegangenen Kalenderhalbjahr infolge Erkrankung oder Unfalls mindestens drei Monate arbeitsunfähig gewesen, sind auch die Überstunden zu berücksichtigen, die er/sie ohne die Arbeitsunfähigkeit geleistet hätte.

§ 2 Arbeitszeit, höchstzulässige Arbeitszeit

(1) [1]Die Arbeitszeit umfasst Lenkzeiten, Vor- und Abschlussarbeiten, Reparaturarbeiten, Wagenpflege, Wartezeiten, Wartungsarbeiten und sonstige

Arbeit. [2]Die höchstzulässige Arbeitszeit richtet sich grundsätzlich nach den Vorschriften des Arbeitszeitgesetzes.

(2) [1]Die höchstzulässige Arbeitszeit kann im Hinblick auf die in ihr enthaltenen Wartezeiten auf bis zu 15 Stunden täglich ohne Ausgleich verlängert werden, wenn der Fahrer/die Fahrerin schriftlich einwilligt und geeignete Maßnahmen zur Gewährleistung des Gesundheitsschutzes getroffen sind (§ 7 Absatz 2a Arbeitszeitgesetz); sie darf im Tarifgebiet West 268 Stunden und im Tarifgebiet Ost 272,5 Stunden im Kalendermonat ohne Freizeitausgleich nicht übersteigen. [2]Geeignete Maßnahmen zur Gewährleistung des Gesundheitsschutzes sind insbesondere das Recht des Fahrers/der Fahrerin zu einer jährlichen, für den Beschäftigten kostenfreien arbeitsmedizinischen Untersuchung bei einem vom Arbeitgeber bestimmten Arzt (unbeschadet der Pflichten aus anderen Rechtsvorschriften) und/oder die Gewährung eines Freizeitausgleichs möglichst durch ganze Tage oder durch zusammenhängende arbeitsfreie Tage zur Regenerationsförderung. [3]Gemäß § 7 Absatz 1 Nr. 3 in Verbindung mit Absatz 2a Arbeitszeitgesetz wird zugleich die Ruhezeit auf bis zu 9 Stunden verkürzt, wenn die ordnungsgemäße Durchführung des betreffenden Fahrdienstes dies erfordert. [4]Die Kürzung der Ruhezeit ist bis zum Ende der folgenden Woche auszugleichen.

(3) [1]Muss die höchstzulässige monatliche Arbeitszeit nach Absatz 2 Satz 1 aus zwingenden dienstlichen oder betrieblichen Gründen ausnahmsweise überschritten werden, so sind die Stunden, die über 268 beziehungsweise 272,5 Stunden hinausgehen, im Laufe des kommenden oder des darauf folgenden Monats durch Erteilung entsprechender Freizeit auszugleichen; ferner ist der Zeitzuschlag für Überstunden nach § 8 Absatz 1 Satz 2 Buchstabe a TV-L zu zahlen. [2]Die Zahlung einer geldlichen Entschädigung anstelle der Erteilung entsprechender Freizeit ist aus Gründen des Gesundheitsschutzes (Absatz 2 Satz 1) unzulässig.

(4) Bei der Ermittlung der höchstzulässigen monatlichen Arbeitszeit nach Absatz 2 Satz 1 sind Ausfallzeiten (§ 3 Absatz 3) einzurechnen; für einen Ausfalltag sind im Tarifgebiet West höchstens 10 Stunden und im Tarifgebiet Ost höchstens 10,5 Stunden anzusetzen.

Protokollerklärung zu § 2:

[1]Die regelmäßige Arbeitszeit des Fahrers/der Fahrerin nach § 6 Absatz 1 TV-L bleibt unberührt. [2]Soweit die höchstzulässige Arbeitszeit nach Absatz 2 Satz 1 zweiter Halbsatz nicht überschritten wird, ist § 6 Absatz 2 TV-L mit der Maßgabe anwendbar, dass bei der Berechnung auf das jeweilige Kalenderhalbjahr abzustellen ist.

§ 3 Monatsarbeitszeit

(1) Die Arbeitszeit, die in einem Kalendermonat im Rahmen von § 2 geleistet wird, ist die Monatsarbeitszeit.

(2) [1]Für die Ermittlung der Monatsarbeitszeit gilt als tägliche Arbeitszeit die Zeit vom Arbeitsbeginn bis zur Beendigung der Arbeit, gekürzt um die dienstplanmäßigen Pausen. [2]Bei ununterbrochener dienstlicher Abwesenheit des Fahrers/der Fahrerin von der Dienststelle zwischen 12 und 14 Uhr oder bei einer Dienstreise zwischen 6 und 12 Stunden findet keine Kürzung statt, bei einer eintägigen Dienstreise über 12 Stunden wird einheitlich eine Kürzung von 30 Minuten vorgenommen.

(3) Im Falle

- eines Erholungsurlaubs, Zusatzurlaubs (§§ 26, 27 TV-L),
- einer Arbeitsunfähigkeit infolge Erkrankung oder Unfalls,
- einer Arbeitsbefreiung unter Entgeltfortzahlung (§ 29 TV-L),
- einer Qualifizierung in überwiegend dienstlichem oder betrieblichem Interesse unter Zahlung des Entgelts,
- eines ganztägigen Freizeitausgleichs nach § 2 Absatz 3 Satz 1,
- eines ganzen oder teilweisen Ausfalls wegen der Tätigkeit als Mitglied einer Personalvertretung/eines Betriebsrates,
- eines ganzen oder teilweisen Ausfalls infolge eines Wochenfeiertages

sind für jeden Arbeitstag folgende Stunden pauschal anzusetzen:

a) bei ständiger Verteilung der regelmäßigen wöchentlichen Arbeitszeit auf 5 Werktage bei Fahrern/Fahrerinnen der

	Tarifgebiet West	**Tarifgebiet Ost**
Pauschalgruppe I	8,65 Stunden	9 Stunden
Pauschalgruppe II	9,65 Stunden	10 Stunden
Pauschalgruppe III	10,65 Stunden	11 Stunden
Pauschalgruppe IV	11,65 Stunden	12 Stunden
Ständige persönliche Fahrer/Fahrerinnen	11,65 Stunden	12 Stunden

b) bei ständiger Verteilung der regelmäßigen wöchentlichen Arbeitszeit auf 6 Werktage oder ständig wechselnd auf 6 beziehungsweise 5 Werktage bei Fahrern/Fahrerinnen der

	Tarifgebiet West	**Tarifgebiet Ost**
Pauschalgruppe I	7,65 Stunden	8 Stunden
Pauschalgruppe II	8,65 Stunden	9 Stunden
Pauschalgruppe III	9,65 Stunden	10 Stunden
Pauschalgruppe IV	10,65 Stunden	11 Stunden
Ständige persönliche Fahrer/Fahrerinnen	10,65 Stunden	12 Stunden

(4) [1]Jeder Tag einer mehrtägigen Dienstreise ist mit 12 Stunden anzusetzen. [2]Für die Berechnung der Zeitzuschläge nach § 4 Absatz 4 ist bei mehrtägigen Dienstreisen wie folgt zu verfahren: [3]Beginnt die mehrtägige Dienstreise nach 12.00 Uhr, ist für diesen Tag die Zeit von 12.00 bis 24.00 Uhr, endet die mehrtägige Dienstreise vor 12.00 Uhr, ist für diesen Tag die Zeit von 0.00 bis 12.00 Uhr, für alle übrigen Tage die Zeit von 8.00 bis 20.00 Uhr anzusetzen.

(5) Bei Arbeitsbefreiung (§ 29 TV-L) oder Beurlaubung (§ 28 TV-L) ohne Entgeltfortzahlung werden die Stunden angesetzt, die der Fahrer/die Fahrerin ohne diese Ausfallsgründe innerhalb der regelmäßigen Arbeitszeit (§ 6 Absatz 1 TV-L) geleistet hätte.

Protokollerklärung zu den Absätzen 3 und 4:

1. Zur Tätigkeit als Mitglied einer Personalvertretung/eines Betriebsrates gemäß Absatz 3 gehören auch mehrtägige Reisen, die zur Erfüllung der Personalrats-/Betriebsratsaufgaben notwendig sind und für die nach den Landespersonalvertretungsgesetzen/§ 40 Absatz 1 Betriebsverfassungsgesetz Reisekostenvergütungen zu zahlen sind.
2. [1]Eine mehrtägige Dienstreise gemäß Absatz 4 liegt vor, wenn sie nach Ablauf des Kalendertages endet, an dem sie begonnen hat. [2]Der Pauschalansatz von 12 Stunden gilt auch für den Kalendertag, an dem eine mehrtägige Dienstreise beginnt oder endet und an dem weitere Arbeit geleistet wird beziehungsweise eine weitere Dienstreise geendet hat oder beginnt.

§ 4 Pauschalentgelt

(1) Für die Fahrer/Fahrerinnen wird ein Pauschalentgelt festgesetzt, mit dem das Tabellenentgelt (§ 15 Absatz 1 TV-L) sowie das Entgelt für Überstunden und Zeitzuschläge für Überstunden (§ 8 Absatz 1 Satz 2 Buchstabe a TV-L) abgegolten sind.

(2) [1]Die Höhe des Pauschalentgelts bemisst sich nach der durchschnittlichen Monatsarbeitszeit (§ 3) im vorangegangenen Kalenderhalbjahr in der jeweiligen Pauschalgruppe (§ 5) der Entgeltgruppe. [2]Bei Fahrern/Fahrerinnen, die im vorangegangenen Kalenderhalbjahr nicht als Fahrer/Fahrerinnen im Sinne dieses Tarifvertrages beschäftigt waren, bemisst sich die Höhe des Pauschalentgelts bis zum Schluss des laufenden Kalenderhalbjahres nach der Arbeitszeit (§ 2) im jeweiligen Kalendermonat. [3]Bei Fahrern/Fahrerinnen die zu einer anderen Dienststelle versetzt werden, richtet sich die Höhe des Pauschalentgelts bis zum Schluss des laufenden Kalenderhalbjahres nach der Monatsarbeitszeit (§ 3) im jeweiligen Kalendermonat bei der neuen Dienststelle.

(3) Die Beträge des Pauschalentgelts ergeben sich aus den Anlagen 1 bis 3 zu diesem Tarifvertrag.

(4) Neben dem Pauschalentgelt werden für die Arbeit an Sonntagen, gesetzlichen Wochenfeiertagen, Vorfesttagen, in der Nacht und an Samstagen Zeitzuschläge nach Maßgabe des § 8 Absatz 1 TV-L gezahlt.
(5) [1]Die Pauschalentgelte in den Anlagen 1 bis 3 werden um denselben Vomhundertsatz verändert, um den sich die Tabellenentgelte bei einer allgemeinen Entgelterhöhung verändern. [2]Die Tarifvertragsparteien werden diese Anpassung zum Zeitpunkt des Wirksamwerdens einer allgemeinen Entgelterhöhung ohne Kündigung vereinbaren.

§ 5 Pauschalgruppen

(1) Entsprechend ihrer Monatsarbeitszeit (§ 3) sind die Fahrer/Fahrerinnen folgenden Pauschalgruppen zugeordnet:

	Tarifgebiet West	Tarifgebiet Ost
Pauschalgruppe I	ab 185 bis 196 Stunden	ab 189 bis 199 Stunden
Pauschalgruppe II	über 196 bis 221 Stunden	über 199 bis 224 Stunden
Pauschalgruppe III	über 221 bis 244 Stunden	über 224 bis 248 Stunden
Pauschalgruppe IV	über 244 bis 268 Stunden	über 248 bis 272,5 Stunden
Ständige persönliche Fahrer/Fahrerinnen	bis 288 Stunden	bis 292 Stunden

(2) Ständige persönliche Fahrer/Fahrerinnen im Sinne der Anlagen sind die ständigen persönlichen Fahrer/Fahrerinnen der Präsidenten der gesetzgebenden Körperschaften, der Mitglieder der Landesregierungen und der Staatssekretäre (in Baden-Württemberg und im Saarland: der ständigen Vertreter der Mitglieder der Landesregierung).
(3) [1]Die höchstzulässige Arbeitszeit der ständigen persönlichen Fahrer/Fahrerinnen soll im Tarifgebiet West 288 Stunden und im Tarifgebiet Ost 292 Stunden im Monat nicht überschreiten. [2]§ 2 Absatz 2 und 3 gilt entsprechend. [3]§ 2 Absatz 4 gilt mit der Maßgabe, dass die Stundensätze der Pauschalgruppe IV zugrunde zu legen sind. [4]Das Pauschalentgelt der ständigen persönlichen Fahrer/Fahrerin wird nur für die Zeit der tatsächlichen Dienstleistung in dieser Funktion gewährt.
(4) [1]Für den Fahrer/die Fahrerin erhöht sich bei Vertretung einer/eines ständigen persönlichen Fahrers/Fahrerin im Sinne des Absatzes 2 das Pauschalentgelt nach § 4 Absatz 2 für die Dauer der Vertretung um den jeweiligen Unterschiedsbetrag zwischen dem Pauschalentgelt der Pauschalgruppe IV und dem Pauschalentgelt, den er/sie als ständiger persönlicher Fahrer/Fahrerin im Sinne des Absatzes 2 erhalten würde. [2]§ 6 gilt entspre-

chend. [3]Bei Vertretung für die Zeit eines vollen Kalendermonats gilt Absatz 3 Satz 1 und 2 entsprechend. [4]Bei Vertretung für einzelne Arbeitstage erhöht sich die höchstzulässige Arbeitszeit des Kalendermonats (§ 2 Absatz 2) für jeden Arbeitstag um eine Stunde, höchstens jedoch im Tarifgebiet West auf 288 Stunden und im Tarifgebiet Ost auf 292 Stunden im Kalendermonat; § 2 Absatz 2 und 3 gilt entsprechend.

§ 6 Anteiliges Pauschalentgelt

Endet das Arbeitsverhältnis im Laufe eines Kalendermonats oder steht das Pauschalentgelt aus einem sonstigen Grunde nicht für den ganzen Kalendermonat zu, wird nur der Teil des Pauschalentgelts gezahlt, der auf den Anspruchszeitraum entfällt.

§ 7 Sicherung des Pauschalentgelts

(1) [1]Fahrer/Fahrerinnen mit mindestens fünfjähriger ununterbrochener Beschäftigung bei demselben Arbeitgeber nach diesem Tarifvertrag, dem Pkw-Fahrer-TV L vom 10. Februar 1965, dem TV Kraftfahrer-O-TdL vom 8. Mai 1991 und/oder dem Pkw-Fahrer-TV HH vom 10. Februar 1965, die infolge eines Unfalles, welcher nach In-Kraft-Treten dieses Tarifvertrages in Ausübung oder infolge der Arbeit ohne Vorsatz oder grobe Fahrlässigkeit erlitten wurde, nicht mehr als Fahrer/Fahrerin weiterbeschäftigt werden, erhalten eine persönliche Zulage. [2]Dies gilt nicht für Fahrer/Fahrerinnen der Pauschalgruppe I.

(2) [1]Die Zulage wird in Höhe der Differenz zwischen dem Pauschalentgelt aus der nächst niedrigeren Pauschalgruppe (einschließlich der Zeitzuschläge nach § 4 Absatz 4) als derjenigen Pauschalgruppe, der der Fahrer/die Fahrerin zuletzt in der bisherigen Tätigkeit angehört hat, und dem ersten vollen Tabellenentgelt in der neuen Tätigkeit einschließlich bezahlte Überstunden gewährt, sofern dieses geringer ist.

(3) [1]Gehörte der Fahrer/die Fahrerin in den letzten zwei Jahren in der bisherigen Tätigkeit mehr als ein halbes Jahr einer niedrigeren Pauschalgruppe an, tritt an die Stelle der nächst niedrigeren die unmittelbar unter der nächst niedrigeren liegende Pauschalgruppe. [2]Fahrer der Pauschalgruppe II erhalten in diesem Fall keine persönliche Zulage.

(4) Bei ständigen persönlichen Fahrern/Fahrerinnen, die weniger als zwei Jahre als solche beschäftigt waren, tritt in Absatz 2 an die Stelle der Pauschalgruppe IV die Pauschalgruppe III.

(5) Die Zulage vermindert sich nach Ablauf von jeweils einem Jahr um ein Viertel der ursprünglichen Höhe.

(6) Die Absätze 1 bis 5 gelten entsprechend

a) für Fahrer/Fahrerinnen nach zehnjähriger ununterbrochener Beschäftigung als Fahrer/Fahrerin bei demselben Arbeitgeber, davon die letzten fünf Jahre als Fahrer/Fahrerin im Sinne dieses Tarifvertrages und/oder des Pkw-Fahrer-TV L, des TV Kraftfahrer-O-TdL beziehungsweise des Pkw-Fahrer-TV HH, wenn die Leistungsminderung durch eine Gesundheitsschädigung hervorgerufen wurde, die durch fortwirkende schädliche Einflüsse der Arbeit eingetreten ist,
b) für mindestens 55 Jahre alte Fahrer/Fahrerinnen nach fünfzehnjähriger ununterbrochener Beschäftigung als Fahrer/Fahrerin bei demselben Arbeitgeber, davon die letzten fünf Jahre als Fahrer/Fahrerin im Sinne dieses Tarifvertrages und/oder des Pkw-Fahrer-TV L, des TV Kraftfahrer-O-TdL beziehungsweise des Pkw-Fahrer-TV HH, wenn die Leistungsminderung durch Abnahme der körperlichen Kräfte und Fähigkeiten infolge langjähriger Arbeit verursacht wurde,
c) für Fahrer/Fahrerinnen nach fünfundzwanzigjähriger ununterbrochener Beschäftigung als Fahrer/Fahrerin bei demselben Arbeitgeber, davon die letzten fünf Jahre als Fahrer/Fahrerin im Sinne dieses Tarifvertrages und/oder des Pkw-Fahrer-TV L, des TV Kraftfahrer-O-TdL beziehungsweise des Pkw-Fahrer-TV HH, wenn die Leistungsminderung durch Abnahme der körperlichen Kräfte und Fähigkeiten infolge langjähriger Arbeit verursacht wurde.

§ 8 Übergangsvorschrift für am 31. Oktober 2006/ 1. November 2006 vorhandene Fahrer/Fahrerinnen

(1) Für die am 31. Oktober 2006 vorhandenen Fahrer/Fahrerinnen, deren Arbeitsverhältnisse zu demselben Arbeitgeber über den 31. Oktober 2006 hinaus fortbestehen und die am 1. November 2006 unter den Geltungsbereich des TV-L fallen, gelten die nachfolgenden besonderen Regelungen.

(2) [1]Ein Fahrer/eine Fahrerin ist dann nicht nur – im Sinne des § 1 – gelegentlich über die regelmäßige Arbeitszeit hinaus beschäftigt, wenn er/sie im vorangegangenen Kalenderhalbjahr in mehr als 6 Wochen Überstunden geleistet hat. [2]Ist der Fahrer/die Fahrerin im vorangegangenen Kalenderhalbjahr infolge Erkrankung oder Unfalls mindestens 3 Monate arbeitsunfähig gewesen, sind auch die Überstunden zu berücksichtigen, die er/sie ohne Arbeitsunfähigkeit geleistet hätte.

(3) Die Beträge des Pauschalentgelts ergeben sich aus den Anlagen 1 bis 3 zu diesem Tarifvertrag.

(4) Abweichend von § 5 Abs. 1 beläuft sich die Monatsarbeitszeit bei Pauschalgruppe I im Tarifgebiet West ab 170 bis 196 Stunden und im Tarifgebiet Ost ab 174 bis 199 Stunden.

(5) Für die seit dem 31. Januar 1977 von dem Pkw-Fahrer-TV L beziehungsweise Pkw-Fahrer-TV HH vom 10. Februar 1965 erfassten Fahrer/Fahrerinnen gilt als Besitzstand die Regelung in Anlage A.

Protokollerklärung zu § 8:
Vorhandene Fahrer/Fahrerinnen im Sinne dieser Vorschrift sind alle über den 31. Oktober 2006 hinaus bei demselben Arbeitgeber beschäftigten Fahrer/Fahrerinnen, unabhängig davon, ob sie in den Geltungsbereich der Pkw-Fahrer-Tarifverträge gefallen sind.

§ 9 Überleitungs- und Besitzstandsregelung

(1) [1]Die Überleitung der Fahrer/Fahrerinnen, die unter den Geltungsbereich des Tarifvertrages zur Überleitung der Beschäftigten der Länder in den TV-L und zur Regelung des Übergangsrechts (TVÜ-Länder) fallen, am 1. November 2006 bestimmt sich nach dem vorgenannten Tarifvertrag. [2]Die dem Pauschalentgelt zu Grunde liegende Lohngruppe bildet die Grundlage für die Zuordnung nach den §§ 4 ff. TVÜ-Länder.
(2) In die Pauschalentgelttabelle (§ 8 Absatz 3) werden sie am 1. November 2006 auf der Grundlage der am 31. Oktober 2006 zustehenden Lohngruppe und der erreichten Jahre in den Lohnstufen der Anlage 3 zum Pkw-Fahrer-TV L vom 10. Februar 1965, der Anlagen 1c und 2c zum Pkw-Fahrer-TV HH vom 10. Februar 1965 und der Anlage 3 zum TV Kraftfahrer-O-TdL vom 8. Mai 1991 übergeleitet.

§ 10 In-Kraft-Treten

(1) Dieser Tarifvertrag tritt am 1. November 2006 in Kraft und ersetzt den Pkw-Fahrer-TV L vom 10. Februar 1965, den Pkw-Fahrer-TV HH vom 10. Februar 1965 und den TV Kraftfahrer-O-TdL vom 8. Mai 1991.
(2) Dieser Tarifvertrag kann mit einer Frist von 3 Monaten zum Schluss eines Kalendervierteljahres schriftlich gekündigt werden.

Anlage A

(1) [1]Die am 31. Januar 1977 von § 7 des Pkw-Fahrer-TV L beziehungsweise Pkw-Fahrer-TV HH vom 10. Februar 1965 erfassten Fahrer/Fahrerinnen erhalten mit Wirkung vom 1. Februar 1977 für die Dauer ihres bestehenden Arbeitsverhältnisses, solange sie ununterbrochen unter die Tarifverträge vom 10. Februar 1965 und unter diesen Tarifvertrag fallen, eine monatlich zu berechnende nicht zusatzversorgungspflichtige Besitzstandszulage nach folgenden Maßgaben:

[2]Erreicht die monatliche Summe der Zeitzuschläge nach § 4 Absatz 4
bei einem Fahrer/einer Fahrerin
in Pauschalgruppe I nicht den Betrag von 38,35 €,
in Pauschalgruppe II nicht den Betrag von 63,91 €,
in den Pauschalgruppen III und IV nicht den Betrag von 76,69 €,
bei einem ständigen Fahrer/einer ständigen Fahrerin
nicht den Betrag von 97,15 €,
wird als Besitzstandszulage der jeweilige Unterschiedsbetrag gezahlt.
[3]Für die Berechnung des Unterschiedsbetrages sind gegenüberzustellen der Betrag der Pauschalgruppe, in der sich der Fahrer/die Fahrerin in dem betreffenden Monat befindet, und die Summe der Zeitzuschläge nach § 4 Absatz 4, die sich nach § 8 Absatz 1 TV-L für diesen Monat ergibt.

Protokollerklärung zu Absatz 1 Satz 2:
Für den Bereich der Freien und Hansestadt Hamburg tritt
an die Stelle des Betrages von 38,35 € der Betrag von 40,90 €,
an die Stelle des Betrages von 63,91 € der Betrag von 69,02 €,
an die Stelle des Betrages von 76,69 € der Betrag von 81,81 €,
an die Stelle des Betrages von 97,15 € der Betrag von 104,81 €.

(2) Auf die für die Berechnung der Besitzstandszulage nach Absatz 1 maßgebenden festen Beträge ist § 6 entsprechend anzuwenden.
(3) Die Besitzstandszulage nach Absatz 1 ist bei der Fortzahlung des Entgelts nach § 26 Absatz 1 Satz 1 TV-L zu berücksichtigen.
(4) Die Besitzstandszulage nach Absatz 1 ist in die Berechnung der persönlichen Zulage nach § 7 einzubeziehen. Der entsprechende Teilbetrag der persönlichen Zulage ist kein zusatzversorgungspflichtiges Entgelt.

Anlage 1 zum Pkw-Fahrer-TV-L

Pauschalentgelt

(monatlich in Euro)
für Fahrer/Fahrerinnen der Länder Baden-Württemberg, Bayern, Berlin, Niedersachsen, Nordrhein-Westfalen, Rheinland-Pfalz, Schleswig-Holstein sowie des Saarlandes
– Gültig vom 1. November 2024 bis 31. Januar 2025 –

Pauschalgruppe	Übergeleitete Beschäftigte		Neueingestellte Beschäftigte	
	Stufen (§ 7 TVÜ-L)	Entgelt-gruppe 4	Stufen (§ 16 TV-L)	Entgelt-gruppe 4
Pauschalgruppe I				
bei einer Arbeitszeit ab 170 (Übergeleitete) bzw. ab 185 (Neueingestellte) bis 196 Std.	1.–4. Jahr	3354,54	1.–10. Jahr	3298,08
	5.–8. Jahr	3411,34		
	9.–12. Jahr	3193,36	11.–15. Jahr	3493,36
	ab 13. Jahr	3575,41	ab 16. Jahr	3575,41
Pauschalgruppe II				
bei einer Arbeitszeit von mehr als 196 bis 221 Std.	1.–4. Jahr	3638,50	1.–10. Jahr	3569,08
	5.–8. Jahr	3695,29		
	9.–12. Jahr	3777,32	11.–15. Jahr	3777,32
	ab 13. Jahr	3859,38	ab 16. Jahr	3859,38
Pauschalgruppe III				
bei einer Arbeitszeit von mehr als 221 bis 244 Std.	1.–4. Jahr	3938,26	1.–10. Jahr	3865,69
	5.–8. Jahr	3997,93		
	9.–12. Jahr	4084,80	11.–15. Jahr	4084,80
	ab 13. Jahr	4179,76	ab 16. Jahr	4179,76
Pauschalgruppe IV				
bei einer Arbeitszeit von mehr als 244 bis 268 Std.	1.–4. Jahr	4295,83	1.–10. Jahr	4193,33
	5.–8. Jahr	4357,65		
	9.–12. Jahr	4447,00	11.–15. Jahr	4447,00
	ab 13. Jahr	4536,32	ab 16. Jahr	4536,32
Ständige persönl. Fahrer/Fahrerinnen				
nach § 5 Absatz 2	1.–4. Jahr	4673,73	1.–10. Jahr	4556,92
	5.–8. Jahr	4735,54		
	9.–12. Jahr	4824,89	11.–15. Jahr	4824,89
	ab 13. Jahr	4914,17	ab 16. Jahr	4914,17

Anlage 1 zum Pkw-Fahrer-TV-L

Pauschalentgelt

(monatlich in Euro)
für Fahrer/Fahrerinnen der Länder Baden-Württemberg, Bayern, Berlin, Niedersachsen, Nordrhein-Westfalen, Rheinland-Pfalz, Schleswig-Holstein sowie des Saarlandes
– Gültig ab 1. Februar 2025 –

Pauschalgruppe	Übergeleitete Beschäftigte		Neueingestellte Beschäftigte	
	Stufen (§ 7 TVÜ-L)	Entgeltgruppe 4	Stufen (§ 16 TV-L)	Entgeltgruppe 4
Pauschalgruppe I				
bei einer Arbeitszeit ab 170 (Übergeleitete) bzw. ab 185 (Neueingestellte) bis 196 Std.	1.–4. Jahr	3539,04	1.–10. Jahr	3479,47
	5.–8. Jahr	3598,96		
	9.–12 Jahr	3685,49	11.–15. Jahr	3685,49
	ab 13. Jahr	3772,06	ab 16. Jahr	3772,06
Pauschalgruppe II				
bei einer Arbeitszeit von mehr als 196 bis 221 Std.	1.–4. Jahr	3838,62	1.–10. Jahr	3765,38
	5.–8. Jahr	3898,53		
	9.–12. Jahr	3985,07	11.–15. Jahr	3985,07
	ab 13. Jahr	4071,65	ab 16. Jahr	4071,65
Pauschalgruppe III				
bei einer Arbeitszeit von mehr als 221 bis 244 Std.	1.–4. Jahr	4154,86	1.–10. Jahr	4078,30
	5.–8. Jahr	4217,82		
	9.–12. Jahr	4309,46	11.–15. Jahr	4309,46
	ab 13. Jahr	4409,65	ab 16. Jahr	4409,65
Pauschalgruppe IV				
bei einer Arbeitszeit von mehr als 244 bis 268 Std.	1.–4. Jahr	4532,10	1.–10. Jahr	4423,96
	5.–8. Jahr	4597,32		
	9.–12. Jahr	4691,59	11.–15. Jahr	4691,59
	ab 13. Jahr	4785,82	ab 16. Jahr	4785,82
Ständige persönl. Fahrer/Fahrerinnen				
nach § 5 Absatz 2	1.–4. Jahr	4930,79	1.–10. Jahr	4807,55
	5.–8. Jahr	4995,99		
	9.–12. Jahr	5090,26	11.–15. Jahr	5090,26
	ab 13. Jahr	5184,45	ab 16. Jahr	5184,45

Anlage 2 zum Pkw-Fahrer-TV-L

Pauschalentgelt

(monatlich in Euro)
für Fahrer/Fahrerinnen der Freien und Hansestadt Hamburg
– Gültig vom 1. November 2024 bis 31. Januar 2024 –

Pauschalgruppe	Übergeleitete Beschäftigte			Neueingestellte Beschäftigte	
	Stufen (§ 7 TVÜ-L)	Entgelt-gruppe 4	Entgelt-gruppe 5	Stufen (§ 16 TV-L)	Entgelt-gruppe 4
Pauschalgruppe I					
bei einer Arbeitszeit ab 170 (Übergeleitete) bzw. ab 185 (Neueingestellte) bis 196 Std.	1.–4. Jahr	3354,54		1.–10. Jahr	3298,08
	5.–8. Jahr	3411,34			
	9.–12. Jahr	3493,36		11.–15. Jahr	3493,36
	ab 13. Jahr	3575,41	3714,24	ab 16. Jahr	3575,41
Pauschalgruppe II					
bei einer Arbeitszeit von mehr als 196 bis 221 Std.	1.–4. Jahr	3638,50		1.–10. Jahr	3569,08
	5.–8. Jahr	3695,29			
	9.–12. Jahr	3777,32		11.–15. Jahr	3777,32
	ab 13. Jahr	3859,38	3997,93	ab 16. Jahr	3859,38
Pauschalgruppe III					
bei einer Arbeitszeit von mehr als 221 bis 244 Std.	1.–4. Jahr	3938,26		1.–10. Jahr	3865,69
	5.–8. Jahr	3997,93			
	9.–12. Jahr	4084,80		11.–15. Jahr	4084,80
	ab 13. Jahr	4179,76	4350,79	ab 16. Jahr	4179,76
Pauschalgruppe IV					
bei einer Arbeitszeit von mehr als 244 bis 268 Std.	1.–4. Jahr	4295,83		1.–10. Jahr	4193,33
	5.–8. Jahr	4357,65			
	9.–12. Jahr	4447,00		11.–15. Jahr	4447,00
	ab 13. Jahr	4536,32	4728,67	ab 16. Jahr	4536,32
Ständige persönl. Fahrer/Fahrerinnen					
nach § 5 Absatz 2	1.–4. Jahr	4673,73		1.–10. Jahr	4556,92
	5.–8. Jahr	4735,54			
	9.–12. Jahr	4824,89		11.–15. Jahr	4824,89
	ab 13. Jahr	4914,17	4989,76	ab 16. Jahr	4914,17

Anlage 2 zum Pkw-Fahrer-TV-L

Pauschalentgelt

(monatlich in Euro)
für Fahrer/Fahrerinnen der Freien und Hansestadt Hamburg
– Gültig ab 1. Februar 2025 –

Pauschalgruppe	Übergeleitete Beschäftigte			Neueingestellte Beschäftigte	
	Stufen (§ 7 TVÜ-L)	Entgeltgruppe 4	Entgeltgruppe 5	Stufen (§ 16 TV-L)	Entgeltgruppe 4
Pauschalgruppe I					
bei einer Arbeitszeit ab 170 (Übergeleitete) bzw. ab 185 (Neueingestellte) bis 196 Std.	1.–4. Jahr	3539,04		1.–10. Jahr	3479,47
	5.–8. Jahr	3598,96			
	9.–12 Jahr	3685,49		11.–15. Jahr	3685,49
	ab 13. Jahr	3772,06	3918,52	ab 16. Jahr	3772,06
Pauschalgruppe II					
bei einer Arbeitszeit von mehr als 196 bis 221 Std.	1.–4. Jahr	3838,62		1.–10. Jahr	3765,38
	5.–8. Jahr	3898,53			
	9.–12. Jahr	3985,07		11.–15. Jahr	3985,07
	ab 13. Jahr	4071,65	4217,82	ab 16. Jahr	4071,65
Pauschalgruppe III					
bei einer Arbeitszeit von mehr als 221 bis 244 Std.	1.–4. Jahr	4154,86		1.–10. Jahr	4078,30
	5.–8. Jahr	4217,82			
	9.–12. Jahr	4309,46		11.–15. Jahr	4309,46
	ab 13. Jahr	4409,65	4590,08	ab 16. Jahr	4409,65
Pauschalgruppe IV					
bei einer Arbeitszeit von mehr als 244 bis 268 Std.	1.–4. Jahr	4532,10		1.–10. Jahr	4423,96
	5.–8. Jahr	4597,32			
	9.–12. Jahr	4691,59		11.–15. Jahr	4691,59
	ab 13. Jahr	4785,82	4988,75	ab 16. Jahr	4785,82
Ständige persönl. Fahrer/Fahrerinnen					
nach § 5 Absatz 2	1.–4. Jahr	4930,79		1.–10. Jahr	4807,55
	5.–8. Jahr	4995,99			
	9.–12. Jahr	5090,26		11.–15. Jahr	5090,26
	ab 13. Jahr	5184,45	5264,20	ab 16. Jahr	5184,45

Anlage 3 zum Pkw-Fahrer-TV-L

Pauschalentgelt

(monatlich in Euro)
für Fahrer/Fahrerinnen der Länder Brandenburg, Mecklenburg-Vorpommern, Sachsen, Sachsen-Anhalt und Thüringen
– Gültig vom 1. November 2024 bis 31. Januar 2025 –

Pauschalgruppe	Übergeleitete Beschäftigte		Neueingestellte Beschäftigte	
	Stufen (§ 7 TVÜ-L)	Entgelt-gruppe 4	Stufen (§ 16 TV-L)	Entgelt-gruppe 4
Pauschalgruppe I				
bei einer Arbeitszeit ab 174 (Übergeleitete) bzw. ab 189 (Neueingestellte) bis 199 Std.	1.–4. Jahr	3354,54	1.–10. Jahr	3298,08
	5.–8. Jahr	3411,34		
	9.–12. Jahr	3493,36	11.–15. Jahr	3493,36
	ab 13. Jahr	3575,41	ab 16. Jahr	3575,41
Pauschalgruppe II				
bei einer Arbeitszeit von mehr als 199 bis 224 Std.	1.–4. Jahr	3638,50	1.–10. Jahr	3569,08
	5.–8. Jahr	3695,29		
	9.–12. Jahr	3777,32	11.–15. Jahr	3777,32
	ab 13. Jahr	3859,38	ab 16. Jahr	3859,38
Pauschalgruppe III				
bei einer Arbeitszeit von mehr als 224 bis 248 Std.	1.–4. Jahr	3938,26	1.–10. Jahr	3865,69
	5.–8. Jahr	3997,93		
	9.–12. Jahr	4084,80	11.–15. Jahr	4084,80
	ab 13. Jahr	4179,76	ab 16. Jahr	4179,76
Pauschalgruppe IV				
bei einer Arbeitszeit von mehr als 248 bis 272 1/2 Std.	1.–4. Jahr	4295,83	1.–10. Jahr	4193,33
	5.–8. Jahr	4357,65		
	9.–12. Jahr	4447,00	11.–15. Jahr	4447,00
	ab 13. Jahr	4536,32	ab 16. Jahr	4536,32
Ständige persönl. Fahrer/Fahrerinnen				
nach § 5 Absatz 2	1.–4. Jahr	4673,73	1.–10. Jahr	4556,92
	5.–8. Jahr	4735,54		
	9.–12. Jahr	4824,89	11.–15. Jahr	4824,89
	ab 13. Jahr	4914,17	ab 16. Jahr	4914,17

Anlage 3 zum Pkw-Fahrer-TV-L

Pauschalentgelt

(monatlich in Euro)
für Fahrer/Fahrerinnen der Länder Brandenburg, Mecklenburg-Vorpommern, Sachsen, Sachsen-Anhalt und Thüringen
– Gültig ab 1. Februar 2025 –

Pauschalgruppe	Übergeleitete Beschäftigte		Neueingestellte Beschäftigte	
	Stufen (§ 7 TVÜ-L)	Entgelt-gruppe 4	Stufen (16 TV-L)	Entgelt-gruppe 4
Pauschalgruppe I				
bei einer Arbeitszeit ab 174 (Übergeleitete) bzw. ab 189 (Neueingestellte) bis 199 Std.	1.–4. Jahr	3539,04	1.–10. Jahr	3479,47
	5.–8. Jahr	3598,96		
	9.–12. Jahr	3685,49	11.–15. Jahr	3685,49
	ab 13. Jahr	3772,06	ab 16. Jahr	3772,06
Pauschalgruppe II				
bei einer Arbeitszeit von mehr als 199 bis 224 Std.	1.–4. Jahr	3838,62	1.–10. Jahr	3765,38
	5.–8. Jahr	3898,53		
	9.–12. Jahr	3985,07	11.–15. Jahr	3985,07
	ab 13. Jahr	4071,65	ab 16. Jahr	4071,65
Pauschalgruppe III				
bei einer Arbeitszeit von mehr als 224 bis 248 Std.	1.–4. Jahr	4154,86	1.–10. Jahr	4078,30
	5.–8. Jahr	4217,82		
	9.–12. Jahr	4309,46	11.–15. Jahr	4309,46
	ab 13. Jahr	4409,65	ab 16. Jahr	4409,65
Pauschalgruppe IV				
bei einer Arbeitszeit von mehr als 248 bis 272 1/2 Std.	1.–4. Jahr	4532,10	1.–10. Jahr	4423,96
	5.–8. Jahr	4597,32		
	9.–12. Jahr	4691,59	11.–15. Jahr	4691,59
	ab 13. Jahr	4785,82	ab 16. Jahr	4785,82
Ständige persönl. Fahrer/Fahrerinnen				
nach § 5 Absatz 2	1.–4. Jahr	4930,79	1.–10. Jahr	4807,55
	5.–8. Jahr	4995,99		
	9.–12. Jahr	5090,26	11.–15. Jahr	5090,26
	ab 13. Jahr	5184,45	ab 16. Jahr	5184,45

D. Tarifvertrag zur Entgeltumwandlung für die Beschäftigten des Bundes und der Länder (TV-EntgeltU-B/L)

vom 25. Mai 2011

Präambel

[1]Die Bundesrepublik Deutschland und zahlreiche Bundesländer führen seit über 60 Jahren die Versorgungsanstalt des Bundes und der Länder (VBL) als gemeinsame Anstalt des öffentlichen Rechts fort. 2Bei der VBL wird dementsprechend die betriebliche Altersversorgung der Beschäftigten des öffentlichen Dienstes des Bundes und der Mehrzahl der in der Tarifgemeinschaft deutscher Länder zusammengeschlossenen Länder durchgeführt. [3]In Anbetracht dessen schließen die Bundesrepublik Deutschland und die Tarifgemeinschaft deutscher Länder diesen Tarifvertrag gemeinsam.

§ 1 Geltungsbereich

Dieser Tarifvertrag gilt für Arbeitnehmerinnen und Arbeitnehmer sowie Auszubildende (Beschäftigte), die unter den Geltungsbereich

a) des Tarifvertrages für den öffentlichen Dienst (TVöD) oder des Tarifvertrages für Auszubildende des öffentlichen Dienstes (TVAöD) bzw.
b) des Tarifvertrages für den öffentlichen Dienst der Länder (TV-L), des Tarifvertrages für Auszubildende der Länder in Ausbildungsberufen nach dem Berufsbildungsgesetz (TVA-L BBiG) oder des Tarifvertrages für Auszubildende der Länder in Pflegeberufen (TVA-L Pflege)

fallen.

§ 2 Grundsatz der Entgeltumwandlung

Dieser Tarifvertrag regelt die Grundsätze zur Umwandlung tarifvertraglicher Entgeltbestandteile zum Zwecke der betrieblichen Altersversorgung.

Protokollerklärung:
Der Klammerzusatz »(einschließlich des Ausschlusses der Entgeltumwandlung und der Verhandlungszusage nach 1.3)« in § 40 Abs. 4 des Tarifvertrages Altersversorgung findet keine Anwendung mehr.

§ 3 Anspruchsvoraussetzungen

(1) Beschäftigte haben Anspruch darauf, dass künftige Entgeltansprüche durch Entgeltumwandlung für ihre betriebliche Altersversorgung verwendet werden.
(2) [1]Der Höchstbetrag für die Entgeltumwandlung wird begrenzt auf jährlich bis zu 4 v.H. der jeweiligen Beitragsbemessungsgrenze (West) in der allgemeinen Rentenversicherung zuzüglich 1800 Euro. [2]Im beiderseitigen Einvernehmen kann in der Entgeltumwandlungsvereinbarung (§ 5 Abs. 2) vereinbart werden, dass ein über den Höchstbetrag nach Satz 1 hinausgehender Betrag des Entgelts umgewandelt wird.
(3) Der umzuwandelnde Entgeltbetrag für ein Jahr muss mindestens 1/160 der Bezugsgröße nach § 18 Absatz 1 SGB IV erreichen.

§ 4 Umwandelbare Entgeltbestandteile

(1) Beschäftigte können nur künftige Entgeltansprüche umwandeln.
(2) Umwandelbar sind künftige Ansprüche auf die Jahressonderzahlung sowie auf monatliche Entgeltbestandteile.
(3) Vermögenswirksame Leistungen können nicht umgewandelt werden.

§ 5 Geltendmachung des Entgeltumwandlungsanspruchs

(1) Beschäftigte müssen den Anspruch auf Entgeltumwandlung rechtzeitig gegenüber dem Arbeitgeber schriftlich geltend machen.
(2) Für die Entgeltumwandlung schließen die/der Beschäftigte und der Arbeitgeber eine schriftliche Vereinbarung (Entgeltumwandlungsvereinbarung).
(3) [1]Die Umwandlung monatlicher Entgeltbestandteile hat mindestens für den Zeitraum eines Jahres zu erfolgen. [2]In begründeten Einzelfällen ist ein kürzerer Zeitraum zulässig. [3]Der Arbeitgeber kann bei Umwandlung monatlicher Entgeltbestandteile verlangen, dass für den Zeitraum eines Jahres gleich bleibende monatliche Beträge umgewandelt werden.
(4) Die Absätze 1 bis 3 gelten für die Änderung bestehender Vereinbarungen zur Entgeltumwandlung entsprechend.

§ 6 Durchführungsweg

[1]Für den Durchführungsweg gelten die Vorschriften des Betriebsrentengesetzes. [2]Die Entgeltumwandlung ist bei der VBL durchzuführen; dies gilt nicht für die Beschäftigten des Saarlandes und der Freien und Hansestadt Hamburg.

Protokollerklärung:
Die Tarifvertragsparteien stimmen darin überein, dass die Durchführung der Entgeltumwandlung ausschließlich bei der Versorgungsanstalt des Bundes und der Länder erfolgt, die seit jeher für die betriebliche Altersversorgung der Arbeitnehmerinnen und Arbeitnehmer von Bund und Ländern zuständig ist. Lediglich im Saarland und in der Freien und Hansestadt Hamburg wird die betriebliche Altersversorgung nicht über die VBL durchgeführt; dort gelten für den Durchführungsweg deshalb ausschließlich die Vorschriften des Betriebsrentengesetzes.

§ 7 In-Kraft-Treten

(1) Dieser Tarifvertrag tritt am 1. August 2011 in Kraft.
(2) Dieser Tarifvertrag kann mit einer Frist von drei Monaten zum Ende eines Kalendervierteljahres, frühestens zum 31. Dezember 2011, schriftlich gekündigt werden.
(3) Mit In-Kraft-Treten dieses Tarifvertrages tritt der Tarifvertrag zur Entgeltumwandlung für die Beschäftigten der Länder vom 12. Oktober 2006 (TV-EntgeltU-L) außer Kraft.
(4) Die Rechtswirksamkeit von bereits vor In-Kraft-Treten dieses Tarifvertrages abgeschlossenen Entgeltumwandlungsvereinbarungen bleibt unberührt, ebenso die Möglichkeit nachträglicher Änderungen entsprechend § 5 TV-EntgeltU-L.

Niederschriftserklärung

Zu § 5 Absatz 1:
Die Arbeitgeber weisen darauf hin, dass für die Durchführung der Entgeltumwandlung technische Vorarbeiten notwendig sind, die gewisse Vorlaufzeiten erfordern. Die Entgeltumwandlung wird deshalb in der Regel nur für Entgeltbestandteile möglich sein, deren Umwandlung mindestens zwei Monate vor ihrer Fälligkeit beantragt wurde. Die Gewerkschaften nehmen dies zur Kenntnis.

E. Tarifvertrag zur Überleitung der Beschäftigten des Landes Berlin in das Tarifrecht der TdL (TV Wiederaufnahme Berlin)

vom 12. Dezember 2012, in der Fassung des Änderungstarifvertrages Nr. 3 vom 17. Februar 2017

Präambel

[1]Mit diesem Tarifvertrag gestalten die Tarifvertragsparteien die Rückkehr des Landes Berlin in den Flächentarifvertrag der Tarifgemeinschaft deutscher Länder. [2]Die Tarifvertragsparteien streben gemeinsam einheitliche Arbeitsbedingungen im öffentlichen Dienst der Bundesländer an. [3]Das Land Berlin leistet mit der Rückkehr in die Tarifgemeinschaft deutscher Länder einen Beitrag zur Stärkung des Tarifvertragssystems im öffentlichen Dienst. [4]Dieser Tarifvertrag trägt zugleich Berliner Besonderheiten Rechnung.

1. Abschnitt Allgemeine Vorschriften

§ 1 Geltungsbereich

Dieser Tarifvertrag gilt für die Beschäftigten, die in einem Arbeitsverhältnis zum Land Berlin stehen, sowie für die in der Berufsbildung stehenden Personen (Auszubildende einschließlich der Schülerinnen/Schüler in der Gesundheits- und Krankenpflege, Gesundheits- und Kinderkrankenpflege, Entbindungs- und Altenpflege sowie Praktikantinnen/Praktikanten, deren Rechtsverhältnisse tarifvertraglich geregelt sind) des Landes Berlin, soweit sie vom Geltungsbereich eines nachstehend behandelten Tarifvertrages erfasst sind.

§ 2 Ersetzen des Tarifrechts des Landes Berlin durch das Tarifrecht der TdL

(1) Der TV-L, der TVA-L BBiG, der TVA-L Pflege, der TV Prakt-L und der Pkw-Fahrer-TV-L sowie die diesen ergänzenden Tarifverträge ersetzen in Verbindung mit diesem Tarifvertrag den Angleichungs-TV Land Berlin,

soweit in diesem Tarifvertrag nicht ausdrücklich etwas anderes bestimmt wird.

(2) Die in der Anlage 1 Abschnitte I bis III aufgeführten Tarifverträge und Tarifvertragsregelungen finden mit den dort genannten Maßgaben weiterhin Anwendung, soweit in diesem Tarifvertrag nicht ausdrücklich etwas anderes bestimmt ist.

(3) [1]Für die Beschäftigten gelten der TV-L und die ihn ergänzenden Tarifverträge mit den Maßgaben dieses Tarifvertrages und des TV Wiedereintritt Berlin. [2]Satz 1 gilt entsprechend für Personen, für die der TVA-L BBiG, der TVA-L Pflege, der TV-Prakt-L oder der Pkw-Fahrer-TV-L gilt.

§ 3 Geltung der Tarifregelungen für das Tarifgebiet West

[1]§ 38 Absatz 1 Buchstabe c TV-L gilt nicht für die Anwendung des Tarifvertrages über die betriebliche Altersversorgung für die Beschäftigten des öffentlichen Dienstes (Tarifvertrag Altersversorgung – ATV) vom 1. März 2002 in der jeweils gültigen Fassung. [2]Für die Anwendung des § 30 Absätze 2 bis 5 TV-L gilt § 38 Absatz 1 Buchstabe c TV-L nicht für Arbeitsverträge von Beschäftigten, die am 31. Juli 2011 schon abgeschlossen waren und die zu diesem Zeitpunkt unter den Geltungsbereich des Tarifrechts Ost (Berlin) fielen. [3]Abweichend von § 38 Absatz 1 Buchstabe c TV-L gilt § 47 Nr. 3 TV-L bis zum 30. Juni 2014 nicht im Tarifgebiet Ost.

2. Abschnitt Maßgaben zum TV-L

§ 4 Arbeitszeit

(1) [1]Abweichend von § 6 Absatz 1 Satz 1 Buchstabe a TV-L beträgt die durchschnittliche regelmäßige wöchentliche Arbeitszeit 39 Stunden. [2]Von dem Zeitpunkt an, an dem der Bemessungssatz nach § 5 auf 100 v. H. angehoben wird, gilt als Arbeitszeit gemäß § 6 Absatz 1 Satz 1 Buchstabe a TV-L die durchschnittliche regelmäßige wöchentliche Arbeitszeit, die zu diesem Zeitpunkt für die unter das Tarifrecht West fallenden übrigen Mitgliedsländer der TdL tarifvertraglich vereinbart ist. [3]Ist zu diesem Zeitpunkt eine einheitliche Arbeitszeit im Sinne von Satz 1 Buchstabe a für diese Bundesländer nicht tarifvertraglich vereinbart, gilt die Arbeitszeit, die dem arithmetischen Mittel der durchschnittlichen regelmäßigen wöchentlichen Arbeitszeit in diesen Bundesländern entspricht; abweichende Regelungen für besondere Beschäftigtengruppen bleiben bei der Berechnung unberücksichtigt.

(2) § 6 Absatz 1 Satz 1 Buchstabe b Doppelbuchstabe gg TV-L findet keine Anwendung.

§ 5 Bemessungssatz; allgemeine Entgeltanpassungen

[1]Abweichend von § 15 Absatz 2 TV-L gelten folgende Regelungen:
[2]Ab dem 1. Januar 2013 gelten die Anlagen B und C sowie die sonstigen dynamischen Entgeltbestandteile im TV-L und in den diesen ergänzenden Tarifverträgen und Tarifvertragsregelungen (dynamische Entgelte) in der für das Tarifgebiet West am 1. Januar 2012 geltenden Fassung in Höhe von 97 v. H. (Bemessungssatz).
[3]Bei allgemeinen Entgeltanpassungen (einschl. etwaiger Sockelbeträge), die nach dem 31. Dezember 2012 im Land Berlin wirksam werden, werden die dynamischen Entgelte in der Weise angepasst, dass der Bemessungssatz auf diese Entgelte bezogen wird.
[4]Allgemeine Entgeltanpassungen, die im Jahr 2013 wirksam werden, gelten im Land Berlin mit einer zeitlichen Verschiebung von 3 Monaten entsprechend der Regelung in Satz 3.
[5]Vom 1. Januar 2014 an werden allgemeine Entgeltanpassungen entsprechend der Regelung in Satz 3 zeitgleich auch für die Beschäftigten des Landes Berlin wirksam.
[6]Allgemeine Entgeltanpassungen, die im Geltungsbereich des TV-L außerhalb des Landes Berlin in den Jahren 2013, 2014 und 2015 wirksam werden, erhöhen den Bemessungssatz zum Zeitpunkt ihres Wirksamwerdens im Land Berlin einmal jährlich um mindestens 0,5 Prozentpunkte (Angleichungssatz).
[7]Werden aus einem dieser Jahre mehrere allgemeine Entgeltanpassungen beim Land Berlin wirksam, wird der Bemessungssatz zum Zeitpunkt des Wirksamwerdens der ersten allgemeinen Entgeltanpassung im Land Berlin angehoben.
[8]Sollte die allgemeine Entgeltanpassung im Geltungsbereich des TV-L außerhalb des Landes Berlin der Jahre 2013, 2014 oder 2015 pro Jahr jeweils insgesamt weniger als 1,5 v. H. betragen, erhöht sich der Angleichungssatz von 0,5 Prozentpunkten auf die Differenz zwischen dem Prozentsatz der allgemeinen Entgeltanpassung im Geltungsbereich des TV-L außerhalb des Landes Berlin für das jeweilige Jahr und 2 v. H., höchstens jedoch auf 100 v. H. des jeweils aktuellen Tabellenwertes (Beispiel: aus einer allgemeinen Entgeltanpassung im Geltungsbereich des TV-L außerhalb des Landes Berlin von 1,2 v. H. zum 1. April folgt eine Erhöhung des Angleichungssatzes auf 0,8 Prozentpunkte).
[9]Sind mehrere allgemeine Entgeltanpassungen für die Berechnung des Angleichungssatzes gemäß Satz 8 aus einem Jahr zu berücksichtigen, wird der Prozentsatz berechnet, indem die Prozentpunkte addiert werden.
[10]Fällt im Land Berlin der für die Erhöhung des Angleichungssatzes maßgebende Zeitpunkt des hinausgeschobenen Wirksamwerdens einer allgemeinen Entgeltanpassung aus dem Jahr 2013 in das Jahr 2014, erhöht sich der Bemessungssatz für das Jahr 2013 zum Zeitpunkt des Wirksamwerdens

der allgemeinen Entgeltanpassung im Land Berlin; die Regelungen über die Anhebung des Bemessungssatzes für das Jahr 2014 bleiben unberührt.
[11]Werden die Entgelttabellen um Sockelbeträge angehoben, wird für die Berechnung des Angleichungssatzes pauschal die prozentuale Erhöhung in der Entgeltgruppe 9 Stufe 5 der geltenden Entgelttabelle zugrunde gelegt.
[12]Entsprechendes gilt, wenn die linearen Entgelterhöhungen in den einzelnen Entgeltgruppen und Stufen unterschiedlich hoch sind.
[13]Wird für eines oder mehrere der Jahre 2013, 2014 oder 2015 im Geltungsbereich des TV-L außerhalb des Landes Berlin keine allgemeine Entgeltanpassung wirksam, wird der Bemessungssatz am 1. August des jeweiligen Kalenderjahres um 2 Prozentpunkte erhöht, höchstens jedoch auf 100 v. H. des jeweils aktuellen Tabellenwertes.
[14]Spätestens für den Monat Dezember 2017 werden die dynamischen Entgelte in voller Höhe gezahlt.
[15]Die Sätze 1 bis 14 gelten entsprechend für Einmalzahlungen und für die Beträge der in der Entgeltordnung (Anlage A zum TV-L) geregelten Zulagen gemäß Anlage F zum TV-L.

Protokollerklärung zu § 5:
Prozentpunkte werden auf zwei Dezimalstellen kaufmännisch gerundet.

Protokollerklärung zu § 5 Sätze 4 und 5:
Sofern durch die zeitliche Verschiebung gemäß Satz 4 eine für das Jahr 2013 vereinbarte allgemeine Entgeltanpassung beim Land Berlin später wirksam würde als eine für das Jahr 2014 vereinbarte, werden beide Entgeltanpassungen zu demselben Zeitpunkt wirksam, der für das Wirksamwerden der Entgeltanpassung aus dem Jahr 2014 beim Land Berlin gilt.

Protokollerklärung zu § 5 Sätze 6 und 7:
[1]Wird für eines oder mehrere der Jahre 2013, 2014 oder 2015 im Geltungsbereich des TV-L außerhalb des Landes Berlin die erste allgemeine Entgeltanpassung nach dem 1. August wirksam, wird der Bemessungssatz am 1. August des jeweiligen Kalenderjahres um 0,5 Prozentpunkte erhöht. [2]Diese Stichtagsregelung gilt nicht für eine etwaige Erhöhung des Angleichungssatzes gemäß Satz 8.

§ 6 Allgemeine Regelungen zu den Stufen

Die Protokollerklärung zu § 17 Absatz 4 Satz 2 TV-L gilt in folgender Fassung:

»[1]Die Garantiebeträge nehmen nach Maßgabe des § 5 TV Wiederaufnahme Berlin an allgemeinen Entgeltanpassungen teil. [2]Sie betragen
a) in den Entgeltgruppen 1 bis 8
   - 30,87 Euro ab 1. Januar 2017,
   - 31,34 Euro ab 1. Dezember 2017,
   - 32,08 Euro ab 1. Januar 2018,

b) in den Entgeltgruppen 9 bis 15
  - 61,72 Euro ab 1. Januar 2017,
  - 62,66 Euro ab 1. Dezember 2017,
  - 64,13 Euro ab 1. Januar 2018.«

§ 7 Sonderregelungen für Ärztinnen und Ärzte außerhalb von Universitätskliniken sowie nichtärztliche Beschäftigte in Universitätskliniken und Krankenhäusern

Für Ärztinnen und Ärzte außerhalb von Universitätskliniken sowie nichtärztliche Beschäftigte in Universitätskliniken und Krankenhäusern (§§ 42 und 43 TV-L) gelten die Beträge der Anlage E zum TV-L für das Tarifgebiet West mit der Maßgabe, dass der Bemessungssatz nach § 5 anzuwenden und die zeitlichen Verschiebungen der allgemeinen Anpassungen nach § 5 zu berücksichtigen sind.

§ 8 Sonderregelungen für Beschäftigte im Justizvollzugsdienst sowie im feuerwehrtechnischen Dienst

§ 47 Nr. 3 Absatz 4 Satz 1 1. Halbsatz TV-L gilt in folgender Fassung:
»[1]Beschäftigte, die am 31. Oktober 2010 schon und am 1. November 2010 noch im Aufsichts-, Werk- oder Sanitätsdienst beziehungsweise Einsatzdienst beschäftigt sind,«

§ 9 Spezielle Stichtage Berlin

(1) In der Protokollerklärung Nr. 1 zu § 1 Absatz 3 TV-L und in § 34 Absatz 2 Satz 2 TV-L treten jeweils an die Stelle des Datums »31. Oktober 2006« die Worte »31. Oktober 2010 (für Lehrkräfte im Sinne des § 44 TV-L: 31. August 2008)«.
(2) In § 8 Absatz 6 Satz 2 TV-L, § 8 Absatz 6 Buchstabe e TV-L in der Fassung gemäß § 42 Nr. 6 Ziffer 3 TV-L, § 8 Absatz 6 Buchstabe e TV-L in der Fassung gemäß § 43 Nr. 5 Ziffer 2 TV-L und in der Protokollerklärung zu § 45 Nr. 4 Absatz 5 TV-L wird jeweils die Jahreszahl »2006« durch die Jahreszahl »2010« ersetzt.
(3) In § 16 Absatz 2 TV-L treten an die Stelle des Datums »31. Januar 2010« die Worte »31. Januar 2014 (für Lehrkräfte im Sinne des § 44 TV-L: 30. November 2011)«.
(4) In § 30 Absatz 6 TV-L treten an die Stelle des Datums »20. Mai 2006« die Worte »31. Dezember 2009 (für Lehrkräfte im Sinne des § 44 TV-L: 30. April 2008)«.
(5) In § 40 Nr. 5 Ziffer 1 TV-L wird die Jahreszahl »2010« durch die Jahreszahl »2014« ersetzt.

3. Abschnitt
Maßgaben zum TVÜ-Länder

§ 10 Geltung besonderer Regelungen des Angleichungs-TV Berlin

[1]Für Beschäftigte des Landes Berlin gilt Abschnitt III (»Maßgaben zum TVÜ-Länder«) des Tarifvertrages zur Angleichung des Tarifrechts des Landes Berlin an das Tarifrecht der Tarifgemeinschaft deutscher Länder (Angleichungs-TV Land Berlin) vom 14. Oktober 2010 mit den Maßgaben dieses Tarifvertrages und des TV Wiedereintritt Berlin. [2]Der in Bezug genommene TVÜ-Länder gilt in seiner jeweiligen Fassung, soweit im Abschnitt III des Angleichungs-TV Land Berlin hierzu nichts Abweichendes bestimmt ist.

Protokollerklärung zu § 10:
[1]Soweit im Abschnitt III des Angleichungs-TV Land Berlin auf den TV-L oder seine Anlagen Bezug genommen wird, gilt der TV-L bzw. seine Anlagen in der nach dem 2. Abschnitt dieses Tarifvertrages maßgebenden Fassung. [2]Soweit für Zeiten vor dem 1. Januar 2013 auf § 15 Absatz 2 TV-L Bezug genommen wird, gilt dieser abweichend von Satz 1 in der Fassung des § 8 Angleichungs-TV Land Berlin.

§ 11 Maßgaben zu § 23 Angleichungs-TV Land Berlin

§ 23 Absatz 1 Satz 1 Angleichungs-TV Land Berlin gilt in folgender Fassung:
»[1]In § 8 Absatz 1 Satz 1, Absatz 2 Satz 1 und Absatz 5 Satz 1 treten jeweils an die Stelle der Worte »am 1. November 2006« die Worte »spätestens am 1. August 2011«.«

§ 12 Maßgaben zu § 30 Angleichungs-TV Land Berlin

(1) § 30 Absatz 1 Angleichungs-TV Land Berlin gilt in folgender Fassung:
»(1) Dem § 17 Absatz 1 wird folgende Protokollerklärung hinzugefügt:

Protokollerklärung zu § 17 Absatz 1:
[1]Für Beschäftigte, auf deren Tätigkeit am 31. Oktober 2010 der BMT-G/BMT-G-O Anwendung fand und deren auszuübende Tätigkeit einem oder mehreren der in der Anlage 2 zum TV Wiederaufnahme Berlin aufgeführten Tätigkeitsmerkmale entspricht, findet für die Dauer einer Tätigkeit, die vor dem 1. Januar 2005 der Rentenversicherung der Arbeiter unterlegen hätte, § 2 Absatz 1 bis 4 und 8 sowie § 4 des BTV Nr. 2 zum BMT-G/BMT-G-O einschließlich der Anlagen 1 (Lohngruppenverzeichnis) und 2 (Richtlinien für verwaltungs- oder betriebseigene Prüfungen) im jeweiligen Geltungsbereich Anwendung. [2]Soweit in diesem Tarifvertrag auf einen Anteil des Monatstabellenlohnes abgestellt wird, tritt an dessen Stelle das jeweilige

Tabellenentgelt gem. § 15 Absatz 2 TV-L. [3]An die Stelle der Stufe 1 des Monatstabellenlohnes tritt die Stufe 2 des Tabellenentgelts.«

Protokollerklärung zu § 12 Absatz 1:
Die § 17 Absatz 1 TVÜ-Länder hinzugefügte Protokollerklärung gilt unter Beschränkung auf die in Satz 1 genannten Tätigkeitsmerkmale insoweit ab 1. Januar 2013, wie sie aufgrund von § 30 Absatz 1 Angleichungs-TV Land Berlin bis zum 31. Dezember 2012 gegolten hat.

(2) § 30 Abs. 3 Angleichungs-TV Land Berlin gilt in folgender Fassung:
»(3) Dem § 17 Absatz 9 wird folgende Protokollerklärung hinzugefügt:

Protokollerklärung zu § 17 Absatz 9 Satz 1:
[1]Für die Beschäftigten, auf deren Tätigkeit am 31. Oktober 2010 der BMT-G/BMT-G-O Anwendung fand, gelten die Regelungen für Vorarbeiterinnen und Vorarbeiter des § 3 BTV Nr. 2 zum BMT-G/BMT-G-O bis zum 31. Dezember 2011 fort. [2]Soweit in diesem Tarifvertrag auf einen Anteil des Monatstabellenlohnes abgestellt wird, tritt an dessen Stelle das jeweilige Tabellenentgelt gem. § 15 Absatz 2 TV-L. [3]An die Stelle der Stufe 1 des Monatstabellenlohnes tritt die Stufe 2 des Tabellenentgelts. [4]Die Sätze 1 bis 3 gelten für die in Satz 1 genannten Beschäftigten fort, solange eine Bestellung zur Vorarbeiterin oder zum Vorarbeiter über den 31. Dezember 2011 fortbesteht oder zwischen dem 1. Januar 2012 und dem 31. Dezember 2017 erstmalig bzw. erneut erfolgt. [5]Erhöhungen der Vorarbeiterzulage aufgrund des Satzes 4 werden ab 1. Januar 2013 wirksam.«

§ 13 Maßgaben zu § 39 Angleichungs-TV Land Berlin

(1) § 39 Angleichungs-TV Land Berlin gilt mit folgenden Maßgaben:

a) Absatz 1 Satz 2 gilt in folgender Fassung:
»[2]Satz 1 gilt nicht für die Stichtage, die in folgenden Vorschriften genannt sind, dort verbleibt es bei den genannten Daten, soweit nachstehend nichts Abweichendes geregelt ist:
1. § 6 Absatz 1 Sätze 2 und 3 TVÜ-Länder,
2. § 8 Absatz 3 Sätze 1 und 2, dort tritt an die Stelle des Datums »31. Dezember 2010« das Datum »31. Dezember 2014«,
3. § 8 Absatz 3 Satz 4 TVÜ-Länder,
4. § 9 Absatz 2a Satz 1, Absatz 3 Buchstabe b Satz 1 und Absatz 3 Buchstabe c Satz 1, dort tritt an die Stelle des Datums »31. Dezember 2010« das Datum »31. Dezember 2014«,
5. Satz 4 der Protokollerklärung Nr. 3 zu § 11 Absatz 1 TVÜ-Länder, dort tritt an die Stelle des Datums »1. März 2009« das Datum »1. November 2010«,
6. § 13 Absatz 3 Satz 3 TVÜ-Länder, dort tritt an die Stelle des Datums »19. Mai 2006« das Datum »14. Oktober 2010« und an die Stelle des Datums »31. Dezember 2006« das Datum »31. Dezember 2010«,

7. § 19 Absätze 1 bis 3 TVÜ-Länder, jedoch tritt in Absatz 1 Satz 1 an die Stelle des Datums »1. November 2006« das Datum »1. November 2010«,
8. § 28 Absatz 1 TVÜ-Länder, dort tritt an die Stelle des Datums »31. Oktober 2006« das Datum »31. Juli 2011«, an die Stelle des Datums »1. November 2006« das Datum »1. August 2011« und an die Stelle des Datums »31. Januar 2007« das Datum »31. Juli 2011«,
9. Fußnote in Anlage 3 Abschnitt A zum TVÜ-Länder, dort tritt an die Stelle des Datums »1. März 2009« das Datum »1. November 2012«.

b) Absatz 2 Satz 2 gilt in folgender Fassung:
»[2]Satz 1 gilt nicht für die Stichtage, die in folgenden Vorschriften genannt sind, dort verbleibt es bei den genannten Daten, soweit nachstehend nichts Abweichendes geregelt ist:
1. § 6 Absatz 1 Sätze 2 und 3 TVÜ-Länder,
2. § 8 Absatz 3 Sätze 1 und 2 TVÜ-Länder, dort tritt jeweils an die Stelle des Datums »31. Dezember 2010« das Datum »31. Dezember 2014«,
3. § 8 Absatz 3 Satz 4 TVÜ-Länder,
4. Satz 4 der Protokollerklärung Nr. 3 zu § 11 Absatz 1 TVÜ-Länder,
5. Sätze 1 und 5 der Protokollerklärung zu § 12 Absatz 1 TVÜ-Länder, in Satz 5 tritt an die Stelle des Datums »1. März 2009« das Datum »1. September 2010«,
6. § 13 Absatz 3 Satz 3 TVÜ-Länder, dort tritt an die Stelle des Datums »19. Mai 2006« das Datum »29. April 2008« und an die Stelle des Datums »31. Dezember 2006« das Datum »31. Oktober 2008«,
7. § 19 Absätze 1 bis 3 TVÜ-Länder, jedoch tritt in Absatz 1 Satz 1 an die Stelle des Datums »1. November 2006« das Datum »1. September 2008«,
8. Fußnote in Anlage 3 Abschnitt A zum TVÜ-Länder, dort tritt an die Stelle des Datums »1. März 2009« das Datum »1. September 2010«.

4. Abschnitt
Maßgaben für Auszubildende und Praktikanten

§ 14 Ausbildungsentgelt TVA-L BBiG

[1]Abweichend von § 8 Absatz 1 TVA-L BBiG beträgt das monatliche Ausbildungsentgelt für Auszubildende ab dem 1. Januar 2013

im ersten Ausbildungsjahr	711,69 Euro,
im zweiten Ausbildungsjahr	762,70 Euro,
im dritten Ausbildungsjahr	809,48 Euro,
im vierten Ausbildungsjahr	874,40 Euro.

[2]Allgemeine Erhöhungen der Ausbildungsentgelte für das Jahr 2013 werden im Land Berlin mit einer zeitlichen Verschiebung von 3 Monaten wirksam. [3]Sofern durch die zeitliche Verschiebung eine für das Jahr 2013 vereinbarte allgemeine Entgeltanpassung beim Land Berlin später wirksam würde als eine für das Jahr 2014 vereinbarte, werden beide Entgeltanpassungen zu dem selben Zeitpunkt wirksam, der für das Wirksamwerden der Entgeltanpassung aus dem Jahr 2014 beim Land Berlin gilt. [4]Der jeweils nach § 5 festgesetzte Bemessungssatz gilt. [5]Regelungen zu Einmalzahlungen gelten nach den Maßgaben der vorstehenden Sätze.
[6]Bemessen sich sonstige Leistungen nach dem Ausbildungsentgelt gemäß § 8 Absatz 1 TVA-L BBiG, ist jeweils das Ausbildungsentgelt nach den Sätzen 1 bis 4 zugrunde zu legen.

§ 15 Ausbildungsentgelt TVA-L Pflege

[1]Abweichend von § 8 Absatz 1 TVA-L Pflege beträgt das monatliche Ausbildungsentgelt für Auszubildende ab dem 1. Januar 2013

im ersten Ausbildungsjahr	828,41 Euro,
im zweiten Ausbildungsjahr	890,60 Euro,
im dritten Ausbildungsjahr	990,75 Euro.

[2]Allgemeine Erhöhungen der Ausbildungsentgelte für das Jahr 2013 werden im Land Berlin mit einer zeitlichen Verschiebung von 3 Monaten wirksam. [3]Sofern durch die zeitliche Verschiebung eine für das Jahr 2013 vereinbarte allgemeine Entgeltanpassung beim Land Berlin später wirksam würde als eine für das Jahr 2014 vereinbarte, werden beide Entgeltanpassungen zu dem selben Zeitpunkt wirksam, der für das Wirksamwerden der Entgeltanpassung aus dem Jahr 2014 beim Land Berlin gilt. [4]Der jeweils nach § 5 festgesetzte Bemessungssatz gilt. [5]Regelungen zu Einmalzahlungen gelten nach den Maßgaben der vorstehenden Sätze.
[6]Bemessen sich sonstige Leistungen nach dem Ausbildungsentgelt gemäß § 8 Absatz 1 TVA-L Pflege, ist jeweils das Ausbildungsentgelt nach den Sätzen 1 bis 4 zugrunde zu legen.

§ 16 *(aufgehoben)*

§ 17 Entgelt nach TV Prakt-L

Abweichend von § 8 Absatz 1 TV Prakt-L beträgt das monatliche Entgelt für Praktikantinnen/Praktikanten für den Beruf.

- der Sozialarbeiterin/des Sozialarbeiters, der Sozialpädagogin/des Sozialpädagogen, der Heilpädagogin/des Heilpädagogen ab dem 1. Januar 2013 — 1481,21 Euro,
- der pharmazeutisch-technischen Assistentin/des pharmazeutisch-technischen Assistenten, der Erzieherin/des Erziehers ab dem 1. Januar 2013 — 1268,94 Euro,
- der Kinderpflegerin/des Kinderpflegers, der Masseurin und medizinischen Bademeisterin/des Masseurs und medizinischen Bademeisters, der Rettungsassistentin/des Rettungsassistenten ab dem 1. Januar 2013 — 1215,29 Euro.

[2]Allgemeine Erhöhungen der Praktikantenentgelte für das Jahr 2013 werden im Land Berlin mit einer zeitlichen Verschiebung von 3 Monaten wirksam. [3]Sofern durch die zeitliche Verschiebung eine für das Jahr 2013 vereinbarte allgemeine Entgeltanpassung beim Land Berlin später wirksam würde als eine für das Jahr 2014 vereinbarte, werden beide Entgeltanpassungen zu dem selben Zeitpunkt wirksam, der für das Wirksamwerden der Entgeltanpassung aus dem Jahr 2014 beim Land Berlin gilt. [4]Der jeweils nach § 5 festgesetzte Bemessungssatz gilt. [5]Regelungen zu Einmalzahlungen gelten nach den Maßgaben der vorstehenden Sätze.

[6]Bemessen sich sonstige Leistungen nach dem Ausbildungsentgelt gemäß § 8 Absatz 1 TV-Prakt-L, ist jeweils das Entgelt nach den Sätzen 1 bis 4 zugrunde zu legen.

5. Abschnitt
Maßgaben zum Pkw-Fahrer-TV-L

§ 18 Geltungsbereich

Der Pkw-Fahrer-TV-L gilt nicht für Beschäftigte, deren Arbeitsverhältnis zum Land Berlin über den 31. Oktober 2010 fortbesteht und auf deren Tätigkeit zu diesem Zeitpunkt der BMT-G/BMT-G-O Anwendung fand.

Protokollerklärung zu § 18:
§ 18 gilt nicht für Beschäftigte, die von ihrem Antragsrecht gemäß Anlage 1 Abschnitt II Nr. 2 dieses Tarifvertrages Gebrauch gemacht haben.

§ 19 Arbeitszeit, höchstzulässige Arbeitszeit

(1) [1]Abweichend von § 2 Absatz 2 Satz 1 Pkw-Fahrer-TV-L gilt einheitlich eine höchstzulässige Arbeitszeit von 269,5 Stunden. [2]Sobald für die Tarifgebiete Ost und West eine einheitliche Regelung vereinbart wird, gilt diese für die vom Geltungsbereich dieses Tarifvertrages erfassten Beschäftigten vom gleichen Zeitpunkt an. [3]Von dem Zeitpunkt an, an dem der Bemessungssatz gemäß § 5 auf 100 v. H. angehoben wird, gilt für die vom Geltungsbereich dieses Tarifvertrages erfassten Beschäftigten als Arbeitszeit gemäß Satz 1 die für das Tarifgebiet West tarifvertraglich vereinbarte höchstzulässige Arbeitszeit. [4]Die Sätze 1 bis 3 gelten entsprechend bei Anwendung des § 2 Absatz 3 Pkw-Fahrer-TV-L.

(2) [1]Im Land Berlin sind abweichend von § 2 Absatz 4 Pkw-Fahrer-TV-L für einen Ausfalltag einheitlich höchstens 10,17 Stunden anzusetzen. [2]Absatz 1 Sätze 2 und 3 der Protokollerklärung zu § 2 Absatz 2 Pkw-Fahrer-TV-L gelten entsprechend.

§ 20 Monatsarbeitszeit

[1]Abweichend von § 3 Pkw-Fahrer-TV-L sind in den Fällen des § 3 Absatz 3 für jeden Arbeitstag einheitlich folgende Stunden pauschal anzusetzen:

a) bei ständiger Verteilung der regelmäßigen wöchentlichen Arbeitszeit auf 5 Werktage bei Fahrern/Fahrerinnen der

Pauschalgruppe I	8,77 Stunden
Pauschalgruppe II	9,77 Stunden
Pauschalgruppe III	10,77 Stunden
Pauschalgruppe IV	11,77 Stunden
Ständige persönliche Fahrer/Fahrerinnen	11,77 Stunden

b) bei ständiger Verteilung der regelmäßigen wöchentlichen Arbeitszeit auf 6 Werktage oder ständig wechselnd auf 6 beziehungsweise 5 Werktage bei Fahrern/Fahrerinnen der

Pauschalgruppe I	7,77 Stunden
Pauschalgruppe II	8,77 Stunden
Pauschalgruppe III	9,77 Stunden
Pauschalgruppe IV	10,77 Stunden
Ständige persönliche Fahrer/Fahrerinnen	10,77 Stunden

[2]§ 19 Absatz 1 Sätze 2 und 3 gelten entsprechend.

§ 21 Pauschalentgelt

Für die vom Geltungsbereich des Pkw-Fahrer-TV-L erfassten Fahrer/Fahrerinnen des Landes Berlin finden die Pauschalentgelte für die Fahrer der Länder Baden-Württemberg, Bayern, Niedersachsen, Nordrhein-Westfalen, Rheinland-Pfalz, Schleswig-Holstein sowie des Saarlandes mit den Maßgaben des § 5 Anwendung.

§ 22 Pauschalgruppen

(1) [1]Abweichend von § 5 Pkw-Fahrer-TV-L werden die Fahrer/Fahrerinnen im Land Berlin entsprechend ihrer Monatsarbeitszeit folgenden Pauschalgruppen zugeordnet:

Pauschalgruppe I	ab 186,33 bis 197,00 Stunden
Pauschalgruppe II	über 197,00 bis 222,00 Stunden
Pauschalgruppe III	über 222,00 bis 245,33 Stunden
Pauschalgruppe IV	über 245,33 bis 265,50 Stunden
Ständige persönliche Fahrer/Fahrerinnen	bis 289,33 Stunden

[2]§ 19 Absatz 1 Sätze 2 und 3 gelten entsprechend.

(2) [1]Abweichend von § 5 Absatz 3 und 4 Pkw-Fahrer-TV-L gilt für Fahrer/Fahrerinnen im Land Berlin eine einheitliche höchstzulässige Arbeitszeit von 289,33 Stunden im Monat bzw. Kalendermonat. [2]§ 19 Absatz 1 Sätze 2 und 3 gelten entsprechend.

6. Abschnitt
Übergangs- und Schlussvorschriften

§ 23 Weitere Übergangsregelungen

Abschnitt X des Angleichungs-TV Land Berlin gilt fort.

Protokollerklärung zu § 23:
Soweit im Abschnitt X des Angleichungs-TV Land Berlin auf den TV-L und die ihn ergänzenden Tarifverträge Bezug genommen wird, gelten der TV-L bzw. die ihn ergänzenden Tarifverträge in der nach diesem Tarifvertrag maßgebenden Fassung.

§ 24 Besitzstandsregelungen

(1) Für Beschäftigte, die über den 31. Dezember 2012 hinaus beim Sekretariat der Ständigen Konferenz der Kultusminister der Länder in der Bundes-

republik Deutschland (KMK), bei den sonstigen beim Bundesrat geführten Geschäftsstellen der Fachministerkonferenzen bzw. bei der Zentralen Datenstelle der Landesfinanzminister (ZDL) tätig sind, gilt für die Dauer ihrer Beschäftigung bei einer dieser Einrichtungen Folgendes:

a) [1]Beschäftigte, die unter § 1 Absatz 1 TVÜ-Bund oder unter § 1 Absatz 1 TVÜ-VKA gefallen sind, werden so behandelt, als würden sie unter § 1 Absatz 1 TVÜ-Länder fallen. [2]Hinsichtlich der Stichtage gelten für diese Beschäftigten die Stichtage des TVÜ-Länder so, als hätte der TVÜ-Länder bereits am 1. Oktober 2005 gegolten. [3]Die unter der Geltung des TVöD erreichten Stufen und zurückgelegten Stufenlaufzeiten gelten als unter der Geltung des TV-L erreicht bzw. zurückgelegt.
b) § 29a TVÜ-Länder findet ab dem 1. Januar 2013 mit der Maßgabe sinngemäße Anwendung, dass jeweils das Datum »31. Dezember 2011« durch das Datum »31. Dezember 2012«, das Datum »1. Januar 2012« durch das Datum »1. Januar 2013« und das Datum »31. Dezember 2012« durch das Datum »31. Dezember 2013« ersetzt wird.
c) § 5 findet keine Anwendung.
d) [1]Ist die Summe der in Monatsbeträgen festgelegten Entgeltbestandteile, die der/dem Beschäftigten nach dem TV-L in Verbindung mit diesem Tarifvertrag für Januar 2013 zusteht, niedriger als die um 1 Prozent zu erhöhende Summe der in Monatsbeträgen festgelegten Entgeltbestandteile, die ihr/ihm bei Weitergeltung des TVöD für Januar 2013 zugestanden hätte, ist die Differenz als Besitzstandszulage fortzuzahlen. [2]Diese Besitzstandszulage vermindert sich bei jeder allgemeinen Entgeltanpassung (§ 15 TV-L) sowie bei Höhergruppierungen um ein Fünftel des Anpassungsgewinns bzw. Höhergruppierungsgewinns.
e) Die durchschnittliche regelmäßige wöchentliche Arbeitszeit nach § 6 Absatz 1 TV-L ausschließlich der Pausen beträgt 39 Stunden; § 6 Absatz 1 Satz 1 Buchstabe b Doppelbuchstabe ee TV-L findet keine Anwendung.
f) Die bis zum 31. Dezember 2012 nicht ausgezahlten Anteile des Gesamtvolumens für das Leistungsentgelt nach § 18 (Bund) Absatz 2 TVöD für die Jahre 2007 bis 2012 sind mit dem Tabellenentgelt für April 2013 in entsprechender Anwendung des § 16 Absatz 2 Satz 1 LeistungsTV-Bund pauschal auszuzahlen.
g) Bis zu einer tarifvertraglichen Neuregelung des § 26 Absatz 1 Satz 2 TV-L findet § 26 Absatz 1 Satz 2 TVöD weiterhin Anwendung.

(2) [1]Wechseln Beschäftigte im Sinne des § 1 Absatz 1 TVÜ-Länder innerhalb des zum Land Berlin fortbestehenden Arbeitsverhältnisses von einer Tätigkeit als Lehrkraft im Sinne des § 44 TV-L zu einer anderen Tätigkeit oder umgekehrt, gelten sie weiterhin als übergeleitete Beschäftigte. [2]Sofern diese Beschäftigten am 1. September 2008 als Lehrkraft im Sinne des § 44 TV-L tätig waren, gelten für sie unabhängig von einer späteren Änderung

ihrer Tätigkeit die mit Jahreszahlen verbundenen Stichtage (Daten) des TVÜ-Länder nach Maßgabe der §§ 10 und 13 Buchstabe b dieses Tarifvertrages i. V. m. § 39 Absatz 2 Angleichungs-TV Berlin weiter. [3]Sofern diese Beschäftigten nicht unter Satz 2 fallen und am 1. November 2010 nicht als Lehrkraft im Sinne des § 44 TV-L tätig waren, gelten für sie unabhängig von einer späteren Änderung ihrer Tätigkeit die mit Jahreszahlen verbundenen Stichtage (Daten) des TVÜ-Länder nach Maßgabe der §§ 10 und 13 Buchstabe a dieses Tarifvertrages i. V. m. § 39 Absatz 1 Angleichungs-TV Berlin weiter. [4]Eine neue Überleitung findet nicht statt.

§ 25 Inkrafttreten, Außerkrafttreten

(1) Dieser Tarifvertrag tritt am 1. Januar 2013 in Kraft.

(2) Die §§ 5, 6, 7, 14, 15 und 17 treten mit Erreichen des Bemessungssatzes (§ 5) von 100 v. H. außer Kraft.

(3) [1]Dieser Tarifvertrag kann mit einer Frist von drei Monaten zum Ende eines Kalendermonats schriftlich gekündigt werden, jedoch frühestens zum 31. Dezember 2017. [2]Bei einer Kündigung dieses Tarifvertrages kann Abschnitt II der Anlage 1 TV Wiederaufnahme Berlin von der Kündigung ausgenommen werden.

Protokollerklärung zu § 25 Absatz 3:
Im Falle der Kündigung gelten die durch § 23 in Bezug genommenen Regelungen des Angleichungs-TV Land Berlin fort.

(4) [1]Abweichend von Absatz 3 kann § 4 mit einer Frist von einem Monat zum Schluss eines Kalendermonats von jeder Tarifvertragspartei auf landesbezirklicher Ebene schriftlich gekündigt werden, frühestens jedoch zum 31. Dezember 2017. [2]Nach einer Kündigung des § 4 findet § 6 Absatz 1 Satz 1 Buchstabe a TV-L keine Anwendung.

(5) [1]Die Weitergeltung jeder einzelnen

- der durch Abschnitt II der Anlage 1 in Bezug genommenen Regelungen des § 60 Absätze 1 und 2 Angleichungs-TV Land Berlin und
- der durch Abschnitt III der Anlage 1 erfassten Regelungen

kann mit einer Frist von drei Monaten zum Ende eines Kalendermonats schriftlich gekündigt werden, jedoch frühestens zum Ablauf des Jahres 2017. [2]Die Weiteranwendung jedes einzelnen der in Abschnitt I der Anlage 1 aufgeführten Tarifverträge kann landesbezirklich mit einer Frist von drei Monaten zum Ende eines Kalendermonats schriftlich gesondert gekündigt werden, jedoch frühestens zum Ablauf des Jahres 2017.

Gemeinsame Niederschriftserklärungen zu den Tarifverträgen bzgl. der Wiederaufnahme Berlins in die Tarifgemeinschaft deutscher Länder

1. Zu § 4 Wiederaufnahme Berlin:
Sofern die am 1. Januar 2013 geltende Arbeitszeit im Sinne von § 6 Absatz 1 Satz 1 Buchstabe a im TV-L zum Zeitpunkt der Anhebung des Bemessungssatzes auf 100 v.H. unverändert besteht, gilt eine durchschnittliche regelmäßige wöchentliche Arbeitszeit von 39 Stunden und 24 Minuten.

2. Niederschriftserklärung zu § 12 Abs. 1 TV Wiederaufnahme Berlin (Protokollerklärung zu § 17 Abs. 1 TVÜ-Länder)
Die Tarifvertragsparteien vertreten zur Fortgeltung der Protokollerklärung zu § 17 Absatz 1 TVÜ-Länder in § 30 Absatz 1 Angleichungs-TV Land Berlin über den 31. Dezember 2011 hinaus unterschiedliche Auffassungen. Die Frage der Fortgeltung konnte wegen des angestrebten Beitrittstermins des Landes Berlin zur TdL für die in der Anlage 2 zum TV Wiederaufnahme Berlin aufgeführten Tätigkeitsmerkmale nicht einvernehmlich gelöst werden. Durch die Einfügung in Satz 1 gegenüber dem bisherigen Satz 2 der Protokollerklärung zu § 17 Absatz 1 TVÜ-Länder durch § 12 Absatz 1 TV Wiederaufnahme Berlin sollen die unterschiedlichen Auffassungen nicht zugunsten einer Seite entschieden, sondern auf die in der Anlage 2 zum TV Wiederaufnahme Berlin aufgeführten Tätigkeitsmerkmale beschränkt werden. Die Tarifvertragsparteien streben an, die Zuordnung auch dieser Tätigkeiten zu den Entgeltgruppen des TV-L bis zum 31. Dezember 2013 zu vereinbaren.

Anlage 1 zum TV Wiederaufnahme Berlin

Spezielle Tarifverträge bzw. Tarifvertragsregelungen im Bereich des Landes Berlin

Vorbemerkungen:

1. Soweit nachstehend auf Vorschriften des TV-L oder des TVÜ-Länder verwiesen wird, gelten die jeweiligen Vorschriften in der sich aus dem TV Wiederaufnahme Berlin ergebenden Fassung.
2. Soweit nachstehend Tarifverträge aufgeführt sind, die auf Arbeitgeberseite nicht von der TdL abgeschlossen wurden, finden diese auf die Beschäftigten des Landes Berlin nur noch Anwendung, soweit sich dies aus den nachstehenden Regelungen ergibt.

I. Anwendung von Tarifverträgen des Landes Berlin für Beschäftigte, deren Tätigkeit vor dem 1. Januar 2005 der Rentenversicherung der Angestellten unterlegen hätte

Die folgenden Tarifverträge und Tarifvertragsregelungen finden weiter Anwendung, soweit im TV-L, im TVÜ-Länder, in seinen Anlagen oder in diesem Tarifvertrag nicht ausdrücklich etwas anderes bestimmt ist:

1. der Tarifvertrag über die Theaterbetriebszulage für Angestellte (SR 2 k BAT) vom 19. April 1988 in der am 1. November 2010 geltenden Fassung mit folgenden Maßgaben:
   § 2 Absatz 1 gilt in folgender Fassung:
   »(1) [1]Die sich nach § 59 Absatz 2 Satz 2 und 3 Angleichungs-TV Land Berlin vom 14. Oktober 2010 in seiner am 31. Dezember 2012 geltenden Fassung ergebenden Beträge der Theaterbetriebszulage nehmen ab dem Januar 2013 entsprechend § 5 in Verbindung mit der Protokollerklärung zu § 6 Absatz 1 TVÜ-Länder in der für das Land Berlin geltenden Fassung an allgemeinen Entgeltanpassungen teil.
   [2]Für Beschäftigte, die nach dem 31. Oktober 2010 eingestellt werden, und in den Fällen der Übertragung einer höher oder niedriger bewerteten Tätigkeit, ist die Vergütungsgruppe maßgebend, die sich zum Zeitpunkt der Einstellung beziehungsweise der Höher- oder Herabgruppierung bei Fortgeltung des bisherigen Tarifrechts ergeben hätte.«
2. der Tarifvertrag zur Ergänzung des Anwendungs-TV Land Berlin für den Bereich der Schulhausmeister/innen (TV Schulhausmeister/innen Land Berlin) vom 20. April 2007 in der am 1. November 2010 geltenden Fassung.

II. Anwendung von § 60 Angleichungs-TV Land Berlin (Anwendung von Tarifverträgen für Beschäftigte, deren Tätigkeit vor dem 1. Januar 2005 der Rentenversicherung der Arbeiter unterlegen hätte)

Für Arbeitsverhältnisse von Beschäftigten des Landes Berlin, deren Tätigkeit vor dem 1. Januar 2005 der Rentenversicherung der Arbeiter unterlegen hätte, findet

§ 60 (»Weiteranwendung von Tarifverträgen für Beschäftigte, deren Tätigkeit vor dem 1. Januar 2005 der Rentenversicherung der Arbeiter unterlegen hätte«) des Tarifvertrages zur Angleichung des Tarifrechts des Landes Berlin an das Tarifrecht der Tarifgemeinschaft deutscher Länder (Angleichungs-TV Land Berlin) vom 14. Oktober 2010 mit folgenden Maßgaben Anwendung:

1. In Absatz 4 Satz 2 werden die Worte »§ 6 Absatz 1 TVÜ-Länder« durch die Worte »§ 7 TVÜ-Länder« ersetzt.
2. Beschäftigte können auf Antrag mit Wirkung für die Zukunft die Anwendung der in § 60 Absatz 2 Nummern 4 bis 8 genannten Tarifverträge insgesamt auf Dauer ausschließen.

III. Anwendung von Tarifverträgen des VAdöD Berlin

§ 61 Angleichungs-TV Land Berlin findet weiterhin Anwendung.

Anlage 2

Zu § 12 TV Wiederaufnahme Berlin

Tätigkeitsmerkmale der Anlage 1 des BTV Nr. 2 zum BMT-G/BMT-G-O

Lohngr.	Fallgr.	Aufstiegszüge nach Lohngr./Fallgr.	Tätigkeit
2	3	mit Aufstieg nach 2a	Arbeiter, die die Reinigung in Gebäuden mit besonderen Reinigungsmaschinen und -geräten ausführen (sog. Feuchtwischmethode) – einschl. Protokollerklärung
3	10	mit Aufstieg nach 3a	Arbeiter, die motorgetriebene Gartenbau- und Landmaschinen führen und warten oder mechanische Leitern bedienen
3	48	mit Aufstieg nach 3a	Tierwärter
4	7	Aufstieg aus 3/10 nach 4/7 und 5/3	Arbeiter, die mechanische Leitern oder Großflächenmäher mit einer Motorleistung von mindestens 3,6 kW und einer Mindestschnittbreite von 600 mm bedienen, warten und kleinere Reparaturen an diesen Geräten ausführen
4	20	mit Aufstieg nach 5/3	Fahrer von Spezialfahrzeugen für den Gartenbau, für deren Führung ein Führerschein erforderlich ist
4	37	mit Aufstieg nach 5/3	Schulhauswarte, die in nicht unerheblichem Umfange handwerkliche Arbeiten verrichten
5	4	Aufstieg aus 4/18 nach 5/4 und 6/3	Fahrer von Kraftwagen mit Verbrennungsmotoren (ausgenommen Motorkarren), die mindestens während der Hälfte ihrer Arbeitszeit im öffentlichen Straßenverkehr eingesetzt sind – einschließlich Protokollerklärung

Lohngr.	Fallgr.	Aufstiegszüge nach Lohngr./Fallgr.	Tätigkeit
5	5	mit Aufstieg nach 6/3	Fahrer von Spezialfahrzeugen, für deren Führung der Führerschein der Klasse 2 oder 3 erforderlich ist und die mit technischen, vom Fahrer zu bedienenden Zusatzeinrichtungen ausgestattet sind – einschließlich Protokollerklärung
5	7	mit Aufstieg nach 6/3	Fahrer von Baggern und Schaufelladern, für deren Führung der Führerschein der Klasse 2 oder 3 erforderlich ist
5	28	mit Aufstieg nach 6/2 und 6a	Gelernte Arbeiter im Sinne der Lohngruppe 4 Fallgruppe 1, die als Alleinkraft Facharbeiten verrichten
5	29	mit Aufstieg nach 6/2 und 6a	Köche
5	38	mit Aufstieg nach 6/2 und 6a	Elektriker – einschließlich Protokollerklärung
6	14	mit Aufstieg nach 7/1 und 7a	Diätköche mit Spezialausbildung
6	16	mit Aufstieg nach 7/1 und 7a	Elektriker, die Elektrofacharbeiten zum Betrieb, zur Überwachung und zur Pflege von komplizierten Stromerzeugungs- und Stromverteilungsanlagen ausführen – einschließlich Protokollerklärung
6	17	mit Aufstieg nach 7/1 und 7a	Elektromechaniker – einschließlich Protokollerklärung
6	21	mit Aufstieg nach 7/1 und 7a	Kraftfahrzeughandwerker
6	22	mit Aufstieg nach 7/1 und 7a	Landschafts- und Friedhofsgärtner, die besonders hochwertige Arbeiten im Sinne der Fallgruppe 1 ausführen, sowie Gärtner, die mit Spezialkulturen in Anzuchteinrichtungen, Baumschulen oder Botanischen Gärten betraut sind – einschließlich Protokollerklärung

Lohngr.	Fallgr.	Aufstiegszüge nach Lohngr./Fallgr.	Tätigkeit
7	8	mit Aufstieg nach 8 und 8a	Elektriker oder Elektromechaniker, die schwierige elektrische Anlagen (Schaltanlagen, Schutz-, Steuer-, Mess- oder Regeleinrichtungen, Fernwirkanlagen) selbständig erstellen oder selbständig instand setzen und unterhalten
7	11	mit Aufstieg nach 8 und 8a	Gärtner, die sich dadurch aus der Lohngruppe 6 Fallgruppe 22 herausheben, dass ihnen a) die selbständige und verantwortliche Ausführung baumchirurgischer Arbeiten oder b) die Anleitung und Beaufsichtigung von Auszubildenden übertragen ist
7	12	mit Aufstieg nach 8 und 8a	Gelernte Arbeiter im Sinne der Lohngruppe 4 Fallgruppe 1, die dazu bestellt sind, Auszubildenden in Betrieben, Werkstätten oder Schulen Unterweisungen zu erteilen
7	13	mit Aufstieg nach 8 und 8a	Handwerker mit Gesellenprüfungszeugnis oder Arbeiter mit Facharbeiterbrief der Lohngruppe 6, die besonders schwierige Instandsetzungen oder Spezialarbeiten an hochempfindlichen oder komplizierten Geräten selbständig durchführen – einschließlich Protokollerklärung
9	3	./.	Gelernte Arbeiter im Sinne der Lohngruppe 4 Fallgruppe 1, die sich dadurch aus der Fallgruppe 11b oder 12 der Lohngruppe 7 herausheben, dass sie auf Veranlassung ihrer Verwaltung die Prüfung nach der Ausbildereignungsverordnung erfolgreich abgelegt haben und dementsprechend eingesetzt werden

Lohngr.	Fallgr.	Aufstiegszüge nach Lohngr./Fallgr.	Tätigkeit
Bei Theatern und Bühnen			
4	46	mit Aufstieg nach 5/3	Ankleider (gelernte Schneider)
4	47	Aufstieg aus 3/61 nach 4/47 und 5/18	Bühnenarbeiter nach dreijähriger Tätigkeit als solche und bestandener betrieblicher Prüfung im Sinne der Fallgruppe 50
4	48	mit Aufstieg nach 5/3	Kostümweißnäher
4	49	mit Aufstieg nach 5/3	Requisiteure
5	16	mit Aufstieg nach 6/3	Arbeiter, die die Maschinerie auf dem Schnürboden der Deutschen Oper bedienen
5	17	mit Aufstieg nach 6/3	Beleuchter
5	19	mit Aufstieg nach 6/3	Bühnenhandwerker
5	20	4/19 mit Auf- stieg nach 5/20 und 5a	Requisiteure mit einschlägiger handwerklicher Ausbildung, die mindestens während der Hälfte ihrer Arbeitszeit Requisiten herstellen und instand setzen
5	37	mit Aufstieg nach 6/2 und 6a	Beleuchter mit abgeschlossener Ausbildung in einem Elektrofachberuf im Sinne der Lohngruppe 4 Fallgruppe 1
5	39	mit Aufstieg nach 6/2 und 6a	Handwerker in den Werkstätten der städtischen Bühnen– einschließlich Protokollerklärung
5	40	mit Aufstieg nach 6/2 und 6a	Kostümplastiker – einschließlich Protokollerklärung
5	41	mit Aufstieg nach 6/2 und 6a	Kostümweißnäher mit abgeschlossener Ausbildung im Ausbildungsberuf Schneider – einschließlich Protokollerklärung
5	42	mit Aufstieg nach 6/2 und 6a	Theaterplastiker – einschließlich Protokollerklärung

Lohngr.	Fallgr.	Aufstiegszüge nach Lohngr./Fallgr.	Tätigkeit
6	9	mit Aufstieg nach 6a	Beleuchter im Stellwerk
6	10	mit Aufstieg nach 6a	Elektriker, die auch als Beleuchter im Sinne der Fallgruppen 9 und 36 eingesetzt werden
6	11	mit Aufstieg nach 6a	Kostümmaler – einschließlich Protokollerklärung
6	12	mit Aufstieg nach 6a	Seitenmeister und Erste Requisiteure
6	36	mit Aufstieg nach 7/1 und 7a	Beleuchter in elektronisch gesteuerten Stellwarten
6	37	mit Aufstieg nach 7/1 und 7a	Bühnenmaschinisten
6	38	mit Aufstieg nach 7/1 und 7a	Handwerker in der Rüstwerkstatt, die besonders schwierige Spezialarbeiten ausführen – einschließlich Protokollerklärung
7	24	mit Aufstieg nach 7a	Erste Bühnenmaschinisten
7	25	mit Aufstieg nach 7a	Erste Beleuchter
7	26	mit Aufstieg nach 8 und 8a	Probenmeister

Ab 1. 12. 2017 gelten für die Tarifbeschäftigten, Auszubildenden, Praktikanten/Praktikantinnen und Ärzte/Ärztinnen die Tabellenwerte, die als Anlage zum TV-L oder in Tarifverträgen für Auszubildende und Praktikanten/Praktikantinnen ausgewiesen sind.

F. Tarifvertrag für Auszubildende der Länder in Ausbildungsberufen nach dem Berufsbildungsgesetz (TVA-L BBiG)

vom 12. Oktober 2006, in der Fassung des Änderungstarifvertrages Nr. 12 vom 9. Dezember 2023

§ 1 Geltungsbereich

(1) [1]Dieser Tarifvertrag gilt für Personen, die in Verwaltungen und Betrieben in einem staatlich anerkannten oder als staatlich anerkannt geltenden Ausbildungsberuf nach dem Berufsbildungsgesetz (BBiG) ausgebildet werden (Auszubildende). [2]Voraussetzung ist, dass sie in Verwaltungen und Betrieben ausgebildet werden, die unter den Geltungsbereich des TV-L fallen.

(2) Dieser Tarifvertrag gilt nicht für

a) Auszubildende nach dem Pflegeberufegesetz, nach dem Anästhesietechnische- und Operationstechnische Assistenten-Gesetz sowie Schülerinnen/Schüler in der Gesundheits- und Krankenpflege, Gesundheits- und Kinderkrankenpflege, Altenpflege, Operationstechnischen Assistenz, Anästhesietechnischen Assistenz, Entbindungspflege, Krankenpflegehilfe und Altenpflegehilfe sowie nach dem Notfallsanitätergesetz,

b) Schülerinnen/Schüler, die in den in der Anlage zum TVA-L Gesundheit aufgeführten Gesundheitsberufen ausgebildet werden,

c) Praktikantinnen/Praktikanten und Volontärinnen/Volontäre,

d) Auszubildende, die in Ausbildungsberufen der Landwirtschaft, des Weinbaues oder der Forstwirtschaft ausgebildet werden, es sei denn, dass die Beschäftigten des Ausbildenden unter den Tarifvertrag für den öffentlichen Dienst der Länder (TV-L) fallen,

e) körperlich, geistig oder seelisch behinderte Personen, die aufgrund ihrer Behinderung in besonderen Ausbildungswerkstätten, Berufsförderungswerkstätten oder in Lebenshilfeeinrichtungen ausgebildet werden, sowie für Personen, die in Ausbildungs- oder Berufsförderungswerkstätten von Justizvollzugseinrichtungen ausgebildet werden,

f) Studierende in einem ausbildungsintegrierten dualen Studium, die vom Geltungsbereich des Tarifvertrages für dual Studierende der Länder in ausbildungsintegrierten dualen Studiengängen (TVdS-L) erfasst sind.

(3) Soweit in diesem Tarifvertrag nichts anderes geregelt ist, gelten die jeweils einschlägigen gesetzlichen Vorschriften.

(4) Für die Auszubildenden des Landes Berlin gelten – mit Ausnahme des Tarifvertrages über die betriebliche Altersversorgung für die Beschäftigten des öffentlichen Dienstes (Tarifvertrag Altersversorgung – ATV) vom 1. März 2002 in der jeweils geltenden Fassung – einheitlich die Regelungen dieses Tarifvertrages für das Tarifgebiet West.

§ 2 Ausbildungsvertrag, Nebenabreden

(1) [1]Vor Beginn des Ausbildungsverhältnisses ist ein schriftlicher Ausbildungsvertrag zu schließen. [2]Dieser enthält neben der Bezeichnung des Ausbildungsberufs mindestens Angaben über

a) die maßgebliche Ausbildungs- und Prüfungsordnung in der jeweils geltenden Fassung sowie Art, sachliche und zeitliche Gliederung der Ausbildung,
b) Beginn und Dauer der Ausbildung,
c) Dauer der regelmäßigen täglichen oder wöchentlichen Ausbildungszeit,
d) Dauer der Probezeit,
e) Zahlung und Höhe des Ausbildungsentgelts,
f) Dauer des Urlaubs,
g) Voraussetzungen, unter denen der Ausbildungsvertrag gekündigt werden kann,
h) die Geltung des Tarifvertrages für Auszubildende der Länder (TVA-L BBiG) sowie einen in allgemeiner Form gehaltenen Hinweis auf die Betriebs-/Dienstvereinbarungen, die auf das Ausbildungsverhältnis anzuwenden sind,
i) in Form des Ausbildungsnachweises gemäß § 13 Satz 2 Nummer 7 Berufsbildungsgesetz.

(2) [1]Nebenabreden sind nur wirksam, wenn sie schriftlich vereinbart werden. [2]Sie können gesondert gekündigt werden, soweit dies einzelvertraglich vereinbart ist.

(3) [1]Falls im Rahmen eines Ausbildungsvertrages eine Vereinbarung über die Gewährung einer Personalunterkunft getroffen wird, ist dies in einer gesondert kündbaren Nebenabrede festzulegen. [2]Der Wert der Personalunterkunft wird im Tarifgebiet West nach dem Tarifvertrag über die Bewertung der Personalunterkünfte für Angestellte vom 16. März 1974 in der jeweils geltenden Fassung auf das Ausbildungsentgelt angerechnet. [3]Der nach § 3 Absatz 1 Unterabsatz 1 des Tarifvertrages über die Bewertung der Personalunterkünfte für Angestellte vom 16. März 1974 maßgebende Quadratmetersatz ist hierbei um 15 v. H. zu kürzen.

§ 3 Probezeit

(1) Die Probezeit beträgt drei Monate.
(2) Während der Probezeit kann das Ausbildungsverhältnis von beiden Seiten jederzeit ohne Einhalten einer Kündigungsfrist gekündigt werden.

§ 4 Ärztliche Untersuchungen

(1) [1]Auszubildende haben auf Verlangen des Ausbildenden vor ihrer Einstellung ihre gesundheitliche Eignung durch das Zeugnis eines Amtsarztes nachzuweisen. [2]Für Auszubildende, die unter das Jugendarbeitsschutzgesetz (JArbSchG) fallen, ist ergänzend § 32 Absatz 1 Jugendarbeitsschutzgesetz zu beachten.
(2) [1]Die Auszubildenden können bei begründeter Veranlassung verpflichtet werden, durch eine ärztliche Bescheinigung nachzuweisen, dass sie in der Lage sind, die nach dem Ausbildungsvertrag übernommenen Verpflichtungen zu erfüllen. [2]Bei dem beauftragten Arzt kann es sich um einen Betriebsarzt, Personalarzt oder Amtsarzt handeln, soweit sich die Betriebsparteien nicht auf einen anderen Arzt geeinigt haben. [3]Die Kosten dieser Untersuchung trägt der Ausbildende.
(3) [1]Auszubildende, die besonderen Ansteckungsgefahren ausgesetzt sind, oder die mit gesundheitsgefährdenden Tätigkeiten oder mit der Zubereitung von Speisen beauftragt werden, sind in regelmäßigen Zeitabständen ärztlich zu untersuchen. [2]Die Untersuchung ist auf Antrag der Auszubildenden auch bei Beendigung des Ausbildungsverhältnisses durchzuführen.

§ 5 Schweigepflicht, Nebentätigkeiten

(1) Auszubildende haben in demselben Umfang Verschwiegenheit zu wahren wie die Beschäftigten des Ausbildenden.
(2) [1]Nebentätigkeiten gegen Entgelt haben Auszubildende ihrem Ausbildenden rechtzeitig vorher schriftlich anzuzeigen. [2]Der Ausbildende kann die Nebentätigkeit untersagen oder mit Auflagen versehen, wenn diese geeignet ist, die nach dem Ausbildungsvertrag übernommenen Verpflichtungen der Auszubildenden oder berechtigte Interessen des Ausbildenden zu beeinträchtigen.

§ 6 Personalakten

(1) [1]Die Auszubildenden haben ein Recht auf Einsicht in ihre vollständigen Personalakten. [2]Sie können das Recht auf Einsicht durch einen hierzu schriftlich Bevollmächtigten ausüben lassen. [3]Sie können Auszüge oder Kopien aus ihren Personalakten erhalten. [4]Die Auszubildenden müssen über

Beschwerden und Behauptungen tatsächlicher Art, die für sie ungünstig sind oder ihnen nachteilig werden können, vor Aufnahme in die Personalakten gehört werden. [5]Ihre Äußerung ist zu den Personalakten zu nehmen.

(2) [1]Beurteilungen sind den Auszubildenden unverzüglich bekannt zu geben. [2]Die Bekanntgabe ist aktenkundig zu machen.

§ 7 Wöchentliche und tägliche Ausbildungszeit

(1) Die durchschnittliche regelmäßige wöchentliche Ausbildungszeit und die tägliche Ausbildungszeit der Auszubildenden, die nicht unter das Jugendarbeitsschutzgesetz fallen, richten sich nach den Regelungen für die Beschäftigten des Ausbildenden.

(2) Wird das Führen von Berichtsheften (Ausbildungsnachweisen) verlangt, ist den Auszubildenden dazu Gelegenheit während der Ausbildungszeit zu geben.

(3) An Tagen, an denen Auszubildende an einem theoretischen betrieblichen Unterricht von mindestens 270 tatsächlichen Unterrichtsminuten teilnehmen, dürfen sie nicht zur praktischen Ausbildung herangezogen werden.

(4) [1]Unterrichtszeiten einschließlich der Pausen gelten als Ausbildungszeit. [2]Dies gilt auch für die notwendige Wegezeit zwischen Unterrichtsort und Ausbildungsstätte, sofern die Ausbildung nach dem Unterricht fortgesetzt wird.

(5) Auszubildende dürfen an Sonn- und Wochenfeiertagen und in der Nacht zur Ausbildung nur herangezogen werden, wenn dies nach dem Ausbildungszweck erforderlich ist.

(6) [1]Auszubildende dürfen nicht über die nach Absatz 1 geregelte Ausbildungszeit hinaus zu Mehrarbeit herangezogen und nicht mit Akkordarbeit beschäftigt werden. [2]§§ 21, 23 Jugendarbeitsschutzgesetz und § 17 Absatz 7 Berufsbildungsgesetz bleiben unberührt.

§ 8 Ausbildungsentgelt

(1) Das monatliche Ausbildungsentgelt beträgt für Auszubildende

a) in der Zeit vom 1. Oktober 2023 bis 31. Oktober 2024

im ersten Ausbildungsjahr	1086,82 Euro,
im zweiten Ausbildungsjahr	1140,96 Euro,
im dritten Ausbildungsjahr	1190,61 Euro,
im vierten Ausbildungsjahr	1259,51 Euro.

b) in der Zeit vom 1. November 2024 bis 31. Januar 2025

im ersten Ausbildungsjahr	1186,82 Euro,
im zweiten Ausbildungsjahr	1240,96 Euro,
im dritten Ausbildungsjahr	1290,61 Euro,
im vierten Ausbildungsjahr	1359,51 Euro.

c) ab 1. Februar 2025

im ersten Ausbildungsjahr	1236,82 Euro,
im zweiten Ausbildungsjahr	1290,96 Euro,
im dritten Ausbildungsjahr	1340,61 Euro,
im vierten Ausbildungsjahr	1409,51 Euro.

(2) Das Ausbildungsentgelt wird zu dem Termin gezahlt, zu dem auch die Beschäftigten des Ausbildenden ihr Entgelt erhalten.

(3) Ist wegen des Besuchs einer weiterführenden oder einer berufsbildenden Schule oder wegen einer Berufsausbildung in einer sonstigen Einrichtung die Ausbildungszeit verkürzt, gilt für die Höhe des Ausbildungsentgelts der Zeitraum, um den die Ausbildungszeit verkürzt wird, als abgeleistete Ausbildungszeit.

(4) Wird die Ausbildungszeit

a) gemäß § 18 Absatz 1 Satz 2 verlängert oder
b) auf Antrag der Auszubildenden nach § 8 Absatz 2 Berufsbildungsgesetz von der zuständigen Stelle oder nach § 27c Absatz 2 der Handwerksordnung von der Handwerkskammer verlängert,

wird während des Zeitraums der Verlängerung das Ausbildungsentgelt des letzten regelmäßigen Ausbildungsabschnitts gezahlt.

(5) In den Fällen des § 18 Absatz 2 erhalten Auszubildende bis zur Ablegung der Abschlussprüfung das Ausbildungsentgelt des letzten regelmäßigen Ausbildungsabschnitts, bei Bestehen der Prüfung darüber hinaus rückwirkend von dem Zeitpunkt an, an dem das Ausbildungsverhältnis geendet hat, den Unterschiedsbetrag zwischen dem ihnen gezahlten Ausbildungsentgelt und dem für das vierte Ausbildungsjahr maßgebenden Ausbildungsentgelt.

(6) Für die Ausbildung an Samstagen, Sonntagen, Feiertagen und Vorfesttagen, für den Bereitschaftsdienst und die Rufbereitschaft, für die Überstunden und für die Zeitzuschläge gelten die für die Beschäftigten des Ausbildenden geltenden Regelungen sinngemäß.

(7) Zulagen nach dem Tarifvertrag zu § 33 Absatz 1 Buchstabe c BAT/BAT-O können bei Vorliegen der geforderten Voraussetzungen zur Hälfte gezahlt werden.

(8) An Auszubildende, die im Rahmen ihrer Ausbildung in erheblichem Umfang mit Arbeiten gemäß § 29 MTArb/MTArb-O beschäftigt werden, kann im zweiten bis vierten Ausbildungsjahr ein monatlicher Pauschalzuschlag von 10,23 Euro gezahlt werden.

§ 9 Urlaub

(1) [1]Auszubildende erhalten Erholungsurlaub in entsprechender Anwendung der für die Beschäftigten des Ausbildenden geltenden Regelungen. [2]Während des Erholungsurlaubs wird das Ausbildungsentgelt (§ 8 Absatz 1) fortgezahlt.

(2) Der Erholungsurlaub ist nach Möglichkeit zusammenhängend während der unterrichtsfreien Zeit zu erteilen und in Anspruch zu nehmen.

§ 10 Ausbildungsmaßnahmen außerhalb der Ausbildungsstätte

(1) Bei Dienstreisen und Reisen zur Ablegung der in den Ausbildungsordnungen vorgeschriebenen Prüfungen erhalten Auszubildende eine Entschädigung in entsprechender Anwendung der Reisekostenbestimmungen, die für die Beschäftigten des Ausbildenden jeweils gelten.

(2) [1]Bei Reisen zur Teilnahme an überbetrieblichen Ausbildungsmaßnahmen im Sinne des § 5 Absatz 2 Satz 1 Nr. 6 Berufsbildungsgesetz außerhalb der politischen Gemeindegrenze der Ausbildungsstätte werden die entstandenen notwendigen Fahrtkosten bis zur Höhe der Kosten der Fahrkarte der jeweils niedrigsten Klasse des billigsten regelmäßig verkehrenden Beförderungsmittels (im Bahnverkehr ohne Zuschläge) erstattet; Möglichkeiten zur Erlangung von Fahrpreisermäßigungen (zum Beispiel Schülerfahrkarten, Monatsfahrkarten, BahnCard) sind auszunutzen. [2]Beträgt die Entfernung zwischen den Ausbildungsstätten hierbei mehr als 300 km, können im Bahnverkehr Zuschläge beziehungsweise besondere Fahrpreise (zum Beispiel für ICE) erstattet werden. [3]Für die Erstattung der nachgewiesenen notwendigen Kosten einer Unterkunft am auswärtigen Ort gelten, soweit nicht eine unentgeltliche Unterkunft zur Verfügung steht, diejenigen Regelungen entsprechend, die für die Beschäftigten des Ausbildenden maßgebend sind. [4]Zu den Auslagen des bei notwendiger auswärtiger Unterbringung entstehenden Verpflegungsmehraufwands wird für volle Kalendertage der Anwesenheit am auswärtigen Ausbildungsort ein Verpflegungszuschuss in Höhe der nach der Sozialversicherungsentgeltverordnung maßgebenden Sachbezugswerte für Frühstück, Mittagessen und Abendessen gewährt. [5]Bei unentgeltlicher Verpflegung wird der jeweilige Sachbezugswert einbehalten.[6]Bei einer über ein Wochenende oder einen Feiertag hinaus andauernden Ausbildungsmaßnahme werden die dadurch entstandenen Mehrkosten für Unterkunft und Verpflegungsmehraufwand nach Maßgabe der Sätze 3 bis 5 erstattet.

(3) [1]Für den Besuch einer auswärtigen Berufsschule werden die notwendigen Fahrtkosten sowie die Auslagen für Unterkunft und Verpflegungsmehraufwand nach Maßgabe des Absatzes 2 erstattet. [2]Erstattungen durch Dritte sind anzurechnen. [3]Sofern der Auszubildende auf seinen Antrag eine andere als die regulär zu besuchende Berufsschule besucht, wird der Ausbildende von der Kostenübernahme befreit.

(4) Bei Abordnungen und Zuweisungen werden die Kosten nach Maßgabe des Absatzes 2 erstattet.

§ 11 Familienheimfahrten

[1]Für Familienheimfahrten von der Ausbildungsstätte oder vom Ort der auswärtigen Berufsschule, deren Besuch vom Ausbildenden veranlasst wurde, zum Wohnort der Eltern und zurück werden den Auszubildenden monatlich einmal Fahrtkosten erstattet. [2]Erstattungsfähig sind die im Bundesgebiet notwendigen Fahrtkosten bis zur Höhe der Kosten der Fahrkarte der jeweils niedrigsten Klasse des billigsten regelmäßig verkehrenden Beförderungsmittels (im Bahnverkehr ohne Zuschläge). [3]Dem Wohnort der Eltern steht der Wohnort der Erziehungsberechtigten oder der Ehegattin/des Ehegatten oder der Lebenspartnerin/des Lebenspartners gleich. [4]Möglichkeiten zur Erlangung von Fahrpreisermäßigungen (zum Beispiel Schülerfahrkarten, Monatsfahrkarten, BahnCard) sind auszunutzen. [5]Beträgt die Entfernung mehr als 300 km, können im Bahnverkehr Zuschläge beziehungsweise besondere Fahrpreise (zum Beispiel für ICE) erstattet werden. [6]Die Sätze 1 bis 5 gelten nicht, wenn aufgrund geringer Entfernung eine tägliche Rückkehr möglich und zumutbar ist oder der Aufenthalt am jeweiligen Ort der Ausbildungsstätte oder der auswärtigen Berufsschule weniger als vier Wochen beträgt.

§ 12 Schutzkleidung, Ausbildungsmittel

(1) Soweit das Tragen von Schutzkleidung gesetzlich vorgeschrieben oder angeordnet ist, wird sie unentgeltlich zur Verfügung gestellt und bleibt Eigentum des Ausbildenden.
(2) Der Ausbildende hat den Auszubildenden kostenlos die Ausbildungsmittel zur Verfügung zu stellen, die zur Berufsausbildung und zum Ablegen von Zwischen- und Abschlussprüfungen erforderlich sind.

§ 13 Entgelt im Krankheitsfall

(1) [1]Sind Auszubildende durch Arbeitsunfähigkeit infolge Krankheit ohne ihr Verschulden verhindert, ihre Verpflichtungen aus dem Ausbildungsvertrag zu erfüllen, erhalten sie für die Zeit der Arbeitsunfähigkeit bis zu einer Dauer von sechs Wochen das Ausbildungsentgelt (§ 8 Absatz 1) fortgezahlt. [2]Bei Wiederholungserkrankungen sowie bei Beendigung des Ausbildungsverhältnisses richtet sich die Dauer der Entgeltfortzahlung nach den gesetzlichen Bestimmungen.
(2) Im Übrigen gilt das Entgeltfortzahlungsgesetz.
(3) [1]Hat die/der Auszubildende bei dem Ausbildenden einen Arbeitsunfall erlitten oder sich eine Berufskrankheit zugezogen, wird bei der jeweils ersten darauf beruhenden Arbeitsunfähigkeit nach Ablauf des Entgeltfortzahlungszeitraums von sechs Wochen ein Krankengeldzuschuss bis zum

Ende der 26. Woche seit dem Beginn der Arbeitsunfähigkeit gezahlt. [2]Der Krankengeldzuschuss wird in Höhe des Unterschiedsbetrages zwischen den tatsächlichen Barleistungen des Sozialleistungsträgers und dem sich nach Absatz 1 ergebenden Nettoausbildungsentgelt gezahlt. [3]Voraussetzung für die Zahlung des Krankengeldzuschusses ist, dass der zuständige Unfallversicherungsträger den Arbeitsunfall oder die Berufskrankheit anerkennt.

§ 14 Entgeltfortzahlung in anderen Fällen

(1) Auszubildenden ist das Ausbildungsentgelt (§ 8 Absatz 1) für insgesamt fünf Ausbildungstage fortzuzahlen, um sich vor den in den Ausbildungsordnungen vorgeschriebenen Abschlussprüfungen ohne Bindung an die planmäßige Ausbildung auf die Prüfung vorbereiten zu können; bei der Sechstagewoche besteht dieser Anspruch für sechs Ausbildungstage.
(2) Der Freistellungsanspruch nach Absatz 1 verkürzt sich um die Zeit, für die Auszubildende zur Vorbereitung auf die Abschlussprüfung besonders zusammengefasst werden; es besteht jedoch mindestens ein Anspruch auf zwei Ausbildungstage.
(3) Im Übrigen gelten für die Arbeitsbefreiung diejenigen Regelungen entsprechend, die für die Beschäftigten des Ausbildenden maßgebend sind.

§ 15 Vermögenswirksame Leistungen

(1) [1]Auszubildende erhalten im Tarifgebiet West eine vermögenswirksame Leistung in Höhe von 13,29 Euro monatlich und im Tarifgebiet Ost in Höhe von 6,65 Euro monatlich, wenn sie diesen Betrag nach Maßgabe des Vermögensbildungsgesetzes in seiner jeweiligen Fassung anlegen. [2]Der Anspruch auf vermögenswirksame Leistungen entsteht frühestens für den Kalendermonat, in dem dem Ausbildenden die erforderlichen Angaben mitgeteilt werden, und für die beiden vorangegangenen Monate desselben Kalenderjahres. [3]Die vermögenswirksamen Leistungen werden nur für Kalendermonate gewährt, für die den Auszubildenden Ausbildungsentgelt, Entgeltfortzahlung oder Krankengeldzuschuss zusteht. [4]Für Zeiten, für die Krankengeldzuschuss zusteht, sind die vermögenswirksamen Leistungen Teil des Krankengeldzuschusses.
(2) Die vermögenswirksamen Leistungen sind kein zusatzversorgungspflichtiges Entgelt.

§ 16 Jahressonderzahlung

(1) [1]Auszubildende, die am 1. Dezember in einem Ausbildungsverhältnis stehen, haben Anspruch auf eine Jahressonderzahlung. [2]Diese beträgt 95 v.H. des Ausbildungsentgelts (§ 8 Absatz 1), das den Auszubildenden für November zusteht.
(2) [1]Der Anspruch ermäßigt sich um ein Zwölftel für jeden Kalendermonat, in dem Auszubildende keinen Anspruch auf Ausbildungsentgelt (§ 8 Absatz 1), Fortzahlung des Entgelts während des Erholungsurlaubs (§ 9) oder im Krankheitsfall (§ 13) haben. [2]Die Verminderung unterbleibt für Kalendermonate, für die Auszubildende wegen Beschäftigungsverboten nach § 3 Absätze 1 und 2 Mutterschutzgesetz kein Ausbildungsentgelt erhalten haben. [3]Die Verminderung unterbleibt ferner für Kalendermonate der Inanspruchnahme der Elternzeit nach dem Bundeselterngeld- und Elternzeitgesetz bis zum Ende des Kalenderjahres, in dem das Kind geboren ist. [4]Voraussetzung ist, dass am Tag vor Antritt der Elternzeit Anspruch auf Entgelt oder auf Zuschuss zum Mutterschaftsgeld bestanden hat.
(3) [1]Die Jahressonderzahlung wird mit dem Ausbildungsentgelt für November ausgezahlt. [2]Ein Teilbetrag der Jahressonderzahlung kann zu einem früheren Zeitpunkt ausgezahlt werden.
(4) [1]Auszubildende, die im unmittelbaren Anschluss an die Ausbildung von ihrem Ausbildenden in ein Arbeitsverhältnis übernommen werden und am 1. Dezember noch in diesem Arbeitsverhältnis stehen, erhalten zusammen mit der anteiligen Jahressonderzahlung aus dem Arbeitsverhältnis eine anteilige Jahressonderzahlung aus dem Ausbildungsverhältnis. [2]Ist die Übernahme im Laufe eines Kalendermonats erfolgt, wird dieser Kalendermonat bei der anteiligen Jahressonderzahlung aus dem Arbeitsverhältnis berücksichtigt.

§ 17 Betriebliche Altersversorgung

[1]Die Auszubildenden haben Anspruch auf eine zusätzliche Alters- und Hinterbliebenenversorgung unter Eigenbeteiligung. [2]Einzelheiten bestimmt der Tarifvertrag über die betriebliche Altersversorgung der Beschäftigten des öffentlichen Dienstes (Tarifvertrag Altersversorgung – ATV) in seiner jeweils geltenden Fassung.

Protokollerklärung zu § 17:
§ 17 gilt nicht für Auszubildende der Freien und Hansestadt Hamburg.

§ 18 Beendigung des Ausbildungsverhältnisses

(1) [1]Das Ausbildungsverhältnis endet mit Ablauf der Ausbildungszeit; abweichende gesetzliche Regelungen bleiben unberührt. [2]Im Falle des Nichtbestehens der Abschlussprüfung verlängert sich das Ausbildungsverhältnis auf Verlangen der Auszubildenden bis zur nächstmöglichen Wiederholungsprüfung, höchstens um ein Jahr.

(2) Können Auszubildende ohne eigenes Verschulden die Abschlussprüfung erst nach beendeter Ausbildungszeit ablegen, gilt Absatz 1 Satz 2 entsprechend.

(3) Beabsichtigt der Ausbildende keine Übernahme in ein Arbeitsverhältnis, hat er dies den Auszubildenden drei Monate vor dem voraussichtlichen Ende der Ausbildungszeit schriftlich mitzuteilen.

(4) Nach der Probezeit (§ 3) kann das Ausbildungsverhältnis unbeschadet der gesetzlichen Kündigungsgründe nur gekündigt werden

a) aus einem sonstigen wichtigen Grund ohne Einhalten einer Kündigungsfrist,
b) von Auszubildenden mit einer Kündigungsfrist von vier Wochen.

(5) Werden Auszubildende im Anschluss an das Ausbildungsverhältnis beschäftigt, ohne dass hierüber ausdrücklich etwas vereinbart worden ist, so gilt ein Arbeitsverhältnis auf unbestimmte Zeit als begründet.

§ 19 Übernahme von Auszubildenden

(1) Auszubildende, die ihre Ausbildung mindestens mit der Gesamtnote »Befriedigend« abgeschlossen haben, werden bei dienstlichem bzw. betrieblichem Bedarf im unmittelbaren Anschluss an das Ausbildungsverhältnis in ein unbefristetes Arbeitsverhältnis übernommen, sofern nicht im Einzelfall personenbedingte, verhaltensbedingte, betriebsbedingte oder gesetzliche Gründe entgegenstehen; § 3 Absatz 1 Satz 2 TV-L gilt entsprechend.

(2) [1]Auszubildende, die ihre Ausbildung nicht mit mindestens der Gesamtnote »Befriedigend« abgeschlossen haben, werden nach erfolgreich bestandener Abschlussprüfung bei dienstlichem bzw. betrieblichem Bedarf im unmittelbaren Anschluss an das Ausbildungsverhältnis für die Dauer von zwölf Monaten in ein Arbeitsverhältnis übernommen, sofern nicht im Einzelfall personenbedingte, verhaltensbedingte, betriebsbedingte oder gesetzliche Gründe entgegenstehen; § 3 Absatz 1 Satz 2 TV-L gilt entsprechend. [2]Im Anschluss daran werden diese Beschäftigten bei entsprechender Bewährung in ein unbefristetes Arbeitsverhältnis übernommen.

(3) [1]Der dienstliche bzw. betriebliche Bedarf muss zum Zeitpunkt der Beendigung der Ausbildung nach Absatz 1 bzw. Absatz 2 Satz 1 vorliegen und setzt zudem eine freie und besetzbare Stelle bzw. einen freien und zu besetzenden Arbeitsplatz voraus, die/der eine ausbildungsadäquate Be-

schäftigung auf Dauer ermöglicht. [2]Bei einer Auswahlentscheidung sind die Ergebnisse der Abschlussprüfung und die persönliche Eignung zu berücksichtigen. [3]Bestehende Mitbestimmungsrechte bleiben unberührt.

Protokollerklärungen zu § 19:

1. [1]Für die Prüfung des dienstlichen bzw. betrieblichen Bedarfs, einer freien und besetzbaren Stelle bzw. eines freien und zu besetzenden Arbeitsplatzes sowie der ausbildungsadäquaten Beschäftigung ist auf die Ausbildungsdienststelle bzw. den Ausbildungsbetrieb abzustellen. [2]Steht in der Ausbildungsdienststelle bzw. dem Ausbildungsbetrieb keine Stelle bzw. kein Arbeitsplatz im Sinne des § 19 Absatz 3 Satz 1 zur Verfügung, wirkt die Ausbildungsdienststelle bzw. der Ausbildungsbetrieb auf eine Übernahme in eine andere Dienststelle bzw. einen anderen Betrieb des Arbeitgebers hin.
2. Besteht kein dienstlicher bzw. betrieblicher Bedarf für eine unbefristete Beschäftigung, ist eine befristete Beschäftigung außerhalb von § 19 möglich.

§ 20 Abschlussprämie

(1) [1]Bei Beendigung des Ausbildungsverhältnisses aufgrund erfolgreich abgelegter Abschlussprüfung beziehungsweise staatlicher Prüfung erhalten Auszubildende eine Abschlussprämie als Einmalzahlung in Höhe von 400 Euro. [2]Die Abschlussprämie ist kein zusatzversorgungspflichtiges Entgelt. [3]Sie ist nach Bestehen der Abschlussprüfung beziehungsweise der staatlichen Prüfung fällig.
(2) [1]Die Abschlussprämie wird nicht gezahlt, wenn die Ausbildung nach erfolgloser Prüfung aufgrund einer Wiederholungsprüfung abgeschlossen wird. [2]Im Einzelfall kann der Ausbildende dennoch eine Abschlussprämie zahlen.

§ 21 Zeugnis

[1]Der Ausbildende hat den Auszubildenden bei Beendigung des Berufsausbildungsverhältnisses ein Zeugnis auszustellen. [2]Das Zeugnis muss Angaben über Art, Dauer und Ziel der Berufsausbildung sowie über die erworbenen Fertigkeiten und Kenntnisse der Auszubildenden enthalten. [3]Auf deren Verlangen sind auch Angaben über Führung, Leistung und besondere fachliche Fähigkeiten aufzunehmen.

§ 22 Ausschlussfrist

[1]Ansprüche aus dem Ausbildungsverhältnis verfallen, wenn sie nicht innerhalb einer Ausschlussfrist von sechs Monaten nach Fälligkeit von den Auszubildenden oder vom Ausbildenden schriftlich geltend gemacht werden. [2]Für denselben Sachverhalt reicht die einmalige Geltendmachung des Anspruchs auch für später fällige Leistungen aus.

§ 23 Inkrafttreten, Außerkrafttreten, Laufzeit

(1) [1]Dieser Tarifvertrag tritt am 1. November 2006 in Kraft. [2]Abweichend von Satz 1 tritt § 16 Absatz 1 bis 4 am 1. Januar 2008 in Kraft.

(1a) § 19 tritt mit Ablauf des 31. Oktober 2025 außer Kraft.

(2) Dieser Tarifvertrag kann mit einer Frist von drei Monaten zum Ende eines Kalenderhalbjahres schriftlich gekündigt werden.

(3) Abweichend von Absatz 2 kann § 16 von jeder Tarifvertragspartei auf landesbezirklicher Ebene mit einer Frist von drei Monaten zum 31. Dezember eines Kalenderjahres schriftlich gekündigt werden.

(4) Abweichend von Absatz 2 können ferner schriftlich gekündigt werden:

a) § 8 Absatz 1 mit einer Frist von einem Monat zum Ende eines Kalendermonats, frühestens jedoch zum 31. Oktober 2025; eine Kündigung nach Absatz 2 erfasst nicht den § 8 Absatz 1,

b) § 20 mit einer Frist von einem Monat zum Ende eines Kalenderjahres.

(5) Dieser Tarifvertrag ersetzt mit Wirkung vom 1. November 2006 die in der Anlage aufgeführten Tarifverträge.

Anlage
(zu § 23 Absatz 5)

1. Manteltarifvertrag für Auszubildende vom 6. Dezember 1974,
2. Manteltarifvertrag für Auszubildende (Mantel-TV Azubi-O) vom 5. März 1991,
3. Ausbildungsvergütungstarifvertrag Nr. 22 für Auszubildende vom 31. Januar 2003,
4. Ausbildungsvergütungstarifvertrag Nr. 7 für Auszubildende (Ost) vom 31. Januar 2003,
5. Tarifvertrag über vermögenswirksame Leistungen an Auszubildende vom 17. Dezember 1970,
6. Tarifvertrag über vermögenswirksame Leistungen an Auszubildende (TV VL Azubi-O) vom 8. Mai 1991,
7. Tarifvertrag über ein Urlaubsgeld für Auszubildende vom 16. März 1977,
8. Tarifvertrag über ein Urlaubsgeld für Auszubildende (TV Urlaubsgeld Azubi-O) vom 5. März 1991,
9. Tarifvertrag über eine Zuwendung für Auszubildende vom 12. Oktober 1973,
10. Tarifvertrag über eine Zuwendung für Auszubildende (TV Zuwendung Azubi-O) vom 5. März 1991.

G. Tarifvertrag für Auszubildende der Länder in Pflegeberufen (TVA-L Pflege)

vom 12. Oktober 2006, in der Fassung des Änderungstarifvertrages Nr. 12 vom 9. Dezember 2023

§ 1 Geltungsbereich

(1) [1]Dieser Tarifvertrag gilt für Auszubildende nach dem Pflegeberufegesetz sowie für Schülerinnen/Schüler in der Gesundheits- und Krankenpflege, Gesundheits- und Kinderkrankenpflege, Entbindungspflege und Altenpflege sowie nach dem Notfallsanitätergesetz (Auszubildende). Voraussetzung ist, dass sie in Einrichtungen ausgebildet werden, die unter den Geltungsbereich des TV-L fallen.
(1a) [1]Dieser Tarifvertrag gilt auch für Auszubildende nach dem Anästhesietechnische- und Operationstechnische-Assistenten-Gesetz sowie für Schülerinnen/Schüler in der Operationstechnischen Assistenz und in der Anästhesietechnischen Assistenz jeweils nach der DKG-Empfehlung vom 17. September 2013 (Auszubildende). [2]Voraussetzung ist, dass die praktische Ausbildung an einer Universitätsklinik erfolgt, die unter den Geltungsbereich des TV-L fällt.
(2) Dieser Tarifvertrag gilt nicht für Schülerinnen/Schüler in der Krankenpflegehilfe und Altenpflegehilfe sowie für Studierende in einem ausbildungsintegrierten dualen Studium, die vom Geltungsbereich des Tarifvertrages für dual Studierende der Länder in ausbildungsintegrierten dualen Studiengängen (TVdS-L) erfasst sind
(3) Soweit in diesem Tarifvertrag nichts anderes geregelt ist, gelten die jeweils einschlägigen gesetzlichen Vorschriften.
(4) Für die Auszubildenden des Landes Berlin gelten – mit Ausnahme des Tarifvertrages über die betriebliche Altersversorgung für die Beschäftigten des öffentlichen Dienstes (Tarifvertrag Altersversorgung – ATV) vom 1. März 2002 in der jeweils geltenden Fassung – einheitlich die Regelungen dieses Tarifvertrages für das Tarifgebiet West.

§ 2 Ausbildungsvertrag, Nebenabreden

(1) [1]Vor Beginn des Ausbildungsverhältnisses ist ein schriftlicher Ausbildungsvertrag zu schließen. [2]Dieser enthält neben der Bezeichnung des Ausbildungsberufs mindestens Angaben über

a) die maßgebliche Ausbildungs- und Prüfungsordnung in der jeweils geltenden Fassung sowie Art, sachliche und zeitliche Gliederung der Ausbildung,
b) Beginn und Dauer der Ausbildung,
c) Dauer der regelmäßigen täglichen oder wöchentlichen Ausbildungszeit,
d) Dauer der Probezeit,
e) Zahlung und Höhe des Ausbildungsentgelts,
f) Dauer des Urlaubs,
g) Voraussetzungen, unter denen der Ausbildungsvertrag gekündigt werden kann,
h) die Geltung des Tarifvertrages für Auszubildende der Länder in Pflegeberufen (TVA-L Pflege) sowie einen in allgemeiner Form gehaltenen Hinweis auf die Betriebs-/Dienstvereinbarungen, die auf das Ausbildungsverhältnis anzuwenden sind.

[3]Bei Auszubildenden nach dem Pflegeberufegesetz enthält der Ausbildungsvertrag darüber hinaus Angaben über:
a) den gewählten Vertiefungseinsatz einschließlich der Ausrichtung nach § 7 Absatz 4 Satz 2 Pflegeberufegesetz,
b) die Verpflichtung der Auszubildenden/des Auszubildenden zum Besuch der Ausbildungsveranstaltungen der Pflegeschule,
c) den Umfang etwaiger Sachbezüge nach § 19 Absatz 2 Pfelgeberufegesetz,
d) den Hinweis auf die Rechte als Arbeitnehmerin/Arbeitnehmer im Sinne von § 5 Betriebsverfassungsgesetz oder des für den Träger der praktischen Ausbildung jeweils geltenden Landespersonalvertretungsgesetzes.

[4]Bei Auszubildenden nach dem Anästhesietechnische- und Operationstechnische-Assistenten-Gesetz enthält der Ausbildungsvertrag über Satz 2 hinaus Angaben über:
a) die Verpflichtung der Auszubildenden/des Auszubildenden zum Besuch der Ausbildungsveranstaltungen der Schule,
b) den Umfang etwaiger Sachbezüge nach § 30 Anästhesietechnische- und Operationstechnische-Assistenten-Gesetz,
c) den Hinweis auf die Rechte als Arbeitnehmerin/Arbeitnehmer im Sinne von § 5 Betriebsverfassungsgesetz oder des für die verantwortliche Einrichtung der praktischen Ausbildung jeweils geltenden Landespersonalvertretungsgesetzes.

(2) [1]Nebenabreden sind nur wirksam, wenn sie schriftlich vereinbart werden. [2]Sie können gesondert gekündigt werden, soweit dies einzelvertraglich vereinbart ist.

(3) [1]Falls im Rahmen eines Ausbildungsvertrages eine Vereinbarung über die Gewährung einer Personalunterkunft getroffen wird, ist dies in einer gesondert kündbaren Nebenabrede festzulegen. [2]Der Wert der Personalunterkunft wird im Tarifgebiet West nach dem Tarifvertrag über die Bewertung

der Personalunterkünfte für Angestellte vom 16. März 1974 in der jeweils geltenden Fassung auf das Ausbildungsentgelt angerechnet. [3]Der nach § 3 Absatz 1 Unterabsatz 1 des Tarifvertrages über die Bewertung der Personalunterkünfte für Angestellte vom 16. März 1974 maßgebende Quadratmetersatz ist hierbei um 15 v. H. zu kürzen.

§ 3 Probezeit

(1) [1]Die Probezeit für Auszubildende nach dem Pflegeberufegesetz, nach dem Anästhesietechnische- und Operationstechnische-Assistenten-Gesetz sowie für Schülerinnen/Schüler in der Gesundheits- und Krankenpflege, Gesundheits- und Kinderkrankenpflege, Entbindungspflege und Altenpflege beträgt sechs Monate. [2]Für Schülerinnen/Schüler in der Operationstechnischen Assistenz und in der Anästhesietechnischen Assistenz jeweils nach der DKG-Empfehlung vom 17. September 2013 sowie nach dem Notfallsanitätergesetz beträgt die Probezeit vier Monate.
(2) Während der Probezeit kann das Ausbildungsverhältnis von beiden Seiten jederzeit ohne Einhalten einer Kündigungsfrist gekündigt werden.

§ 4 Ärztliche Untersuchungen

(1) [1]Auszubildende haben auf Verlangen des Ausbildenden vor ihrer Einstellung ihre gesundheitliche Eignung durch das Zeugnis eines Amtsarztes nachzuweisen. [2]Für Auszubildende, die unter das Jugendarbeitsschutzgesetz (JArbSchG) fallen, ist ergänzend § 32 Absatz 1 Jugendarbeitsschutzgesetz zu beachten.
(2) [1]Die Auszubildenden können bei begründeter Veranlassung verpflichtet werden, durch eine ärztliche Bescheinigung nachzuweisen, dass sie in der Lage sind, die nach dem Ausbildungsvertrag übernommenen Verpflichtungen zu erfüllen. [2]Bei dem beauftragten Arzt kann es sich um einen Betriebsarzt, Personalarzt oder Amtsarzt handeln, soweit sich die Betriebsparteien nicht auf einen anderen Arzt geeinigt haben. [3]Die Kosten dieser Untersuchung trägt der Ausbildende.
(3) [1]Auszubildende, die besonderen Ansteckungsgefahren ausgesetzt sind, oder die mit gesundheitsgefährdenden Tätigkeiten oder mit der Zubereitung von Speisen beauftragt werden, sind in regelmäßigen Zeitabständen ärztlich zu untersuchen. [2]Die Untersuchung ist auf Antrag der Auszubildenden auch bei Beendigung des Ausbildungsverhältnisses durchzuführen.

§ 5 Schweigepflicht, Nebentätigkeiten

(1) Auszubildende haben in demselben Umfang Verschwiegenheit zu wahren wie die Beschäftigten des Ausbildenden.
(2) [1]Nebentätigkeiten gegen Entgelt haben Auszubildende ihrem Ausbildenden rechtzeitig vorher schriftlich anzuzeigen. [2]Der Ausbildende kann die Nebentätigkeit untersagen oder mit Auflagen versehen, wenn diese geeignet ist, die nach dem Ausbildungsvertrag übernommenen Verpflichtungen der Auszubildenden oder berechtigte Interessen des Ausbildenden zu beeinträchtigen.

§ 6 Personalakten

(1) [1]Die Auszubildenden haben ein Recht auf Einsicht in ihre vollständigen Personalakten. [2]Sie können das Recht auf Einsicht durch einen hierzu schriftlich Bevollmächtigten ausüben lassen. [3]Sie können Auszüge oder Kopien aus ihren Personalakten erhalten. [4]Die Auszubildenden müssen über Beschwerden und Behauptungen tatsächlicher Art, die für sie ungünstig sind oder ihnen nachteilig werden können, vor Aufnahme in die Personalakten gehört werden. [5]Ihre Äußerung ist zu den Personalakten zu nehmen.
(2) [1]Beurteilungen sind den Auszubildenden unverzüglich bekannt zu geben. [2]Die Bekanntgabe ist aktenkundig zu machen.

§ 7 Wöchentliche und tägliche Ausbildungszeit

(1) Die durchschnittliche regelmäßige wöchentliche Ausbildungszeit und die tägliche Ausbildungszeit der Auszubildenden, die nicht unter das Jugendarbeitsschutzgesetz fallen, richten sich nach den Regelungen für die Beschäftigten des Ausbildenden.
(2) Auszubildende dürfen im Rahmen des Ausbildungszwecks auch an Sonntagen und Wochenfeiertagen und in der Nacht ausgebildet werden.
(3) Eine Beschäftigung, die über die durchschnittliche regelmäßige wöchentliche Ausbildungszeit hinausgeht, ist nur ausnahmsweise zulässig; § 19 Absatz 3 Pflegeberufegesetz und § 31 Anästhesietechnische- und Operationstechnische-Assistenten-Gesetz bleiben unberührt.

§ 8 Ausbildungsentgelt

(1) [1]Das monatliche Ausbildungsentgelt beträgt für Auszubildende

a) in der Zeit vom 1. Oktober 2023 bis 31. Oktober 2024

im ersten Ausbildungsjahr	1230,70 Euro,
im zweiten Ausbildungsjahr	1296,70 Euro,
im dritten Ausbildungsjahr	1403,00 Euro.

b) in der Zeit vom 1. November 2024 bis 31. Januar 2025

im ersten Ausbildungsjahr	1330,70 Euro,
im zweiten Ausbildungsjahr	1396,70 Euro,
im dritten Ausbildungsjahr	1503,00 Euro.

c) ab 1. Februar 2025

im ersten Ausbildungsjahr	1380,70 Euro,
im zweiten Ausbildungsjahr	1446,70 Euro,
im dritten Ausbildungsjahr	1553,00 Euro.

[2]Für Schülerinnen/Schüler in der Altenpflege gelten die Übergangsregelungen in Anlage 1.

(2) Das Ausbildungsentgelt wird zu dem Termin gezahlt, zu dem auch die Beschäftigten des Ausbildenden ihr Entgelt erhalten.

(3) Ist wegen des Besuchs einer weiterführenden oder einer berufsbildenden Schule oder wegen einer Berufsausbildung in einer sonstigen Einrichtung die Ausbildungszeit verkürzt, gilt für die Höhe des Ausbildungsentgelts der Zeitraum, um den die Ausbildungszeit verkürzt wird, als abgeleistete Ausbildungszeit.

(4) Für die Ausbildung an Samstagen, Sonntagen, Feiertagen und Vorfesttagen, für den Bereitschaftsdienst und die Rufbereitschaft, für die Überstunden und für die Zeitzuschläge gelten die für die Beschäftigten des Ausbildenden geltenden Regelungen sinngemäß.

(5) Bei Vorliegen der Voraussetzungen erhalten die Auszubildenden

a) die Zulagen nach dem Tarifvertrag zu § 33 Absatz 1 Buchstabe c BAT/BAT-O sowie die Zulagen nach den Vorbemerkungen Nr. 9 oder 10 und/oder 11 zu Teil IV Abschnitt 1 der Entgeltordnung zum TV-L (Anlage A) zur Hälfte,

b) die Schicht- und Wechselschichtzulage nach den für die Beschäftigten geltenden Bedingungen jeweils zu drei Vierteln.

§ 9 Urlaub

(1) [1]Auszubildende erhalten Erholungsurlaub in entsprechender Anwendung der für die Beschäftigten des Ausbildenden geltenden Regelungen. [2]Während des Erholungsurlaubs wird das Ausbildungsentgelt (§ 8 Absatz 1) fortgezahlt.

(2) Der Erholungsurlaub ist nach Möglichkeit zusammenhängend während der unterrichtsfreien Zeit zu erteilen und in Anspruch zu nehmen.

(3) [1]Im zweiten und dritten Ausbildungsjahr erhalten Auszubildende im Schichtdienst (entsprechend § 7 Absatz 2 TV-L) pauschal jeweils einen Tag Zusatzurlaub. [2]Absatz 1 Satz 2 gilt entsprechend.

§ 10 Ausbildungsmaßnahmen außerhalb der Ausbildungsstätte

(1) Bei Dienstreisen erhalten die Auszubildenden eine Entschädigung in entsprechender Anwendung der Reisekostenbestimmungen, die für die Beschäftigten des Ausbildenden jeweils gelten.

(2) Bei Reisen zur vorübergehenden Ausbildung an einer anderen Einrichtung außerhalb der politischen Gemeindegrenze der Ausbildungsstätte sowie zur Teilnahme an Vorträgen, an Arbeitsgemeinschaften oder an Übungen werden die entstandenen notwendigen Fahrtkosten bis zur Höhe der Kosten für die Fahrkarte der jeweils niedrigsten Klasse des billigsten regelmäßig verkehrenden Beförderungsmittels (im Bahnverkehr ohne Zuschläge) erstattet; Möglichkeiten zur Erlangung von Fahrpreisermäßigungen (zum Beispiel Schülerfahrkarten, Monatsfahrkarten, BahnCard) sind auszunutzen.

§ 11 Familienheimfahrten

[1]Für Familienheimfahrten von der Ausbildungsstätte zum Wohnort der Eltern und zurück werden den Auszubildenden monatlich einmal Fahrtkosten erstattet. [2]Erstattungsfähig sind die im Bundesgebiet notwendigen Fahrtkosten bis zur Höhe der Kosten der Fahrkarte der jeweils niedrigsten Klasse des billigsten regelmäßig verkehrenden Beförderungsmittels (im Bahnverkehr ohne Zuschläge). [3]Dem Wohnort der Eltern steht der Wohnort der Erziehungsberechtigten oder der Ehegattin/des Ehegatten oder der Lebenspartnerin/des Lebenspartners gleich. [4]Möglichkeiten zur Erlangung von Fahrpreisermäßigungen (zum Beispiel Schülerfahrkarten, Monatsfahrkarten, BahnCard) sind auszunutzen. [5]Die Sätze 1 bis 4 gelten nicht, wenn aufgrund geringer Entfernung eine tägliche Rückkehr möglich und zumutbar ist oder der Aufenthalt am jeweiligen Ort der Ausbildungsstätte weniger als vier Wochen beträgt.

§ 12 Schutzkleidung, Ausbildungsmittel

(1) Auszubildende erhalten Schutzkleidung nach den Bestimmungen, die für die entsprechenden Beschäftigten des Ausbildenden maßgebend sind.

(2) Der Ausbildende hat den Auszubildenden kostenlos die Ausbildungsmittel zur Verfügung zu stellen, die zur Ausbildung und zum Ablegen der staatlichen Prüfung erforderlich sind.

§ 13 Entgelt im Krankheitsfall

(1) [1]Sind Auszubildende durch Arbeitsunfähigkeit infolge Krankheit ohne ihr Verschulden verhindert, ihre Verpflichtungen aus dem Ausbildungsvertrag zu erfüllen, erhalten sie für die Zeit der Arbeitsunfähigkeit bis zu einer Dauer von sechs Wochen das Ausbildungsentgelt (§ 8 Absatz 1) fortgezahlt. [2]Bei Wiederholungserkrankungen sowie bei Beendigung des Ausbildungsverhältnisses richtet sich die Dauer der Entgeltfortzahlung nach den gesetzlichen Bestimmungen.

(2) Im Übrigen gilt das Entgeltfortzahlungsgesetz.

(3) [1]Hat die/der Auszubildende bei dem Ausbildenden einen Arbeitsunfall erlitten oder sich eine Berufskrankheit zugezogen, wird bei der jeweils ersten darauf beruhenden Arbeitsunfähigkeit nach Ablauf des Entgeltfortzahlungszeitraums von sechs Wochen ein Krankengeldzuschuss bis zum Ende der 26. Woche seit dem Beginn der Arbeitsunfähigkeit gezahlt. [2]Der Krankengeldzuschuss wird in Höhe des Unterschiedsbetrages zwischen den tatsächlichen Barleistungen des Sozialleistungsträgers und dem sich nach Absatz 1 ergebenden Nettoausbildungsentgelt gezahlt. [3]Voraussetzung für die Zahlung des Krankengeldzuschusses ist, dass der zuständige Unfallversicherungsträger den Arbeitsunfall oder die Berufskrankheit anerkennt.

§ 14 Entgeltfortzahlung in anderen Fällen

(1) Auszubildenden ist das Ausbildungsentgelt (§ 8 Absatz 1) für insgesamt fünf Ausbildungstage fortzuzahlen, um sich vor den in den Ausbildungsordnungen vorgeschriebenen Abschlussprüfungen ohne Bindung an die planmäßige Ausbildung auf die Prüfung vorbereiten zu können; bei der Sechstagewoche besteht dieser Anspruch für sechs Ausbildungstage.

(2) Der Freistellungsanspruch nach Absatz 1 verkürzt sich um die Zeit, für die Auszubildende zur Vorbereitung auf die Abschlussprüfung besonders zusammengefasst werden; es besteht jedoch mindestens ein Anspruch auf zwei Ausbildungstage.

(3) Im Übrigen gelten für die Arbeitsbefreiung diejenigen Regelungen entsprechend, die für die Beschäftigten des Ausbildenden maßgebend sind.

§ 15 Vermögenswirksame Leistungen

(1) [1]Auszubildende erhalten im Tarifgebiet West eine vermögenswirksame Leistung in Höhe von 13,29 Euro monatlich und im Tarifgebiet Ost in Höhe von 6,65 Euro monatlich, wenn sie diesen Betrag nach Maßgabe des Vermögensbildungsgesetzes in seiner jeweiligen Fassung anlegen. [2]Der Anspruch auf vermögenswirksame Leistungen entsteht frühestens für den Kalendermonat, in dem dem Ausbildenden die erforderlichen Angaben

mitgeteilt werden, und für die beiden vorangegangenen Monate desselben Kalenderjahres. [3]Die vermögenswirksamen Leistungen werden nur für Kalendermonate gewährt, für die den Auszubildenden Ausbildungsentgelt, Entgeltfortzahlung oder Krankengeldzuschuss zusteht. [4]Für Zeiten, für die Krankengeldzuschuss zusteht, sind die vermögenswirksamen Leistungen Teil des Krankengeldzuschusses.
(2) Die vermögenswirksamen Leistungen sind kein zusatzversorgungspflichtiges Entgelt.

§ 16 Jahressonderzahlung

(1) [1]Auszubildende, die am 1. Dezember in einem Ausbildungsverhältnis stehen, haben Anspruch auf eine Jahressonderzahlung. [2]Diese beträgt 95 v. H. des Ausbildungsentgelts (§ 8 Absatz 1), das den Auszubildenden für November zusteht.
(2) [1]Der Anspruch ermäßigt sich um ein Zwölftel für jeden Kalendermonat, in dem Auszubildende keinen Anspruch auf Ausbildungsentgelt (§ 8 Absatz 1), Fortzahlung des Entgelts während des Erholungsurlaubs (§ 9) oder im Krankheitsfall (§ 13) haben. [2]Die Verminderung unterbleibt für Kalendermonate, für die Auszubildende wegen Beschäftigungsverboten nach § 3 Absätze 1 und 2 Mutterschutzgesetz kein Ausbildungsentgelt erhalten haben. [3]Die Verminderung unterbleibt ferner für Kalendermonate der Inanspruchnahme der Elternzeit nach dem Bundeselterngeld- und Elternzeitgesetz bis zum Ende des Kalenderjahres, in dem das Kind geboren ist. [4]Voraussetzung ist, dass am Tag vor Antritt der Elternzeit Anspruch auf Entgelt oder auf Zuschuss zum Mutterschaftsgeld bestanden hat.
(3) [1]Die Jahressonderzahlung wird mit dem Ausbildungsentgelt für November ausgezahlt. [2]Ein Teilbetrag der Jahressonderzahlung kann zu einem früheren Zeitpunkt ausgezahlt werden.
(4) [1]Auszubildende, die im unmittelbaren Anschluss an die Ausbildung von ihrem Ausbildenden in ein Arbeitsverhältnis übernommen werden und am 1. Dezember noch in diesem Arbeitsverhältnis stehen, erhalten zusammen mit der anteiligen Jahressonderzahlung aus dem Arbeitsverhältnis eine anteilige Jahressonderzahlung aus dem Ausbildungsverhältnis. [2]Ist die Übernahme im Laufe eines Kalendermonats erfolgt, wird dieser Kalendermonat bei der anteiligen Jahressonderzahlung aus dem Arbeitsverhältnis berücksichtigt.

§ 17 Betriebliche Altersversorgung

[1]Die Auszubildenden haben Anspruch auf eine zusätzliche Alters- und Hinterbliebenenversorgung unter Eigenbeteiligung. [2]Einzelheiten bestimmt der Tarifvertrag über die betriebliche Altersversorgung der Beschäftigten

des öffentlichen Dienstes (Tarifvertrag Altersversorgung – ATV) in seiner jeweils geltenden Fassung.

Protokollerklärung zu § 17:
§ 17 gilt nicht für Auszubildende der Freien und Hansestadt Hamburg.

§ 18 Beendigung des Ausbildungsverhältnisses

(1) [1]Das Ausbildungsverhältnis endet mit Ablauf der Ausbildungszeit; abweichende gesetzliche Regelungen bleiben unberührt. [2]Im Falle des Nichtbestehens der Abschlussprüfung verlängert sich das Ausbildungsverhältnis auf Verlangen der Auszubildenden bis zur nächstmöglichen Wiederholungsprüfung, höchstens um ein Jahr.
(2) Können Auszubildende ohne eigenes Verschulden die Abschlussprüfung erst nach beendeter Ausbildungszeit ablegen, gilt Absatz 1 Satz 2 entsprechend.
(3) Beabsichtigt der Ausbildende keine Übernahme in ein Arbeitsverhältnis, hat er dies den Auszubildenden drei Monate vor dem voraussichtlichen Ende der Ausbildungszeit schriftlich mitzuteilen.
(4) Nach der Probezeit (§ 3) kann das Ausbildungsverhältnis unbeschadet der gesetzlichen Kündigungsgründe nur gekündigt werden
a) aus einem sonstigen wichtigen Grund ohne Einhalten einer Kündigungsfrist,
b) von Auszubildenden mit einer Kündigungsfrist von vier Wochen.
(5) Werden Auszubildende im Anschluss an das Ausbildungsverhältnis beschäftigt, ohne dass hierüber ausdrücklich etwas vereinbart worden ist, so gilt ein Arbeitsverhältnis auf unbestimmte Zeit als begründet.

§ 18a Übernahme von Auszubildenden

(1) Auszubildende, die ihre Ausbildung mindestens mit der Gesamtnote »Befriedigend« abgeschlossen haben, werden bei dienstlichem bzw. betrieblichem Bedarf im unmittelbaren Anschluss an das Ausbildungsverhältnis in ein unbefristetes Arbeitsverhältnis übernommen, sofern nicht im Einzelfall personenbedingte, verhaltensbedingte, betriebsbedingte oder gesetzliche Gründe entgegenstehen; § 3 Absatz 1 Satz 2 TV-L gilt entsprechend.
(2) [1]Auszubildende, die ihre Ausbildung nicht mit mindestens der Gesamtnote »Befriedigend« abgeschlossen haben, werden nach erfolgreich bestandener Abschlussprüfung bei dienstlichem bzw. betrieblichem Bedarf im unmittelbaren Anschluss an das Ausbildungsverhältnis für die Dauer von zwölf Monaten in ein Arbeitsverhältnis übernommen, sofern nicht im Einzelfall personenbedingte, verhaltensbedingte, betriebsbedingte oder gesetzliche Grüne entgegenstehen; § 3 Absatz 1 Satz 2 TV-L gilt entsprechend. [2]Im An-

schluss daran werden diese Beschäftigten bei entsprechender Bewährung in ein unbefristetes Arbeitsverhältnis übernommen.

(3) [1]Der dienstliche bzw. betriebliche Bedarf muss zum Zeitpunkt der Beendigung der Ausbildung nach Absatz 1 bzw. Absatz 2 Satz 1 vorliegen und setzt zudem eine freie und besetzbare Stelle bzw. einen freien und zu besetzenden Arbeitsplatz voraus, die/der eine ausbildungsadäquate Beschäftigung auf Dauer ermöglicht. [2]Bei einer Auswahlentscheidung sind die Ergebnisse der Abschlussprüfung und die persönliche Eignung zu berücksichtigen. [3]Bestehende Mitbestimmungsrechte bleiben unberührt.

Protokollerklärungen zu § 18a:

1. [1]Für die Prüfung des dienstlichen bzw. betrieblichen Bedarfs, einer freien und besetzbaren Stelle bzw. eines freien und zu besetzenden Arbeitsplatzes sowie der ausbildungsadäquaten Beschäftigung ist auf die Ausbildungsdienststelle bzw. den Ausbildungsbetrieb abzustellen. [2]Steht in der Ausbildungsdienststelle bzw. dem Ausbildungsbetrieb keine Stelle bzw. kein Arbeitsplatz im Sinne des § 18a Absatz 3 Satz 1 zur Verfügung, wirkt die Ausbildungsdienststelle bzw. der Ausbildungsbetrieb auf eine Übernahme in eine andere Dienststelle bzw. einen anderen Betrieb des Arbeitgebers hin.
2. Besteht kein dienstlicher bzw. betrieblicher Bedarf für eine unbefristete Beschäftigung, ist eine befristete Beschäftigung außerhalb von § 18a möglich.

§ 19 Abschlussprämie

(1) [1]Bei Beendigung des Ausbildungsverhältnisses aufgrund erfolgreich abgelegter Abschlussprüfung bzw. staatlicher Prüfung erhalten Auszubildende eine Abschlussprämie als Einmalzahlung in Höhe von 400 Euro. [2]Die Abschlussprämie ist kein zusatzversorgungspflichtiges Entgelt. [3]Sie ist nach Bestehen der Abschlussprüfung bzw. der staatlichen Prüfung fällig.

(2) [1]Die Abschlussprämie wird nicht gezahlt, wenn die Ausbildung nach erfolgloser Prüfung aufgrund einer Wiederholungsprüfung abgeschlossen wird. [2]Im Einzelfall kann der Ausbildende dennoch eine Abschlussprämie zahlen.

§ 20 Ausschlussfrist

[1]Ansprüche aus dem Ausbildungsverhältnis verfallen, wenn sie nicht innerhalb einer Ausschlussfrist von sechs Monaten nach Fälligkeit von den Auszubildenden oder vom Ausbildenden schriftlich geltend gemacht werden. [2]Für denselben Sachverhalt reicht die einmalige Geltendmachung des Anspruchs auch für später fällige Leistungen aus.

§ 21 Inkrafttreten, Außerkrafttreten, Laufzeit

(1) [1]Dieser Tarifvertrag tritt am 1. November 2006 in Kraft. [2]Abweichend von Satz 1 tritt § 16 Absatz 1 bis 4 am 1. Januar 2008 in Kraft.

(1a) § 18a tritt mit Ablauf des 31. Oktober 2025 außer Kraft.

(2) Dieser Tarifvertrag kann mit einer Frist von drei Monaten zum Ende eines Kalenderhalbjahres schriftlich gekündigt werden.

(3) Abweichend von Absatz 2 kann § 16 von jeder Tarifvertragspartei auf landesbezirklicher Ebene mit einer Frist von drei Monaten zum 31. Dezember eines Kalenderjahres schriftlich gekündigt werden.

(4) Abweichend von Absatz 2 können ferner schriftlich gekündigt werden:

a) § 8 Absatz 1 mit einer Frist von einem Monat zum Ende eines Kalendermonats, frühestens jedoch zum 31. Oktober 2025; eine Kündigung nach Absatz 2 erfasst nicht den § 8 Absatz 1,
b) § 19 mit einer Frist von einem Monat zum Ende eines Kalenderjahres.

(5) Dieser Tarifvertrag ersetzt mit Wirkung vom 1. November 2006 die in der Anlage aufgeführten Tarifverträge.

Anlage
(zu § 21 Absatz 5)

1. Tarifvertrag zur Regelung der Rechtsverhältnisse der Schülerinnen/Schüler, die nach Maßgabe des Krankenpflegegesetzes oder des Hebammengesetzes ausgebildet werden, vom 28. Februar 1986,
2. Tarifvertrag zur Regelung der Rechtsverhältnisse der Schülerinnen/Schüler, die nach Maßgabe des Krankenpflegegesetzes oder des Hebammengesetzes ausgebildet werden (Mantel-TV Schü-O), vom 5. März 1991,
3. Ausbildungsvergütungstarifvertrag Nr. 12 für Schülerinnen/Schüler, die nach Maßgabe des Krankenpflegegesetzes oder des Hebammengesetzes ausgebildet werden, vom 31. Januar 2003,
4. Ausbildungsvergütungstarifvertrag Nr. 7 für Schülerinnen/Schüler, die nach Maßgabe des Krankenpflegegesetzes oder des Hebammengesetzes ausgebildet werden (Ost), vom 31. Januar 2003,
5. Tarifvertrag über ein Urlaubsgeld für Schülerinnen/Schüler, die nach Maßgabe des Krankenpflegegesetzes in der Krankenpflege oder in der Kinderkrankenpflege oder nach Maßgabe des Hebammengesetzes ausgebildet werden, vom 21. April 1986,
6. Tarifvertrag über ein Urlaubsgeld für Schülerinnen/Schüler, die nach Maßgabe des Krankenpflegegesetzes in der Krankenpflege oder in der

Kinderkrankenpflege oder nach Maßgabe des Hebammengesetzes ausgebildet werden (TV Urlaubsgeld Schü-O), vom 5. März 1991,

7. Tarifvertrag über eine Zuwendung für Schülerinnen/Schüler, die nach Maßgabe des Krankenpflegegesetzes oder des Hebammengesetzes ausgebildet werden, vom 21. April 1986,
8. Tarifvertrag über eine Zuwendung für Schülerinnen/Schüler, die nach Maßgabe des Krankenpflegegesetzes oder des Hebammengesetzes ausgebildet werden (TV Zuwendung Schü-O), vom 5. März 1991.

H. Tarifvertrag für Auszubildende der Länder in Gesundheitsberufen (TVA-L Gesundheit)

vom 30. Oktober 2018, in der Fassung des Änderungstarifvertrages Nr. 4 vom 9. Dezember 2023

§ 1 Geltungsbereich

(1) [1]Dieser Tarifvertrag gilt für Schülerinnen/Schüler, die in den in der Anlage aufgeführten Gesundheitsberufen ausgebildet werden (Auszubildende). [2]Voraussetzung ist, dass sie von einer Universitätsklinik ausgebildet werden, die unter den Geltungsbereich des TV-L fällt.

Protokollerklärung zu § 1 Absatz 1:
Unter Ausbildung in diesem Sinne ist zu verstehen, dass zwischen der Universitätsklinik und der Schülerin/dem Schüler ein Ausbildungsverhältnis besteht.

(1a) Dieser Tarifvertrag gilt nicht für Studierende in einem ausbildungsintegrierten dualen Studium, die vom Geltungsbereich des Tarifvertrages für dual Studierende der Länder in ausbildungsintegrierten dualen Studiengängen (TVdS-L) erfasst sind.
(2) Soweit in diesem Tarifvertrag nichts anderes geregelt ist, gelten die jeweils einschlägigen gesetzlichen Vorschriften.
(3) Für die Auszubildenden des Landes Berlin gelten – mit Ausnahme des Tarifvertrages über die betriebliche Altersversorgung für die Beschäftigten des öffentlichen Dienstes (Tarifvertrag Altersversorgung – ATV) vom 1. März 2002 in der jeweils geltenden Fassung – einheitlich die Regelungen dieses Tarifvertrages für das Tarifgebiet West.

§ 2 Ausbildungsvertrag, Nebenabreden

(1) [1]Vor Beginn des Ausbildungsverhältnisses ist ein schriftlicher Ausbildungsvertrag zu schließen. [2]Dieser enthält neben der Bezeichnung des Ausbildungsberufs mindestens Angaben über
a) die maßgebliche Ausbildungs- und Prüfungsordnung in der jeweils geltenden Fassung sowie Art, sachliche und zeitliche Gliederung der Ausbildung,
b) Beginn und Dauer der Ausbildung,
c) Dauer der regelmäßigen täglichen oder wöchentlichen Ausbildungszeit,

d) Dauer der Probezeit,
e) Zahlung und Höhe des Ausbildungsentgelts,
f) Dauer des Urlaubs,
g) Voraussetzungen, unter denen der Ausbildungsvertrag gekündigt werden kann,
h) die Geltung des Tarifvertrages für Auszubildende der Länder in Gesundheitsberufen (TVA-L Gesundheit) sowie einen in allgemeiner Form gehaltenen Hinweis auf die Betriebs-/Dienstvereinbarungen, die auf das Ausbildungsverhältnis anzuwenden sind.

(2) [1]Nebenabreden sind nur wirksam, wenn sie schriftlich vereinbart werden. [2]Sie können gesondert gekündigt werden, soweit dies einzelvertraglich vereinbart ist.

(3) [1]Falls im Rahmen eines Ausbildungsvertrages eine Vereinbarung über die Gewährung einer Personalunterkunft getroffen wird, ist dies in einer gesondert kündbaren Nebenabrede festzulegen. [2]Der Wert der Personalunterkunft wird im Tarifgebiet West nach dem Tarifvertrag über die Bewertung der Personalunterkünfte für Angestellte vom 16. März 1974 in der jeweils geltenden Fassung auf das Ausbildungsentgelt angerechnet. [3]Der nach § 3 Absatz 1 Unterabsatz 1 des Tarifvertrages über die Bewertung der Personalunterkünfte für Angestellte vom 16. März 1974 maßgebende Quadratmetersatz ist hierbei um 15 v. H. zu kürzen.

§ 3 Probezeit

(1) Die Probezeit beträgt sechs Monate.

(2) Während der Probezeit kann das Ausbildungsverhältnis von beiden Seiten jederzeit ohne Einhalten einer Kündigungsfrist gekündigt werden.

§ 4 Ärztliche Untersuchungen

(1) [1]Auszubildende haben auf Verlangen des Ausbildenden vor ihrer Einstellung ihre gesundheitliche Eignung durch das Zeugnis eines Amtsarztes nachzuweisen. [2]Für Auszubildende, die unter das Jugendarbeitsschutzgesetz (JArbSchG) fallen, ist ergänzend § 32 Absatz 1 Jugendarbeitsschutzgesetz zu beachten.

(2) [1]Die Auszubildenden können bei begründeter Veranlassung verpflichtet werden, durch eine ärztliche Bescheinigung nachzuweisen, dass sie in der Lage sind, die nach dem Ausbildungsvertrag übernommenen Verpflichtungen zu erfüllen. [2]Bei dem beauftragten Arzt kann es sich um einen Betriebsarzt, Personalarzt oder Amtsarzt handeln, soweit sich die Betriebsparteien nicht auf einen anderen Arzt geeinigt haben. [3]Die Kosten dieser Untersuchung trägt der Ausbildende.

(3) [1]Auszubildende, die besonderen Ansteckungsgefahren ausgesetzt sind, oder die mit gesundheitsgefährdenden Tätigkeiten oder mit der Zubereitung von Essen beauftragt werden, sind in regelmäßigen Zeitabständen ärztlich zu untersuchen. [2]Die Untersuchung ist auf Antrag des Auszubildenden auch bei Beendigung des Ausbildungsverhältnisses durchzuführen.

§ 5 Schweigepflicht, Nebentätigkeiten

(1) Auszubildende haben in demselben Umfang Verschwiegenheit zu wahren wie die Beschäftigten des Ausbildenden.
(2) [1]Nebentätigkeiten gegen Entgelt haben Auszubildende ihrem Ausbildenden rechtzeitig vorher schriftlich anzuzeigen. [2]Der Ausbildende kann die Nebentätigkeit untersagen oder mit Auflagen versehen, wenn diese geeignet ist, die nach dem Ausbildungsvertrag übernommenen Verpflichtungen der Auszubildenden oder berechtigte Interessen des Ausbildenden zu beeinträchtigen.

§ 6 Personalakten

(1) [1]Die Auszubildenden haben ein Recht auf Einsicht in ihre vollständigen Personalakten. [2]Sie können das Recht auf Einsicht durch einen hierzu schriftlich Bevollmächtigten ausüben lassen. [3]Sie können Auszüge oder Kopien aus ihren Personalakten erhalten. [4]Die Auszubildenden müssen über Beschwerden und Behauptungen tatsächlicher Art, die für sie ungünstig sind oder ihnen nachteilig werden können, vor Aufnahme in die Personalakten gehört werden. [5]Ihre Äußerung ist zu den Personalakten zu nehmen.
(2) [1]Beurteilungen sind den Auszubildenden unverzüglich bekannt zu geben. [2]Die Bekanntgabe ist aktenkundig zu machen.

§ 7 Wöchentliche und tägliche Ausbildungszeit

(1) Die durchschnittliche regelmäßige wöchentliche Ausbildungszeit und die tägliche Ausbildungszeit der Auszubildenden, die nicht unter das Jugendarbeitsschutzgesetz fallen, richten sich nach den Regelungen für die Beschäftigten des Ausbildenden.
(2) Auszubildende dürfen im Rahmen des Ausbildungszwecks auch an Sonntagen und Wochenfeiertagen und in der Nacht ausgebildet werden.
(3) Eine Beschäftigung, die über die durchschnittliche regelmäßige wöchentliche Ausbildungszeit hinausgeht, ist nur ausnahmsweise zulässig.

§ 8 Ausbildungsentgelt

(1) Das monatliche Ausbildungsentgelt beträgt für Auszubildende

a) in der Zeit vom 1. Oktober 2023 bis 31. Oktober 2024

im ersten Ausbildungsjahr	1130,74 Euro,
im zweiten Ausbildungsjahr	1190,80 Euro,
im dritten Ausbildungsjahr	1287,53 Euro.

b) in der Zeit vom 1. November 2024 bis 31. Januar 2025

im ersten Ausbildungsjahr	1230,74 Euro,
im zweiten Ausbildungsjahr	1290,80 Euro,
im dritten Ausbildungsjahr	1387,53 Euro.

b) ab 1. Februar 2025

im ersten Ausbildungsjahr	1280,74 Euro,
im zweiten Ausbildungsjahr	1340,80 Euro,
im dritten Ausbildungsjahr	1437,53 Euro.

(2) Das Ausbildungsentgelt wird zu dem Termin gezahlt, zu dem auch die Beschäftigten des Ausbildenden ihr Entgelt erhalten.

(3) Ist wegen des Besuchs einer weiterführenden oder einer berufsbildenden Schule oder wegen einer Berufsausbildung in einer sonstigen Einrichtung die Ausbildungszeit verkürzt, gilt für die Höhe des Ausbildungsentgelts der Zeitraum, um den die Ausbildungszeit verkürzt wird, als abgeleistete Ausbildungszeit.

(4) Für die Ausbildung an Samstagen, Sonntagen, Feiertagen und Vorfesttagen, für den Bereitschaftsdienst und die Rufbereitschaft, für die Überstunden und für die Zeitzuschläge gelten die für die Beschäftigten des Ausbildenden geltenden Regelungen sinngemäß.

(5) Bei Vorliegen der Voraussetzungen erhalten die Auszubildenden

a) die Zulagen nach dem Tarifvertrag zu § 33 Absatz 1 Buchstabe c BAT/BAT-O zur Hälfte,

b) die Schicht- und Wechselschichtzulage nach den für die Beschäftigten geltenden Bedingungen jeweils zu drei Vierteln.

§ 9 Urlaub

(1) [1]Auszubildende erhalten Erholungsurlaub in entsprechender Anwendung der für die Beschäftigten des Ausbildenden geltenden Regelungen. [2]Während des Erholungsurlaubs wird das Ausbildungsentgelt (§ 8 Absatz 1) fortgezahlt.

(2) Der Erholungsurlaub ist nach Möglichkeit zusammenhängend während der unterrichtsfreien Zeit zu erteilen und in Anspruch zu nehmen.

(3) [1]Im zweiten und dritten Ausbildungsjahr erhalten Auszubildende im Schichtdienst (entsprechend § 7 Absatz 2 TV-L) pauschal jeweils einen Tag Zusatzurlaub. [2]Absatz 1 Satz 2 gilt entsprechend.

§ 10 Ausbildungsmaßnahmen außerhalb der Ausbildungsstätte

(1) Bei Dienstreisen erhalten die Auszubildenden eine Entschädigung in entsprechender Anwendung der Reisekostenbestimmungen, die für die Beschäftigten des Ausbildenden jeweils gelten.

(2) Bei Reisen zur vorübergehenden Ausbildung an einer anderen Einrichtung außerhalb der politischen Gemeindegrenze der Ausbildungsstätte sowie zur Teilnahme an Vorträgen, an Arbeitsgemeinschaften oder an Übungen werden die entstandenen notwendigen Fahrtkosten bis zur Höhe der Kosten für die Fahrkarte der jeweils niedrigsten Klasse des billigsten regelmäßig verkehrenden Beförderungsmittels (im Bahnverkehr ohne Zuschläge) erstattet; Möglichkeiten zur Erlangung von Fahrpreisermäßigungen (zum Beispiel Schülerfahrkarten, Monatsfahrkarten, BahnCard) sind auszunutzen.

§ 11 Familienheimfahrten

[1]Für Familienheimfahrten von der Ausbildungsstätte zum Wohnort der Eltern und zurück werden den Auszubildenden monatlich einmal Fahrtkosten erstattet. [2]Erstattungsfähig sind die im Bundesgebiet notwendigen Fahrtkosten bis zur Höhe der Kosten der Fahrkarte der jeweils niedrigsten Klasse des billigsten regelmäßig verkehrenden Beförderungsmittels (im Bahnverkehr ohne Zuschläge). [3]Dem Wohnort der Eltern steht der Wohnort der Erziehungsberechtigten oder der Ehegattin/des Ehegatten oder der Lebenspartnerin/des Lebenspartners gleich. [4]Möglichkeiten zur Erlangung von Fahrpreisermäßigungen (zum Beispiel Schülerfahrkarten, Monatsfahrkarten, BahnCard) sind auszunutzen. [5]Die Sätze 1 bis 4 gelten nicht, wenn aufgrund geringer Entfernung eine tägliche Rückkehr möglich und zumutbar ist oder der Aufenthalt am jeweiligen Ort der Ausbildungsstätte weniger als vier Wochen beträgt.

§ 12 Schutzkleidung, Ausbildungsmittel

(1) Auszubildende erhalten Schutzkleidung nach den Bestimmungen, die für die entsprechenden Beschäftigten des Ausbildenden maßgebend sind.

(2) Der Ausbildende hat den Auszubildenden kostenlos die Ausbildungsmittel zur Verfügung zu stellen, die zur Ausbildung und zum Ablegen der staatlichen Prüfung erforderlich sind.

§ 13 Entgelt im Krankheitsfall

(1) [1]Sind Auszubildende durch Arbeitsunfähigkeit infolge Krankheit ohne ihr Verschulden verhindert, ihre Verpflichtungen aus dem Ausbildungsvertrag zu erfüllen, erhalten sie für die Zeit der Arbeitsunfähigkeit bis zu einer Dauer von sechs Wochen das Ausbildungsentgelt (§ 8 Absatz 1) fortgezahlt. [2]Bei Wiederholungserkrankungen sowie bei Beendigung des Ausbildungsverhältnisses richtet sich die Dauer der Entgeltfortzahlung nach den gesetzlichen Bestimmungen.

(2) Im Übrigen gilt das Entgeltfortzahlungsgesetz.

(3) [1]Hat die/der Auszubildende bei dem Ausbildenden einen Arbeitsunfall erlitten oder sich eine Berufskrankheit zugezogen, wird bei der jeweils ersten darauf beruhenden Arbeitsunfähigkeit nach Ablauf des Entgeltfortzahlungszeitraums von sechs Wochen ein Krankengeldzuschuss bis zum Ende der 26. Woche seit dem Beginn der Arbeitsunfähigkeit gezahlt. [2]Der Krankengeldzuschuss wird in Höhe des Unterschiedsbetrages zwischen den tatsächlichen Barleistungen des Sozialleistungsträgers und dem sich nach Absatz 1 ergebenden Nettoausbildungsentgelt gezahlt. [3]Voraussetzung für die Zahlung des Krankengeldzuschusses ist, dass der zuständige Unfallversicherungsträger den Arbeitsunfall oder die Berufskrankheit anerkennt.

§ 14 Entgeltfortzahlung in anderen Fällen

(1) Auszubildenden ist das Ausbildungsentgelt (§ 8 Absatz 1) für insgesamt fünf Ausbildungstage fortzuzahlen, um sich vor den in den Ausbildungsordnungen vorgeschriebenen Abschlussprüfungen ohne Bindung an die planmäßige Ausbildung auf die Prüfung vorbereiten zu können; bei der Sechstagewoche besteht dieser Anspruch für sechs Ausbildungstage.

(2) Der Freistellungsanspruch nach Absatz 1 verkürzt sich um die Zeit, für die Auszubildende zur Vorbereitung auf die Abschlussprüfung besonders zusammengefasst werden; es besteht jedoch mindestens ein Anspruch auf zwei Ausbildungstage.

(3) Im Übrigen gelten für die Arbeitsbefreiung diejenigen Regelungen entsprechend, die für die Beschäftigten des Ausbildenden maßgebend sind.

§ 15 Vermögenswirksame Leistungen

(1) [1]Auszubildende erhalten im Tarifgebiet West eine vermögenswirksame Leistung in Höhe von 13,29 Euro monatlich und im Tarifgebiet Ost in Höhe von 6,65 Euro monatlich, wenn sie diesen Betrag nach Maßgabe des Vermögensbildungsgesetzes in seiner jeweiligen Fassung anlegen. [2]Der Anspruch auf vermögenswirksame Leistungen entsteht frühestens für den Kalendermonat, in dem dem Ausbildenden die erforderlichen Angaben

mitgeteilt werden, und für die beiden vorangegangenen Monate desselben Kalenderjahres. [3]Die vermögenswirksamen Leistungen werden nur für Kalendermonate gewährt, für die den Auszubildenden Ausbildungsentgelt, Entgeltfortzahlung oder Krankengeldzuschuss zusteht. [4]Für Zeiten, für die Krankengeldzuschuss zusteht, sind die vermögenswirksamen Leistungen Teil des Krankengeldzuschusses.

(2) Die vermögenswirksamen Leistungen sind kein zusatzversorgungspflichtiges Entgelt.

§ 16 Jahressonderzahlung

(1) [1]Auszubildende, die am 1. Dezember in einem Ausbildungsverhältnis stehen, haben Anspruch auf eine Jahressonderzahlung. [2]Diese beträgt bei Auszubildenden 95 v. H. des Ausbildungsentgelts (§ 8 Absatz 1), das den Auszubildenden für November zusteht.

(2) [1]Der Anspruch ermäßigt sich um ein Zwölftel für jeden Kalendermonat, in dem Auszubildende keinen Anspruch auf Ausbildungsentgelt (§ 8 Absatz 1), Fortzahlung des Entgelts während des Erholungsurlaubs (§ 9) oder im Krankheitsfall (§ 13) haben. [2]Die Verminderung unterbleibt für Kalendermonate, für die Auszubildende wegen Beschäftigungsverboten nach § 3 Absätze 1 und 2 Mutterschutzgesetz kein Ausbildungsentgelt erhalten haben. [3]Die Verminderung unterbleibt ferner für Kalendermonate der Inanspruchnahme der Elternzeit nach dem Bundeselterngeld- und Elternzeitgesetz bis zum Ende des Kalenderjahres, in dem das Kind geboren ist. [4]Voraussetzung ist, dass am Tag vor Antritt der Elternzeit Anspruch auf Entgelt oder auf Zuschuss zum Mutterschaftsgeld bestanden hat.

(3) [1]Die Jahressonderzahlung wird mit dem Ausbildungsentgelt für November ausgezahlt. [2]Ein Teilbetrag der Jahressonderzahlung kann zu einem früheren Zeitpunkt ausgezahlt werden.

(4) [1]Auszubildende, die im unmittelbaren Anschluss an die Ausbildung von ihrem Ausbildenden in ein Arbeitsverhältnis übernommen werden und am 1. Dezember noch in diesem Arbeitsverhältnis stehen, erhalten zusammen mit der anteiligen Jahressonderzahlung aus dem Arbeitsverhältnis eine anteilige Jahressonderzahlung aus dem Ausbildungsverhältnis. [2]Ist die Übernahme im Laufe eines Kalendermonats erfolgt, wird dieser Kalendermonat bei der anteiligen Jahressonderzahlung aus dem Arbeitsverhältnis berücksichtigt.

§ 17 Betriebliche Altersvorsorge

[1]Die Auszubildenden haben Anspruch auf eine zusätzliche Alters- und Hinterbliebenenversorgung unter Eigenbeteiligung. [2]Einzelheiten bestimmt der Tarifvertrag über die betriebliche Altersversorgung der Beschäftigten

des öffentlichen Dienstes (Tarifvertrag Altersversorgung - ATV) in seiner jeweils geltenden Fassung.

Protokollerklärung zu § 17:
§ 17 gilt nicht für Auszubildende der Freien und Hansestadt Hamburg.

§ 18 Beendigung des Arbeitsverhältnisses

(1) [1]Das Ausbildungsverhältnis endet mit Ablauf der Ausbildungszeit; abweichende gesetzliche Regelungen bleiben unberührt. [2]Im Falle des Nichtbestehens der Abschlussprüfung verlängert sich das Ausbildungsverhältnis auf Verlangen der Auszubildenden bis zur nächstmöglichen Wiederholungsprüfung, höchstens um ein Jahr.
(2) Können Auszubildende ohne eigenes Verschulden die Abschlussprüfung erst nach beendeter Ausbildungszeit ablegen, gilt Absatz 1 Satz 2 entsprechend.
(3) Beabsichtigt der Ausbildende keine Übernahme in ein Arbeitsverhältnis, hat er dies den Auszubildenden drei Monate vor dem voraussichtlichen Ende der Ausbildungszeit schriftlich mitzuteilen.
(4) Nach der Probezeit (§ 3) kann das Ausbildungsverhältnis unbeschadet der gesetzlichen Kündigungsgründe nur gekündigt werden
a) aus einem sonstigen wichtigen Grund ohne Einhalten einer Kündigungsfrist,
b) von Auszubildenden mit einer Kündigungsfrist von vier Wochen.
(5) Werden Auszubildende im Anschluss an das Ausbildungsverhältnis beschäftigt, ohne dass hierüber ausdrücklich etwas vereinbart worden ist, so gilt ein Arbeitsverhältnis auf unbestimmte Zeit als begründet.

§ 18a Übernahme von Auszubildenden

(1) [1]Auszubildende, die ihre Ausbildung mindestens mit der Gesamtnote »Befriedigend« abgeschlossen haben, werden bei dienstlichem bzw. betrieblichem Bedarf im unmittelbaren Anschluss an das Ausbildungsverhältnis in ein unbefristetes Arbeitsverhältnis übernommen, sofern nicht im Einzelfall personenbedingte, verhaltensbedingte, betriebsbedingte oder gesetzliche Gründe entgegenstehen; § 3 Absatz 1 Satz 2 TV-L gilt entsprechend.
(2) [1]Auszubildende, die ihre Ausbildung nicht mit mindestens der Gesamtnote »Befriedigend« abgeschlossen haben, werden nach erfolgreich bestandener Abschlussprüfung bei dienstlichem bzw. betrieblichem Bedarf im unmittelbaren Anschluss an das Ausbildungsverhältnis für die Dauer von zwölf Monaten in ein Arbeitsverhältnis übernommen, sofern nicht im Einzelfall personenbedingte, verhaltensbedingte, betriebsbedingte oder gesetzliche Gründe entgegenstehen; § 3 Absatz 1 Satz 2 TV-L gilt entsprechend. [2]Im

Anschluss daran werden diese Beschäftigten bei entsprechender Bewährung in ein unbefristetes Arbeitsverhältnis übernommen.

(3) [1]Der dienstliche bzw. betriebliche Bedarf muss zum Zeitpunkt der Beendigung der Ausbildung nach Absatz 1 bzw. Absatz 2 Satz 1 vorliegen und setzt zudem eine freie und besetzbare Stelle bzw. einen freien und zu besetzenden Arbeitsplatz voraus, die/der eine ausbildungsadäquate Beschäftigung auf Dauer ermöglicht. [2]Bei einer Auswahlentscheidung sind die Ergebnisse der Abschlussprüfung und die persönliche Eignung zu berücksichtigen. [3]Bestehende Mitbestimmungsrechte bleiben unberührt.

Protokollerklärungen zu § 18a:

1. [1]Für die Prüfung des dienstlichen bzw. betrieblichen Bedarfs, einer freien und besetzbaren Stelle bzw. eines freien und zu besetzenden Arbeitsplatzes sowie der ausbildungsadäquaten Beschäftigung ist auf die Ausbildungsdienststelle bzw. den Ausbildungsbetrieb abzustellen. [2]Steht in der Ausbildungsdienststelle bzw. dem Ausbildungsbetrieb keine Stelle bzw. kein Arbeitsplatz im Sinne des § 18a Absatz 3 Satz 1 zur Verfügung, wirkt die Ausbildungsdienststelle bzw. der Ausbildungsbetrieb auf eine Übernahme in eine andere Dienststelle bzw. einen anderen Betrieb des Arbeitgebers hin.
2. Besteht kein dienstlicher bzw. betrieblicher Bedarf für eine unbefristete Beschäftigung, ist eine befristete Beschäftigung außerhalb von § 18a möglich.

§ 19 Abschlussprämie

(1) [1]Bei Beendigung des Ausbildungsverhältnisses aufgrund erfolgreich abgelegter Abschlussprüfung bzw. staatlicher Prüfung erhalten Auszubildende eine Abschlussprämie als Einmalzahlung in Höhe von 400 Euro. [2]Die Abschlussprämie ist kein zusatzversorgungspflichtiges Entgelt. [3]Sie ist nach Bestehen der Abschlussprüfung bzw. der staatlichen Prüfung fällig.

(2) [1]Die Abschlussprämie wird nicht gezahlt, wenn die Ausbildung nach erfolgloser Prüfung aufgrund einer Wiederholungsprüfung abgeschlossen wird. [2]Im Einzelfall kann der Ausbildende dennoch eine Abschlussprämie zahlen.

§ 20 Ausschlussfrist

[1]Ansprüche aus dem Ausbildungsverhältnis verfallen, wenn sie nicht innerhalb einer Ausschlussfrist von sechs Monaten nach Fälligkeit von den Auszubildenden oder vom Ausbildenden schriftlich geltend gemacht werden. [2]Für denselben Sachverhalt reicht die einmalige Geltendmachung des Anspruchs auch für später fällige Leistungen aus.

§ 21 Inkrafttreten, Außerkrafttreten, Laufzeit

(1) Dieser Tarifvertrag tritt am 1. Januar 2019 in Kraft.

(1a) § 18a tritt mit Ablauf des 31. Oktober 2025 außer Kraft.

(2) Dieser Tarifvertrag kann mit einer Frist von drei Monaten zum Ende eines Kalenderhalbjahres schriftlich gekündigt werden.

(3) Abweichend von Absatz 2 kann § 16 von jeder Tarifvertragspartei auf landesbezirklicher Ebene mit einer Frist von drei Monaten zum 31. Dezember eines Kalenderjahres schriftlich gekündigt werden.

(4) Abweichend von Absatz 2 können ferner schriftlich gekündigt werden:

a) § 8 Absatz 1 mit einer Frist von einem Monat zum Ende eines Kalendermonats, frühestens jedoch zum 31. Oktober 2025; eine Kündigung nach Absatz 2 erfasst nicht den § 8 Absatz 1,

b) § 19 mit einer Frist von einem Monat zum Ende eines Kalenderjahres.

Anlage zum TVA-L Gesundheit

Ausbildungsberufe gemäß § 1 Absatz 1 Satz 1		
	Berufsausbildung	**Gesetzliche Vorschriften in der jeweils geltenden Fassung**
1.	Orthoptistinnen und Orthoptisten	Orthoptistengesetz vom 28. November 1989 (BGBl. I S. 2061) Ausbildungs- und Prüfungsverordnung für Orthoptistinnen und Orthoptisten vom 21. März 1990 (BGBl. I S. 563)
2.	Logopädinnen und Logopäden	Gesetz über den Beruf des Logopäden vom 7. Mai 1980 (BGBl. I S. 529) Ausbildungs- und Prüfungsordnung für Logopäden vom 1. Oktober 1980 (BGBl. I S. 1892)
3.	a) Medizinisch-technische Laboratoriumsassistentinnen und Medizinisch-technische Laboratoriumsassistenten b) Medizinisch-technische Radiologieassistentinnen und Medizinisch-technische Radiologieassistenten	MTA-Gesetz vom 2. August 1993 (BGBl. I S. 1402) Ausbildungs- und Prüfungsverordnung für technische Assistenten in der Medizin vom 25. April 1994 (BGBl. I S. 922)

Ausbildungsberufe gemäß § 1 Absatz 1 Satz 1		
	Berufsausbildung	**Gesetzliche Vorschriften in der jeweils geltenden Fassung**
	c) Medizinisch-technische Assistentinnen für Funktionsdiagnostik und Medizinisch-technische Assistenten für Funktionsdiagnostik d) Veterinärmedizinisch-technische Assistentinnen und Veterinärmedizinisch-technische Assistenten	
4.	Ergotherapeutinnen und Ergotherapeuten	Ergotherapeutengesetz vom 25. Mai 1976 (BGBl. I S. 1246) Ergotherapeuten-Ausbildungs- und Prüfungsverordnung vom 2. August 1999 (BGBl. I S. 1731)
5.	Physiotherapeutinnen und Physiotherapeuten	Masseur- und Physiotherapeutengesetz vom 26. Mai 1994 (BGBl. I S. 1084) Ausbildungs- und Prüfungsverordnung für Physiotherapeuten vom 6. Dezember 1994 (BGBl. I S. 3786)
6.	Diätassistentinnen und Diätassistenten	Diätassistentengesetz vom 8. März 1994 (BGBl. I S. 446) Ausbildungs- und Prüfungsverordnung für Diätassistentinnen und Diätassistenten vom 1. August 1994 (BGBl. I S. 2088).

Niederschriftserklärungen zum TVA-L BBiG, TVA-L Pflege und TVA-L Gesundheit

1. Zu § 17 TVA-L BBiG, § 17 TVA-L Pflege, § 17 TVA-L Gesundheit

Die Tarifvertragsparteien weisen darauf hin, dass Auszubildende nicht vom Geltungsbereich des Hamburgischen Zusatzversorgungsgesetzes erfasst werden. Für die Dauer der Ausbildung werden keine Eigenbeiträge zur betrieblichen Altersversorgung erhoben. Die Ausbildung wird aber als Wartezeit und als ruhegeldfähige Beschäftigungszeit bei der Ruhegeldberechnung berücksichtigt, wenn sich unmittelbar an die Ausbildung ein Beschäftigungsverhältnis zur Freien und Hansestadt Hamburg anschließt.

2. Zu § 9 Absatz 3 TVA-L Pflege, § 9 Absatz 3 TVA-L Gesundheit

Sollten die daraus hinausgehenden Anforderungen für Wechselschichtdienst (entsprechend § 7 Absatz 1 TV-L) erfüllt sein, ist dies für den Anspruch auf Zusatzurlaub unschädlich.

3. gestrichen

I. Tarifvertrag für dual Studierende der Länder in ausbildungsintegrierten dualen Studiengängen (TVdS-L)

vom 29. Januar 2020, in der Fassung des Änderungstarifvertrages Nr. 2 vom 9. Dezember 2023

§ 1 Geltungsbereich, Begriffsbestimmungen

(1) [1]Dieser Tarifvertrag gilt für Personen, die mit Verwaltungen und Betrieben einen Vertrag für die Teilnahme an einem ausbildungsintegrierten dualen Studiengang schließen. [2]Voraussetzung ist, dass die Verwaltungen und Betriebe unter den Geltungsbereich des TV-L fallen. [3]Voraussetzung ist auch, dass die Personen in einem Beruf ausgebildet werden, der in

a) § 1 Absatz 1 des Tarifvertrages für Auszubildende der Länder in Ausbildungsberufen nach dem Berufsbildungsgesetz (TVA-L BBiG),
b) § 1 Absatz 1 des Tarifvertrages für Auszubildende der Länder in Pflegeberufen (TVA-L Pflege),
c) § 1 Absatz 1a TVA-L Pflege oder
d) § 1 Absatz 1 des Tarifvertrages für Auszubildende der Länder in Gesundheitsberufen (TVA-L Gesundheit) in Verbindung mit der Anlage zum TVA-L Gesundheit

geregelt ist.

Protokollerklärung zu § 1 Absatz 1 Satz 1:
Wird in einem Beruf nach Satz 3 Buchstabe c oder d ausgebildet, sind Verwaltungen und Betriebe Universitätskliniken.

Protokollerklärung zu § 1 Absatz 1 Satz 3:
Unter Ausbildung in diesem Sinne ist zu verstehen, dass zwischen Verwaltung oder Betrieb und den auszubildenden Personen ein Ausbildungsverhältnis besteht.

(2) Dieser Tarifvertrag gilt nicht für Personen, die

a) im Rahmen eines dualen Studiengangs in Ausbildungsberufen der Landwirtschaft, des Weinbaues oder der Forstwirtschaft ausgebildet werden, es sei denn, dass die Beschäftigten des Ausbildenden unter den TV-L fallen,
b) im Rahmen ihres Hochschulstudiums oder ihrer Ausbildung ein Praktikum ableisten, ohne dass dieses jeweils Teil eines ausbildungsintegrierten dualen Studiums ist,

c) ein praxisintegriertes duales Studium, ein Praktikum nach § 26 Berufsbildungsgesetz oder eine Volontärausbildung ableisten oder
d) ausbildungsbegleitend oder berufsintegriert beziehungsweise berufsbegleitend studieren.

(3) [1]Das ausbildungsintegrierte duale Studium verbindet auf der Grundlage eines schriftlichen Ausbildungs- und Studienvertrags die Ausbildung in einem Beruf nach Absatz 1 Satz 3 Buchstabe a bis d mit einem Studium, das in einem vom Ausbildenden vorgegebenen Studiengang an einer Hochschule absolviert wird. [2]Das ausbildungsintegrierte duale Studium gliedert sich in einen Ausbildungsteil und einen Studienteil, die beide jeweils dem Erreichen der entsprechenden Abschlussqualifikation dienen. [3]Der Studienteil des dualen Studiums beinhaltet fachtheoretische Studienabschnitte an der Hochschule (Lehrveranstaltungen) und berufspraktische Studienabschnitte beim Ausbildenden oder einem von dem Ausbildenden zu bestimmenden Dritten.

(4) Die Personen werden nachfolgend Studierende genannt; ausbildungsintegrierte duale Studiengänge werden nachfolgend als Studiengang beziehungsweise Studium bezeichnet.

(5) Soweit in diesem Tarifvertrag nichts anderes geregelt ist, gelten die jeweils einschlägigen gesetzlichen Vorschriften.

(6) Für Studierende des Landes Berlin gelten – mit Ausnahme des Tarifvertrages über die betriebliche Altersversorgung für die Beschäftigten des öffentlichen Dienstes (Tarifvertrag Altersversorgung – ATV) vom 1. März 2002 in der jeweils geltenden Fassung – einheitlich die Regelungen dieses Tarifvertrages für das Tarifgebiet West.

§ 2 Ausbildungs- und Studienvertrag, Nebenabreden

(1) [1]Vor Beginn des Ausbildungs- und Studienverhältnisses ist ein schriftlicher Ausbildungs- und Studienvertrag zu schließen, der neben der Bezeichnung des beabsichtigten Studienabschlusses (Studienteil) und des integrierten Ausbildungsberufes (Ausbildungsteil) mindestens folgende Angaben enthält:

a) die maßgebliche Studien- und Prüfungsordnung in der jeweils geltenden Fassung, die kooperierende Hochschule, den Aufbau und die sachliche Gliederung des Studiums, die maßgebliche Ausbildungs- und Prüfungsordnung in der jeweils geltenden Fassung sowie Art, sachliche und zeitliche Gliederung des Ausbildungsteils,
b) Beginn, Dauer und Verteilung des Studienteils einschließlich berufspraktischer Studienabschnitte (Studienplan) und Festlegung des diesbezüglichen Teilnahmepflicht sowie Beginn, Dauer und Verteilung des Ausbildungsteils,

c) Dauer der regelmäßigen täglichen oder wöchentlichen Ausbildungs- und Studienzeit,
d) Dauer der Probezeit,
e) Zahlung und Höhe des Studienentgelts sowie der Studiengebühren,
f) Dauer des Urlaubs,
g) Voraussetzungen, unter denen der Ausbildungs- und Studienvertrag gekündigt werden kann,
h) Bindungs- und Rückzahlungsbedingungen,
i) die Geltung des Tarifvertrages für dual Studierende der Länder in ausbildungsintegrierten dualen Studiengängen sowie einen in allgemeiner Form gehaltenen Hinweis auf die Betriebs-/Dienstvereinbarungen, die auf das Ausbildungs- und Studienverhältnis anzuwenden sind,
j) die Form des Ausbildungsnachweises gemäß § 13 Satz 2 Nummer 7 Berufsbildungsgesetz für Studierende mit einem Ausbildungsteil nach § 1 Absatz 1 Satz 3 Buchstabe a.

[2]Bei Studierenden mit einem Ausbildungsteil nach § 1 Absatz 1 Satz 3 Buchstabe b mit einer integrierten Ausbildung nach dem Pflegeberufegesetz enthält der Ausbildungs- und Studienvertrag darüber hinaus Angaben über:
a) den ausgewählten Vertiefungseinsatz einschließlich einer Ausrichtung nach § 7 Absatz 4 Satz 2 Pflegeberufegesetz,
b) Verpflichtung der Studierenden/des Studierenden zum Besuch der Ausbildungsveranstaltungen der Pflegeschule,
c) Umfang etwaiger Sachbezüge nach § 19 Absatz 2 Pflegeberufegesetz,
d) Hinweis auf die Rechte als Arbeitnehmerin/Arbeitnehmer im Sinne von § 5 des Betriebsverfassungsgesetzes oder des für den Träger der praktischen Ausbildung des Ausbildungsteils jeweils geltenden Landespersonalvertretungsgesetzes.

[3]Bei Studierenden mit einem Ausbildungsteil nach § 1 Absatz 1 Satz 3 Buchstabe c enthält der Ausbildungs- und Studienvertrag über Satz 1 hinaus Angaben über:
a) die Verpflichtung der Studierenden/des Studierenden zum Besuch der Ausbildungsveranstaltungen der Schule,
b) den Umfang etwaiger Sachbezüge nach § 30 Anästhesietechnische- und Operationstechnische-Assistenten-Gesetz,
c) den Hinweis auf die Rechte als Arbeitnehmerin/Arbeitnehmer im Sinne von § 5 Betriebsverfassungsgesetz oder des für die verantwortliche Einrichtung der praktischen Ausbildung des Ausbildungsteils jeweils geltenden Landespersonalvertretungsgesetzes.

(2) [1]Nebenabreden sind nur wirksam, wenn sie schriftlich vereinbart werden. [2]Sie können gesondert gekündigt werden, soweit dies einzelvertraglich vereinbart ist.

(3) [1]Falls im Rahmen des Ausbildungs- und Studienvertrages eine Vereinbarung über die Gewährung einer Personalunterkunft getroffen wird, ist

dies in einer gesondert kündbaren Nebenabrede festzulegen. [2]Der Wert der Personalunterkunft wird im Tarifgebiet West nach dem Tarifvertrag über die Bewertung der Personalunterkünfte für Angestellte vom 16. März 1974 in der jeweils geltenden Fassung auf das Studienentgelt (§ 8 Absatz 1 beziehungsweise Absatz 2) angerechnet. [3]Der nach § 3 Absatz 1 Unterabsatz 1 des Tarifvertrages über die Bewertung der Personalunterkünfte für Angestellte vom 16. März 1974 maßgebende Quadratmetersatz ist hierbei um 15 v. H. zu kürzen.

§ 3 Probezeit, Kündigung

(1) Die Probezeit beträgt:

a) drei Monate für Studierende mit einem Ausbildungsteil nach § 1 Absatz 1 Satz 3 Buchstabe a,

b) vier Monate für Studierende mit einem Ausbildungsteil nach § 1 Absatz 1 Satz 3 Buchstabe b und c, wenn sie Schülerinnen/Schüler nach dem Notfallsanitätergesetz oder in der Operationstechnischen Assistenz und der Anästhesietechnischen Assistenz jeweils nach der DKG-Empfehlung vom 17. September 2013 sind,

c) sechs Monate für die übrigen Studierenden.

(2) Während der Probezeit kann der Ausbildungs- und Studienvertrag von beiden Seiten jederzeit ohne Einhalten einer Kündigungsfrist gekündigt werden.

(3) Nach der Probezeit kann der Ausbildungs- und Studienvertrag unbeschadet der gesetzlichen Kündigungsgründe nur gekündigt werden

a) aus einem sonstigen wichtigen Grund ohne Einhalten einer Kündigungsfrist,

b) von den Studierenden mit einer Kündigungsfrist von vier Wochen.

§ 4 Ärztliche Untersuchungen

(1) [1]Studierende haben auf Verlangen des Ausbildenden vor ihrer Einstellung ihre gesundheitliche Eignung durch das Zeugnis eines Amtsarztes nachzuweisen. [2]Für Studierende, die unter das Jugendarbeitsschutzgesetz (JArbSchG) fallen, ist ergänzend § 32 Absatz 1 Jugendarbeitsschutzgesetz zu beachten.

(2) [1]Die Studierenden können bei begründeter Veranlassung verpflichtet werden, durch eine ärztliche Bescheinigung nachzuweisen, dass sie in der Lage sind, die nach dem Ausbildungs- und Studienvertrag übernommenen Verpflichtungen zu erfüllen. [2]Bei dem beauftragten Arzt kann es sich um einen Betriebsarzt, Personalarzt oder Amtsarzt handeln, soweit sich die Betriebsparteien nicht auf einen anderen Arzt geeinigt haben. [3]Die Kosten dieser Untersuchung trägt der Ausbildende.

(3) [1]Studierende, die besonderen Ansteckungsgefahren ausgesetzt sind, oder die mit gesundheitsgefährdenden Tätigkeiten oder mit der Zubereitung von Speisen beauftragt werden, sind in regelmäßigen Zeitabständen ärztlich zu untersuchen. [2]Die Untersuchung ist auf Antrag des Studierenden auch bei Beendigung des Ausbildungs- und Studienverhältnisses durchzuführen.

§ 5 Schweigepflicht, Nebentätigkeiten

(1) Studierende haben in demselben Umfang Verschwiegenheit zu wahren wie die Beschäftigten des Ausbildenden.
(2) [1]Nebentätigkeiten gegen Entgelt haben Studierende ihrem Ausbildenden rechtzeitig vorher schriftlich anzuzeigen. [2]Der Ausbildende kann die Nebentätigkeit untersagen oder mit Auflagen versehen, wenn diese geeignet ist, die nach dem Ausbildungs- und Studienvertrag übernommenen Verpflichtungen der Studierenden oder berechtigte Interessen des Ausbildenden zu beeinträchtigen.

§ 6 Nachweispflichten, Personalakten

(1) [1]Die Leistungsnachweise aus dem Studienteil des Studiums sind Bestandteil der Personalakte der Studierenden. [2]Hierzu haben die Studierenden die von den Hochschulen aufzustellenden Leistungsübersichten nach den jeweiligen Studien- und Prüfungsordnungen sowie eine Abschrift des Abschlusszeugnisses dem Ausbildenden vorzulegen.
(2) [1]Die Studierenden haben ein Recht auf Einsicht in ihre vollständigen Personalakten. [2]Sie können das Recht auf Einsicht durch einen hierzu schriftlich Bevollmächtigten ausüben lassen. [3]Sie können Auszüge oder Kopien aus ihren Personalakten erhalten. [4]Die Studierenden müssen über Beschwerden und Behauptungen tatsächlicher Art, die für sie ungünstig sind oder ihnen nachteilig werden können, vor Aufnahme in die Personalakten gehört werden. [5]Ihre Äußerung ist zu den Personalakten zu nehmen.
(3) [1]Beurteilungen sind den Studierenden unverzüglich bekannt zu geben. [2]Die Bekanntgabe ist aktenkundig zu machen.

§ 7 Wöchentliche und tägliche Ausbildungs- und Studienzeit

(1) [1]Die durchschnittliche regelmäßige wöchentliche Ausbildungs- und Studienzeit und tägliche Ausbildungs- und Studienzeit der Studierenden richten sich während der fachtheoretischen Abschnitte nach der jeweiligen Ausbildungs-/Studien- und Prüfungsordnung. [2]Die durchschnittliche regelmäßige wöchentliche Ausbildungs- und Studienzeit und tägliche Ausbildungs- und Studienzeit der Studierenden, die nicht unter das Jugendarbeitsschutzgesetz fallen, richten sich während der berufspraktischen

Studienabschnitte einschließlich der praktischen Ausbildung während des Ausbildungsteils beim Ausbildenden nach den für die Beschäftigten des Ausbildenden maßgebenden Vorschriften über die Arbeitszeit. [3]Gleiches gilt bei der Durchführung von berufspraktischen Abschnitten einschließlich der praktischen Ausbildung während des Ausbildungsteils bei einem Dritten. [4]Im Ausbildungs- und Studienvertrag (§ 2) wird die Ausbildungs- und Studienzeit der berufspraktischen Abschnitte einschließlich der praktischen Ausbildung verbindlich vereinbart.

(2) Wird das Führen von Berichtsheften (Ausbildungsnachweisen) verlangt, ist den Studierenden dazu während der Ausbildungs- und Studienzeit Gelegenheit zu geben.

(3) [1]An Tagen, an denen Studierende fachtheoretische Studienabschnitte an der Hochschule absolvieren, gilt die tägliche Ausbildungs- und Studienzeit als erfüllt. [2]Im Übrigen gelten für Studierende, die eine Ausbildung nach § 1 Absatz 1 Satz 3 Buchstabe a absolvieren, Unterrichtszeiten einschließlich der Pausen als Ausbildungs- und Studienzeit. [3]Dies gilt auch für die notwendige Wegezeit zwischen Unterrichtsort und Ausbildungsstätte, sofern berufspraktische Studienabschnitte oder die praktische Ausbildung nach dem Unterricht fortgesetzt werden.

(4) Im Übrigen gilt für Studierende, die eine Ausbildung nach § 1 Absatz 1 Satz 3 Buchstabe a absolvieren, dass sie an Tagen, an denen sie im Rahmen ihres Ausbildungsteils an einem theoretisch betrieblichen Unterricht von mindestens 270 tatsächlichen Unterrichtsminuten teilnehmen, nicht zur praktischen Ausbildung herangezogen werden dürfen.

(5) Studierende dürfen im Rahmen des Ausbildungs- und Studienzwecks auch an Sonntagen und Wochenfeiertagen und in der Nacht ausgebildet werden.

(6) [1]Eine Beschäftigung, die über die nach Absatz 1 geregelte Ausbildungs- und Studienzeit hinausgeht, ist nur ausnahmsweise zulässig. [2]§§ 21, 23 Jugendarbeitsschutzgesetz, § 17 Absatz 7 Berufsbildungsgesetz, § 19 Absatz 3 Pflegeberufegesetz und § 31 Anästhesietechnische- und Operationstechnische-Assistenten-Gesetz bleiben unberührt.

§ 8 Studienentgelt und Studiengebühren

(1) [1]Studierende erhalten bis zum Ablauf des Kalendermonats, in dem die Abschlussprüfung des Ausbildungsteils erfolgreich abgelegt wird, ein Studienentgelt, das sich aus einem monatlichen Entgelt nach Satz 2 und einer Studienzulage von 150 Euro monatlich zusammensetzt. [2]Das monatliche Entgelt beträgt bei

a) einem Studium mit einem Ausbildungsteil nach § 1 Absatz 1 Satz 3 Buchstabe a
in der Zeit vom 1. Oktober 2023 bis 31. Oktober 2024
im ersten Jahr des Ausbildungsteils 1086,82 Euro,
im zweiten Jahr des Ausbildungsteils 1140,96 Euro,
im dritten Jahr des Ausbildungsteils 1190,61 Euro,
im vierten Jahr des Ausbildungsteils 1259,51 Euro,
in der Zeit vom 1. November 2024 bis 31. Januar 2025
im ersten Jahr des Ausbildungsteils 1186,82 Euro,
im zweiten Jahr des Ausbildungsteils 1240,96 Euro,
im dritten Jahr des Ausbildungsteils 1290,61 Euro,
im vierten Jahr des Ausbildungsteils 1359,51 Euro,
ab 1. Februar 2025
im ersten Jahr des Ausbildungsteils 1236,82 Euro,
im zweiten Jahr des Ausbildungsteils 1290,96 Euro,
im dritten Jahr des Ausbildungsteils 1340,61 Euro,
im vierten Jahr des Ausbildungsteils 1409,51 Euro,

b) einem Studium mit einem Ausbildungsteil nach § 1 Absatz 1 Satz 3 Buchstabe b oder c
in der Zeit vom 1. Oktober 2023 bis 31. Oktober 2024
im ersten Jahr des Ausbildungsteils 1230,70 Euro,
im zweiten Jahr des Ausbildungsteils 1296,70 Euro,
im dritten Jahr des Ausbildungsteils 1403,00 Euro,
in der Zeit vom 1. November 2024 bis 31. Januar 2025
im ersten Jahr des Ausbildungsteils 1330,70 Euro,
im zweiten Jahr des Ausbildungsteils 1396,70 Euro,
im dritten Jahr des Ausbildungsteils 1503,00 Euro,
ab 1. Februar 2025
im ersten Jahr des Ausbildungsteils 1380,70 Euro,
im zweiten Jahr des Ausbildungsteils 1446,70 Euro,
im dritten Jahr des Ausbildungsteils 1553,00 Euro,

c) einem Studium mit einem Ausbildungsteil nach § 1 Absatz 1 Satz 3 Buchstabe d
in der Zeit vom 1. Oktober 2023 bis 31. Oktober 2024
im ersten Jahr des Ausbildungsteils 1130,74 Euro,
im zweiten Jahr des Ausbildungsteils 1190,80 Euro,
im dritten Jahr des Ausbildungsteils 1287,53 Euro,
in der Zeit vom 1. November 2024 bis 31. Januar 2025
im ersten Jahr des Ausbildungsteils 1230,74 Euro,
im zweiten Jahr des Ausbildungsteils 1290,80 Euro,
im dritten Jahr des Ausbildungsteils 1387,53 Euro,
ab 1. Februar 2025
im ersten Jahr des Ausbildungsteils 1280,74 Euro,

im zweiten Jahr des Ausbildungsteils 1340,80 Euro,
im dritten Jahr des Ausbildungsteils 1437,53 Euro.

(2) Nach dem Ablauf des Kalendermonats, in dem die Abschlussprüfung des Ausbildungsteils erfolgreich abgelegt wurde, erhalten die Studierenden anstelle des Studienentgelts nach Absatz 1 bis zur Beendigung des Studiums ein monatliches Studienentgelt bei

a) einem Studium mit einem Ausbildungsteil nach § 1 Absatz 1 Satz 3 Buchstabe a
   in der Zeit vom 1. Oktober 2023 bis 31. Oktober 2024 1300,00 Euro
   in der Zeit vom 1. November 2024 bis 31. Januar 2025 1400,00 Euro
   ab 1. Februar 2025 1450,00 Euro

b) einem Studium mit einem Ausbildungsteil nach § 1 Absatz 1 Satz 3 Buchstabe d
   in der Zeit vom 1. Oktober 2023 bis 31. Oktober 2024 1380,00 Euro
   in der Zeit vom 1. November 2024 bis 31. Januar 2025 1480,00 Euro
   ab 1. Februar 2025 1530,00 Euro

c) einem Studium mit einem Ausbildungsteil nach § 1 Absatz 1 Satz 3 Buchstabe b oder c
   in der Zeit vom 1. Oktober 2023 bis 31. Oktober 2024 1510,00 Euro
   in der Zeit vom 1. November 2024 bis 31. Januar 2025 1610,00 Euro,
   ab 1. Februar 2025 1660,00 Euro.

(3) Das Studienentgelt wird zu dem Termin gezahlt, zu dem auch die Beschäftigten des Ausbildenden ihr Entgelt erhalten.

(4) Der Ausbildende übernimmt die notwendigen Studiengebühren.

(5) Ist wegen des Besuchs einer weiterführenden oder einer berufsbildenden Schule oder wegen einer Berufsausbildung in einer sonstigen Einrichtung die Ausbildungszeit des Ausbildungsteils verkürzt, gilt für die Höhe des Studienentgelts nach Absatz 1 der Zeitraum, um den die Ausbildungszeit des Ausbildungsteils verkürzt wird, als abgeleistete Ausbildungszeit.

(6) Wird bei einem Studium mit einem Ausbildungsteil nach § 1 Absatz 1 Satz 3 Buchstabe a die Ausbildungszeit des Ausbildungsteils

a) im Falle des Nichtbestehens der Abschlussprüfung auf Verlangen der Studierenden/des Studierenden bis zur nächstmöglichen Wiederholungsprüfung verlängert (höchstens um ein Jahr) oder

b) auf Antrag der Studierenden/des Studierenden nach § 8 Absatz 2 Berufsbildungsgesetz von der zuständigen Stelle oder nach § 27c Absatz 3 der Handwerksordnung von der Handwerkskammer verlängert, wird während des Zeitraums der Verlängerung das Studienentgelt nach Absatz 1 Satz 1 in Verbindung mit Satz 2 Buchstabe a für den jeweils letzten regelmäßigen Ausbildungsabschnitt des Ausbildungsteils gezahlt.

(7) [1]Können Studierende bei einem Studium mit einem Ausbildungsteil nach § 1 Absatz 1 Satz 3 Buchstabe a ohne eigenes Verschulden die Abschlussprüfung des Ausbildungsteils erst nach beendeter Ausbildungsdauer (§ 2 Absatz 1 Satz 1 2. Halbsatz Buchstabe b) ablegen (spätestens nach einem Jahr), erhalten die Studierenden bis zur Ablegung der Abschlussprüfung des Ausbildungsteils ein Studienentgelt nach Absatz 1 Satz 1 in Verbindung mit Satz 2 Buchstabe a für den letzten regelmäßigen Ausbildungsabschnitt. [2]Bei Bestehen der Prüfung erhalten die Studierenden darüber hinaus rückwirkend von dem Zeitpunkt an, an dem der Ausbildungsteil geendet hat, den Unterschiedsbetrag zwischen dem ihnen gezahlten Studienentgelt nach Satz 1 und dem für das vierte Jahr des Ausbildungsteils maßgebenden Studienentgelt nach Absatz 1 Satz 1 in Verbindung mit Satz 2 Buchstabe a.

§ 8a Unständige Entgeltbestandteile, sonstige Entgeltregelungen

(1) [1]Für Studierende, deren berufspraktische Studienabschnitte einschließlich der praktischen Ausbildung des Ausbildungsteils an Samstagen, Sonntagen, Feiertagen und Vorfesttagen stattfinden, gelten die für die Beschäftigten des Ausbildenden geltenden Regelungen sinngemäß. [2]Dies gilt auch für den Bereitschaftsdienst und die Rufbereitschaft, für die Überstunden und für die Zeitzuschläge.

(2) Zulagen nach dem Tarifvertrag zu § 33 Absatz 1 Buchstabe c BAT/BAT-O können bei Vorliegen der Voraussetzungen zur Hälfte gezahlt werden.

(3) An Studierende mit einem Ausbildungsteil nach § 1 Absatz 1 Satz 3 Buchstabe a, die im Rahmen ihres Ausbildungsteils in erheblichem Umfang mit Arbeiten gemäß § 29 MTArb/MTArb-O beschäftigt werden, kann im zweiten bis vierten Jahr des Ausbildungsteils ein monatlicher Pauschalzuschlag von 10,23 Euro gezahlt werden.

(4) Studierende mit einem Ausbildungsteil nach § 1 Absatz 1 Satz 3 Buchstabe b und c erhalten bei Vorliegen der Voraussetzungen die Zulagen nach den Vorbemerkungen Nr. 9 oder 10 und/oder 11 zu Teil IV Abschnitt 1 der Entgeltordnung zum TV-L (Anlage A) zur Hälfte.

(5) Studierende mit einem Ausbildungsteil nach § 1 Absatz 1 Satz 3 Buchstabe b bis d erhalten bei Vorliegen der Voraussetzungen die Schicht- und Wechselschichtzulage nach den für die Beschäftigten des Ausbildenden geltenden Bedingungen jeweils zu drei Vierteln.

§ 9 Urlaub

(1) [1]Studierende erhalten Erholungsurlaub in entsprechender Anwendung der für die Beschäftigten des Ausbildenden geltenden Regelungen. [2]Während des Erholungsurlaubs wird das Studienentgelt (§ 8 Absatz 1 beziehungsweise Absatz 2) fortgezahlt.

(2) Der Erholungsurlaub ist in der vorlesungs- und unterrichtsfreien Zeit in Anspruch zu nehmen.

(3) [1]Studierende mit einem Ausbildungsteil nach § 1 Absatz 1 Satz 3 Buchstabe b, c oder d, die im Ausbildungsteil im Schichtdienst (entsprechend § 7 Absatz 2 TV-L) eingesetzt werden, erhalten im zweiten und dritten Jahr des Ausbildungsteils pauschal jeweils einen Tag Zusatzurlaub. [2]Absatz 1 Satz 2 gilt entsprechend.

§ 10 Ausbildungs- und Studienmaßnahmen außerhalb der Ausbildungsstätte

(1) [1]Bei Dienstreisen, die im Rahmen des Ausbildungsteils oder der berufspraktischen Studienabschnitte erfolgen, erhalten die Studierenden eine Entschädigung in entsprechender Anwendung der Reisekostenbestimmungen, die für die Beschäftigten des Ausbildenden jeweils gelten. [2]Gleiches gilt für Studierende mit einem Ausbildungsteil nach § 1 Absatz 1 Satz 3 Buchstabe a bei Reisen zur Ablegung der in den Ausbildungsordnungen beziehungsweise in den Studien- und Prüfungsordnungen vorgeschriebenen Prüfungen.

(2) [1]Bei Reisen von Studierenden mit einem Ausbildungsteil nach § 1 Absatz 1 Satz 3 Buchstabe a, die im Rahmen des Ausbildungsteils an überbetrieblichen Ausbildungsmaßnahmen im Sinne des § 5 Absatz 2 Satz 1 Nr. 6 Berufsbildungsgesetz außerhalb der politischen Gemeindegrenze der Ausbildungsstätte erfolgen, werden die entstandenen notwendigen Fahrtkosten bis zur Höhe der Kosten der Fahrkarte der jeweils niedrigsten Klasse des billigsten regelmäßig verkehrenden Beförderungsmittels (im Bahnverkehr ohne Zuschläge) erstattet; Möglichkeiten zur Erlangung von Fahrpreisermäßigungen (zum Beispiel Schülerfahrkarten, Monatsfahrkarten, BahnCard, Semesterticket) sind auszunutzen. [2]Beträgt die Entfernung zwischen den Ausbildungsstätten hierbei mehr als 300 km, können im Bahnverkehr Zuschläge beziehungsweise besondere Fahrpreise (zum Beispiel für ICE) erstattet werden. [3]Für die Erstattung der nachgewiesenen notwendigen Kosten einer Unterkunft am auswärtigen Ort gelten, soweit nicht eine unentgeltliche Unterkunft zur Verfügung steht, diejenigen Regelungen entsprechend, die für die Beschäftigten des Ausbildenden maßgebend sind. [4]Zu den Auslagen des bei notwendiger auswärtiger Unterbringung entstehenden Verpflegungsmehraufwands wird für volle Kalendertage der Anwesenheit am auswärtigen Ausbildungsort ein Verpflegungszuschuss in Höhe der nach

der Sozialversicherungsentgeltverordnung maßgebenden Sachbezugswerte für Frühstück, Mittagessen und Abendessen gewährt. [5]Bei unentgeltlicher Verpflegung wird der jeweilige Sachbezugswert einbehalten. [6]Bei einer über ein Wochenende oder einen Feiertag hinaus andauernden Ausbildungsmaßnahme werden die dadurch entstandenen Mehrkosten für Unterkunft und Verpflegungsmehraufwand nach Maßgabe der Sätze 3 bis 5 erstattet. [7]Die Sätze 1 bis 6 gelten auch für Reisen im Rahmen der fachtheoretischen Studienabschnitte, wenn die Hochschule außerhalb der politischen Gemeindegrenze der Ausbildungsstätte liegt.

(3) [1]Bei Reisen von Studierenden mit einem Ausbildungsteil nach § 1 Absatz 1 Satz 3 Buchstabe b, c oder d, die im Rahmen des Ausbildungsteils zur vorübergehenden Ausbildung an einer anderen Einrichtung außerhalb der politischen Gemeindegrenze der Ausbildungsstätte sowie zur Teilnahme an Vorträgen, an Arbeitsgemeinschaften oder an Übungen erfolgen, werden die entstandenen notwendigen Fahrtkosten bis zur Höhe der Kosten für die Fahrkarte der jeweils niedrigsten Klasse des billigsten regelmäßig verkehrenden Beförderungsmittels (im Bahnverkehr ohne Zuschläge) erstattet; Möglichkeiten zur Erlangung von Fahrpreisermäßigungen (zum Beispiel Schülerfahrkarten, Monatsfahrkarten, BahnCard, Semesterticket) sind auszunutzen. [2]Satz 1 gilt auch für die Reisen im Rahmen der fachtheoretischen Studienabschnitte, wenn die Hochschule außerhalb der politischen Gemeindegrenze der Ausbildungsstätte liegt.

(4) [1]Bei Reisen von Studierenden mit einem Ausbildungsteil nach § 1 Absatz 1 Satz 3 Buchstabe a, die im Rahmen des Ausbildungsteils zum Zwecke des Besuchs einer auswärtigen Berufsschule erfolgen, werden die notwendigen Fahrtkosten sowie die Auslagen für Unterkunft und Verpflegungsmehraufwand nach Maßgabe des Absatzes 2 erstattet. [2]Erstattungen durch Dritte sind anzurechnen. [3]Sofern der Studierende auf seinen Antrag eine andere als die regulär zu besuchende Berufsschule besucht, wird der Ausbildende von der Kostenübernahme befreit.

(5) Bei Abordnungen und Zuweisungen von Studierenden mit einem Ausbildungsteil nach § 1 Absatz 1 Satz 3 Buchstabe a, die im Rahmen des Ausbildungsteils erfolgen, werden die Kosten nach Maßgabe des Absatzes 2 erstattet.

§ 11 Familienheimfahrten

(1) [1]Studierenden mit einem Ausbildungsteil nach § 1 Absatz 1 Satz 3 Buchstabe a werden für Familienheimfahrten von der Ausbildungsstätte oder vom Ort der auswärtigen Berufsschule/Hochschule, deren Besuch vom Ausbildenden veranlasst wurde, zum Wohnort der Eltern und zurück monatlich einmal Fahrtkosten erstattet. [2]Erstattungsfähig sind die im Bundesgebiet notwendigen Fahrtkosten bis zur Höhe der Kosten der Fahrkarte der jeweils

niedrigsten Klasse des billigsten regelmäßig verkehrenden Beförderungsmittels (im Bahnverkehr ohne Zuschläge). [3]Dem Wohnort der Eltern steht der Wohnort der Erziehungsberechtigten oder der Ehegattin/des Ehegatten oder der Lebenspartnerin/des Lebenspartners gleich. [4]Möglichkeiten zur Erlangung von Fahrpreisermäßigungen (zum Beispiel Schülerfahrkarten, Monatsfahrkarten, BahnCard, Semesterticket) sind auszunutzen. [5]Beträgt die Entfernung mehr als 300 km, können im Bahnverkehr Zuschläge beziehungsweise besondere Fahrpreise (zum Beispiel für ICE) erstattet werden. [6]Die Sätze 1 bis 5 gelten nicht, wenn aufgrund geringer Entfernung eine tägliche Rückkehr möglich und zumutbar ist oder der Aufenthalt am jeweiligen Ort der Ausbildungsstätte oder der auswärtigen Berufsschule/Hochschule weniger als vier Wochen beträgt.

(2) [1]Studierenden mit einem Ausbildungsteil nach § 1 Absatz 1 Satz 3 Buchstabe b, c oder d werden für Familienheimfahrten von der Ausbildungsstätte zum Wohnort der Eltern und zurück monatlich einmal Fahrtkosten erstattet. [2]Die Regelungen des Absatzes 1, Sätze 2 bis 4 gelten entsprechend. [3]Die Sätze 1 und 2 gelten nicht, wenn aufgrund geringer Entfernung eine tägliche Rückkehr möglich und zumutbar ist oder der Aufenthalt am jeweiligen Ort der Ausbildungsstätte weniger als vier Wochen beträgt.

§ 12 Schutzkleidung, Ausbildungsmittel

(1) [1]Für Studierende mit einem Ausbildungsteil nach § 1 Absatz 1 Satz 3 Buchstabe a wird Schutzkleidung unentgeltlich zur Verfügung gestellt, soweit das Tragen von Schutzkleidung gesetzlich vorgeschrieben oder angeordnet ist. [2]Die Schutzkleidung bleibt Eigentum des Ausbildenden. [3]Der Ausbildende hat den Studierenden mit einem Ausbildungsteil nach § 1 Absatz 1 Satz 3 Buchstabe a kostenlos die Ausbildungsmittel zur Verfügung zu stellen, die für die Ausbildung im Rahmen des Ausbildungsteils und zum Ablegen von Zwischen- und Abschlussprüfungen im Rahmen des Ausbildungsteils erforderlich sind.

(2) [1]Studierende mit einem Ausbildungsteil nach § 1 Absatz 1 Satz 3 Buchstabe b, c oder d erhalten Schutzkleidung nach den Bestimmungen, die für die entsprechenden Beschäftigten des Ausbildenden maßgebend sind. [2]Der Ausbildende hat den Studierenden mit einem Ausbildungsteil nach § 1 Absatz 1 Satz 3 Buchstabe b, c oder d kostenlos die Ausbildungsmittel zur Verfügung zu stellen, die für die Ausbildung im Rahmen des Ausbildungsteils und zum Ablegen der staatlichen Prüfung im Rahmen des Ausbildungsteils erforderlich sind.

§ 13 Entgelt im Krankheitsfall

(1) Sind Studierende durch Arbeitsunfähigkeit infolge Krankheit ohne ihr Verschulden verhindert, ihre Verpflichtungen aus dem Ausbildungs- und Studienvertrag zu erfüllen, erhalten sie für die Zeit der Arbeitsunfähigkeit bis zu einer Dauer von sechs Wochen das Studienentgelt (§ 8 Absatz 1 beziehungsweise Absatz 2) fortgezahlt.

(2) Im Übrigen gilt das Entgeltfortzahlungsgesetz.

(3) [1]Hat die Studierende/der Studierende bei dem Ausbildenden einen Arbeitsunfall erlitten oder sich eine Berufskrankheit zugezogen, wird bei der jeweils ersten darauf beruhenden Arbeitsunfähigkeit nach Ablauf des Entgeltfortzahlungszeitraums von sechs Wochen ein Krankengeldzuschuss bis zum Ende der 26. Woche seit dem Beginn der Arbeitsunfähigkeit gezahlt. [2]Der Krankengeldzuschuss wird in Höhe des Unterschiedsbetrages zwischen den tatsächlichen Barleistungen des Sozialleistungsträgers und dem sich nach Absatz 1 ergebenden Nettoentgelt gezahlt. [3]Voraussetzung für die Zahlung des Krankengeldzuschusses ist, dass der zuständige Unfallversicherungsträger den Arbeitsunfall oder die Berufskrankheit anerkennt.

§ 14 Entgeltfortzahlung in anderen Fällen

(1) Studierenden ist das Studienentgelt (§ 8 Absatz 1) für insgesamt fünf Tage fortzuzahlen, um sich vor den in den Ausbildungsordnungen für den Ausbildungsteil vorgeschriebenen Abschlussprüfungen ohne Bindung an die planmäßige Ausbildung auf die Prüfung vorbereiten zu können; bei der Sechstagewoche besteht dieser Anspruch für sechs Ausbildungstage.

(2) Der Freistellungsanspruch nach Absatz 1 verkürzt sich um die Zeit, für die Studierende zur Vorbereitung auf die Abschlussprüfung besonders zusammengefasst werden; es besteht jedoch mindestens ein Anspruch auf zwei Ausbildungstage.

(3) Im Übrigen gelten für die Arbeitsbefreiung diejenigen Regelungen entsprechend, die für die Beschäftigten des Ausbildenden maßgebend sind.

§ 15 Vermögenswirksame Leistungen

(1) [1]Studierende erhalten im Tarifgebiet West eine vermögenswirksame Leistung in Höhe von 13,29 Euro monatlich und im Tarifgebiet Ost in Höhe von 6,65 Euro monatlich, wenn sie diesen Betrag nach Maßgabe des Vermögensbildungsgesetzes in seiner jeweiligen Fassung anlegen. [2]Der Anspruch auf vermögenswirksame Leistungen entsteht frühestens für den Kalendermonat, in dem dem Ausbildenden die erforderlichen Angaben mitgeteilt werden, und für die beiden vorangegangenen Monate desselben Kalenderjahres. [3]Die vermögenswirksamen Leistungen werden nur für Kalender-

monate gewährt, für die den Studierenden Studienentgelt nach § 8 Absatz 1 oder 2, Entgeltfortzahlung oder Krankengeldzuschuss zusteht. [4]Für Zeiten, für die Krankengeldzuschuss zusteht, sind die vermögenswirksamen Leistungen Teil des Krankengeldzuschusses.

(2) Die vermögenswirksamen Leistungen sind kein zusatzversorgungspflichtiges Entgelt.

§ 16 Jahressonderzahlung

(1) [1]Studierende, die am 1. Dezember in einem Ausbildungs- und Studienverhältnis stehen, haben Anspruch auf eine Jahressonderzahlung. [2]Diese beträgt bei Studierenden 95 v. H. des Studienentgelts nach § 8 Absatz 1 beziehungsweise 95 v. H. des Studienentgelts nach § 8 Absatz 2, das den Studierenden für November zusteht.

(2) [1]Der Anspruch ermäßigt sich um ein Zwölftel für jeden Kalendermonat, in dem Studierende keinen Anspruch auf Studienentgelt nach § 8 Absatz 1 beziehungsweise Absatz 2, Fortzahlung des Entgelts während des Erholungsurlaubs (§ 9) oder im Krankheitsfall (§ 13) haben. [2]Die Verminderung unterbleibt für Kalendermonate, für die Studierende wegen Beschäftigungsverboten nach § 3 Absätze 1 und 2 Mutterschutzgesetz kein Studienentgelt nach § 8 Absatz 1 beziehungsweise Absatz 2 erhalten haben. [3]Die Verminderung unterbleibt ferner für Kalendermonate der Inanspruchnahme der Elternzeit nach dem Bundeselterngeld- und Elternzeitgesetz bis zum Ende des Kalenderjahres, in dem das Kind geboren ist. [4]Voraussetzung ist, dass am Tag vor Antritt der Elternzeit Anspruch auf Entgelt oder auf Zuschuss zum Mutterschaftsgeld bestanden hat.

(3) [1]Die Jahressonderzahlung wird mit dem Studienentgelt für November ausgezahlt. [2]Ein Teilbetrag der Jahressonderzahlung kann zu einem früheren Zeitpunkt ausgezahlt werden.

(4) [1]Studierende, die im unmittelbaren Anschluss an das Studium von ihrem Ausbildenden in ein Arbeitsverhältnis übernommen werden und am 1. Dezember noch in diesem Arbeitsverhältnis stehen, erhalten zusammen mit der anteiligen Jahressonderzahlung aus dem Arbeitsverhältnis eine anteilige Jahressonderzahlung aus dem Ausbildungs- und Studienverhältnis. [2]Ist die Übernahme im Laufe eines Kalendermonats erfolgt, wird dieser Kalendermonat bei der anteiligen Jahressonderzahlung aus dem Arbeitsverhältnis berücksichtigt.

§ 17 Betriebliche Altersversorgung

[1]Die Studierenden haben Anspruch auf eine zusätzliche Alters- und Hinterbliebenenversorgung unter Eigenbeteiligung. [2]Einzelheiten bestimmt der Tarifvertrag über die betriebliche Altersversorgung der Beschäftigten

des öffentlichen Dienstes (Tarifvertrag Altersversorgung – ATV) in seiner jeweils geltenden Fassung.

Protokollerklärung zu § 17:
§ 17 gilt nicht für Studierende der Freien und Hansestadt Hamburg.

§ 18 Beendigung, Verkürzung und Verlängerung des Ausbildungs- und Studienverhältnisses

(1) Das Ausbildungs- und Studienverhältnis endet mit dem Ablauf der im Ausbildungs- und Studienvertrag vereinbarten Dauer (§ 2 Absatz 1 Satz 1 Buchstabe b); abweichende gesetzliche Regelungen bleiben unberührt.
(2) [1]Das Ausbildungs- und Studienverhältnis endet abweichend von Absatz 1:
a) bei wirksamer Kündigung (§ 3 Absätze 2 und 3) oder
b) bei Exmatrikulation durch die Hochschule nach der jeweiligen Studien- und Prüfungsordnung oder
c) bei endgültigem Nichtbestehen einer notwendigen Ausbildungsprüfung des Ausbildungsteils; dies gilt nicht, wenn sich im Falle des Nichtbestehens der Abschlussprüfung der Ausbildungsteil auf Verlangen der Studierenden bis zur nächstmöglichen Wiederholungsprüfung (höchstens um ein Jahr) verlängert oder die Abschlussprüfung ohne eigenes Verschulden des Studierenden erst nach beendeter Ausbildungszeit des Ausbildungsteils abgelegt wird (spätestens nach einem Jahr).

[2]Abweichende gesetzliche Regelungen bleiben unberührt.
(3) [1]Eine Verkürzung des Studienteils (Regelstudienzeit) kann in Abstimmung mit dem Ausbildenden beantragt werden, sofern eine Verkürzung nach der Studien- und Prüfungsordnung für das Studium zulässig ist und Vereinbarkeit mit dem gleichzeitig zu absolvierenden Ausbildungsteil gewährleistet ist. [2]Der Ausbildungs- und Studienvertrag ist entsprechend anzupassen. [3]Abweichende gesetzliche Regelungen bleiben unberührt.
(4) Beabsichtigt der Ausbildende keine Übernahme in ein Arbeitsverhältnis, hat er dies der Studierenden/dem Studierenden drei Monate vor dem voraussichtlichen Ende des Ausbildungs- und Studienverhältnisses schriftlich mitzuteilen.
(5) Werden Studierende im Anschluss an das Ausbildungs- und Studienverhältnis beschäftigt, ohne dass hierüber ausdrücklich etwas vereinbart worden ist, so gilt ein Arbeitsverhältnis auf unbestimmte Zeit als begründet.

§ 18a Übernahme von Studierenden

(1) Studierende, die ihre integrierte Ausbildung und ihr Studium jeweils mindestens mit der Gesamtnote »Befriedigend« abgeschlossen haben, wer-

den bei dienstlichem bzw. betrieblichem Bedarf im unmittelbaren Anschluss an das Ausbildungs- und Studienverhältnis in ein unbefristetes Arbeitsverhältnis übernommen, sofern nicht im Einzelfall personenbedingte, verhaltensbedingte, betriebsbedingte oder gesetzliche Gründe entgegenstehen; § 3 Absatz 1 Satz 2 TV-L gilt entsprechend.

(2) [1]Studierende, die ihre integrierte Ausbildung und ihr Studium nicht jeweils mindestens mit der Gesamtnote »Befriedigend« abgeschlossen haben, werden nach erfolgreichem Abschluss des Studiums bei dienstlichem bzw. betrieblichem Bedarf im unmittelbaren Anschluss an das Ausbildungs- und Studienverhältnis für die Dauer von zwölf Monaten in ein Arbeitsverhältnis übernommen, sofern nicht im Einzelfall personenbedingte, verhaltensbedingte, betriebsbedingte oder gesetzliche Gründe entgegenstehen; § 3 Absatz 1 Satz 2 TV-L gilt entsprechend. [2]Im Anschluss daran werden diese Beschäftigten bei entsprechender Bewährung in ein unbefristetes Arbeitsverhältnis übernommen.

(3) [1]Der dienstliche bzw. betriebliche Bedarf muss zum Zeitpunkt der Beendigung des Studiums nach Absatz 1 bzw. Absatz 2 Satz 1 vorliegen und setzt zudem eine freie und besetzbare Stelle bzw. einen freien und zu besetzenden Arbeitsplatz voraus, die/der eine dem Studium adäquate Beschäftigung auf Dauer ermöglicht. [2]Bei einer Auswahlentscheidung sind die Ergebnisse der Abschlüsse der integrierten Ausbildung und des Studiums sowie die persönliche Eignung zu berücksichtigen. [3]Bestehende Mitbestimmungsrechte bleiben unberührt.

Protokollerklärungen zu § 18a:

1. [1]Für die Prüfung des dienstlichen bzw. betrieblichen Bedarfs, einer freien und besetzbaren Stelle bzw. eines freien und zu besetzenden Arbeitsplatzes sowie der dem Studium adäquaten Beschäftigung ist auf die Ausbildungsdienststelle bzw. den Ausbildungsbetrieb abzustellen. [2]Steht in der Ausbildungsdienststelle bzw. dem Ausbildungsbetrieb keine Stelle bzw. kein Arbeitsplatz im Sinne des § 18a Absatz 3 Satz 1 zur Verfügung, wirkt die Ausbildungsdienststelle bzw. der Ausbildungsbetrieb auf eine Übernahme in eine andere Dienststelle bzw. einen anderen Betrieb des Arbeitgebers hin.
2. Besteht kein dienstlicher bzw. betrieblicher Bedarf für eine unbefristete Beschäftigung, ist eine befristete Beschäftigung außerhalb von § 18a möglich.

§ 19 Abschlussprämie

(1) [1]Bei Beendigung des Ausbildungsteils aufgrund erfolgreich abgelegter Abschlussprüfung beziehungsweise staatlicher Prüfung erhalten Studierende eine Abschlussprämie als Einmalzahlung in Höhe von 400 Euro. [2]Die Abschlussprämie ist kein zusatzversorgungspflichtiges Entgelt. [3]Sie ist nach Bestehen der Abschlussprüfung beziehungsweise der staatlichen Prüfung fällig.

(2) [1]Die Abschlussprämie wird nicht gezahlt, wenn der Ausbildungsteil nach erfolgloser Prüfung aufgrund einer Wiederholungsprüfung abgeschlossen wird. [2]Im Einzelfall kann der Ausbildende dennoch eine Abschlussprämie zahlen.

§ 20 Zeugnis

[1]Der Ausbildende hat den Studierenden bei Beendigung des Ausbildungsteils nach § 1 Absatz 1 Satz 3 Buchstabe a ein Zeugnis auszustellen. [2]Das Zeugnis muss Angaben über Art, Dauer und Ziel der Berufsausbildung sowie die erworbenen Fertigkeiten und Kenntnisse der Studierenden enthalten. [3]Auf Verlangen sind auch Angaben über Führung, Leistung und besondere fachliche Fähigkeiten aufzunehmen.

§ 21 Rückzahlungsgrundsätze

(1) Verpflichtet sich der Ausbildende, Studierende nach Beendigung ihres Studiums in ein Beschäftigungsverhältnis entsprechend ihrer mit dem Studium erworbenen Abschlussqualifikation zu übernehmen, sind die ehemals Studierenden verpflichtet, dort für die Dauer von fünf Jahren beruflich tätig zu sein (Bindungsdauer).

(2) Der vom Ausbildenden bis zur Beendigung oder bis zum Abbruch des Studiums gezahlte Betrag, bestehend aus der Studienzulage nach § 8 Absatz 1 Satz 1, dem Studienentgelt nach § 8 Absatz 2 sowie den übernommenen Studiengebühren nach § 8 Absatz 4, ist von den Studierenden oder den ehemals Studierenden zurückzuerstatten:

a) bei endgültigem Nichtbestehen einer notwendigen Ausbildungs- oder Studienprüfung, wenn die Erfolglosigkeit in den Verantwortungsbereich der Studierenden fällt, weil sie es schuldhaft unterlassen haben, den erfolgreichen Abschluss des Studiums im Rahmen des ihnen Möglichen zielstrebig zu verfolgen; dies gilt nicht in den Fällen des § 18 Absatz 2 Buchstabe c, 2. Halbsatz,
b) bei Beendigung des Studiums durch Kündigung vom Ausbildenden aus einem von den Studierenden zu vertretenden Grund oder durch eine Eigenkündigung der Studierenden nach Ende der Probezeit, die nicht durch einen wichtigen Grund gemäß § 626 BGB gerechtfertigt ist,
c) bei Ablehnung des Angebots, beim Ausbildenden im Anschluss an das erfolgreich bestandene Studium entsprechend der erworbenen Abschlussqualifikation ein Beschäftigungsverhältnis zu begründen oder
d) soweit das Beschäftigungsverhältnis, das beim Ausbildenden im Anschluss an das erfolgreich bestandene Studium entsprechend der erworbenen Abschlussqualifikation begründet wurde, aus einem von den

ehemals Studierenden zu vertretenden Grund innerhalb der ersten fünf Jahre seines Bestehens endet.

(3) Sofern berufspraktische Studienabschnitte beim Ausbildenden absolviert wurden, verringert sich der Rückzahlungsbetrag auf 75 v. H. des Gesamtbetrages nach Absatz 2.

(4) Der zurückzuerstattende Gesamtbetrag nach Absatz 2 beziehungsweise Absatz 3 wird für jeden vollen Monat, in dem nach Beendigung des Studiums ein Beschäftigungsverhältnis bestand, um 1/60 vermindert.

(5) [1]Die Rückzahlungspflicht in den Fällen des Absatzes 2 Buchstabe a oder b entfällt, wenn die Studierenden nach endgültigem Nichtbestehen der notwendigen Studienprüfung oder nach Kündigung infolge des Abbruchs des Studiums in ein Beschäftigungsverhältnis beim Ausbildenden entsprechend der mit der Ausbildung erworbenen Abschlussqualifikation übernommen werden und dieses Beschäftigungsverhältnis für die Bindungsdauer nach Satz 3 fortbesteht. [2]Die Rückzahlungspflicht entfällt nicht, wenn das Beschäftigungsverhältnis innerhalb der Bindungsdauer nach Satz 3 aus einem von der Beschäftigten/vom Beschäftigten zu vertretenden Grund endet. [3]Abweichend von Absatz 1 bemisst sich die Bindungsdauer nach der Dauer des Ausbildungs- und Studienverhältnisses, wobei jeder volle Monat des Ausbildungs- und Studienverhältnisses einem Monat Bindungsdauer entspricht. [4]Zur Berechnung des zurückzuerstattenden Betrages gilt Absatz 3; Absatz 4 ist sinngemäß anzuwenden.

(6) Auf die Rückzahlungspflicht kann ganz oder teilweise verzichtet werden, soweit sie für die Studierenden oder die ehemals Studierenden eine besondere Härte bedeuten würde.

§ 22 Ausschlussfrist

[1]Ansprüche aus dem Ausbildungs- und Studienverhältnis verfallen, wenn sie nicht innerhalb einer Ausschlussfrist von sechs Monaten nach Fälligkeit von den Studierenden oder vom Ausbildenden schriftlich geltend gemacht werden. [2]Für denselben Sachverhalt reicht die einmalige Geltendmachung des Anspruchs auch für später fällige Leistungen aus.

§ 23 Inkrafttreten, Laufzeit und Übergangsrecht

(1) Dieser Tarifvertrag tritt am 1. August 2020 in Kraft.

(1a) § 18a tritt mit Ablauf des 31. Oktober 2025 außer Kraft.

(2) Dieser Tarifvertrag kann mit einer Frist von drei Monaten zum Schluss eines Kalenderhalbjahres schriftlich gekündigt werden.

(3) Abweichend von Absatz 2 kann § 16 von jeder Tarifvertragspartei auf landesbezirklicher Ebene mit einer Frist von drei Monaten zum Schluss eines Kalenderjahres schriftlich gekündigt werden.

(4) Abweichend von Absatz 2 können ferner schriftlich gekündigt werden:

a) § 8 Absatz 1 Satz 2 und Absatz 2 mit einer Frist von einem Monat zum Schluss eines Kalendermonats, frühestens jedoch zum 31. Oktober 2025; eine Kündigung nach Absatz 2 erfasst nicht den § 8 Absatz 1 Satz 2 und Absatz 2,

b) § 19 mit einer Frist von einem Monat zum Schluss des Kalenderjahres.

J. Tarifvertrag über die Regelung der Arbeitsbedingungen der Praktikantinnen/Praktikanten der Länder (TV Prakt-L)

vom 9. Dezember 2011, in der Fassung des Änderungstarifvertrages Nr. 7 vom 9. Dezember 2023

§ 1 Geltungsbereich

(1) Dieser Tarifvertrag gilt für Praktikantinnen/Praktikanten für den Beruf

a) der Sozialarbeiterin/des Sozialarbeiters, der Sozialpädagogin/des Sozialpädagogen und der Heilpädagogin/des Heilpädagogen während der praktischen Tätigkeit, die nach Abschluss des Fachhochschulstudiums der staatlichen Anerkennung als Sozialarbeiterin/Sozialarbeiter, Sozialpädagogin/Sozialpädagoge oder Heilpädagogin/Heilpädagoge vorauszugehen hat,

b) der pharmazeutisch-technischen Assistentin/des pharmazeutisch-technischen Assistenten während der praktischen Tätigkeit nach § 11 Absatz 1 Satz 2 Nummer 4 des Gesetzes über den Beruf der pharmazeutisch-technischen Assistentin und des pharmazeutisch-technischen Assistenten (PTA-Berufsgesetz – PTAG) in der Neufassung vom 13. Januar 2020 (BGBl. I S. 66),

c) der Erzieherin/des Erziehers und der Kinderpflegerin/des Kinderpflegers während der praktischen Tätigkeit, die nach den geltenden Ausbildungsordnungen der staatlichen Anerkennung als Erzieherin/Erzieher oder Kinderpflegerin/Kinderpfleger vorauszugehen hat,

d) der Masseurin und medizinischen Bademeisterin/des Masseurs und medizinischen Bademeisters während der praktischen Tätigkeit nach § 7 des Gesetzes über die Berufe in der Physiotherapie (Masseur- und Physiotherapeutengesetz) vom 26. Mai 1994 (BGBl. I S. 1084),

die in einem Praktikantenverhältnis zu einem Arbeitgeber stehen, dessen Beschäftigte unter den Geltungsbereich des TV-L fallen.

(2) Dieser Tarifvertrag gilt nicht für Praktikantinnen/Praktikanten, deren praktische Tätigkeit in die schulische Ausbildung oder die Hochschulausbildung integriert ist.

(3) Für die Praktikantinnen und Praktikanten des Landes Berlin gelten einheitlich die Regelungen dieses Tarifvertrages für das Tarifgebiet West.

§2 Praktikantenvertrag, Nebenabreden

(1) Vor Beginn des Praktikantenverhältnisses ist ein schriftlicher Praktikantenvertrag zu schließen.
(2) [1]Nebenabreden sind nur wirksam, wenn sie schriftlich vereinbart werden. [2]Sie können gesondert gekündigt werden, soweit dies einzelvertraglich vereinbart ist.

§3 Probezeit

(1) Die Probezeit beträgt drei Monate.
(2) Während der Probezeit kann das Praktikantenverhältnis von beiden Seiten jederzeit ohne Einhalten einer Kündigungsfrist gekündigt werden.

§4 Ärztliche Untersuchungen

(1) [1]Die Praktikantinnen/Praktikanten können bei begründeter Veranlassung verpflichtet werden, durch ärztliche Bescheinigung nachzuweisen, dass sie in der Lage sind, die nach § 1 Absatz 1 erforderliche praktische Tätigkeit auszuüben. [2]Bei dem beauftragten Arzt kann es sich um einen Betriebsarzt, Personalarzt oder Amtsarzt handeln, soweit sich die Betriebsparteien nicht auf einen anderen Arzt geeinigt haben. [3]Die Kosten dieser Untersuchung trägt der Arbeitgeber.
(2) Praktikantinnen/Praktikanten, die besonderen Ansteckungsgefahren ausgesetzt oder mit gesundheitsgefährdenden Tätigkeiten beschäftigt sind, sind auf ihren Antrag bei Beendigung des Praktikantenverhältnisses ärztlich zu untersuchen.

§5 Schweigepflicht, Nebentätigkeiten, Haftung, Schutzkleidung

(1) Praktikantinnen/Praktikanten haben in demselben Umfang Verschwiegenheit zu wahren wie die Beschäftigten des Arbeitgebers.
(2) [1]Nebentätigkeit gegen Entgelt haben Praktikantinnen/Praktikanten ihrem Arbeitgeber rechtzeitig vorher schriftlich anzuzeigen. [2]Der Arbeitgeber kann die Nebentätigkeit untersagen oder mit Auflagen versehen, wenn diese geeignet ist, die nach § 1 Absatz 1 erforderliche praktische Tätigkeit der Praktikantinnen/Praktikanten oder berechtigte Interessen des Arbeitgebers zu beeinträchtigen.
(3) [1]Die Praktikantinnen/Praktikanten dürfen von Dritten Belohnungen, Geschenke, Provisionen oder sonstige Vergütungen mit Bezug auf ihre Tätigkeit nicht annehmen. [2]Ausnahmen sind nur mit Zustimmung des Arbeitgebers möglich. [3]Werden ihnen derartige Vergünstigungen angeboten, haben sie dies dem Arbeitgeber unverzüglich anzuzeigen.

(4) Für die Schadenshaftung der Praktikantinnen/Praktikanten finden die Bestimmungen, die für die Beamten des jeweiligen Landes gelten, entsprechende Anwendung.
(5) Soweit das Tragen von Schutzkleidung gesetzlich vorgeschrieben oder angeordnet ist, wird sie unentgeltlich zur Verfügung gestellt und bleibt Eigentum des Arbeitgebers.

§ 6 Personalakten

[1]Die Praktikantinnen/Praktikanten haben ein Recht auf Einsicht in ihre vollständigen Personalakten. [2]Sie können das Recht auf Einsicht durch eine/n hierzu schriftlich Bevollmächtigte/n ausüben lassen. [3]Sie können Abzüge oder Kopien aus ihren Personalakten erhalten. [4]Die Praktikantinnen/Praktikanten müssen über Beschwerden und Behauptungen tatsächlicher Art, die für sie ungünstig sind oder ihnen nachteilig werden können, vor Aufnahme in die Personalakten gehört werden. [5]Ihre Äußerung ist zu den Personalakten zu nehmen.

§ 7 Wöchentliche und tägliche Arbeitszeit

Die durchschnittliche regelmäßige wöchentliche Arbeitszeit und die tägliche Arbeitszeit der Praktikantinnen/Praktikanten richten sich nach den Bestimmungen, die für die Arbeitszeit der bei dem Arbeitgeber in dem künftigen Beruf der Praktikantinnen/Praktikanten Beschäftigten gelten.

§ 8 Entgelt

(1) Das monatliche Entgelt beträgt für Praktikantinnen/Praktikanten für den Beruf

- der Sozialarbeiterin/des Sozialarbeiters,
  der Sozialpädagogin/des Sozialpädagogen,
  der Heilpädagogin/des Heilpädagogen
  vom 1. Oktober 2023 bis 31. Oktober 2024 1903,54 Euro,
  vom 1. November 2024 bis 31. Januar 2025 2003,54 Euro,
  ab 1. Februar 2025 2053,54 Euro,
- der pharmazeutisch-technischen Assistentin/
  des pharmazeutisch-technischen Assistenten,
  der Erzieherin/des Erziehers
  vom 1. Oktober 2023 bis 31. Oktober 2024 1678,26 Euro,
  vom 1. November 2024 bis 31. Januar 2025 1778,26 Euro,
  ab 1. Februar 2025 1828,26 Euro,

– der Kinderpflegerin/des Kinderpflegers, der Masseurin und medizinischen Bademeisterin/ des Masseurs und medizinischen Bademeisters,

vom 1. Oktober 2023 bis 31. Oktober 2024	1621,31 Euro,
vom 1. November 2024 bis 31. Januar 2025	1721,31 Euro,
ab 1. Februar 2025	1771,31 Euro.

(2) Für die Berechnung und Auszahlung des Entgelts gilt § 24 TV-L entsprechend.

§ 9 Sonstige Entgeltgruppen

(1) [1]Für die praktische Tätigkeit an Samstagen, Sonntagen, Feiertagen, am 24. Dezember und am 31. Dezember, für den Bereitschaftsdienst und die Rufbereitschaft, für die Überstunden und für die Zeitzuschläge gelten die für die Beschäftigung des Arbeitgebers geltenden Regelungen sinngemäß. [2]Dabei gilt als Stundenanteil des Tabellenentgelts im Sinne des § 8 Absatz 1 Satz 2 TV-L der auf eine Stunde entfallende Anteil des Entgelts (§ 8 Absatz 1). [3]Zur Ermittlung dieses Anteils ist das jeweilige Entgelt durch das 4,348fache der durchschnittlichen regelmäßigen wöchentlichen Arbeitszeit (§ 7) zu teilen.

(2) Soweit Beschäftigten im Sinne von § 38 Absatz 5 Satz 1 TV-L gemäß § 19 Absatz 5 Satz 2 TV-L in Verbindung mit § 33 Absatz 1 Buchstabe c und Absatz 6 BAT/BAT-O eine Zulage zusteht, erhalten Praktikantinnen/ Praktikanten unter denselben Voraussetzungen die entsprechende Zulage in voller Höhe.

(3) Soweit Beschäftigten, die im Heimerziehungsdienst tätig sind, eine Zulage nach der Anlage A zum TV-L zusteht, erhalten Praktikantinnen und Praktikanten unter denselben Voraussetzungen die entsprechende Zulage in voller Höhe.

(4) Soweit Beschäftigten gemäß § 8 Absatz 7 bzw. 8 TV-L eine Wechselschicht- bzw. Schichtzulage zusteht, erhalten Praktikantinnen und Praktikanten unter denselben Voraussetzungen 75 v. H. des entsprechenden Zulagenbetrages.

(5) [1]Falls im Rahmen des Praktikantenvertrages eine Vereinbarung über die Gewährung einer Personalunterkunft getroffen wird, ist dies in einer gesondert kündbaren Nebenabrede (§ 2 Absatz 2) festzulegen. [2]Der Wert der Personalunterkunft wird im Tarifgebiet West nach dem Tarifvertrag über die Bewertung der Personalunterkünfte für Angestellte vom 16. März 1974 in der jeweils geltenden Fassung auf das Entgelt (§ 8 Absatz 1) mit der Maßgabe angerechnet, dass der nach § 3 Absatz 1 Unterabsatz 1 des genannten Tarifvertrages maßgebende Quadratmetersatz um 15 v. H. zu kürzen ist. [3]Sachbezüge sind in Höhe der durch Rechtsverordnung nach § 17 Absatz 1 Satz 1

Nr. 4 SGB IV bestimmten Werte anzurechnen. [4]Kann die Praktikantin/der Praktikant während der Zeit, für die nach §§ 10, 11 und 12 Bezüge zustehen, Sachbezüge aus berechtigtem Grund nicht annehmen, sind diese nach den Sachbezugswerten abzugelten.

§ 10 Urlaub

[1]Praktikantinnen/Praktikanten erhalten Erholungsurlaub in entsprechender Anwendung der für die Beschäftigten des Arbeitgebers geltenden Regelungen. [2]Während des Erholungsurlaubs wird das Entgelt (§ 8 Absatz 1) fortgezahlt.

§ 11 Entgelt im Krankheitsfall

(1) [1]Werden Praktikantinnen/Praktikanten durch Arbeitsunfähigkeit infolge Krankheit ohne ihr Verschulden verhindert, die nach § 1 Absatz 1 erforderliche praktische Tätigkeit auszuüben, erhalten sie für die Zeit der Arbeitsunfähigkeit bis zu einer Dauer von sechs Wochen das Entgelt (§ 8 Absatz 1) in entsprechender Anwendung der für die Beschäftigten des Arbeitgebers geltenden Regelungen fortgezahlt. [2]Im Übrigen gilt das Entgeltfortzahlungsgesetz.

(2) [1]Bei der jeweils ersten Arbeitsunfähigkeit, die durch einen bei dem Arbeitgeber erlittenen Arbeitsunfall oder durch eine bei dem Arbeitgeber zugezogene Berufskrankheit verursacht ist, erhält die Praktikantin/der Praktikant nach Ablauf des nach Absatz 1 maßgebenden Zeitraums bis zum Ende der 26. Woche seit dem Beginn der Arbeitsunfähigkeit einen Krankengeldzuschuss. [2]Der Krankengeldzuschuss wird in Höhe des Unterschiedsbetrages zwischen den tatsächlichen Barleistungen des Sozialversicherungsträgers und dem sich nach Absatz 1 ergebenden Nettoentgelt gezahlt. [3]Voraussetzung für die Zahlung des Krankengeldzuschusses ist, dass der zuständige Unfallversicherungsträger den Arbeitsunfall oder die Berufskrankheit anerkennt.

§ 12 Entgeltfortzahlung in anderen Fällen

Praktikantinnen/Praktikanten haben Anspruch auf Arbeitsbefreiung unter Fortzahlung ihres Entgelts (§ 8 Absatz 1) unter denselben Voraussetzungen wie die Beschäftigten des Arbeitgebers.

§ 13 Vermögenswirksame Leistungen

Praktikantinnen/Praktikanten haben unter denselben Voraussetzungen wie die Beschäftigten des Arbeitgebers Anspruch auf eine vermögenswirksame Leistung in Höhe von 13,29 Euro monatlich.

§ 14 Jahressonderzahlung

(1) [1]Praktikantinnen/Praktikanten, die am 1. Dezember in einem Praktikantenverhältnis stehen, haben Anspruch auf eine Jahressonderzahlung. [2]Diese beträgt 95 v. H. des Entgelts (§ 8 Absatz 1), das den Praktikantinnen/Praktikanten für November zusteht.

(2) [1]Der Anspruch ermäßigt sich um ein Zwölftel für jeden Kalendermonat, in dem Praktikantinnen/Praktikanten keinen Anspruch auf Entgelt (§ 8 Absatz 1), Fortzahlung des Entgelts während des Erholungsurlaub (§ 10) oder im Krankheitsfall (§ 11) haben. [2]Die Verminderung unterbleibt für Kalendermonate, für die Praktikantinnen wegen Beschäftigungsverboten nach § 3 Absätze 1 und 2 des Mutterschutzgesetzes kein Entgelt erhalten haben. [3]Sie unterbleibt ferner für Kalendermonate der Inanspruchnahme der Elternzeit nach dem Bundeselterngeld- und Elternzeitgesetz (BEEG) bis zum Ende des Kalenderjahres, in dem das Kind geboren ist, wenn am Tag vor Antritt der Elternzeit Anspruch auf Entgelt oder auf Zuschuss zum Mutterschaftsgeld bestanden hat.

(3) Die Jahressonderzahlung wird mit dem für November zustehenden Entgelt ausgezahlt.

(4) [1]Praktikantinnen/Praktikanten, die im unmittelbaren Anschluss an das Praktikantenverhältnis von ihrem Arbeitgeber in ein Arbeitsverhältnis übernommen werden und am 1. Dezember noch in diesem Arbeitsverhältnis stehen, erhalten zusammen mit der anteiligen Jahressonderzahlung aus dem Arbeitsverhältnis eine anteilige Jahressonderzahlung aus dem Praktikantenverhältnis. [2]Erfolgt die Übernahme im Laufe eines Kalendermonats, wird für diesen Monat nur die anteilige Jahressonderzahlung aus dem Arbeitsverhältnis gezahlt.

§ 15 Beendigung des Praktikantenverhältnisses

(1) Das Praktikantenverhältnis endet mit dem im Praktikantenvertrag vereinbarten Zeitpunkt, ohne dass es einer Kündigung bedarf.

(2) Nach der Probezeit (§ 3) kann das Praktikantenverhältnis unbeschadet der gesetzlichen Kündigungsgründe nur gekündigt werden

a) aus einem sonstigen wichtigen Grund ohne Einhalten einer Kündigungsfrist,

b) von der Praktikantin/dem Praktikanten mit einer Kündigungsfrist von vier Wochen.

§ 16 Zeugnis

[1]Der Arbeitgeber hat den Praktikantinnen/Praktikanten bei Beendigung des Praktikantenverhältnisses ein Zeugnis auszustellen. [2]Das Zeugnis muss An-

gaben über Art, Dauer und Ziel des Praktikums sowie über die erworbenen Fertigkeiten und Kenntnisse enthalten. [3]Auf Verlangen der Praktikantinnen/Praktikanten sind auch Angaben über Führung, Leistung und besondere fachliche Fähigkeiten aufzunehmen.

§ 17 Ausschlussfrist

[1]Ansprüche aus dem Praktikantenverhältnis verfallen, wenn sie nicht innerhalb einer Ausschlussfrist von sechs Monaten nach Fälligkeit von der Praktikantin/dem Praktikanten oder vom Arbeitgeber schriftlich geltend gemacht werden. [2]Für denselben Sachverhalt reicht die einmalige Geltendmachung des Anspruchs auch für später fällig werdende Leistungen aus.

§ 18 Inkrafttreten, Laufzeit

(1) Dieser Tarifvertrag tritt am 1. Januar 2012 in Kraft.

(2) Dieser Tarifvertrag kann mit einer Frist von drei Monaten zum Ende eines Kalenderhalbjahres schriftlich gekündigt werden.

(3) Abweichend von Absatz 2 kann § 8 Absatz 1 mit einer Frist von einem Monat zum Ende eines Kalendermonats, frühestens jedoch zum 31. Oktober 2025, schriftlich gekündigt werden; eine Kündigung nach Absatz 2 erfasst nicht den § 8 Absatz 1.

(4) Abweichend von Absatz 2 kann § 14 von jeder Tarifvertragspartei auf landesbezirklicher Ebene mit einer Frist von drei Monaten zum 31. Dezember eines Kalenderjahres schriftlich gekündigt werden.

(5) Dieser Tarifvertrag ersetzt für den Bereich der Tarifgemeinschaft deutscher Länder mit Wirkung vom 1. Januar 2012 die in der Anlage aufgeführten Tarifverträge.

Anlage
(zu § 18 Absatz 5)

1. Tarifvertrag über die vorläufige Weitergeltung der Regelungen für die Praktikantinnen/Praktikanten vom 12. Oktober 2006 in der Fassung des Änderungstarifvertrages Nr. 2 vom 10. März 2011.
2. Tarifvertrag über die Regelung der Arbeitsbedingungen der Praktikantinnen/Praktikanten (TV Prakt) vom 22. März 1991.
3. Tarifvertrag über die Regelung der Arbeitsbedingungen der Praktikantinnen/Praktikanten (TV Prakt-O) vom 5. März 1991.
4. Tarifvertrag über eine Zuwendung für Praktikantinnen (Praktikanten) vom 12. Oktober 1973.

5. Tarifvertrag über eine Zuwendung für Praktikantinnen/Praktikanten (TV Zuwendung Prakt-O) vom 5. März 1991.
6. Tarifvertrag über vermögenswirksame Leistungen an Auszubildende vom 17. Dezember 1970.
7. Tarifvertrag über vermögenswirksame Leistungen an Auszubildende (TV VL Azubi-O) vom 8. Mai 1991.

Schuldrechtliche Vereinbarung zu den Arbeitsbedingungen der Studentischen Beschäftigten (Hilfskräfte)

IX. Studentische Hilfskräfte der Tarifeinigung in den Tarifverhandlungen für die Beschäftigten der Länder vom 9. Dezember 2023

1. Zur Regelung der Arbeitsbedingungen der studentischen Beschäftigten vereinbaren die Tarifvertragsparteien die nachstehende schuldrechtliche Vereinbarung:

a) Mindestvertragslaufzeit
Die Beschäftigungsverhältnisse werden in der Regel für ein Jahr begründet; in begründeten Fällen können kürzere oder längere Zeiträume vereinbart werden.

b) Mindestentgelt

aa) Das Stundenentgelt studentischer Beschäftigter (ohne Abschluss) beträgt für jede arbeitsvertraglich vereinbarte Stunde ab dem Sommersemester 2024 mindestens 13,25 Euro.

bb) Das Stundenentgelt studentischer Beschäftigter (ohne Abschluss) beträgt für jede arbeitsvertraglich vereinbarte Stunde ab dem Sommersemester 2025 mindestens 13,98 Euro.

cc) Die Tarifvertragsparteien werden in der nächsten Tarifrunde erneut u. a. über die Anpassung der Mindestentgelte verhandeln.

2. Inkrafttreten dieses Abschnitts IX am 1. April 2024

K. Tarifvertrag über die Eingruppierung und die Entgeltordnung für die Lehrkräfte der Länder (TV EntgO-L)

vom 28. März 2015, in der Fassung des Änderungstarifvertrages Nr. 3 vom 2. März 2019

Präambel

[1]Die Tarifvertragsparteien bekennen sich zum hohen gesellschaftlichen Wert der schulischen Bildung und Erziehung. 2Zur Gewährleistung der bestehenden hohen Unterrichtsqualität in den Ländern halten sie auch für die tarifvertraglich beschäftigten Lehrkräfte grundsätzlich eine vollständige Lehrerausbildung, die auch den erfolgreich abgeschlossenen Vorbereitungsdienst einschließt, für erforderlich.

Abschnitt I
Allgemeine Vorschriften

§ 1 Geltungsbereich

Dieser Tarifvertrag gilt für Lehrkräfte an allgemeinbildenden und berufsbildenden Schulen, die unter den Geltungsbereich des § 44 Tarifvertrag für den öffentlichen Dienst der Länder (TV-L) fallen.

§ 2 Maßgaben zum TV-L und zum TVÜ-Länder

(1) Für die Eingruppierung der Lehrkräfte gilt der TV-L mit den Maßgaben in Abschnitt II.

(2) Für die Überleitung der am 31. Juli 2015 vorhandenen Lehrkräfte in die Entgeltordnung Lehrkräfte (Anlage zum TV-EntgO-L) gilt der Tarifvertrag zur Überleitung der Beschäftigten in den TV-L und zur Regelung des Übergangsrechts (TVÜ-Länder) mit den Maßgaben in Abschnitt III.

Abschnitt II
Maßgaben zum TV-L

§ 3 Maßgabe zu § 12 TV-L – Eingruppierung –

§ 12 TV-L gilt in folgender Fassung:

»§ 12 Eingruppierung

(1). [1]Die Eingruppierung der Lehrkraft richtet sich nach den Eingruppierungsregelungen der Entgeltordnung Lehrkräfte (Anlage zum TV EntgO-L). [2]Die Lehrkraft erhält Entgelt nach der Entgeltgruppe, in der sie eingruppiert ist. [3]Die Lehrkraft ist in der Entgeltgruppe eingruppiert, die sich für die gesamte von ihr nicht nur vorübergehend ausgeübte Tätigkeit aus den Eingruppierungsregelungen ergibt.
(2) Die Entgeltgruppe der Lehrkraft ist im Arbeitsvertrag anzugeben.«

§ 4 Maßgabe zu § 13 TV-L – Eingruppierung in besonderen Fällen –

§ 13 TV-L findet keine Anwendung.

§ 5 Maßgabe zu § 14 TV-L – Vorübergehende Übertragung einer höherwertigen Tätigkeit –

§ 14 TV-L gilt in folgender Fassung:

»§ 14 Vorübergehende Übertragung einer höherwertigen Tätigkeit

(1) Wird einer unter Abschnitt 1, Abschnitt 2 Ziffer 1 oder Abschnitt 5 Ziffer 1 der Entgeltordnung Lehrkräfte (Anlage zum TV EntgO-L) fallenden Lehrkraft vorübergehend eine Tätigkeit übertragen, die einer höheren Entgeltgruppe zugeordnet ist, erhält sie eine persönliche Zulage, wenn die Voraussetzungen – stünde sie im Beamtenverhältnis – für die Zahlung einer Zulage nach dem beim Arbeitgeber geltenden Besoldungsrecht bei vorübergehender Übertragung der Aufgaben eines höherwertigen Amtes erfüllt wären.
(2) Die persönliche Zulage bemisst sich aus dem Unterschiedsbetrag zu dem Betrag, der sich für die Lehrkraft bei dauerhafter Übertragung nach § 17 Absatz 4 Satz 1 bis 3 ergeben hätte.«

§ 6 Maßgaben zu § 16 TV-L – Stufen der Entgelttabelle –

(1) § 16 Absatz 1 Satz 2 TV-L und § 16 Absatz 3 Satz 2 TV-L gelten mit der Maßgabe, dass Entgeltordnung im Sinne der Vorschrift die Entgeltordnung Lehrkräfte (Anlage zum TV EntgO-L) ist.

(2) § 16 Absätze 2 und 3 gelten mit folgenden Maßgaben:

1. Bei Anwendung des § 16 Absatz 2 Satz 2 TV-L gilt
   [1]Für ab 1. April 2011 neu zu begründende Arbeitsverhältnisse von Lehrkräften werden im Rahmen des § 16 Absatz 2 Satz 2 TV-L Zeiten einschlägiger Berufserfahrung aus mehreren Arbeitsverhältnissen zum selben Arbeitgeber, zuzüglich einer einmaligen Berücksichtigung der nach Ziffer 4 Satz 1 angerechneten Zeit des Referendariats oder Vorbereitungsdienstes, zusammengerechnet. [2]Die Nr. 3 der Protokollerklärungen zu § 16 Absatz 2 TV-L bleibt unberührt.
2. *(gestrichen)*
3. Für ab 1. August 2015 neu zu begründende Arbeitsverhältnisse von Lehrkräften im Sinne von Abschnitt 2 Ziffer 1 der Entgeltordnung Lehrkräfte (Anlage zum TV EntgO-L) gilt § 16 Absatz 2 Satz 3 TV-L in folgender Fassung:
   »Ist die einschlägige Berufserfahrung von mindestens zwei Jahren in einem Arbeitsverhältnis zu einem anderen Arbeitgeber erworben worden, erfolgt die Einstellung in die Stufe 2, beziehungsweise – bei Vorliegen einer einschlägigen Berufserfahrung von mindestens sieben Jahren – in Stufe 3.«
4. Bei Anwendung des § 16 Absatz 3 Satz 1 TV-L gilt:
   [1]Für ab 1. März 2009 neu zu begründende Arbeitsverhältnisse von Lehrkräften wird die zur Vorbereitung auf den Lehrerberuf abgeleistete Zeit des Referendariats oder des Vorbereitungsdienstes im Umfang von sechs Monaten auf die Stufenlaufzeit der Stufe 1 angerechnet. [2]Für ab 1. August 2015 neu zu begründende Arbeitsverhältnisse von Lehrkräften im Sinne von Abschnitt 2 Ziffer 1 der Entgeltordnung Lehrkräfte (Anlage zum TV EntgO-L) beträgt die Stufenlaufzeit in Stufe 1 zwei Jahre und in Stufe 2 fünf Jahre.

§ 7 Maßgabe zu § 17 TV-L – Allgemeine Regelung zu den Stufen –

Die Protokollerklärung zu § 17 Absatz 4 Satz 1 2. Halbsatz TV-L gilt in folgender Fassung:

»Protokollerklärung zu § 17 Absatz 4 Satz 1 2. Halbsatz:
[1]Für nachstehend aufgeführte Lehrkräfte im Sinne der Entgeltordnung Lehrkräfte (Anlage zum TV EntgO-L) gelten folgende Höhergruppierungen nicht als »Eingruppierung über mehr als eine Entgeltgruppe«:

- Lehrkräfte nach Abschnitt 1 von der Entgeltgruppe 11 in die Entgeltgruppe 13,
- Lehrkräfte nach Abschnitt 2 Ziffer 1 von der Entgeltgruppe 11 in die Entgeltgruppe 13,
- Lehrkräfte nach Abschnitt 2 Ziffer 2 von der Entgeltgruppe 10 in die Entgeltgruppe 12,
- Lehrkräfte nach Abschnitt 5 Ziffer 1 von der Entgeltgruppe 11 in die Entgeltgruppe 13.

[2]Satz 1 findet keine Anwendung bei einer Höhergruppierung, die aufgrund des Inkrafttretens der Entgeltordnung Lehrkräfte auf Antrag gemäß § 29a Absatz 3 und 4 TVÜ-Länder in der Fassung des § 11 TV EntgO-L erfolgt. [3]Hat die Lehrkraft nach der Überleitung in die Entgeltordnung Lehrkräfte einen Antrag nach § 29a Absatz 3 TVÜ-Länder in der Fassung des § 11 TV EntgO-L nicht gestellt, gilt im Falle einer späteren Höhergruppierung die bisherige Entgeltgruppe (Protokollerklärung zu § 29a Absatz 2 Satz 1 und 2 TVÜ-Länder in der Fassung des § 11 TV EntgO-L) als Entgeltgruppe nach Satz 1, von der aus die Höhergruppierung erfolgt.«

§ 8 (gestrichen)

Abschnitt III
Maßgaben zum TVÜ-Länder

§ 9 Maßgabe zu § 12 TVÜ-Länder – Strukturausgleich –

§ 12 Absatz 5 TVÜ-Länder gilt in folgender Fassung:

»(5) [1]Bei Höhergruppierungen wird der Unterschiedsbetrag zum bisherigen Entgelt auf den Strukturausgleich angerechnet. [2]Dies gilt auch, wenn die Höhergruppierung aufgrund der Überleitung von Beschäftigten in die Entgeltordnung Lehrkräfte (Anlage zum TV EntgO-L) gemäß § 29a Absatz 3 erfolgt. [3]Für Lehrkräfte in einer der Entgeltgruppen 9a bis 15 (Anlage B zum TV-L) sowie 13 Ü (§ 19 TVÜ-Länder) wird bei Erreichen der Stufe 6 auch der Unterschiedsbetrag zwischen Stufe 5 und Stufe 6 in den Strukturausgleich angerechnet.«

§ 10 Maßgaben zu § 17 TVÜ-Länder – Eingruppierung –

(1) § 17 Absatz 1 TVÜ-Länder gilt in folgender Fassung:

»(1) [1]Die Nr. 5 der Vorbemerkungen zu allen Vergütungsgruppen der Anlage 1a zum BAT/BAT-O sowie § 2 Nr. 3 des Änderungstarifvertrages Nr. 1 zum BAT-O vom 8. Mai 1991 gelten über den 31. Oktober 2006 hinaus bis zum 31. Dezember 2011 fort. [2]Für Beschäftigte, die unter § 2 Nr. 3 des Änderungstarifvertrages Nr. 1 zum BAT-O vom 8. Mai 1991 fallen, gelten die entsprechenden Vorschriften des Satzes 1 auch über den 31. Dezember 2011 hinaus bis zum 31. Juli 2015 fort.«

(2) § 17 Absatz 3 TVÜ-Länder gilt nicht.

(3) § 17 Absatz 7 TVÜ-Länder gilt in folgender Fassung:

»(7) [1]Für Eingruppierungen ab dem 1. November 2006 bis zum 31. Dezember 2011 werden die Vergütungsgruppen der Allgemeinen Vergütungsordnung (Anlage 1a zum BAT) gemäß Anlage 4 den Entgeltgruppen des TV-L zugeordnet. [2]Für Lehrkräfte, die unter den Geltungsbereich des § 44 TV-L und unter § 2 Nr. 3 des Änderungstarifvertrages Nr. 1 zum BAT-O vom 8. Mai 1991 fallen, gilt Satz 1 für Eingruppierungen in der Zeit vom 1. Januar 2012 bis zum 31. Juli 2015 fort. [3]In den Fällen des § 16 Absatz 2a TV-L kann die Eingruppierung auch über den 31. Juli 2015 hinaus unter Anwendung der Anlage 2 in die im unmittelbar vorhergehenden Arbeitsverhältnis gemäß § 4 Absatz 1 in Verbindung mit Anlage 2, § 8 Absatz 1 und 3, oder durch vergleichbare Regelungen erworbene Entgeltgruppe erfolgen, sofern das unmittelbar vorhergehende Arbeitsverhältnis vor dem 1. November 2006 begründet worden ist und derselben Ausgangsvergütungsgruppe zugeordnet war; im vorhergehenden Arbeitsverhältnis noch nicht vollzogene Bewährungs-, Tätigkeits- oder Zeitaufstiege werden in dem neuen Arbeitsverhältnis nicht weitergeführt.

Protokollerklärung zu § 17 Absatz 7 Satz 1:
Für das Land Berlin tritt an die Stelle des Datums »1. November 2006« das Datum »1. September 2008«.

§ 11 Maßgabe zu § 29a TVÜ-Länder – Überleitung in die Entgeltordnung zum TV-L am 1. Januar 2012 –

§ 29a TVÜ-Länder gilt in folgender Fassung:

»§ 29a Überleitung der Lehrkräfte in die Entgeltordnung Lehrkräfte (Anlage zum TV EntgO-L) am 1. August 2015

(1) [1]Für in den TV-L übergeleitete und für zwischen dem 1. November 2006 und dem 31. Juli 2015 neu eingestellte Lehrkräfte gelten für Eingruppierungen ab dem 1. August 2015 der § 12 TV-L in der Fassung des § 3 TV EntgO-L sowie die Entgeltordnung Lehrkräfte (Anlage zum TV EntgO-L). [2]Hängt die Eingruppierung nach Satz 1 von der Zeit einer Tätigkeit oder Berufsausübung ab, wird die vor dem 1. August 2015 zurückgelegte Zeit so berücksichtigt, wie sie zu berücksichtigen wäre, wenn die Entgeltordnung Lehrkräfte (Anlage zum TV EntgO-L) bereits seit dem Beginn des Arbeitsverhältnisses gegolten hätte.

(2) [1]In den TV-L übergeleitete und ab dem 1. November 2006 neu eingestellte Lehrkräfte,

- deren Arbeitsverhältnis zu einem Arbeitgeber, der Mitglied der TdL oder eines Mitgliedsverbandes der TdL ist, über den 31. Juli 2015 hinaus fortbesteht, und
- die am 1. August 2015 unter den Geltungsbereich des § 44 TV-L fallen,

sind – jedoch unter Beibehaltung der bisherigen Entgeltgruppe für die Dauer der unverändert auszuübenden Tätigkeit – zum 1. August 2015 in die Entgeltordnung Lehrkräfte (Anlage zum TV EntgO-L) übergeleitet; Absatz 3 bleibt unberührt. [2]Soweit an die Tätigkeit in der bisherigen Entgeltgruppe in Abweichung von § 16 Absatz 1 Satz 1 und Absatz 3 Satz 1 TV-L besondere Stufenregelungen geknüpft waren, gelten diese für die Dauer der unverändert auszuübenden Tätigkeit fort. [3]Soweit an die Tätigkeit in der bisherigen Entgeltgruppe eine Zulage geknüpft war, wird diese weitergewährt, solange die anspruchsbegründende Tätigkeit unverändert ausgeübt wird und die sonstigen Voraussetzungen für die Zulage erfüllt sind.

Protokollerklärung zu § 29a Absatz 2 Satz 1 und 2:

[1]Bisherige Entgeltgruppe ist die Entgeltgruppe, die sich aufgrund der Regelungen in

- den Lehrer-Richtlinien der TdL,
- § 2 Nr. 3 des Änderungstarifvertrages Nr. 1 zum BAT-O vom 8. Mai 1991 i.V.m. den Lehrer-Richtlinien-O der TdL oder
- landesspezifischen Eingruppierungsregelungen

ergibt, die am 31. Juli 2015 auf das Arbeitsverhältnis der Lehrkraft anzuwenden sind. [2]Die vorläufige Zuordnung zu der Entgeltgruppe des TV-L nach der Anlage 2 oder 4 gilt als Eingruppierung. [3]Eine Überprüfung und Neufeststellung der Eingruppierungen findet aufgrund der Überleitung in die Entgeltordnung Lehrkräfte (Anlage zum TV EntgO-L) nicht statt.

Protokollerklärung zu § 29a Absatz 2 Satz 3:

Die Höhe der jeweiligen Zulage entspricht der Höhe der vergleichbaren Zulage nach dem beim Arbeitgeber geltenden Besoldungsrecht.

(3) [1]Ergibt sich in den Fällen des Absatzes 2 Satz 1 nach der Entgeltordnung Lehrkräfte (Anlage zum TV EntgO-L) eine höhere Entgeltgruppe, sind die Lehrkräfte auf Antrag in die Entgeltgruppe eingruppiert, die sich nach § 12 TV-L in der Fassung des § 3 TV EntgO-L ergibt. [2]Die Stufenzuordnung in der höheren Entgeltgruppe richtet sich nach den Regelungen für Höhergruppierungen (§ 17 Absatz 4 TV-L in der Fassung des § 7 TV EntgO-L). [3]War die Lehrkraft in der bisherigen Entgeltgruppe der Stufe 1 zugeordnet, wird sie abweichend von Satz 2 der Stufe 1 der höheren Entgeltgruppe zugeordnet; die bisher in Stufe 1 verbrachte Zeit wird angerechnet. [4]Satz 1 gilt für den erstmaligen Anspruch auf eine Entgeltgruppenzulage entsprechend. [5]Satz 1 gilt für den Anspruch auf die Angleichungszulage (Anhang 1 zur Anlage zum TV EntgO-L) entsprechend.

Protokollerklärung zu § 29a Absatz 3 Satz 1:
Die Regelung gilt auch im Falle des Wechsels von einem Eingruppierungsmerkmal der Entgeltgruppe 9 mit dem Zusatz »Stufe 3 nach 5 Jahren in Stufe 2, Stufe 4 nach 9 Jahren in Stufe 3, keine Stufen 5 und 6« in ein Eingruppierungsmerkmal der Entgeltgruppe 9 ohne Zusatz.

(4) [1]Der Antrag nach Absatz 3 Satz 1 und/oder nach Absatz 3 Satz 4 kann nur bis zum 31. Juli 2016 gestellt werden (Ausschlussfrist) und wirkt auf den 1. August 2015 zurück; nach dem Inkrafttreten der Entgeltordnung Lehrkräfte (Anlage zum TV EntgO-L) eingetretene Änderungen der Stufenzuordnung in der bisherigen Entgeltgruppe bleiben bei der Stufenzuordnung nach Absatz 3 Satz 2 und 3 unberücksichtigt. [2]Ruht das Arbeitsverhältnis am 1. August 2015, beginnt die Frist von einem Jahr mit der Wiederaufnahme der Tätigkeit; der Antrag wirkt auf den 1. August 2015 zurück.
(5) [1]Der Antrag nach Absatz 3 Satz 5 kann nur bis zum 31. Juli 2017 gestellt werden (Ausschlussfrist) und wirkt auf den 1. August 2016 zurück. [2]Ruht das Arbeitsverhältnis am 1. August 2016, beginnt die Frist von einem Jahr mit der Wiederaufnahme der Tätigkeit; der Antrag wirkt auf den 1. August 2016 zurück. [3]Ergibt sich in den Fällen des Absatzes 2 Satz 1 nach der Entgeltordnung Lehrkräfte ein Anspruch auf eine höhere Entgeltgruppe (Absatz 3 Satz 1) oder auf eine Entgeltgruppenzulage (Absatz 3 Satz 4) und bestünde nach entsprechender Eingruppierung Anspruch auf eine Angleichungszulage (Absatz 3 Satz 5) ab 1. August 2016, gilt im Falle eines nicht ausgeübten Antragsrechts nach Absatz 3 Satz 1 bzw. Satz 4 ein Antrag nach Absatz 3 Satz 5 als Antrag nach Absatz 3 Satz 1 bzw. Satz 4, der auf den 1. August 2015 zurückwirkt.
(6) [1]Ergibt sich in den Fällen des Absatzes 2 Satz 1 aufgrund einer Änderung des beim Arbeitgeber geltenden Besoldungsgesetzes für die vergleichbare beamtete Lehrkraft eine höhere Besoldungsgruppe, sind die Lehrkräfte, die keinen Antrag nach Absatz 3 gestellt haben, auf Antrag in die Entgeltgruppe eingruppiert, die sich nach § 12 TV-L in der Fassung des § 3 TV EntgO-L ergibt. [2]Die Stufenzuordnung in der höheren Entgeltgruppe richtet sich nach den Regelungen für Höhergruppierungen (§ 17 Absatz 4 TV-L in der Fassung des § 7 TV EntgO-L). [3]War die Lehrkraft in der bisherigen Entgeltgruppe der Stufe 1 zugeordnet, wird sie abweichend von Satz 2 der Stufe 1 der höheren Entgeltgruppe zugeordnet; die bisher in Stufe 1 verbrachte Zeit wird angerechnet. [4]Satz 1 gilt für den erstmaligen Anspruch auf eine Entgeltgruppenzulage entsprechend.
(7) [1]Der Antrag nach Absatz 6 Satz 1 und/oder nach Absatz 6 Satz 4 kann nur innerhalb eines Jahres nach dem Inkrafttreten der Gesetzesänderung gestellt werden (Ausschlussfrist) und wirkt auf den Tag des Inkrafttretens zurück; danach eingetretene Änderungen der Stufenzuordnung in der bisherigen Entgeltgruppe bleiben bei der Stufenzuordnung nach Absatz 6

Satz 2 und 3 unberücksichtigt. [2]Ruht das Arbeitsverhältnis am Tag des Inkrafttretens des Änderungsgesetzes, beginnt die Frist von einem Jahr mit der Wiederaufnahme der Tätigkeit; der Antrag wirkt auf den Tag des Inkrafttretens der Gesetzesänderung zurück.«

Übergangsregelung zu § 11

[1]Der Antrag nach § 29a Absatz 3 Satz 1 TVÜ-Länder i. d. F. von § 1 TV EntgO-L und/oder nach § 29a Absatz 3 Satz 4 TVÜ-Länder i. d. F. von § 11 TV EntgO-L kann nur bis zum 31. Mai 2017 gestellt werden (Ausschlussfrist). [2]Der Antrag wirkt für die Stufenzuordnung auf den 1. August 2015 zurück und wird zum 1. März 2017 entgeltwirksam. [3]Nach dem 1. August 2015 eingetretene Änderungen der Stufenzuordnung in der bisherigen Entgeltgruppe bleiben unberücksichtigt. [4]Ruht das Arbeitsverhältnis am 1. März 2017, beginnt die Frist von drei Monaten mit der Wiederaufnahme der Tätigkeit; der Antrag wirkt für die Stufenzuordnung auf den 1. August 2015 zurück und wird entgeltwirksam mit der Wiederaufnahme der Tätigkeit.

Abschnitt IV
Schlussvorschriften

§ 12 Inkrafttreten, Laufzeit

(1) Dieser Tarifvertrag tritt am 1. August 2015 in Kraft.
(2) Dieser Tarifvertrag kann ohne Nachwirkung mit einer Frist von drei Monaten zum Schluss eines Kalenderhalbjahres gekündigt werden.

Anlage zum EntgO-L

Entgeltordnung Lehrkräfte

(nicht abgedruckt)

L. Tarifvertrag über die Gewährung einer Hauptstadtzulage (TV Hauptstadtzulage)

vom 9. Dezember 2023

Präambel

[1]Mit diesem Tarifvertrag setzen die Tarifvertragsparteien den Abschnitt VI der Tarifeinigung vom 9. Dezember 2023 um. [2]Die Tarifvertragsparteien bezwecken mit der Hauptstadtzulage die besondere hauptstadtbedingte Konkurrenzsituation auszugleichen.

§ 1 Geltungsbereich

Dieser Tarifvertrag gilt für die Beschäftigten und auszubildenden Personen, die in einem Arbeits- bzw. Ausbildungsverhältnis zum Land Berlin stehen, soweit sie vom Geltungsbereich eines nachstehend behandelten Tarifvertrages erfasst sind:

a) Tarifvertrag für den öffentlichen Dienst der Länder (TV-L),
b) Tarifvertrag zur Regelung der Arbeitsbedingungen von Beschäftigten in forstwirtschaftlichen Verwaltungen, Einrichtungen und Betrieben der Länder (TV-L Forst),
c) Tarifvertrag zur Überleitung der Beschäftigten des Landes Berlin in das Tarifrecht der TdL (TV Wiederaufnahme Berlin) für studentische Hilfskräfte des Landes Berlin,
d) Tarifvertrag für Auszubildende der Länder in Ausbildungsberufen nach dem Berufsbildungsgesetz (TVA-L BBiG),
e) Tarifvertrag für Auszubildende der Länder in Pflegeberufen (TVA-L Pflege),
f) Tarifvertrag für Auszubildende zum Forstwirt in forstwirtschaftlichen Verwaltungen, Einrichtungen und Betrieben der Länder (TVA-L-Forst),
g) Tarifvertrag für dual Studierende der Länder in ausbildungsintegrierten dualen Studiengängen (TVdS-L).

§ 2 Hauptstadtzulage

(1) [1]Beschäftigte mit einer Eingruppierung in den Entgeltgruppen 1 bis 13 (ohne E 13 Ü), in den Entgeltgruppen S 2 bis S 18 sowie KR 5 bis KR 17, die von § 1 Buchstaben a und b erfasst sind, sowie Beschäftigte nach § 1 Buchstabe c erhalten eine monatliche Hauptstadtzulage in Höhe von bis zu 150 Euro

bestehend aus einem monatlichen Zuschuss für ein vom Verkehrsverbund Berlin-Brandenburg angebotenes Firmenticket und einem monatlichen Zulagenbetrag. [2]Die Höhe des monatlichen Zuschusses für ein Firmenticket nach Satz 1 entspricht dem Betrag, den der bzw. die Beschäftigte für das Firmenticket an die Berliner Verkehrsbetriebe monatlich zu entrichten hat, höchstens jedoch dem wirtschaftlichen Gegenwert eines Firmentickets für den Tarifbereich Berlin AB mit monatlicher Zahlungsweise. [3]Zur Ermittlung der Höhe des monatlichen Zulagenbetrages wird die Differenz aus 150 Euro und dem Zuschuss nach Satz 2 gebildet.

Protokollerklärung zu § 2 Abs. 1 Satz 1:
Die Tarifvertragsparteien verständigen sich darauf, im Fall einer gesetzlichen Erstreckung der Hauptstadtzulage im Beamtenbereich auf die Besoldungsgruppen A 14 und A 15 eine Erstreckung auf Beschäftigte mit einer Eingruppierung in den Entgeltgruppen 13Ü, 14 und 15 zu vereinbaren.

(2) Abweichend von Absatz 1 wird die monatliche Hauptstadtzulage allein als monatlicher Zulagenbetrieb in Höhe von bis zu 150 Euro gewährt, wenn die bzw. der Beschäftigte dies beantragt und mit diesem Antrag erklärt, auf den monatlichen Zuschuss für ein vom Verkehrsverbund Berlin-Brandenburg angebotenes Firmenticket zu verzichten.

(3) [1]Auszubildende Personen, die von § 1 Buchstaben d bis g erfasst sind, erhalten eine Hauptstadtzulage gemäß Absatz 1 in Höhe von bis zu 50 Euro monatlich. [2]Abweichend von Absatz 1 Satz 1 wird diesen Personen der monatliche Zuschuss

a) für eine Monatskarte für Auszubildende oder
b) für ein vom Verkehrsverbund Berlin-Brandenburg angebotenes Firmenticket für den Tarifbereich Berlin AB, soweit diese Personen nicht Auszubildende im Sinne des § 45a Absatz 1 des Personenbeförderungsgesetzes in Verbindung mit § 1 Absatz 1 der Verordnung über den Ausgleich gemeinwirtschaftlicher Leistungen im Straßenpersonenverkehr in der jeweils geltenden Fassung sind

mindestens in Höhe des wirtschaftlichen Gegenwertes des jeweils nach den Tarifbestimmung des Verkehrsverbundes Berlin-Brandenburg erhältlichen Tickets gezahlt, auch wenn dieser den Betrag von 50 Euro übersteigt. [3]Die Zuschüsse sind begrenzt auf den Betrag, der von den auszubildenden Personen an das Verkehrsunternehmen zu entrichten sind. [4]Absatz 2 gilt sinngemäß.

(4) [1]In Teilzeit beschäftigte Personen erhalten den monatlichen Zuschuss zu einem vom Verkehrsverbund Berlin-Brandenburg angebotenen Firmenticket oder einer Monatskarte für Auszubildende in voller Höhe. [2]In Teilzeit beschäftigte Personen erhalten den Zulagenbetrag der Hauptstadtzulage in dem Umfang, der dem Anteil ihrer individuell vereinbarten durchschnitt-

lichen Arbeitszeit an der regelmäßigen Arbeitszeit vergleichbarer Vollzeitbeschäftigter entspricht.

§ 3 Zeiträume ohne Anspruch auf Entgelt

(1) Die Hauptstadtzulage gemäß § 2 wird nur für Zeiträume gewährt, in denen Anspruch auf Entgelt oder Entgeltfortzahlung besteht.
(2) Entsprechend dem Rundschreiben IV Nr. 75/2020 der Senatsverwaltung für Finanzen in der Fassung vom 9. September 2020 wird Folgendes vereinbart:

a) [1]Der monatliche Zuschuss zu einem vom Verkehrsverbund Berlin-Brandenburg angebotenen Firmenticket wird für Zeiträume, für die ein Anspruch auf Entgelt oder Entgeltfortzahlung nicht besteht, in Höhe von 15 Euro, mindestens jedoch in Höhe des für das Firmenticket jeweils geltenden Mindestarbeitgeberzuschuss fortgezahlt. [2]Der Zuschuss nach Satz 1 ist begrenzt auf den Betrag, der an das Verkehrsunternehmen zu entrichten ist.
b) [1]Die Fortzahlung des Zuschusses nach Buchstabe a erfolgt unter der Maßgabe, dass die von § 2 erfassten Beschäftigten und auszubildenden Personen eine aus von ihnen zu vertretenden Gründen notwendigen Kündigung des vom Verkehrsverbund Berlin-Brandenburg angebotenen Firmentickets ohne schuldhaftes Zögern veranlassen. [2]Die Fortzahlung des Zuschusses nach Buchstabe a erfolgt längstens bis zum Wirksamwerden der Kündigung der jeweiligen Abonnements.
c) Der Zuschuss nach Buchstabe a wird für Zeiten des Mutterschutzes nach § 3 des Mutterschutzgesetzes und für Zeiten mit Anspruch auf Zahlung eines Krankengeldzuschusses fortgezahlt.

§ 4 Weitere Bestimmungen

(1) [1]Allgemeine Entgeltanpassungen haben keine Auswirkungen auf die Höhe der Hauptstadtzulage. [2]Preisänderungen des Firmentickets führen zur Anpassung des Zuschusses, nicht jedoch zu einer Erhöhung oder Verringerung der Hauptstadtzulage.
(2) Die Hauptstadtzulage ist kein zusatzversorgungspflichtiges Entgelt.
(3) Die neben des Tabellenentgelt als Wettbewerbsausgleich gewährte Hauptstadtzulage ist bei der Bemessung der Jahressonderzahlung nicht zu berücksichtigen.

§ 5 In-Kraft-Treten, Laufzeit

(1) Dieser Tarifvertrag tritt am 1. April 2025 in Kraft.

(2) [1]Dieser Tarifvertrag kann von jeder Tarifvertragspartei mit einer Frist von drei Monaten zum Schluss eines Kalenderhalbjahres gekündigt werden, frühestens jedoch zum 31. März 2028. [2]Der Tarifvertrag tritt mit Ablauf der Kündigungsfrist ohne Nachwirkung außer Kraft.

M. Tarifvertrag über die betriebliche Altersversorgung der Beschäftigten des öffentlichen Dienstes (Tarifvertrag Altersversorgung – ATV)

vom 1. März 2002, in der Fassung des Änderungstarifvertrages Nr. 11 vom 10.11.2021

Präambel

[1]Die Tarifvertragsparteien haben sich – auch in Ausfüllung des Beschlusses des Bundesverfassungsgerichts vom 22. März 2000 (1 BvR 1136/96) – am 13. November 2001 auf eine grundlegende Reform der Zusatzversorgung des öffentlichen Dienstes geeinigt, um deren Zukunftsfähigkeit zu sichern; der Altersvorsorgeplan 2001 vom 13. November 2001 ist zugleich Geschäftsgrundlage dieses Tarifvertrages.

[2]Das bisherige Gesamtversorgungssystem wird mit Ablauf des 31. Dezember 2000 geschlossen und durch ein Punktemodell ersetzt, in dem entsprechend den nachfolgenden Regelungen diejenigen Leistungen zugesagt werden, die sich ergeben würden, wenn eine Gesamt-Beitragsleistung von vier v. H. des zusatzversorgungspflichtigen Entgelts vollständig in ein kapitalgedecktes System eingezahlt würde. [3]Das Jahr 2001 wird im Rahmen des Übergangsrechts berücksichtigt.

[4]Bei den Zusatzversorgungseinrichtungen kann als Leistung der betrieblichen Altersversorgung auch eine zusätzliche kapitalgedeckte Altersvorsorge durch eigene Beiträge unter Inanspruchnahme der steuerlichen Förderung durchgeführt werden.

Erster Teil
Punktemodell

Abschnitt I
Geltungsbereich

§ 1 Geltungsbereich

Dieser Tarifvertrag gilt für Arbeitnehmerinnen/Arbeitnehmer und Auszubildende (Beschäftigte), die unter den Geltungsbereich der in der Anlage 1 aufgeführten Tarifverträge des öffentlichen Dienstes fallen und deren Arbeitgeber bei der Versorgungsanstalt des Bundes und der Länder (VBL) Beteiligter oder bei der Ruhegehalts- und Zusatzversorgungskasse des Saarlandes (ZVK-Saar) Mitglied ist.

Abschnitt II
Versicherung bei der Zusatzversorgungseinrichtung

§ 2 Pflichtversicherung

(1) [1]Die Beschäftigten sind vorbehaltlich der Absätze 2 und 3 zu versichern, wenn sie
a) das 17. Lebensjahr vollendet haben und
b) die Wartezeit (§ 6) erfüllen können.
[2]Die Wartezeit muss bis zum Ablauf des Monats, in dem die/der Beschäftigte das gesetzlich festgelegte Alter zum Erreichen einer abschlagsfreien Regelaltersrente vollendet, erfüllt werden können; frühere Versicherungszeiten, die auf die Wartezeit angerechnet werden, sind zu berücksichtigen.
[3]Die Pflicht zur Versicherung setzt mit dem Beginn des Beschäftigungsverhältnisses bei der öffentlichen Zusatzversorgungseinrichtung, bei der der Arbeitgeber Mitglied/Beteiligter ist, ein.
[4]Die Pflicht zur Versicherung endet mit der Beendigung des Beschäftigungsverhältnisses.
(2) [1]Beschäftigte mit einer wissenschaftlichen Tätigkeit an Hochschulen oder Forschungseinrichtungen, die für ein befristetes Arbeitsverhältnis eingestellt werden, in dem sie wegen der Dauer der Befristung die Wartezeit nach § 6 Abs. 1 nicht erfüllen können, und die bisher keine Pflichtversicherungszeiten in der Zusatzversorgung haben, sind auf ihren schriftlichen Antrag vom Arbeitgeber von der Pflicht zur Versicherung zu befreien. [2]Der Antrag ist innerhalb von zwei Monaten nach Beginn des Arbeitsverhältnisses

zu stellen. [3]Zugunsten der nach Satz 1 von der Pflichtversicherung befreiten Beschäftigten werden Versorgungsanwartschaften auf eine freiwillige Versicherung (entsprechend § 26 Abs. 3 Satz 1) mit Beiträgen in Höhe der auf den Arbeitgeber entfallenden Aufwendungen für die Pflichtversicherung, einschließlich eines eventuellen Arbeitnehmerbeitrags nach § 37a Abs. 2 höchstens jedoch mit vier v. H. des zusatzversorgungspflichtigen Entgelts begründet. [4]Wird das Arbeitsverhältnis im Sinne des Satzes 1 verlängert oder fortgesetzt, beginnt die Pflichtversicherung anstelle der freiwilligen Versicherung mit dem Ersten des Monats, in dem die Verlängerung oder Fortsetzung des Arbeitsverhältnisses über fünf Jahre hinaus vereinbart wurde. [5]Eine rückwirkende Pflichtversicherung von Beginn des Arbeitsverhältnisses an ist ausgeschlossen.
(3) Von der Pflicht zur Versicherung ausgenommen sind die von der Anlage 2 erfassten Beschäftigten.
(4) Der Anspruch der/des Beschäftigten nach § 1 Abs. 2 Nr. 4, zweiter Halbsatz in Verbindung mit § 1a Abs. 4 BetrAVG auf Fortführung der Versicherung mit eigenen Beiträgen in entgeltlosen Zeiten während eines bestehenden Beschäftigungsverhältnisses ist für die Pflichtversicherung ausgeschlossen.

§ 3 Beitragsfreie Versicherung

(1) Die Versicherung bleibt als beitragsfreie Versicherung bestehen, wenn das Beschäftigungsverhältnis endet.
(2) Die beitragsfreie Versicherung endet bei Eintritt des Versicherungsfalles, Überleitung der Versicherung auf eine andere Zusatzversorgungseinrichtung, Tod, Erlöschen der Anwartschaft oder bei Beginn einer erneuten Pflichtversicherung.

§ 4 Überleitung der Versicherung

(1) [1]Die Beschäftigten, die bei einer anderen Zusatzversorgungseinrichtung versichert sind, von der die Versicherung übergeleitet wird, sind verpflichtet, die Überleitung der Versicherung auf die für ihren Arbeitgeber zuständige Zusatzversorgungseinrichtung zu beantragen, es sei denn, dass bei der anderen Zusatzversorgungseinrichtung Pflicht zur Versicherung besteht oder auch bei Überleitung der Versicherung keine Pflicht zur Versicherung bei der für ihren Arbeitgeber zuständigen Zusatzversorgungseinrichtung entstünde. [2]Das Gleiche gilt für die Beschäftigten, die gegen eine in Satz 1 genannte Zusatzversorgungseinrichtung Anspruch auf Rente haben, und zwar auch dann, wenn diese Zusatzversorgungseinrichtung die Rente weiter gewährt.

(2) Werden Beschäftigte als Arbeiterinnen/Arbeiter der Wasser- und Schifffahrtsverwaltung des Bundes oder bei der Häfen- und Schifffahrtsverwaltung des Landes Niedersachsen oder bei der Wasserwirtschaftsverwaltung eines Landes eingestellt und bei der Bahnversicherungsanstalt Abteilung B versicherungspflichtig, sind sie verpflichtet, die Überleitung der Versicherung von der für ihren bisherigen Arbeitgeber zuständigen Zusatzversorgungseinrichtung auf die Bahnversicherungsanstalt Abteilung B zu beantragen, wenn ein entsprechendes Überleitungsabkommen besteht.

Abschnitt III
Betriebsrente

§ 5 Versicherungsfall und Rentenbeginn

[1]Der Versicherungsfall tritt am Ersten des Monats ein, von dem an der Anspruch auf gesetzliche Rente wegen Alters als Vollrente bzw. wegen teilweiser oder voller Erwerbsminderung besteht. [2]Der Anspruch ist durch Bescheid des Trägers der gesetzlichen Rentenversicherung nachzuweisen.
[3]Den in der gesetzlichen Rentenversicherung Pflichtversicherten, bei denen der Versicherungsfall nach Satz 1 eingetreten ist und die die Wartezeit nach § 6 erfüllt haben, wird auf ihren schriftlichen Antrag von der Zusatzversorgungseinrichtung eine Betriebsrente gezahlt. [4]Die Betriebsrente beginnt – vorbehaltlich des § 12 – mit dem Beginn der Rente aus der gesetzlichen Rentenversicherung.

§ 6 Wartezeit

(1) [1]Betriebsrenten werden erst nach Erfüllung der Wartezeit von 60 Kalender-monaten gewährt. [2]Dabei wird jeder Kalendermonat berücksichtigt, für den mindestens für einen Tag Aufwendungen für die Pflichtversicherung nach §§ 16, 18 erbracht wurden. [3]Bis zum 31. Dezember 2000 nach dem bisherigen Recht der Zusatzversorgung als Umlagemonate zu berücksichtigende Zeiten zählen für die Erfüllung der Wartezeit. [4]Für die Erfüllung der Wartezeit werden Versicherungsverhältnisse bei Zusatzversorgungseinrichtungen nach § 2 Abs. 1 zusammengerechnet.
(2) [1]Die Wartezeit gilt als erfüllt, wenn der Versicherungsfall durch einen Arbeitsunfall eingetreten ist, der im Zusammenhang mit dem die Pflicht zur Versicherung begründenden Arbeitsverhältnis steht oder wenn die/der Versicherte infolge eines solchen Arbeitsunfalls gestorben ist. [2]Ob ein Arbeitsunfall vorgelegen hat, ist durch Bescheid des Trägers der gesetzlichen Unfallversicherung nachzuweisen.

(3) In den Fällen des § 7 Abs. 5 des Gesetzes über die Rechtsverhältnisse der Mitglieder des Deutschen Bundestages und entsprechender gesetzlicher Vorschriften werden Zeiten einer nach dem Beginn der Pflichtversicherung liegenden Mitgliedschaft im Deutschen Bundestag, im Europäischen Parlament oder in dem Parlament eines Landes auf die Wartezeit angerechnet.

§ 7 Höhe der Betriebsrente

(1) Die monatliche Betriebsrente errechnet sich aus der Summe der bis zum Beginn der Betriebsrente (§ 5 Satz 4) erworbenen Versorgungspunkte (§ 8), multipliziert mit dem Messbetrag von vier Euro.
(2) Die Betriebsrente wegen teilweiser Erwerbsminderung beträgt die Hälfte der Betriebsrente, die sich nach Absatz 1 bei voller Erwerbsminderung ergeben würde.
(3) Die Betriebsrente mindert sich für jeden Monat, für den der Zugangsfaktor nach § 77 SGB VI herabgesetzt ist, um 0,3 v. H., höchstens jedoch um insgesamt 10,8 v. H.

§ 8 Versorgungspunkte

(1) [1]Versorgungspunkte ergeben sich
a) für das zusatzversorgungspflichtige Entgelt (§ 15),
b) für soziale Komponenten (§ 9) und
c) als Bonuspunkte (§ 19).
[2]Die Versorgungspunkte nach Satz 1 Buchst. a) und b) werden jeweils zum Ende des Kalenderjahres bzw. zum Zeitpunkt der Beendigung des Arbeitsverhältnisses festgestellt und dem Versorgungskonto gutgeschrieben; die Feststellung und Gutschrift der Bonuspunkte erfolgt zum Ende des folgenden Kalenderjahres. [3]Versorgungspunkte werden jeweils auf zwei Nachkommastellen unter gemeinüblicher Rundung berechnet.
(2) [1]Die Anzahl der Versorgungspunkte für ein Kalenderjahr nach Absatz 1 Satz 1 Buchst. a) ergibt sich aus dem Verhältnis eines Zwölftels des zusatzversorgungspflichtigen Jahresentgelts zum Referenzentgelt von 1000,– Euro, multipliziert mit dem Altersfaktor (Absatz 3); dies entspricht einer Beitragsleistung von vier v. H. des zusatzversorgungspflichtigen Entgelts. [2]Bei einer vor dem 1. Januar 2003 vereinbarten Altersteilzeit auf der Grundlage des Altersteilzeitgesetzes werden die Versorgungspunkte nach Satz 1 mit dem 1,8-fachen berücksichtigt, soweit sie nicht auf Entgelten beruhen, die in voller Höhe zustehen.
(3) Der Altersfaktor beinhaltet eine jährliche Verzinsung von 3,25 v. H. während der Anwartschaftsphase und von 5,25 v. H. während des Rentenbezuges und richtet sich nach der folgenden Tabelle; dabei gilt als Alter die Differenz zwischen dem jeweiligen Kalenderjahr und dem Geburtsjahr:

Alter	Altersfaktor	Alter	Altersfaktor	Alter	Altersfaktor	Alter	Altersfaktor
17	3,1	29	2,1	41	1,5	53	1,0
18	3,0	30	2,0	42	1,4	54	1,0
19	2,9	31	2,0	43	1,4	55	1,0
20	2,8	32	1,9	44	1,3	56	1,0
21	2,7	33	1,9	45	1,3	57	0,9
22	2,6	34	1,8	46	1,3	58	0,9
23	2,5	35	1,7	47	1,2	59	0,9
24	2,4	36	1,7	48	1,2	60	0,9
25	2,4	37	1,6	49	1,2	61	0,9
26	2,3	38	1,6	50	1,1	62	0,8
27	2,2	39	1,6	51	1,1	63	0,8
28	2,2	40	1,5	52	1,1	64 und älter	0,8

Protokollnotiz zu Absatz 2 Satz 2:
Wird aufgrund einer Einzelregelung ein Beitrag an die gesetzliche Rentenversicherung gezahlt, der den Mindestbeitrag nach § 3 Abs. 1 Nr. 1 Buchst. b des Altersteilzeitgesetzes übersteigt, ist das zusatzversorgungspflichtige Entgelt so zu erhöhen, dass sich nach Anwendung von Absatz 2 Satz 2 so viele Versorgungspunkte ergeben, wie dies dem über den gesetzlichen Mindestbeitrag erhöhten Beitrag zur gesetzlichen Rentenversicherung entspricht.

§ 9 Soziale Komponenten

(1) [1]Für jeden vollen Kalendermonat, in dem das Arbeitsverhältnis wegen einer Elternzeit nach § 15 des Bundeserziehungsgeldgesetzes ruht, werden für jedes Kind, für das ein Anspruch auf Elternzeit besteht, die Versorgungspunkte berücksichtigt, die sich bei einem zusatzversorgungspflichtigen Entgelt von 500 Euro in diesem Monat ergeben würden. [2]Es werden je Kind höchstens 36 Kalendermonate berücksichtigt. [3]Bestehen mehrere zusatzversorgungspflichtige Arbeitsverhältnisse im Sinne des Satzes 1, bestimmt die/der Pflichtversicherte, für welches Arbeitsverhältnis die Versorgungspunkte nach Satz 1 berücksichtigt werden.
[4]Für die Zeit, in der das Arbeitsverhältnis wegen der Schutzfristen nach § 3 Abs. 2 und § 6 Abs. 1 MuSchG ruht, werden die Versorgungspunkte berück-

sichtigt, die sich ergeben würden, wenn in dieser Zeit das fiktive Entgelt nach § 21 TVöD/§ 21 TV-L bzw. entsprechenden tarifvertraglichen Regelungen gezahlt worden wäre. [5]Diese Zeiten werden als Umlage-/Beitragsmonate für die Erfüllung der Wartezeiten berücksichtigt.

(2) [1]Bei Eintritt des Versicherungsfalles wegen teilweiser oder voller Erwerbsminderung vor Vollendung des 60. Lebensjahres werden Pflichtversicherten für jeweils zwölf volle, bis zur Vollendung des 60. Lebensjahres fehlende Kalendermonate so viele Versorgungspunkte hinzugerechnet, wie dies dem Verhältnis von durchschnittlichem monatlichem zusatzversorgungspflichtigem Entgelt der letzten drei Kalenderjahre vor Eintritt des Versicherungsfalles zum Referenzentgelt entspricht; bei Berechnung des durchschnittlichen Entgelts werden Monate ohne zusatzversorgungspflichtiges Entgelt nicht berücksichtigt. [2]Ist in diesem Zeitraum kein zusatzversorgungspflichtiges Entgelt angefallen, ist für die Berechnung nach Satz 1 das Entgelt zugrunde zu legen, das sich als durchschnittliches monatliches zusatzversorgungspflichtiges Entgelt im Kalenderjahr vor dem Rentenbeginn ergeben hätte.

(3) [1]Bei Beschäftigten, die am 1. Januar 2002 bereits 20 Jahre pflichtversichert sind, werden für jedes volle Kalenderjahr der Pflichtversicherung bis zum 31. Dezember 2001 mindestens 1,84 Versorgungspunkte berücksichtigt. [2]Bei Beschäftigten, deren Gesamtbeschäftigungsquotient am 31. Dezember 2001 kleiner als 1,0 ist, gilt Satz 1 entsprechend mit der Maßgabe, dass der Faktor 1,84 mit dem am 31. Dezember 2001 maßgebenden Gesamtbeschäftigungsquotienten multipliziert wird.

§ 10 Betriebsrente für Hinterbliebene

(1) [1]Stirbt eine Versicherte/ein Versicherter, die/der die Wartezeit (§ 6) erfüllt hat, oder eine Betriebsrentenberechtigte/ein Betriebsrentenberechtigter, hat die hinterbliebene Ehegattin/der hinterbliebene Ehegatte Anspruch auf eine kleine oder große Betriebsrente für Witwen/Witwer, wenn und solange ein Anspruch auf Witwen-/Witwerrente aus der gesetzlichen Rentenversicherung besteht oder bestehen würde, sofern kein Rentensplitting unter Ehegatten durchgeführt worden wäre. [2]Art (kleine/große Betriebsrenten für Witwen/Witwer), Höhe (der nach Ablauf des Sterbevierteljahres maßgebende Rentenartfaktor nach § 67 Nrn. 5 und 6 und § 255 Abs. 1 SGB VI) und Dauer des Anspruchs richten sich – soweit keine abweichenden Regelungen getroffen sind – nach den entsprechenden Bestimmungen der gesetzlichen Rentenversicherung. [3]Bemessungsgrundlage der Betriebsrenten für Hinterbliebene ist jeweils die Betriebsrente, die die Verstorbene/der Verstorbene bezogen hat oder hätte beanspruchen können, wenn sie/er im Zeitpunkt ihres/seines Todes wegen voller Erwerbsminderung ausgeschieden wäre. [4]Die Kinder der/des Verstorbenen haben entsprechend den Sätzen 1 bis 3

Anspruch auf Betriebsrente für Voll- oder Halbwaisen. [5]Als Kinder im Sinne des Satzes 4 gelten nur die Kinder, die nach § 32 Abs. 3 und 4 Satz 1 Nr. 1 bis 3 EStG berücksichtigungsfähig sind.
[6]Der Anspruch ist durch Bescheid des Trägers der gesetzlichen Rentenversicherung nachzuweisen.
(2) Anspruch auf Betriebsrente für Witwen/Witwer besteht nicht, wenn die Ehe mit der/dem Verstorbenen weniger als zwölf Monate gedauert hat, es sei denn, dass nach den besonderen Umständen des Falles die Annahme nicht gerechtfertigt ist, dass es der alleinige oder überwiegende Zweck der Heirat war, der Witwe/dem Witwer eine Betriebsrente zu verschaffen.
(3) [1]Betriebsrenten für Witwen/Witwer und Waisen dürfen zusammen den Betrag der ihrer Berechnung zugrunde liegenden Betriebsrente nicht übersteigen. [2]Ergeben die Hinterbliebenenrenten in der Summe einen höheren Betrag, werden sie anteilig gekürzt. [3]Erlischt eine der anteilig gekürzten Hinterbliebenenrenten, erhöhen sich die verbleibenden Hinterbliebenenrenten vom Beginn des folgenden Monats entsprechend, jedoch höchstens bis zum vollen Betrag der Betriebsrente der/des Verstorbenen.
(4) Für einen Anspruch auf Betriebsrente für Witwen/Witwer gelten als Heirat auch die Begründung einer Lebenspartnerschaft, als Ehe auch eine Lebenspartnerschaft, als Witwe und Witwer auch ein/e überlebende/r Lebenspartner/in und als Ehegatte auch ein/e Lebenspartner/in jeweils im Sinne des Lebenspartnerschaftsgesetzes.

§ 11 Anpassung und Neuberechnung

(1) Die Betriebsrenten werden, beginnend ab dem Jahr 2002, zum 1. Juli eines jeden Jahres um 1,0 v. H. dynamisiert.
(2) [1]Die Betriebsrente ist neu zu berechnen, wenn bei einer/einem Betriebsrentenberechtigten ein neuer Versicherungsfall eintritt und seit der Festsetzung der Betriebsrente aufgrund des früheren Versicherungsfalles zusätzliche Versorgungspunkte zu berücksichtigen sind.
[2]Durch die Neuberechnung wird die bisherige Betriebsrente um den Betrag erhöht, der sich als Betriebsrente aufgrund der neu zu berücksichtigenden Versorgungspunkte ergibt; für diese zusätzlichen Versorgungspunkte wird der Abschlagsfaktor nach § 7 Abs. 3 gesondert festgestellt.
[3]Wird aus einer Betriebsrente wegen teilweiser Erwerbsminderung eine Betriebsrente wegen voller Erwerbsminderung oder wegen Alters, wird die bisher nach § 7 Abs. 2 zur Hälfte gezahlte Betriebsrente voll gezahlt. [4]Wird aus einer Betriebsrente wegen voller Erwerbsminderung eine Betriebsrente wegen teilweiser Erwerbsminderung, wird die bisher gezahlte Betriebsrente entsprechend § 7 Abs. 2 zur Hälfte gezahlt. [5]Die Sätze 1 und 2 sind entsprechend anzuwenden, wenn zusätzliche Versorgungspunkte zu berücksichtigen sind.

[6]Bei Neuberechnung der Betriebsrente sind Versorgungspunkte nach § 9 Abs. 2, die aufgrund des früheren Versicherungsfalls berücksichtigt wurden, nur noch insoweit anzurechnen, als sie die zusätzlichen Versorgungspunkte – ohne Bonuspunkte nach § 19 – aus einer Pflichtversicherung übersteigen oder soweit in dem nach § 9 Abs. 2 maßgebenden Zeitraum keine Pflichtversicherung mehr bestanden hat.
[7]Für Hinterbliebene gelten die Sätze 3 und 4 entsprechend.

§ 12 Nichtzahlung und Ruhen

(1) [1]Die Betriebsrente wird von dem Zeitpunkt an nicht gezahlt, von dem an die Rente wegen Alters aus der gesetzlichen Rentenversicherung nach § 100 Abs. 3 Satz 1 in Verbindung mit § 34 Abs. 2 SGB VI endet. [2]Die Betriebsrente ist auf Antrag vom Ersten des Monats an wieder zu zahlen, für den der/dem Rentenberechtigten die Rente wegen Alters aus der gesetzlichen Rentenversicherung wieder geleistet wird.
[3]Wird die Altersrente der gesetzlichen Rentenversicherung nach Eintritt des Versicherungsfalls (§ 5) als Teilrente gezahlt, wird die Betriebsrente nur in Höhe eines entsprechenden Anteils gezahlt.
(2) Ist der Versicherungsfall wegen voller oder teilweiser Erwerbsminderung eingetreten und wird die Rente aus der gesetzlichen Rentenversicherung wegen Hinzuverdienstes nicht oder nur zu einem Anteil gezahlt, wird auch die Betriebsrente nicht oder nur in Höhe eines entsprechenden Anteils gezahlt.
(3) Die Betriebsrente ruht, solange die Rente aus der gesetzlichen Rentenversicherung ganz oder teilweise versagt wird.
(4) Die Betriebsrente ruht ferner, solange die/der Berechtigte ihren/seinen Wohnsitz oder dauernden Aufenthalt außerhalb eines Mitgliedstaates der Europäischen Union hat und trotz Aufforderung der Zusatzversorgungseinrichtung keine Empfangsbevollmächtigte/keinen Empfangsbevollmächtigten im Inland bestellt.
(5) Die Betriebsrente ruht ferner in Höhe des Betrages des für die Zeit nach dem Beginn der Betriebsrente gezahlten Krankengeldes aus der gesetzlichen Krankenversicherung, soweit dieses nicht nach § 96a Abs. 3 SGB VI auf eine Rente wegen teilweiser Erwerbsminderung anzurechnen oder bei einer Rente wegen voller Erwerbsminderung bzw. wegen Alters als Vollrente dem Träger der Krankenversicherung zu erstatten ist.
(6) Für Hinterbliebene gelten die Vorschriften der gesetzlichen Rentenversicherung über das Zusammentreffen von Rente und Einkommen entsprechend mit folgenden Maßgaben:

a) Eventuelle Freibeträge sowie das Einkommen, das auf die Rente aus der gesetzlichen Rentenversicherung angerechnet wird, bleiben unberücksichtigt.

b) Der/Dem Hinterbliebenen werden mindestens 35 v. H. der ihr/ihm nach § 10 zustehenden Betriebsrente gezahlt.

§ 13 Erlöschen

(1) Der Anspruch auf Betriebsrente erlischt mit dem Ablauf des Monats,

a) in dem die/der Betriebsrentenberechtigte gestorben ist oder

b) für den Rente nach § 43 bzw. § 240 SGB VI letztmals gezahlt worden ist oder

c) der dem Monat vorangeht, von dessen Beginn an die Zusatzversorgungseinrichtung, zu der die Versicherung übergeleitet worden ist, zur Zahlung der Betriebsrente verpflichtet ist.

(2) [1]Der Anspruch auf Betriebsrente für Witwen/Witwer sowie Lebenspartner/innen im Sinne des Lebenspartnerschaftsgesetzes erlischt im Übrigen mit dem Ablauf des Monats, in dem die Witwe/der Witwer oder der/die hinterbliebene eingetragene Lebenspartner/in geheiratet oder eine Lebenspartnerschaft begründet hat. [2]Für das Wiederaufleben der Betriebsrenten für Witwen/Witwer sowie Lebenspartner/-innen im Sinne des Lebenspartnerschaftsgesetzes gilt § 46 Abs. 3 SGB VI entsprechend.

(3) [1]Der Anspruch auf Betriebsrente erlischt ferner unbeschadet des Satzes 2 mit Ablauf des Monats, in dem die Entscheidung eines deutschen Gerichts rechtskräftig geworden ist, durch die die/der Betriebsrentenberechtigte

a) wegen einer vorsätzlichen Tat zu einer Freiheitsstrafe von mindestens zwei Jahren oder

b) wegen einer vorsätzlichen Tat, die nach den Vorschriften über Friedensverrat, Hochverrat, Gefährdung des demokratischen Rechtsstaates oder Landesverrat und Gefährdung der äußeren Sicherheit strafbar ist, zu einer Freiheitsstrafe von mindestens sechs Monaten

verurteilt worden ist. [2]Es ist eine Beitragserstattung nach § 24 durchzuführen.

Protokollnotiz zu Abschnitt III:

[1]Die Anpassungen an die veränderten Rahmenbedingungen bzgl. Biometrie und Zins durch den Änderungstarifvertrag Nr. 9 vom 29. April 2016 erfolgen ausschließlich auf der Finanzierungsseite, die zusätzlichen Finanzierungsmittel nach § 16 Abs. 1 Satz 5 und 6, § 37 Abs. 1 Satz 2 und 4 und § 37a Abs. 1 Satz 2 und 4 führen nicht zu zusätzlichen Leistungen. [2]Die bisherigen und die künftigen Ansprüche (Startgutschriften, Anwartschaften aus dem Punktemodell, Anwartschaftsdynamik und Renten) bleiben der Höhe nach unverändert, es ergeben sich keine Verschlechterungen und keine Verbesserungen; insbesondere werden die künftigen Anwartschaften und Überschüsse weiterhin entsprechend der Altersfaktorentabelle nach § 8 Abs. 3 und auf der Basis eines Beitrags von 4,0 v. H. berechnet, ungeachtet des zugrundeliegenden Finanzierungsverfahrens (Umlagefinanzierung, Kapitaldeckung, Mischfinanzierung) und ungeachtet der tatsächlichen Umlage-/Beitragshöhe.

Abschnitt IV
Beschäftigte, die in der gesetzlichen Rentenversicherung nicht versichert sind

§ 14 Sonderregelungen für Beschäftigte, die in der gesetzlichen Rentenversicherung nicht versichert sind

[1]Für Beschäftigte, die in der gesetzlichen Rentenversicherung nicht versichert sind, gelten die §§ 2 bis 13 entsprechend. [2]Soweit auf Regelungen des Rechts der gesetzlichen Rentenversicherung Bezug genommen wird, ist die jeweilige Regelung so entsprechend anzuwenden, wie dies bei unterstellter Versicherung in der gesetzlichen Rentenversicherung der Fall wäre. [3]Bei Anwendung des § 5 sind dabei anstelle der Versicherungszeiten in der gesetzlichen Rentenversicherung die Pflichtversicherungszeiten in der Zusatzversorgung zu berücksichtigen.
[4]Die teilweise oder volle Erwerbsminderung ist durch einen von der Zusatzversorgungseinrichtung zu bestimmenden Facharzt nachzuweisen. [5]Die Betriebsrente ruht, solange sich die Betriebsrentenberechtigten trotz Verlangens der Zusatzversorgungseinrichtung innerhalb einer von dieser zu setzenden Frist nicht fachärztlich untersuchen lassen oder das Ergebnis der Untersuchung der Zusatzversorgungseinrichtung nicht vorlegen. [6]Der Anspruch auf Betriebsrente erlischt mit Ablauf des Monats, der auf den Monat folgt, in dem der/dem Berechtigten die Entscheidung der Zusatzversorgungseinrichtung über das Erlöschen des Anspruchs wegen Wegfalls der Erwerbsminderung zugegangen ist.

Abschnitt V
Finanzierung

§ 15 Finanzierungsgrundsätze und zusatzversorgungspflichtiges Entgelt

(1) [1]Die Finanzierung der Pflichtversicherung wird von den Zusatzversorgungseinrichtungen eigenständig geregelt. [2]Nach den Möglichkeiten der einzelnen Zusatzversorgungseinrichtungen kann die Umlagefinanzierung schrittweise durch eine kapitalgedeckte Finanzierung abgelöst werden (Kombinationsmodell).
(2) [1]Zusatzversorgungspflichtiges Entgelt ist, soweit sich aus Anlage 3 nichts anderes ergibt, der steuerpflichtige Arbeitslohn. [2]Wird Altersteilzeit nach dem 31. Dezember 2002 vereinbart, ist – unter Berücksichtigung des Satzes 1 – zusatzversorgungspflichtiges Entgelt während des Altersteilzeit-

arbeitsverhältnisses das 1,8-fache der zur Hälfte zustehenden Bezüge nach § 4 TV ATZ zuzüglich derjenigen Bezüge, die in voller Höhe zustehen.

(3) [1]Durch landesbezirklichen Tarifvertrag kann für Mitglieder/Beteiligte einer Zusatzversorgungseinrichtung, die sich in einer wirtschaftlichen Notlage befinden, für die Pflichtversicherung geregelt werden, dass für die Zusage von Leistungen für die Dauer von bis zu drei Jahren bis zu einer Mindesthöhe von zwei v. H. von der nach § 8 Abs. 2 zugesagten Leistung abgewichen werden kann. [2]Entsprechend der Verminderung der Leistungszusage für die bei dem Mitglied/Beteiligten beschäftigten Pflichtversicherten reduziert sich für die Mitglieder/Beteiligten insoweit die zu tragende Umlagebelastung bzw. der zu zahlende Beitrag an die Zusatzversorgungseinrichtung. [3]Die Feststellung der wirtschaftlichen Notlage wird durch eine paritätisch besetzte Kommission der betroffenen Tarifvertragsparteien getroffen. [4]Die Regelung kann durch landesbezirklichen Tarifvertrag über die in Satz 1 genannte Dauer verlängert werden.

Protokollnotiz zu Absatz 2 Satz 2:
Wird aufgrund einer Einzelregelung ein Beitrag an die gesetzliche Rentenversicherung gezahlt, der den Mindestbeitrag nach § 3 Abs. 1 Nr. 1 Buchst. b) des Altersteilzeitgesetzes übersteigt, ist das zusatzversorgungspflichtige Entgelt nach Absatz 2 Satz 2 entsprechend zu erhöhen.

§ 16 Umlagen

(1) [1]Von der Zusatzversorgungseinrichtung festgesetzte monatliche Umlagen in Höhe eines bestimmten Vomhundertsatzes des Zusatzversorgungspflichtigen Entgelts der Beschäftigten (Umlagesatz) führt der Arbeitgeber – ggf. einschließlich des von der/dem Beschäftigten zu tragenden Umlage-Beitrags – an die Zusatzversorgungseinrichtung ab. [2]Die Umlage-Beiträge der Beschäftigten behält der Arbeitgeber von deren Arbeitsentgelt ein. [3]Bei Pflichtversicherten bleiben die am 1. November 2001 geltenden Vomhundertsätze für die Erhebung der Umlage-Beiträge bei der jeweiligen Zusatzversorgungseinrichtung maßgebend, soweit sich nicht aus § 37 oder § 37a etwas anderes ergibt. [4]Der Umlage-Beitrag für die Beschäftigten des Saarlandes beträgt abweichend von Satz 3 ab 1. Januar 2007 1,41 v. H. [5]Neben dem Umlage-Beitrag nach Satz 3 bzw. 4 wird von den bei der ZVK-Saar pflichtversicherten Beschäftigten entsprechend § 37 Abs. 1 Satz 2 und 3 ein zusätzlicher Arbeitnehmerbeitrag zur Umlage in Höhe von 0,4 v. H. des zusatzversorgungspflichtigen Entgelts erhoben; abweichend davon beträgt der zusätzliche Arbeitnehmerbeitrag zur Umlage für

a) die Beschäftigten des Saarlandes in der Zeit vom 1. Juli 2016 bis 30. Juni 2017 0,3 v. H. des zusatzversorgungspflichtigen Entgelts;

b) die Beschäftigten der Mitglieder des Kommunalen Arbeitgeberverbandes Saar
   - in der Zeit vom 1. Juli 2016 bis 30. Juni 2017 0,2 v.H. des zusatzversorgungspflichtigen Entgelts und
   - in der Zeit vom 1. Juli 2017 bis 30. Juni 2018 0,3 v.H. des zusatzversorgungspflichtigen Entgelts.

[6]Ergeben sich für das Saarland und die Mitglieder des Kommunalen Arbeitgeberverbandes Saar bei der ZVK-Saar künftig Mehrkosten aufgrund der veränderten biometrischen Risikoverhältnisse, werden diese paritätisch je zur Hälfte vom Arbeitgeber und durch eine entsprechende Entnahme aus dem mit dem zusätzlichen Arbeitnehmerbeitrag gebildeten Vermögen getragen.

(2) Der Arbeitgeber hat die auf ihn entfallende Umlage bis zu einem Betrag von monatlich 89,48 Euro pauschal zu versteuern, solange die Pauschalversteuerung rechtlich möglich ist und soweit sich aus § 37 nicht etwas anderes ergibt.

(3) [1]Die auf die Umlage entfallenden Pflichtversicherungszeiten und die daraus erworbenen Versorgungspunkte sind von der Zusatzversorgungseinrichtung auf einem personenbezogenen Versorgungskonto zu führen (Versorgungskonto I); umfasst sind auch Aufwendungen und Auszahlungen. [2]Das Weitere regelt die Satzung der Zusatzversorgungseinrichtung.

Protokollnotiz:
Für den Fall, dass die pauschal versteuerte Umlage über den am 1. Januar 2001 geltenden Umfang hinaus in der Sozialversicherung beitragspflichtig werden sollte, werden die Tarifvertragsparteien unverzüglich Verhandlungen aufnehmen mit dem Ziel, ein dem Zweck der Pauschalversteuerung ent-sprechendes Ergebnis zu erreichen.

§ 17 Sanierungsgelder

(1) [1]Zur Deckung des infolge der Schließung des Gesamtversorgungssystems und des Wechsels vom Gesamtversorgungssystem zum Punktemodell zusätzlichen Finanzbedarfs, der über die am 1. November 2001 jeweils geltende Umlage hinausgeht, erhebt die Zusatzversorgungseinrichtung vom Arbeitgeber Sanierungsgelder. [2]Diese Sanierungsgelder sind kein steuerpflichtiger Arbeitslohn.

(2) Sanierungsgelder kommen nicht in Betracht, wenn der am 1. November 2001 jeweils gültige Umlagesatz weniger als vier v.H. des zusatzversorgungspflichtigen Entgelts betragen hat.

§ 18 Beiträge im Kapitaldeckungsverfahren

(1) Soweit die Zusatzversorgungseinrichtung für die Pflichtversicherung Beiträge im Kapitaldeckungsverfahren von höchstens vier v. H. des zusatzversorgungspflichtigen Entgelts erhebt, trägt diese der Arbeitgeber, soweit sich aus § 37a nichts anderes ergibt.
(2) Die Beiträge im Sinne des Absatzes 1 einschließlich der darauf entfallenden Erträge sind von der Zusatzversorgungseinrichtung auf einem gesonderten personenbezogenen Versorgungskonto getrennt von den sonstigen Einnahmen zu führen (Versorgungskonto II).
(3) Die Einnahmen und Ausgaben einschließlich der Kapitalanlagen sind gesondert zu führen und zu verwalten.

§ 19 Bonuspunkte

(1) [1]Die Zusatzversorgungseinrichtung stellt jährlich bis zum Jahresende für das vorangegangene Geschäftsjahr fest, in welchem Umfang aus verbleibenden Überschüssen (Absatz 2) Bonuspunkte (§ 8 Abs. 1 Satz 1 Buchst. c) vergeben werden können. [2]Bonuspunkte nach Satz 1 kommen in Betracht für die am Ende des laufenden Geschäftsjahres Pflichtversicherten sowie für die zum gleichen Zeitpunkt beitragsfrei Versicherten, die eine Wartezeit von 120 Umlage-/Beitragsmonaten erfüllt haben. [3]Über die Vergabe von Bonuspunkten entscheidet das zuständige Gremium der Zusatzversorgungseinrichtung auf Vorschlag des Verantwortlichen Aktuars der Zusatzversorgungseinrichtung. [4]Grundlage für die Feststellung und Entscheidung ist eine auf anerkannten versicherungsmathematischen Grundsätzen (Anlage 4) beruhende und durch den Verantwortlichen Aktuar erstellte fiktive versicherungstechnische Bilanz für die Verpflichtungen gegenüber den Pflichtversicherten und den beitragsfrei Versicherten mit erfüllter Wartezeit von 120 Umlage-/Beitragsmonaten. [5]Soweit eine Kapitaldeckung vorhanden ist, werden dabei das Vermögen und die tatsächlich erzielten Kapitalerträge nur veranschlagt, soweit sie auf Beitragsleistungen von bis zu 4,0 v. H. der zusatzversorgungspflichtigen Entgelte entfallen. [6]Soweit keine Kapitaldeckung vorhanden ist, wird die durchschnittliche laufende Verzinsung der zehn nach der Bilanzsumme größten Pensionskassen gemäß dem zum Zeitpunkt der Fertigstellung der Bilanz nach Satz 4 jeweils aktuellen Geschäftsbericht des Bundesaufsichtsamtes für das Versicherungswesen bzw. der Nachfolgebehörde zugrunde gelegt. [7]Beschäftigte, deren Arbeitsverhältnis in Folge von Witterungseinflüssen oder wegen anderer Naturereignisse nach besonderen tarifvertraglichen Vorschriften geendet hat und die bei Wiederaufnahme der Arbeit Anspruch auf Wiedereinstellung haben, sowie Saisonbeschäftigte, die bei Beginn der nächsten Saison voraussichtlich wieder eingestellt werden, gelten als Pflichtversicherte im Sinne des Satzes 2.

(2) [1]Ergibt die fiktive versicherungstechnische Bilanz einen Überschuss, wird dieser Überschuss um den Aufwand für soziale Komponenten nach § 9 und um die Verwaltungskosten der Zusatzversorgungseinrichtung vermindert und nach Maßgabe des Absatzes 1 verwendet; soweit keine Kapitaldeckung vorhanden ist, werden für die fiktive Verzinsung nach Absatz 1 Satz 6 als Verwaltungskosten zwei v. H. dieser fiktiven Zinserträge berücksichtigt. [2]Ergibt die versicherungstechnische Bilanz eine Unterdeckung, wird diese vorgetragen. [3]Einzelheiten werden in den Ausführungsbestimmungen zur Satzung der Zusatzversorgungseinrichtung geregelt.

Protokollnotiz:
Die Tarifvertragsparteien gehen davon aus, dass wegen der unverändert hohen Mindestverzinsung zumindest mittelfristig weiterhin keine Ausschüttung von Bonuspunkten für die seit 2001 im Punktemodell erworbenen Anwartschaften und die Startgutschriften erfolgen wird.

Abschnitt VI
Verfahren

§ 20 Pflichten der Versicherten und der Betriebsrentenberechtigten

(1) [1]Der Zusatzversorgungseinrichtung sind alle für die Prüfung des Anspruchs auf Betriebsrente notwendigen Angaben zu machen und die erforderlichen Nachweise beizubringen. [2]Die Zusatzversorgungseinrichtung fordert die für die Feststellung des Eintritts des Versicherungsfalls und die Berechnung der Betriebsrente erforderlichen Daten elektronisch durch gesicherte und verschlüsselte Datenübertragung von den Trägern der gesetzlichen Rentenversicherung an. [3]Dies gilt nach Rentenbeginn auch für die Prüfung des Anspruchs auf Betriebsrente dem Grunde und der Höhe nach. [4]Soweit eine elektronische Datenübertragung der erforderlichen Daten nicht möglich ist, besteht die Verpflichtung nach Satz 1 insoweit fort. [5]Die Zusatzversorgungseinrichtung informiert die Betriebsrentenberechtigten über die elektronische Datenübertragung. [6]Die Satzung der Zusatzversorgungseinrichtung regelt den Zeitpunkt, von dem an die Daten erstmals elektronisch bei den Trägern der gesetzlichen Rentenversicherung angefordert werden.

(2) Kommen Betriebsrentenberechtigte der Verpflichtung nach Absatz 1 nicht nach, kann die Betriebsrente zurückbehalten werden.

(3) Vereinbarungen mit Dritten über die Abtretung, Verpfändung oder Beleihung eines Anspruchs auf Betriebsrente sind vorbehaltlich zwingender gesetzlicher Vorschriften gegenüber dem Arbeitgeber und der Zusatzversorgungseinrichtung unwirksam.

(4) Ist der Versicherungsfall durch ein Verhalten Dritter verursacht worden, sind Schadensersatzansprüche, soweit rechtlich zulässig, bis zur Höhe des Brutto-Betrages der Betriebsrente an die Zusatzversorgungseinrichtung abzutreten; soweit die Abtretung nicht erfolgt oder die zur Durchsetzung des Anspruchs erforderlichen Nachweise nicht vorgelegt werden, kann die Betriebsrente zurückbehalten werden.

(5) [1]Ohne Rechtsgrund gezahlte Betriebsrenten sind in Höhe ihrer Brutto-Beträge zurückzuzahlen. [2]Haben Versicherte oder Betriebsrentenberechtigte ihre Pflichten nach Absatz 1 verletzt, können sie sich nicht auf den Wegfall der Bereicherung berufen.

§ 21 Versicherungsnachweise

(1) [1]Pflichtversicherte erhalten jeweils nach Ablauf des Kalenderjahres bzw. bei Beendigung der Pflichtversicherung einen Nachweis über ihre bisher insgesamt erworbene Anwartschaft auf Betriebsrente wegen Alters nach § 7. [2]Dabei ist neben der Anwartschaft auch die Zahl der Versorgungspunkte und der Messbetrag anzugeben. [3]Im Falle der Kapitaldeckung sind zusätzlich die steuerrechtlich vorgeschriebenen Angaben zu beachten. [4]Der Nachweis ist mit einem Hinweis auf die Ausschlussfrist nach Absatz 2 zu versehen. [5]Wird der Nachweis im Zusammenhang mit der Beendigung der Pflichtversicherung erbracht, ist er um den Hinweis zu ergänzen, dass die aufgrund der Pflichtversicherung erworbene Anwartschaft bis zum erneuten Beginn der Pflichtversicherung bzw. bis zum Eintritt des Versicherungsfalles nicht dynamisiert wird, wenn die Wartezeit von 120 Umlage-/Beitragsmonaten nicht erfüllt ist. [6]Das Weitere regelt die Satzung der Zusatzversorgungseinrichtung.

(2) [1]Die Beschäftigten können nur innerhalb einer Ausschlussfrist von sechs Monaten nach Zugang des Nachweises nach Absatz 1 gegenüber ihrem Arbeitgeber schriftlich beanstanden, dass die vom Arbeitgeber zu entrichtenden Beiträge oder die zu meldenden Entgelte nicht oder nicht vollständig an die Zusatzversorgungseinrichtung abgeführt oder gemeldet wurden. [2]Beanstandungen in Bezug auf die ausgewiesenen Bonuspunkte sind innerhalb der Ausschlussfrist des Satzes 1 schriftlich unmittelbar gegenüber der Zusatzversorgungseinrichtung zu erheben.

§ 22 Zahlung und Abfindung

(1) [1]Die Betriebsrenten werden monatlich im Voraus auf ein Girokonto der Betriebsrentenberechtigten innerhalb eines Mitgliedstaates der Europäischen Union überwiesen. [2]Die Kosten der Überweisung auf ein Konto im Inland, mit Ausnahme der Kosten für die Gutschrift, trägt die Zusatzversorgungseinrichtung.

[3]Besteht der Betriebsrentenanspruch nicht für einen vollen Kalendermonat, wird der Teil gezahlt, der auf den Anspruchszeitraum entfällt.
(2) [1]Die Satzung der Zusatzversorgungseinrichtung kann vorsehen, dass Betriebsrenten, die einen Monatsbetrag von bis zu 30 Euro nicht überschreiten, abgefunden werden. [2]Darüber hinaus kann die Abfindung der Betriebsrente ermöglicht werden, wenn die Kosten der Übermittlung der Betriebsrenten unverhältnismäßig hoch sind.

§ 23 Ausschlussfristen

[1]Der Anspruch auf Betriebsrente für einen Zeitraum, der mehr als zwei Jahre vor dem Ersten des Monats liegt, in dem der Antrag bei der Zusatzversorgungseinrichtung eingegangen ist, kann nicht mehr geltend gemacht werden (Ausschlussfrist). [2]Dem Antrag steht eine Mitteilung der/des Berechtigten gleich, die zu einem höheren Anspruch führt. [3]Die Beanstandung, die mitgeteilte laufende monatliche Betriebsrente, eine Rentennachzahlung, eine Abfindung, eine Beitragserstattung oder eine Rückzahlung sei nicht oder nicht in der mitgeteilten Höhe ausgezahlt worden, ist nur schriftlich und innerhalb einer Ausschlussfrist von einem Jahr zulässig; die Frist beginnt bei laufenden Betriebsrenten mit dem Ersten des Monats, für den die Betriebsrente zu zahlen ist, im Übrigen mit dem Zugang der Mitteilung über die entsprechende Leistung.
[4]Auf die Ausschlussfrist ist in der Mitteilung über die Leistung hinzuweisen.

§ 24 Beitragserstattung

(1) [1]Die beitragsfrei Versicherten, die die Wartezeit (§ 6) nicht erfüllt haben, können bis zur Vollendung ihres 69. Lebensjahres die Erstattung der von ihnen getragenen Beiträge beantragen. [2]Der Antrag auf Beitragserstattung gilt für alle von den Versicherten selbst getragenen Beiträge und kann nicht widerrufen werden. [3]Rechte aus der Versicherung für Zeiten, für die Beiträge erstattet werden, erlöschen mit der Antragstellung. [4]Die Beiträge werden ohne Zinsen erstattet.
(2) [1]Sterben Versicherte nach Antragstellung, aber vor Beitragserstattung, gehen die Ansprüche auf die Hinterbliebenen über, die betriebsrentenberechtigt sind. [2]Mit der Zahlung an einen der Hinterbliebenen erlischt der Anspruch der übrigen Berechtigten gegen die Zusatzversorgungseinrichtung.
(3) Beiträge im Sinne dieser Vorschrift sind
a) die für die Zeit vor dem 1. Januar 1978 entrichteten Pflichtbeiträge einschließlich der Beschäftigtenanteile an den Erhöhungsbeträgen,

b) die für die Zeit nach dem 31. Dezember 1977 entrichteten Beschäftigtenanteile an den Erhöhungsbeträgen,
c) die für die Zeit nach dem 31. Dezember 1998 entrichteten Umlage-Beiträge der Beschäftigten.

Abschnitt VII Zuschüsse des Arbeitgebers zu anderen Zukunftssicherungssystemen

§ 25 Zuschüsse des Arbeitgebers zu anderen Zukunftssicherungssystemen

(1) [1]Für Beschäftigte, die als Mitglieder einer berufsständischen Versicherung von der Versicherung in der gesetzlichen Rentenversicherung befreit sind, richtet sich die Beteiligung des Arbeitgebers am Beitrag zur berufsständischen Versorgungseinrichtung nach § 172 Abs. 2 SGB VI.
[2]Pflichtversicherte, die nach § 231 Abs. 1 oder § 231a SGB VI von der Versicherungspflicht in der gesetzlichen Rentenversicherung befreit und freiwillig in der gesetzlichen Rentenversicherung versichert sind oder die für sich und ihre Hinterbliebenen eine (befreiende) Lebensversicherung abgeschlossen haben oder die freiwillig im Versorgungswerk der Presse versichert sind, erhalten von ihrem Arbeitgeber auf schriftlichen Antrag für jeden Kalendermonat, für den ihnen Entgelt, Urlaubsentgelt oder Entgelt im Krankheitsfall zustehen, einen Zuschuss in Höhe der Hälfte des Betrages, der zu zahlen wäre, wenn sie in der gesetzlichen Rentenversicherung versichert wären, höchstens jedoch die Hälfte des Beitrages.
[3]Beschäftigte, die freiwilliges Mitglied des Versorgungswerkes der Presse sind und die antragsgemäß (Anlage 2 Satz 2) von der Pflicht zur Versicherung in einer Zusatzversorgungseinrichtung befreit wurden, erhalten auf ihren Antrag für die Zeit, für die ohne die Befreiung die Pflicht zur Versicherung bestünde und für die ihnen Entgelt, Urlaubsentgelt oder Entgelt im Krankheitsfall zustehen, einen zweckgebundenen Zuschuss zu ihren Beiträgen zur Versicherung im Versorgungswerk der Presse. [4]Der Zuschuss beträgt die Hälfte des Beitrages, höchstens jedoch vier v. H. des zusatzversorgungspflichtigen Entgelts.
[5]Die Zuschüsse nach den Sätzen 1 und 2 dürfen insgesamt den Betrag nicht übersteigen, den der Arbeitgeber zu zahlen hätte, wenn die Beschäftigten in der gesetzlichen Rentenversicherung pflichtversichert wären.
(2) Im Falle der freiwilligen Versicherung in der gesetzlichen Rentenversicherung behält der Arbeitgeber den von den Beschäftigten zu tragenden Teil des Beitrages von deren Bezügen ein und führt den Beitrag nach der

Verordnung über die Zahlung von Beiträgen zur gesetzlichen Rentenversicherung ab.

(3) [1]Verfügen die Beschäftigten ohne vorherige Zustimmung des Arbeitgebers durch Abtretung und Verpfändung über ihre Lebensversicherung oder über die sich aus dem Zuschuss nach Absatz 1 Satz 3 ergebende Anwartschaft, wird der Zuschuss nach Absatz 1 Satz 2 bzw. Satz 3 nicht gewährt. [2]Der Zuschuss wird bis zu der in Absatz 1 bestimmten Höhe auch gewährt, wenn im Beitrag Mehrbeträge für Versicherungsleistungen bei Eintritt der vollen oder teilweisen Erwerbsminderung enthalten sind.

Zweiter Teil
Freiwillige Versicherung

§ 26 Freiwillige Versicherung

(1) [1]Den Pflichtversicherten wird die Möglichkeit eröffnet, durch Entrichtung eigener Beiträge unter Inanspruchnahme der steuerlichen Förderung (Sonderausgabenabzug, Zulage) bei der Zusatzversorgungseinrichtung nach deren Satzungsvorschriften eine zusätzliche kapitalgedeckte Altersvorsorge im Rahmen der betrieblichen Altersversorgung aufzubauen. [2]Nach Beendigung der Pflichtversicherung kann die freiwillige Versicherung – unabhängig davon, ob eine steuerliche Förderung möglich ist – längstens bis zum Eintritt des Versicherungsfalles (§ 5) fortgesetzt werden. [3]Die Fortsetzung ist innerhalb einer Ausschlussfrist von drei Monaten nach Beendigung der Pflichtversicherung zu beantragen.

(2) [1]Die eigenen Beiträge der Pflichtversicherten zur freiwilligen Versicherung werden entsprechend deren schriftlicher Ermächtigung vom Arbeitgeber aus dem Arbeitsentgelt an die Zusatzversorgungseinrichtung abgeführt. [2]Der Arbeitgeber schuldet auch in Anbetracht von Absatz 5 keine eigenen Beiträge.

(3) [1]Die freiwillige Versicherung kann in Anlehnung an das Punktemodell erfolgen. [2]Wahlweise kann sie auch durch fondsgebundene Rentenversicherung erfolgen, sofern die Zusatzversorgungseinrichtung Entsprechendes anbietet. [3]Unbeschadet etwaiger von der Zusatzversorgungseinrichtung übernommener Zinsgarantien, haftet der Arbeitgeber nach § 1 Abs. 2 Nr. 2 BetrAVG nur für den Erhalt der eingezahlten Beiträge, soweit sie nicht rechnungsmäßig für einen biometrischen Risikoausgleich verbraucht wurden.

[4]Das Nähere regelt die Satzung der Zusatzversorgungseinrichtung.

(4) [1]Die Beschäftigten behalten ihre Anwartschaft, wenn ihr Arbeitsverhältnis vor Eintritt des Versicherungsfalles (§ 5) endet. [2]Eine Abfindung von Anwartschaften ist nur dann möglich, wenn der Beschäftigte die freiwillige Versicherung kündigt. [3]Im Rahmen dieser Abfindung erhält der Beschäftigte seine eingezahlten Beiträge abzüglich der durch die Satzung und die Allgemeinen Versicherungsbedingungen der freiwilligen Versicherung der Zusatzversorgungseinrichtung näher beschriebenen Abschläge zurück. [4]Die Beschäftigten können jedoch verlangen, dass der Barwert ihrer Anwartschaft auf eine andere Zusatzversorgungseinrichtung, auf die die bisherige Pflichtversicherung nach § 4 übergeleitet wird, oder auf ein Versorgungssystem einer überstaatlichen Einrichtung, mit der ein entsprechendes Abkommen besteht, zu übertragen ist, wenn die Versorgungszusage des neuen

Arbeitgebers eine dem übertragenen Barwert wertmäßig entsprechende Zusage auf lebenslange Altersvorsorge umfasst. [5]Besteht bei einem Arbeitgeberwechsel die Pflichtversicherung bei der Zusatzversorgungseinrichtung fort, kann verlangt werden, dass die Versorgungszusage des neuen Arbeitgebers eine dem Barwert der bisherigen Anwartschaften wertmäßig entsprechende Zusage auf lebenslange Altersvorsorge umfasst. [6]Das Verlangen ist nur innerhalb einer Ausschlussfrist von sechs Monaten nach Beendigung des Arbeitsverhältnisses möglich. [7]Mit der Versorgungszusage durch den neuen Arbeitgeber erlischt die Verpflichtung des früheren Arbeitgebers.

(5) Der Arbeitgeber kann zu einer freiwilligen Versicherung der Beschäftigten eigene Beiträge außerhalb einer Entgeltumwandlung leisten; Absätze 2 bis 4 gelten entsprechend.

Protokollnotiz zu Absatz 1:
Arbeiterinnen/Arbeiter, die nach Satz 3 der Anlage 2 bei der Bahnversicherungsanstalt Abteilung B versichert bleiben und die sonst bei der VBL pflichtversichert wären, können die freiwillige Versicherung bei der VBL entsprechend § 26 durchführen.

§ 27 Verfahren

(1) Die Zusatzversorgungseinrichtung hat die Beiträge, die im Rahmen der freiwilligen Versicherung entrichtet werden, einschließlich der Erträge auf einem gesonderten personenbezogenen Versicherungskonto getrennt von den sonstigen Einnahmen zu führen; umfasst sind auch Aufwendungen und Auszahlungen.

(2) [1]Die freiwillige Versicherung wird in einem eigenen Abrechnungsverband geführt. [2]Die Einnahmen und Ausgaben einschließlich der Kapitalanlagen sind gesondert zu führen und zu verwalten.

(3) [1]Die freiwillig Versicherten erhalten jeweils nach Ablauf des Kalenderjahres sowie bei Beendigung der freiwilligen Versicherung einen Nachweis mit den steuerlich vorgeschriebenen Angaben bzw. soweit keine steuerliche Förderung möglich ist, über die Höhe der geleisteten Beiträge sowie über Art und Umfang der bisher erworbenen Anwartschaften. [2]Eine unterbliebene oder nicht vollständige Abführung der Beiträge an die Zusatzversorgungseinrichtung kann nur innerhalb einer Ausschlussfrist von sechs Monaten nach Zugang des Nachweises beanstandet werden. [3]Im Übrigen gelten die §§ 20, 21 und 22 Abs. 1 entsprechend.

Dritter Teil
Übergangs- und Schlussvorschriften

Abschnitt I
Übergangsregelungen zur Versicherungspflicht

§ 28 Höherversicherte

[1]Die Beschäftigten, deren zusätzliche Alters- und Hinterbliebenenversorgung im Wege der Höherversicherung bis 31. Dezember 1997 durchgeführt wurde, sind weiterhin nicht zu versichern. [2]Der Arbeitgeber zahlt einen Zuschuss zur Verwendung für eine zusätzliche Alters- und Hinterbliebenenversorgung von 66,47 Euro monatlich.

§ 29 Von der Pflichtversicherung Befreite

(1) Beschäftigte, die am 31. Dezember 1966 im Arbeitsverhältnis gestanden haben, nach der zwischen ihrem Arbeitgeber und der Zusatzversorgungseinrichtung bestehenden Mitgliedschafts-/Beteiligungsvereinbarung nicht zu versichern waren und die keinen Antrag auf Versicherung bei dem Arbeitgeber gestellt haben, bleiben weiterhin von der Pflicht zur Versicherung befreit.
(2) Beschäftigte, deren zusätzliche Alters- und Hinterbliebenenversorgung im Wege der Versicherung bei einem Lebensversicherungsunternehmen durchgeführt worden ist und die keinen Antrag auf Versicherung nach einem der in § 40 Abs. 3 aufgeführten Tarifverträge gestellt haben, sind – entsprechend den bis zum In-Kraft-Treten dieses Tarifvertrages geltenden Regelungen – weiterhin nicht bei der Zusatzversorgungseinrichtung zu versichern.

Abschnitt II
Übergangsregelungen für die Rentenberechtigten

§ 30 Am 31. Dezember 2001 Versorgungsrentenberechtigte

(1) Die Versorgungsrenten, die sich ohne Berücksichtigung von Nichtzahlungs- und Ruhensregelungen ergeben, und die Ausgleichsbeträge nach dem bis zum 31. Dezember 2000 geltenden Zusatzversorgungsrecht werden für die am 31. Dezember 2001 Versorgungsrentenberechtigten und ver-

sorgungsrentenberechtigten Hinterbliebenen zum 31. Dezember 2001 festgestellt.

(2) [1]Die nach Absatz 1 festgestellten Versorgungsrenten werden vorbehaltlich des Satzes 3 als Besitzstandsrenten weitergezahlt und entsprechend § 11 Abs. 1 dynamisiert. [2]Die abbaubaren Ausgleichsbeträge werden jeweils in Höhe des Dynamisierungsgewinns abgebaut; die nicht abbaubaren Ausgleichsbeträge werden nicht dynamisiert. [3]Die am Tag vor In-Kraft-Treten dieses Tarifvertrages geltenden Regelungen über die Nichtzahlung und das Ruhen sind entsprechend anzuwenden.

(3) Es gelten folgende Maßgaben:

a) [1]Neuberechnungen werden nur unter den Voraussetzungen des § 11 Abs. 2 durchgeführt; zusätzliche Versorgungspunkte nach Satz 2 sind dabei zu berücksichtigen. [2]Soweit noch Zeiten vor dem 1. Januar 2002 zu berücksichtigen sind, wird eine Startgutschrift entsprechend den §§ 32 bis 34 berechnet; übersteigt der hiernach festgestellte Betrag den Betrag, der sich als Versorgungsrente am 31. Dezember 2001 ergeben hat bzw. ohne Nichtzahlungs- und Ruhensregelungen ergeben hätte, wird die Differenz durch den Messbetrag geteilt und dem Versorgungskonto (§ 8 Abs. 1) als Startgutschrift gutgeschrieben.

b) § 10 Abs. 3 und die §§ 12 bis 14 sowie 20 bis 23 gelten entsprechend.

c) [1]Hat die Versorgungsrente vor dem 1. Januar 2002 geendet und besteht die Möglichkeit einer erneuten Rentengewährung, ist die Versorgungsrente, die sich unter Außerachtlassung von Nichtzahlungs- und Ruhensregelungen und ohne Berücksichtigung eines Ausgleichsbetrages (Absatz 1) am 31. Dezember 2001 ergeben hätte, durch den Messbetrag zu teilen und als Startgutschrift auf dem Versorgungskonto (§ 8 Abs. 1) gutzuschreiben; im Übrigen gelten in diesen Fällen die Vorschriften des Punktemodells. [2]Satz 1 gilt entsprechend, wenn der Versicherungsfall vor dem 1. Januar 2002 eingetreten ist, die Versorgungsrente jedoch erst nach dem 1. Januar 2002 beginnen würde.

(4) Stirbt eine unter Absatz 1 fallende Versorgungsrentenberechtigte/ein unter Absatz 1 fallender Versorgungsrentenberechtigter, gelten die Vorschriften des Punktemodells für Hinterbliebene entsprechend.

(5) Die Absätze 1 bis 4 gelten für Rentenberechtigte entsprechend, deren Rente aus der Zusatzversorgung am 1. Januar 2002 beginnt.

§ 31 Am 31. Dezember 2001 Versicherungsrentenberechtigte

(1) Für Versicherungsrentenberechtigte und versicherungsrentenberechtigte Hinterbliebene, deren Versicherungsrente spätestens am 31. Dezember 2001 begonnen hat, wird die am 31. Dezember 2001 maßgebende Versicherungsrente festgestellt.

(2) Die nach Absatz 1 festgestellten Versicherungsrenten werden als Besitzstandsrenten weitergezahlt und entsprechend § 11 Abs. 1 dynamisiert.
(3) § 30 Abs. 3 bis 5 gilt entsprechend.
(4) Die Absätze 1 bis 3 gelten für Leistungen nach der am Tag vor In-Kraft-Treten dieses Tarifvertrages geltenden Sonderregelung für Arbeitnehmer im Beitrittsgebiet (§ 105b VBL-Satzung) und für Betriebsrenten nach § 18 BetrAVG, die spätestens am 31. Dezember 2001 begonnen haben, entsprechend.

Abschnitt III
Übergangsregelungen für Anwartschaften der Versicherten

§ 32 Grundsätze

(1) [1]Für die Versicherten werden die Anwartschaften (Startgutschriften) nach dem am 31. Dezember 2000 geltenden Recht der Zusatzversorgung entsprechend den §§ 33 und 34 ermittelt. [2]Die Anwartschaften nach Satz 1 ohne Berücksichtigung der Altersfaktoren werden in Versorgungspunkte umgerechnet, indem der Anwartschaftsbetrag durch den Messbetrag von vier Euro geteilt wird; sie werden dem Versorgungskonto (§ 8 Abs. 1) ebenfalls gutgeschrieben. [3]Eine Verzinsung findet vorbehaltlich des § 19 Abs. 1 nicht statt.
(2) [1]Das Jahr 2001 wird entsprechend dem Altersvorsorgeplan 2001 berücksichtigt; dies gilt auch für im Jahr 2001 eingetretene Rentenfälle. [2]Ist der Versicherungsfall der teilweisen oder vollen Erwerbsminderung im Jahr 2001 eingetreten, gilt Satz 1 mit der Maßgabe, dass die zusatzversorgungsrechtliche Umsetzung der Neuregelungen im gesetzlichen Erwerbsminderungsrecht aus der 39. Änderung der Satzung der VBL vom 19. Oktober 2001 oder der Änderung der Satzung der ZVK-Saar vom 10. Dezember 2001 zu berücksichtigen ist.
(3) Soweit in den §§ 33, 34 und 39 auf Vorschriften des bis zum 31. Dezember 2000 geltenden Satzungsrechts verwiesen wird, erfolgt dies durch Benennung der bisherigen Regelung in der VBL-Satzung mit dem Zusatz »a. F.«; für den Bereich der ZVK-Saar gelten die entsprechenden Vorschriften ihrer Satzung in der bis zum 31. Dezember 2000 geltenden Fassung.
(4) [1]Für die Berechnung der Anwartschaften sind, soweit jeweils erforderlich, die Rechengrößen (Entgelt, Gesamtbeschäftigungsquotient, Steuertabelle, Sozialversicherungsbeiträge, Familienstand u. a.) vom 31. Dezember 2001 maßgebend; soweit gesamtversorgungsfähiges Entgelt zu berücksichtigen ist, ergibt sich dieses aus den entsprechenden Kalenderjahren vor dem 1. Januar 2002, dabei bleibt die Dynamisierung zum 1. Januar 2002 unbe-

rücksichtigt. [2]Für die Rentenberechnung nach § 18 Abs. 2 BetrAVG ist das am 31. Dezember 2001 geltende Rentenrecht maßgebend (Anlage 4 Nr. 5 Satz 2).

(5) [1]Beanstandungen gegen die mitgeteilte Startgutschrift sind innerhalb einer Ausschlussfrist von sechs Monaten nach Zugang des Nachweises der Zusatzversorgungseinrichtung schriftlich unmittelbar gegenüber der Zusatzversorgungseinrichtung zu erheben. [2]Auf die Ausschlussfrist ist in dem Nachweis hinzuweisen.

(6) [1]Soweit die Summe aus der Startgutschrift ohne Berücksichtigung des § 33 Abs. 1 Satz 3, dem Zuschlag zur Startgutschrift nach § 33 Abs. 1a sowie dem Betrag, der nach § 33 Abs. 3a als zusätzliche Startgutschrift ermittelt wurde, die Höhe der Anwartschaft nach § 33 Abs. 1 erreicht oder übersteigt, verbleibt es bei der bereits mitgeteilten Startgutschrift. [2]Einer gesonderten Mitteilung durch die Zusatzversorgungseinrichtung bedarf es in diesen Fällen nicht, es sei denn, es liegt eine Beanstandung nach Absatz 5 vor oder die Zusatzversorgungseinrichtung hat auf die Beanstandung der Startgutschriften verzichtet. [3]Im Übrigen übermittelt die Zusatzversorgungseinrichtung eine neue Mitteilung über die Höhe der Startgutschrift.

§ 33 Höhe der Anwartschaften für am 31. Dezember 2001 schon und am 1. Januar 2002 noch Pflichtversicherte

(1) [1]Die Anwartschaften der am 31. Dezember 2001 schon und am 1. Januar 2002 noch Pflichtversicherten berechnen sich nach § 18 Abs. 2 BetrAVG, soweit sich aus Absatz 2 nichts anderes ergibt. [2]Satz 1 gilt entsprechend für Beschäftigte, die nach den am 31. Dezember 2000 geltenden Vorschriften der Zusatzversorgungseinrichtung als pflichtversichert gelten. [3]Bei Anwendung von Satz 1 ist an Stelle des Faktors von 2,25 v. H. nach § 18 Abs. 2 Nr. 1 Satz 1 BetrAVG der Faktor zu berücksichtigen, der sich ergibt, indem man 100 v. H. durch die Zeit in Jahren vom erstmaligen Beginn der Pflichtversicherung bis zum Ende des Monats, in dem das 65. Lebensjahr vollendet wird, teilt; der Faktor beträgt jedoch mindestens 2,25 v. H. und höchstens 2,5 v. H.

Protokollnotiz zu Absatz 1 Satz 3:

[1]Bei Anwendung von Absatz 1 Satz 3 werden Teilmonate ermittelt, indem die Pflichtversicherungs-zeit unabhängig von der tatsächlichen Anzahl der Tage des betreffenden Monats durch 30 dividiert wird. [2]Aus der Summe der (Teil-)Monate werden die Jahre der Pflichtversicherung berechnet. [3]Die sich nach Satz 1 und 2 ergebenden Werte werden jeweils auf zwei Nachkommastellen gemeinüblich gerundet. [4]Der sich durch die Division mit der Zeit in Jahren ergebende Faktor wird auf vier Nachkommastellen gemeinüblich gerundet.

(1a) [1]Bei Beschäftigten, deren Anwartschaft nach Absatz 1 (rentenferne Jahrgänge) berechnet wurde, wird auch ermittelt, welche Anwartschaft sich bei einer Berechnung nach § 18 Abs. 2 BetrAVG unter Berücksichtigung folgender Maßgaben ergeben würde:

1. [1]Anstelle des Vomhundertsatzes nach § 18 Abs. 2 Nr. 1 Satz 1 BetrAVG wird ein Unverfallbarkeitsfaktor entsprechend § 2 Abs. 1 Satz 1 BetrAVG errechnet. [2]Dieser wird ermittelt aus dem Verhältnis der Pflichtversicherungszeit vom Beginn der Pflichtversicherung bis zum 31. Dezember 2001 zu der Zeit vom Beginn der Pflichtversicherung bis zum Ablauf des Monats, in dem das 65. Lebensjahr vollendet wird. [3]Der sich danach ergebende Vomhundertsatz wird auf zwei Stellen nach dem Komma gemeinüblich gerundet und um 7,5 Prozentpunkte vermindert.
2. [1]Ist der nach Nummer 1 Satz 3 ermittelte Vomhundertsatz höher als der bisherige Vomhundertsatz nach § 18 Abs. 2 Nr. 1 Satz 1 BetrAVG, wird für die Voll-Leistung nach § 18 Abs. 2 BetrAVG ein individueller Brutto- und Nettoversorgungssatz nach § 41 Abs. 2 und 2b VBL-Satzung a. F. ermittelt. [2]Als gesamtversorgungsfähige Zeit werden dabei berücksichtigt
   a) die bis zum 31. Dezember 2001 erreichten Pflichtversicherungsmonate zuzüglich der Monate vom 1. Januar 2002 bis zum Ablauf des Monats, in dem das 65. Lebensjahr vollendet wird, und
   b) die Monate ab Vollendung des 17. Lebensjahres bis zum 31. Dezember 2001 abzüglich der Pflichtversicherungsmonate bis zum 31. Dezember 2001 zur Hälfte.

   [3]Für Beschäftigte, für die der Umlagesatz des Abrechnungsverbandes Ost der VBL maßgebend war und die nur Pflichtversicherungszeiten in der Zusatzversorgung nach dem 31. Dezember 1996 haben, gilt Satz 2 Buchst. b) mit der Maßgabe, dass für die Zeit vor dem 1. Januar 1997 höchstens 75 Monate zur Hälfte berücksichtigt werden.

   [4]Bei Anwendung des § 41 Abs. 2 Satz 5 VBL-Satzung a. F. gilt als Eintritt des Versicherungsfalls der Erste des Kalendermonats nach Vollendung des 65. Lebensjahres; als gesamtversorgungsfähige Zeit im Sinne des § 42 Abs. 1 VBL-Satzung a. F. sind die Zeiten nach Satz 2 Buchst. a) zu berücksichtigen.

Protokollnotiz zu Absatz 1a Satz 1 Nr. 2:
Der »bisherige Vomhundertsatz nach § 18 Abs. 2 Nr. 1 Satz 1 BetrAVG« wird für jedes Jahr der Pflichtversicherung mit dem Faktor 2,25 v.H. berechnet, Absatz 1 Satz 3 findet keine Anwendung.

[2]Ist die unter Berücksichtigung der Maßgaben nach den Nummern 1 und 2 berechnete Anwartschaft höher als die Anwartschaft nach Absatz 1, wird der Unterschiedsbetrag zwischen diesen beiden Anwartschaften ermittelt und als Zuschlag zur Anwartschaft nach Absatz 1 berücksichtigt. [3]Der Zuschlag vermindert sich um den Betrag, der bereits nach Absatz 3a als zusätzliche Startgutschrift ermittelt wurde.

(2) [1]Für Beschäftigte im Tarifgebiet West bzw. für bei der VBL versicherte Beschäftigte, für die der Umlagesatz des Abrechnungsverbandes West maßgeblich ist (§ 76 Abs. 4 Satz 3 VBL-Satzung a. F.) oder die Pflichtversicherungszeiten in der Zusatzversorgung vor dem 1. Januar 1997 haben, und die am 1. Januar 2002 das 55. Lebensjahr vollendet haben (rentennahe Jahrgänge), ist Ausgangswert für die bis zum 31. Dezember 2001 in der Zusatzversorgung (Gesamtversorgung) erworbene Anwartschaft die Versorgungsrente, die sich unter Beachtung der Maßgaben des § 32, insbesondere unter Berücksichtigung der Mindestgesamtversorgung (§ 41 Abs. 4 VBL-Satzung a. F.) und des § 44a VBL-Satzung a. F., für die Berechtigte/den Berechtigten bei Eintritt des Versicherungsfalles am 31. Dezember 2001, frühestens jedoch zum Zeitpunkt der Vollendung des 63. Lebensjahres ergeben würde. [2]Von diesem Ausgangswert ist der Betrag abzuziehen, den die Versicherten aus dem Punktemodell bis zur Vollendung des 63. Lebensjahres vor Berücksichtigung des Abschlages noch erwerben könnten, wenn für sie zusatzversorgungspflichtige Entgelte in Höhe des gesamtversorgungsfähigen Entgelts gezahlt würden. [3]Sind am 31. Dezember 2001 die Voraussetzungen für die Berücksichtigung des § 98 Abs. 5 VBL-Satzung a. F. erfüllt, berechnet sich der Versorgungsvomhundertsatz nach dieser Vorschrift mit der Maßgabe, dass nach § 98 Abs. 5 Satz 2 VBL-Satzung a. F. abzuziehende Monate die Monate sind, die zwischen dem 31. Dezember 1991 und dem Ersten des Monats liegen, der auf die Vollendung des 63. Lebensjahres folgt. [4]Die Sätze 1 bis 3 gelten für Beschäftigte, die am 31. Dezember 2001 das 52. Lebensjahr vollendet haben und eine Rente für schwerbehinderte Menschen beanspruchen könnten, wenn sie zu diesem Zeitpunkt bereits das 60. Lebensjahr vollendet hätten, entsprechend mit der Maßgabe, dass an die Stelle des 63. Lebensjahres das entsprechende, für sie individuell frühestmögliche Eintrittsalter in die abschlagsfreie Rente für schwerbehinderte Menschen maßgeblich ist. [5]Werden in den Fällen des Satzes 4 die Voraussetzungen für die Mindestgesamtversorgung zwischen dem Zeitpunkt der Hochrechnung nach Satz 4 und der Vollendung des 63. Lebensjahres erfüllt, erfolgt die Berechnung der Anwartschaft abweichend von Satz 4 bezogen auf den Zeitpunkt, zu dem die Voraussetzungen der Mindestgesamtversorgung erfüllt wären.

(3) Für Beschäftigte im Tarifgebiet West bzw. für bei der VBL versicherte Beschäftigte, für die der Umlagesatz des Abrechnungsverbandes West maßgeblich ist (§ 76 Abs. 4 Satz 3 VBL-Satzung a. F.) oder die Pflichtversicherungszeiten in der Zusatzversorgung vor dem 1. Januar 1997 haben, und die vor dem 14. November 2001 Altersteilzeit oder einen Vorruhestand vereinbart haben, gilt Absatz 2 mit folgenden Maßgaben:

a) An die Stelle des 63. Lebensjahres tritt das vereinbarte Ende des Altersteilzeitarbeitsverhältnisses bzw. in den Fällen des Vorruhestandes das Alter, zu dem nach der Vorruhestandsvereinbarung die Rente beginnen würde.

b) [1]Der anzurechnende Bezug nach Absatz 4 wird in den Fällen, in denen die Mindestgesamtversorgung nach dem bis zum 31. Dezember 2000 geltenden Zusatzversorgungsrecht maßgeblich gewesen wäre, um die Abschläge vermindert, die sich zu dem Zeitpunkt, auf den die Startgutschrift hochgerechnet wird, voraussichtlich ergeben werden; diese Abschläge sind der Zusatzversorgungseinrichtung vom Beschäftigten in geeigneter Weise nachzuweisen. [2]Die Startgutschrift ist in den Fällen des Satzes 1 um den Betrag der sich im Zeitpunkt der Hochrechnung nach Satz 1 voraussichtlich ergebenden Abschläge gemäß § 7 Abs. 3 zu erhöhen.

(3a) [1]Pflichtversicherte, bei denen der Versicherungsfall der vollen Erwerbsminderung vor dem 1. Januar 2007 eingetreten ist, deren Startgutschrift nach Absatz 1 berechnet wurde und die am 31. Dezember 2001

a) das 47. Lebensjahr vollendet sowie
b) mindestens 120 Umlagemonate zurückgelegt hatten,

erhalten in Abweichung von dem üblichen Verfahren eine zusätzliche Startgutschrift in Höhe des Betrages, um den die Startgutschrift nach Absatz 2 die Startgutschrift nach Absatz 1 übersteigt; bei Berechnung der Startgutschrift nach Absatz 2 sind die Maßgaben der Sätze 2 und 3 zu beachten. [2]Die Berechnung erfolgt bezogen auf die Vollendung des 63. Lebensjahres. [3]Als anzurechnender Bezug wird die tatsächliche, entsprechend Absatz 5 auf das vollendete 63. Lebensjahr hochgerechnete gesetzliche Rente zugrunde gelegt. [4]Die sich nach den Sätzen 1 bis 3 ergebende zusätzliche Startgutschrift gilt bei Anwendung des § 19 als soziale Komponente im Sinne des § 9.

(4) [1]Für die Berechnung der Startgutschrift nach Absatz 2 ist die Rentenauskunft des gesetzlichen Rentenversicherungsträgers zum Stichtag 31. Dezember 2001 nach Durchführung einer Kontenklärung maßgebend. [2]Die Pflichtversicherten haben, sofern sie nicht bereits über eine Rentenauskunft aus dem Jahr 2001 verfügen, bis zum 30. September 2002 eine Rentenauskunft zu beantragen und diese unverzüglich der zuständigen Zusatzversorgungseinrichtung zu übersenden. [3]Sofern die Rentenauskunft aus von den Pflichtversicherten zu vertretenden Gründen bis zum 31. Dezember 2003 nicht beigebracht wird, wird die Startgutschrift nach Absatz 1 berechnet. [4]Bei Vorliegen besonderer Gründe kann die Zusatzversorgungseinrichtung eine angemessene Fristverlängerung gewähren. [5]Soweit bis zum 31. Dezember 2002 bereits ein bestands- oder rechtskräftiger Rentenbescheid der gesetzlichen Rentenversicherung vorliegt, ist – abweichend von Satz 1 – dieser Grundlage für die Berechnung nach Absatz 2.

(5) [1]Für die Zeit bis zur Vollendung des 63. Lebensjahres werden Entgeltpunkte in Höhe des jährlichen Durchschnitts der in dem Zeitraum vom 1. Januar 1999 bis 31. Dezember 2001 tatsächlich aus Beitragszeiten erworbenen Entgeltpunkte in Ansatz gebracht. [2]Bei Pflichtversicherten, die nicht in der gesetzlichen Rentenversicherung versichert sind, wird der an-

zurechende Bezug nach der bisher geltenden Regelung berücksichtigt; Zuschüsse werden in Höhe des jährlichen Durchschnitts der in der Zeit vom 1. Januar 1999 bis 31. Dezember 2001 tatsächlich gemeldeten Zuschüsse in Ansatz gebracht. [3]Ist in den Jahren 1999 bis 2001 kein zusatzversorgungspflichtiges Entgelt bezogen worden, ist gesamtversorgungsfähiges Entgelt das zusatzversorgungspflichtige Entgelt, das sich ergeben hätte, wenn für den gesamten Monat Dezember 2001 eine Beschäftigung vorgelegen hätte. [4]Sind in den Jahren 1999 bis 2001 keine Entgeltpunkte erworben worden, ist für die Ermittlung der Entgeltpunkte das rentenversicherungspflichtige Entgelt maßgebend, das im Monat Dezember 2001 bezogen worden wäre, wenn während des gesamten Monats eine Beschäftigung vorgelegen hätte; für die Ermittlung der Zuschüsse gilt dies entsprechend.

(6) [1]Für die Berechnung der Startgutschrift nach Absatz 1 und 2 haben die Pflichtversicherten bis zum 31. Dezember 2002 ihrem Arbeitgeber den Familienstand am 31. Dezember 2001 (§ 41 Abs. 2c Satz 1 Buchst. a] und b] VBL-Satzung a. F.) mitzuteilen. [2]Der Arbeitgeber hat die Daten an die Zusatzversorgungseinrichtung zu melden.

(7) [1]Für die Dynamisierung der Anwartschaften gilt § 19. [2]Auf den Zuschlag zur Anwartschaft nach Absatz 1a werden für die Jahre 2001 bis 2010 keine Bonuspunkte (§ 19) gewährt. [3]Die Vergabe von Bonuspunkten für die Zeit bis zum 31. Dezember 2016 wird durch die Neuberechnung der Startgutschriften aufgrund der Änderungen durch § 1 des Änderungstarifvertrages Nr. 10 zum ATV vom 8. Juni 2017 nicht berührt.

Protokollnotiz zu Absatz 1 und Absatz 1a:
Zur Ermittlung der Anwartschaften nach den Absätzen 1 und 1a wird bei Berechnung der Voll-Leistung nach § 18 Abs. 2 Nr. 1 BetrAVG ausschließlich das so genannte Näherungsverfahren entsprechend § 18 Abs. 2 Nr. 1 Satz 2 Buchst. f) BetrAVG berücksichtigt.

Protokollnotiz zu Absatz 7:
Die Tarifvertragsparteien gehen davon aus, dass wegen der unverändert hohen Mindestverzinsung zumindest mittelfristig weiterhin keine Ausschüttung von Bonuspunkten für die seit 2001 im Punktemodell erworbenen Anwartschaften und die Startgutschriften erfolgen wird.

§ 34 Höhe der Anwartschaften für am 1. Januar 2002 beitragsfrei Versicherte

(1) [1]Die Startgutschriften der am 1. Januar 2002 beitragsfrei Versicherten werden nach der am 31. Dezember 2001 geltenden Versicherungsrentenberechnung ermittelt. [2]Auf einen gesetzlichen Anspruch nach § 18 Abs. 2 BetrAVG sind § 33 Abs. 1 Satz 3 und Abs. 1a entsprechend anzuwenden. [3]Für die Dynamisierung der Anwartschaften gilt § 33 Abs. 7 entsprechend.

(2) [1]Für Beschäftigte, für die § 105b VBL-Satzung a. F. gilt, findet Absatz 1 mit der Maßgabe Anwendung, dass die Startgutschriften nur nach § 44 VBL-Satzung a. F. berechnet werden und dass der Berechnung das Entgelt zugrunde zu legen ist, das bei Pflichtversicherung in den letzten fünf Jahren vor Beendigung des Arbeitsverhältnisses zusatzversorgungspflichtig gewesen wäre. [2]Für Beschäftigte nach Satz 1 gilt die Wartezeit als erfüllt.

(3) Für die freiwillig Weiterversicherten gilt Absatz 1 entsprechend.

Abschnitt IV
Schlussvorschriften

§ 35 Sterbegeld

[1]Sterbegeld wird bei Fortgeltung des bisherigen Rechts Anspruchsberechtigten unter Berücksichtigung des am 31. Dezember 2001 maßgebenden Gesamtbeschäftigungsquotienten in folgender Höhe gezahlt für Sterbefälle

im Jahr 2002	1535,– Euro,
im Jahr 2003	1500,– Euro,
im Jahr 2004	1200,– Euro,
im Jahr 2005	900,– Euro,
im Jahr 2006	600,– Euro,
im Jahr 2007	300,– Euro.

[2]Ab dem Jahr 2008 entfällt das Sterbegeld.

§ 36 Sonderregelungen für die Jahre 2001/2002

(1) Anstelle von § 2 Abs. 2 und des Satzes 1 der Anlage 2 finden bis zum 31. Dezember 2002 der § 5 Abs. 3 und § 6 Abs. 1 bis 3 Versorgungs-TV sowie § 4 Abs. 1 und § 5 Abs. 1 bis 3 VersTV-Saar weiterhin Anwendung.

(2) Soweit bis zum 31. Dezember 2002 zusatzversorgungspflichtiges Entgelt entsprechend § 8 Versorgungs-TV oder § 7 VersTV-Saar gemeldet wurde, hat es dabei sein Bewenden.

(3) Soweit bis zum 31. Dezember 2002 Beiträge im Sinne des § 25 entsprechend den Vorschriften des Versorgungs-TV oder des VersTV-Saar gezahlt wurden, hat es dabei sein Bewenden.

§ 36a Übergangsregelungen

(1) Ist die/der Versicherte oder die/der Betriebsrentenberechtigte vor dem 1. Juli 2007 verstorben, findet § 10 Abs. 1 Satz 5 keine Anwendung; dies gilt nicht für Neuzusagen, die nach dem 31. Dezember 2006 erteilt wurden.

(2) [1]Für Mutterschutzzeiten nach § 3 Abs. 2 und § 6 Abs. 1 MuSchG, die in der Zeit vom 1. Januar 2002 bis zum 31. Dezember 2011 liegen, gilt § 9 Abs. 1 Satz 4 und 5 mit folgenden Maßgaben:

a) [1]Die Mutterschutzzeiten werden auf schriftlichen Antrag der Beschäftigten berücksichtigt. [2]Geeignete Nachweise zum Beginn und Ende der Mutterschutzfristen sind vorzulegen. [3]Der Antrag und die Nachweise sind bei der Zusatzversorgungseinrichtung einzureichen, bei der die Pflichtversicherung während der Mutterschutzzeit bestanden hat.
b) [1]Das für die Mutterschutzzeit anzusetzende zusatzversorgungspflichtige Entgelt wird errechnet aus dem durchschnittlichen kalendertäglichen Zusatzversorgungspflichtigen Entgelt des Kalenderjahres, das dem Jahr vorangeht, in dem die Mutterschutzfrist begonnen hat. [2]Bei der Berechnung des durchschnittlichen Entgelts werden Kalendermonate ohne zusatzversorgungspflichtiges Entgelt nicht berücksichtigt. [3]Ist in diesem Zeitraum kein zusatzversorgungspflichtiges Entgelt angefallen, ist für die Berechnung das Entgelt zugrunde zu legen, das sich als durchschnittliches zusatzversorgungspflichtiges Entgelt im Kalenderjahr vor Beginn der Mutterschutzzeit ergeben hätte.
c) Das Zusatzversorgungspflichtige Entgelt nach Buchstabe b) vermindert sich um das Zusatzversorgungspflichtige Entgelt, das nach § 9 Abs. 1 in der Fassung des Änderungstarifvertrages Nr. 2 vom 12. März 2003 für Kalendermonate berücksichtigt worden ist, in denen das Arbeitsverhältnis ganz oder teilweise nach § 6 Abs. 1 MuSchG geruht hat.

[2]Für Mutterschutzzeiten vor dem 1. Januar 2002 gilt Satz 1 bei entsprechendem Antrag der Versicherten bzw. der Rentenberechtigten sinngemäß für die Berechnung ihrer Startgutschriften. [3]Am 31. Dezember 2001 Rentenberechtigte mit Mutterschutzzeiten vor dem 1. Januar 2002, erhalten auf Antrag einen Zuschlag zu ihrer Besitzstandsrente, der sich ergibt, wenn auf der Grundlage der Entgelte gemäß Satz 1 Buchst. b) entsprechend § 8 Versorgungspunkte gutgeschrieben würden.

§ 37 Sonderregelungen für die VBL

(1) [1]Zu § 16 Abs. 1: Bei Pflichtversicherten, für die der Umlagesatz des Abrechnungsverbandes West der VBL maßgebend ist, beträgt der Umlage-Beitrag 1,41 v. H. des zusatzversorgungspflichtigen Entgelts. [2]Neben dem Umlage-Beitrag nach Satz 1 wird ein zusätzlicher Arbeitnehmerbeitrag zur Umlage in Höhe von 0,4 v. H. des zusatzversorgungspflichtigen Entgelts erhoben; abweichend davon beträgt der zusätzliche Arbeitnehmerbeitrag zur Umlage bei

a) den Beschäftigten eines Mitglieds der TdL oder eines Mitglieds eines Mitgliedsverbandes der TdL, die bei der VBL pflichtversichert sind, in der Zeit vom 1. Juli 2016 bis 30. Juni 2017 0,3 v.H. des zusatzversorgungspflichtigen Entgelts;

b) den Beschäftigten des Bundes und den Beschäftigten eines Mitglieds eines Mitgliedsverbandes der VKA, die bei der VBL pflichtversichert sind,
   - in der Zeit vom 1. Juli 2016 bis 30. Juni 2017 0,2 v.H. des zusatzversorgungspflichtigen Entgelts und
   - in der Zeit vom 1. Juli 2017 bis 30. Juni 2018 0,3 v.H. des zusatzversorgungspflichtigen Entgelts.

[3]Der zusätzliche Arbeitnehmerbeitrag zur Umlage nach Satz 2 dient der Finanzierung von Mehrkosten aufgrund der Veränderung der biometrischen Risiken (Richttafeln Heubeck 1998, derzeit VBL 2010G); er wird zunächst in einem Sondervermögen des Abrechnungsverbandes West der VBL angespart.

[4]Die Arbeitgeber im Abrechnungsverband West der VBL tragen entsprechend dem periodischen Bedarf im Umlageverfahren eine Umlage von 6,45 v.H. bis zu 6,85 v.H. der zusatzversorgungspflichtigen Entgelte.

[5]Für die Finanzierung der sich aufgrund der veränderten biometrischen Risikoverhältnisse im Abrechnungsverband West der VBL ergebenden Mehrkosten gilt folgendes Verfahren;

a) Die Mehrkosten aufgrund der veränderten biometrischen Risikoverhältnisse im Sinne von Satz 3 werden für den jeweiligen Deckungsabschnitt pauschal ermittelt, indem auf die sich für die einzelnen Kalenderjahre des Deckungsabschnitts ergebenden Rentenausgaben der sich aus der Anlage 6 jeweils ergebende Vomhundertsatz angewandt wird.
b) Die Hälfte der sich nach Buchstabe a) ergebenden Mehrkosten in dem jeweiligen Deckungsabschnitt wird durch eine Entnahme aus dem Sondervermögen nach Satz 3 finanziert; die aus dem Sondervermögen hierzu entnommenen Mittel sind dem jeweiligen Arbeitgeber bzw. seiner Arbeitgebergruppe in dem Verhältnis zuzurechnen, in dem das Sondervermögen von deren Beschäftigten aufgebaut wurde.
c) Die andere Hälfte der sich nach Buchstabe a) ergebenden Mehrkosten, höchstens jedoch 0,4 v.H. der zusatzversorgungspflichtigen Entgelte, wird von den Arbeitgebern im Rahmen der Festsetzung des Finanzierungsaufwandes für den jeweiligen Deckungsabschnitt getragen.
d) Die Anwendung der Buchstaben a) bis c) im jeweiligen Deckungsabschnitt setzt einen Umlagesatz in diesem Deckungsabschnitt von mindestens 7,86 v.H. voraus.

Protokollnotizen zu Absatz 1:

1. Eine Entnahme aus dem Sondervermögen erfolgt erst ab 2023.
2. Über die Frage der Finanzierung der durch die neuen Startgutschriften entstehenden Mehrkosten werden die Tarifvertragsparteien entscheiden, wenn

das derzeitige von den Arbeitgebern zu tragende Finanzierungsvolumen (Umlage-/Sanierungsgeldsätze) bei der VBL (Abrechnungsverband West) nicht ausreichen sollte.

(2) Zu § 16 Abs. 2: Bei Pflichtversicherten, deren zusatzversorgungspflichtiges Entgelt sich nach einem für das Tarifgebiet West geltenden Tarifvertrag bemisst und für die der Umlagesatz des Abrechnungsverbandes West maßgebend ist, gilt anstelle des in § 16 Abs. 2 genannten Betrages ein Betrag von 92,03 Euro.

(3) [1]Zu § 17: Die Sanierungsgelder nach § 17 werden im Abrechnungsverband West nach dem Verhältnis der Entgeltsumme aller Pflichtversicherten zuzüglich der neunfachen Rentensumme aller Renten zu den entsprechenden Werten, die einem Arbeitgeberverband oder einem Arbeitgeber zurechenbar sind, erhoben. [2]Die Satzung regelt die Grundsätze der Zuordnung von Beteiligten zu den jeweiligen Arbeitgebergruppen entsprechend dem Altersvorsorgeplan 2001 und dem Beschluss des Verwaltungsrates vom 1. Februar 2002.

(4) Zu § 26 Abs. 3: Die VBL hat die für die sonstigen Pensionskassen geltenden Regelungen des § 54 Abs. 2 und 3 VAG in Verbindung mit der Anlageverordnung, der §§ 54b, 66 VAG einschließlich der nach § 65 VAG erlassenen Deckungsrückstellungsverordnung zu beachten, soweit sich aufsichtsrechtlich nichts anderes ergibt.

(5) Zu § 34 Abs. 1: § 34 Abs. 1 Satz 2 gilt in folgender Fassung:

»[2]Soweit die Startgutschrift nach § 18 Abs. 2 BetrAVG berechnet wurde, sind § 32 Abs. 6 sowie § 33 Abs. 1 Satz 3 und Abs. 1a entsprechend anzuwenden.«

(6) Zu § 36a Abs. 2: Anstelle von § 36a Abs. 2 Sätze 2 und 3 gilt folgender Satz 2:

»[2]Für Mutterschutzzeiten vor dem 1. Januar 2002 gilt Satz 1 bei entsprechendem Antrag der Versicherten bzw. Rentenberechtigten sinngemäß für die Berechnung ihrer bis zum 31. Dezember 2001 erworbenen Anwartschaften.«

§ 37a Sonderregelungen für das Tarifgebiet Ost

(1) [1]Bei Pflichtversicherten, für die der Umlagesatz des Abrechnungsverbandes Ost der VBL maßgebend ist, beträgt der Arbeitnehmerbeitrag zur Pflichtversicherung 2,0 v. H. des zusatzversorgungspflichtigen Entgelts. [2]Dieser Arbeitnehmerbeitrag zur Kapitaldeckung erhöht sich auf 4,25 v. H. des zusatzversorgungspflichtigen Entgelts; abweichend davon beträgt der Arbeitnehmerbeitrag zur Kapitaldeckung bei

a) den Beschäftigten eines Mitglieds der TdL oder eines Mitglieds eines Mitgliedsverbandes der TdL, die bei der VBL pflichtversichert sind, in derzeit vom 1. Juli 2016 bis 30. Juni 2017 3,5 v. H. des zusatzversorgungspflichtigen Entgelts;

b) den Beschäftigten des Bundes und den Beschäftigten eines Mitglieds eines Mitgliedsverbandes der VKA, die bei der VBL pflichtversichert sind,
   - in derZeit vom 1. Juli 2016 bis 30. Juni 2017 2,75 v. H. des zusatzversorgungspflichtigen Entgelts und
   - in der Zeit vom 1. Juli 2017 bis 30. Juni 2018 3,5 v. H. des zusatzversorgungspflichtigen Entgelts.

[3]Der Arbeitgeberbeitrag im Kapitaldeckungsverfahren der VBL-Ost beträgt 2,0 v. H. der zusatzversorgungspflichtigen Entgelte. [4]Im Umlageverfahren tragen die Arbeitgeber im Abrechnungsverband Ost der VBL entsprechend dem periodischen Bedarf eine Umlage von 1,0 v. H. bis zu 3,25 v. H. der zusatzversorgungspflichtigen Entgelte. [5]Mit dieser Umlage werden auch die Leistungen aus der Kapitaldeckung finanziert, soweit die Entnahmen aus der Kapitaldeckung dazu nicht ausreichen (Mischfinanzierung).

(2) In den Fällen der freiwilligen Versicherung aufgrund von § 2 Abs. 2 wird ein entsprechender Arbeitnehmerbeitrag zur freiwilligen Versicherung erhoben; § 16 Abs. 1 Satz 2 gilt entsprechend.

(3) Der Zuschuss nach § 25 Abs. 1 Satz 4 wird für Beschäftigte im Tarifgebiet Ost um den Betrag gemindert, der sich ohne die Befreiung von der Pflichtversicherung als Arbeitnehmerbeitrag nach Absatz 1 ergeben würde.

Protokollnotiz zu Absatz 1:
Solange wegen der aktuellen Niedrigzinsphase tatsächlich ein Beitrag von über 8,0 v. H. des zusatzversorgungspflichtigen Entgelts zur Finanzierung der Leistungen des Punktemodells im Rahmen der Kapitaldeckung erforderlich ist, wirkt sich der zusätzliche Arbeitnehmerbeitrag nach Absatz 1 Satz 2 nicht auf den sofort unverfallbaren Teil der Anwartschaften aus.

Protokollnotiz zu den Absätzen 2 und 3:
In den Fällen der Absätze 2 und 3 wird als Arbeitnehmerbeitrag ein Beitrag von 2,0 v. H. des zusatzversorgungspflichtigen Entgelts zugrunde gelegt.

§ 37b Rechtsfolgen des Ausscheidens eines Beteiligten aus der VBL

[1]Mit dem Ausscheiden eines Beteiligten aus der VBL enden die Pflichtversicherungen der bei ihm im Arbeitsverhältnis stehenden Beschäftigten. [2]Die Versicherungen bleiben bei der VBL als beitragsfreie Versicherungen bis zum Beginn einer erneuten Pflichtversicherung bzw. bis zum Eintritt des Versicherungsfalls ebenso bestehen wie die dort erworbenen Anwartschaften und Leistungsansprüche der aktiven und ehemaligen Beschäftigten des ausgeschiedenen Beteiligten. [3]Diese dürfen nicht abweichend von Anwartschaften und Leistungsansprüchen solcher Beschäftigten geregelt werden, deren Arbeitgeber weiterhin Beteiligter der VBL ist.

§ 37c Zahlung eines Gegenwertes

(1) [1]Zur Sicherung der Umlage- und Solidargemeinschaft zahlt ein Beteiligter, der aus der VBL ausscheidet, einen Gegenwert an die VBL für die dort verbleibenden Leistungsansprüche und unverfallbaren Anwartschaften, die ihm zuzurechnen sind. [2]Bei der Berechnung des Gegenwertes sind folgende Grundsätze zu berücksichtigten:

a) Der ausgeschiedene Beteiligte hat neben den Leistungsansprüchen und Anwartschaften, die seine aktiven und ehemaligen Beschäftigten und deren Hinterbliebene bei der VBL während seiner Beteiligung erworben haben, auch die bis zu seinem Ausscheiden entstandenen Leistungsansprüche und Anwartschaften auszufinanzieren, die ihm nach der Satzung der VBL in den bis zum 31. Dezember 2015 gültigen Fassungen bzw. aufgrund Verpflichtungserklärung ausdrücklich zugeordnet worden sind und die nicht bereits vor dem Zeitpunkt des Ausscheidens kapitalgedeckt finanziert waren.

b) Die Höhe des Gegenwertes ist nach den anerkannten Regeln der Versicherungsmathematik unter Heranziehung von zum Ausscheidenszeitpunkt bestehenden und unter Verwendung der in den nachfolgenden Buchstaben c) bis e) näher bezeichneten Rechnungsgrundlagen zu berechnen.

c) Als Rechnungszins wird der zum Ausscheidenszeitpunkt jeweils gültige Höchstzinssatz nach § 2 Abs. 1 der Verordnung über Rechnungsgrundlagen für die Deckungsrückstellungen (Deckungsrückstellungsverordnung) zu Grunde gelegt, mindestens jedoch 2 v. H. und höchstens 4 v. H.

d) Hinsichtlich der biometrischen Risiken sind die jeweils aktuellen Sterbetafeln der VBL für die Pflichtversicherung zu berücksichtigen.

e) Die Verwaltungskosten werden pauschal mit 2 v. H. des Gegenwertes berechnet.

Protokollnotiz zu Absatz 1 Satz 2 Buchstabe c):
Im Fall des Wegfalls des Zinssatzes der Deckungsrückstellungsverordnung wird die Anknüpfung an einen anderen angemessenen Zinssatz durch die Tarifvertragsparteien vereinbart.

(2) Zum Ausgleich des Risikos, dass der nach Absatz 1 ermittelte Gegenwert aufgrund sich verändernder Rechnungsgrundlagen zu hoch oder zu niedrig ist, gilt Folgendes:

a) [1]Die VBL wiederholt die Gegenwertberechnung nach Absatz 1 alle zehn Jahre. [2]Die Kosten hierfür trägt die Umlagegemeinschaft. [3]Auf Veranlassung der VBL oder des ausgeschiedenen Beteiligten kann eine Neuberechnung auch bereits nach Ablauf von fünf Jahren seit der letzten Berechnung erneut durchgeführt werden. [4]In diesem Fall werden die Kosten durch den Veranlasser getragen.

b) [1]Übersteigt nach der Neuberechnung der bisher berechnete Gegenwert die bestehenden Verpflichtungen (Überschuss), werden dem ausgeschiedenen Beteiligten für jeweils fünf volle Jahre seit dem Ausscheiden 6,25 v. H. dieses Überschusses ausgezahlt. [2]Nach Ablauf von 80 Jahren seit dem Ausscheiden, spätestens mit dem Versterben des letzten Leistungsempfängers werden 100 v. H. des zu diesem Zeitpunkt festgestellten Überschusses ausgezahlt.

c) [1]Decken die zum Zeitpunkt der Neuberechnung aus dem bisherigen Gegenwert noch vorhandenen Mittel nicht alle bestehenden Verpflichtungen, besteht eine Nachschusspflicht des ausgeschiedenen Beteiligten. [2]Für die Nachschusspflicht gelten die in Buchstabe b aufgeführten Regelungen entsprechend.

d) [1]Auf Antrag des ausgeschiedenen Beteiligten unterbleibt die Neuberechnung nach Buchstaben a) bis c), wenn der ausgeschiedene Beteiligte einen Zuschlag von 10 v. H. der Gegenwertsumme innerhalb von sechs Monaten nach seinem Ausscheiden zahlt. [2]Reichen Zuschlag und Gegenwert nicht aus, um die dem ausgeschiedenen Beteiligten zuzurechnenden Leistungsansprüche und Anwartschaften zu finanzieren, tragen dieses Risiko die Solidargemeinschaft der verbliebenen Beteiligten sowie diejenigen Beteiligten, die sich für das Erstattungsmodell nach § 37e entschieden haben, entsprechend dem periodischen Bedarf im Umlageverfahren.

§ 37d Vermögensanrechnung

[1]Ergab sich bei Ende des letzten Deckungsabschnitts vor dem Ausscheiden des Beteiligten ein überschüssiges Vermögen, verringert sich der Gegenwert nach § 37c um den Anteil, der dem ausgeschiedenen Beteiligten nach Satz 3 zuzurechnen ist. [2]Als überschüssiges Vermögen gilt der Betrag, der aufgrund eines Überschusses am Ende des vorangegangenen Deckungsabschnitts als sonstige Einnahme bei der Kalkulation des Finanzierungsaufwandes im laufenden Deckungsabschnitt berücksichtigt wurde. [3]Der Anteil des ausgeschiedenen Beteiligten berechnet sich wie folgt:

a) Der Anteil des ausscheidenden Beteiligten an dem überschüssigen Vermögen wird nach der Summe der zusatzversorgungspflichtigen Entgelte der über ihn Pflichtversicherten bei Ende der Beteiligung im Verhältnis zur Summe der zusatzversorgungspflichtigen Entgelte aller zu diesem Zeitpunkt Pflichtversicherten ermittelt.

b) Der ausgeschiedene Beteiligte erhält von dem Vermögensanteil nach Buchstabe a) 30 v. H. sowie für jedes vollendete Kalenderjahr, das nach dem Ende der Beteiligung bis zum Ende des laufenden Deckungsabschnitts folgt,
   - bei einem fünfjährigen Deckungsabschnitt weitere 10,0 v. H. und

– bei einem siebenjährigen Deckungsabschnitt weitere 6,67 v. H., höchstens insgesamt 70 v. H.

[4]Ergab sich bei Ende des letzten Deckungsabschnitts vor dem Ausscheiden des Beteiligten eine Unterfinanzierung, die im Zuge der Kalkulation für den Finanzierungsaufwand des laufenden Deckungsabschnitts in diesem ausgeglichen wird, erhöht sich der Gegenwert nach § 37c um den Anteil, der dem ausgeschiedenen Beteiligten in entsprechender Anwendung von Satz 3 zuzurechnen ist. [5]Die Anrechnung des überschüssigen Vermögens nach Satz 1 oder der Ausgleich einer Unterdeckung nach Satz 4 erfolgt nur einmalig bei Beendigung der Beteiligung. [6]Eine über die Sätze 1 bis 4 hinausgehende Vermögensbeteiligung bzw. Beteiligung an einer Unterdeckung erfolgt nicht.

§ 37e Erstattungsmodell

[1]Der ausgeschiedene Beteiligte ist berechtigt, anstelle der Zahlung eines Gegenwertes nach § 37c die Aufwendungen der VBL für die ihm nach § 37c Abs. 1 Satz 2 Buchst. a) zuzurechnenden Leistungsansprüche zuzüglich anteiliger Verwaltungskosten in Höhe von 2 v. H. des jeweiligen Erstattungsbetrages fortlaufend zu erstatten (Erstattungsmodell). [2]Er kann – auch nachträglich – den Erstattungszeitraum verkürzen, indem er einen Deckungsstock zur Ausfinanzierung verbleibender Ansprüche nach § 37c Abs. 1 Satz 2 Buchst. b) bis c) aufbaut oder zukünftig einen Gegenwert zur Ausfinanzierung solcher verbleibenden Ansprüche zahlt. [3]Dabei sind folgende Grundsätze zu berücksichtigen:

a) Beim Erstattungsmodell kann der ausscheidende Beteiligte zwischen reiner Erstattung, verkürzter Erstattung mit Deckungsstock und verkürzter Erstattung mit verbleibendem Gegenwert wählen.

b) [1]Das Ende des zu vereinbarenden Erstattungszeitraums kann der ausscheidende Beteiligte festlegen. [2]Wählt er das reine Erstattungsmodell, endet der Erstattungseitraum mit der letzten ihm zuzurechnenden Rentenzahlung.

c) [1]Aufbau und Höhe eines vom ausscheidenden Beteiligten gewählten Deckungsstocks bestimmen sich nach dem von ihm festgelegten Ende des Erstattungszeitraums und den dann noch vorhandenen Leistungsansprüchen und Anwartschaften; die Einzelheiten sind unter entsprechender Berücksichtigung der Maßgaben nach § 37c Abs. 1 Satz 2 Buchst. b) bis e) durch die VBL festzulegen. [2]Ist der Deckungsstock am Ende des gewählten Erstattungszeitraums höher als die noch vorhandenen Leistungsansprüche, erhält der ausgeschiedene Beteiligte den Überschuss.

d) [1]Wählt der ausscheidende Beteiligte die Zahlung eines verbleibenden Gegenwertes für die bei Ende des von ihm festgelegten Erstattungszeitraums noch vorhandenen Leistungsansprüche und Anwartschaften, so gelten für den Gegenwert § 37c Abs. 1 und 2 entsprechend. [2]Dies gilt auch bei einem gebildeten Deckungsstock.

e) [1]Ausgeschiedene Beteiligte, die statt der Zahlung eines Gegenwertes nach § 37c Abs. 1 das Erstattungsmodell wählen, werden für die Dauer der Erstattungen – wie bei einer fortbestehenden Beteiligung – an den Kosten von vergangenen bzw. zukünftigen Beendigungen von Beteiligungen beteiligt, soweit diese von den ausgeschiedenen Beteiligten nicht selbst getragen werden. [2]Der ausgeschiedene Beteiligte hat keine Ausfallsicherung beizubringen.

f) § 37d gilt entsprechend.

§ 37f Rechtsfolgen von Personalübertragungen

(1) [1]Werden kraft Rechtsvorschrift (Gesetz, Verordnung, Satzung) oder aufgrund einer Vereinbarung (einschließlich Betriebsübergang und Fusion) zwischen einem an der VBL Beteiligten und einem nicht beteiligten Arbeitgeber Arbeitsverhältnisse mit Pflichtversicherten auf Letzteren übertragen (Personalübertragungen) und scheidet dadurch ein wesentlicher Teil von Pflichtversicherten des Beteiligten aus der VBL aus, ist dieser verpflichtet, hierfür einen anteiligen Gegenwert zu zahlen. [2]Dabei sind folgende Grundsätze zu berücksichtigen.

a) [1]Ein wesentlicher Teil von Pflichtversicherten ist gegeben, wenn in den vergangenen zehn Jahren (jeweils Stand Jahresende) zehn v. H. der Pflicht-versicherten des Beteiligten oder 500 Pflichtversicherte übertragen worden sind. [2]Der zehnjährige Betrachtungszeitraum beginnt neu, wenn ein Gegenwert geschuldet wird. [3]Hat ein beteiligter Arbeitgeber im Betrachtungszeitraum im Wege einer Personalübertragung von nicht beteiligten Arbeitgebern zusätzliche Pflichtversicherte übernommen, wird der Umfang zugunsten des Beteiligten berücksichtigt.

b) [1]Mit dem anteiligen Gegenwert sind unverfallbare Anwartschaften der Versicherten zu finanzieren, deren Pflichtversicherungen wegen der Personalübertragungen während des Betrachtungszeitraums enden. [2]Zusätzlich sind Anwartschaften von beitragsfreien Versicherungen sowie Leistungsansprüche von Betriebsrentenberechtigten und Hinterbliebenen in dem Anteil zu finanzieren, der dem Verhältnis des übertragenen Pflichtversichertenbestandes zu dem Pflichtversichertenbestand des Beteiligten vor der Personalübertragung entspricht.

c) Im Übrigen gelten die Grundsätze nach § 37c und § 37d entsprechend.

d) [1]Anstelle eines anteiligen Gegenwertes kann der Beteiligte die Aufwendungen der VBL für die ihm im Zusammenhang mit den Personalübertragungen nach Buchstabe b) zuzurechnenden Leistungsansprüche entsprechend § 37e erstatten. [2]§ 37d gilt entsprechend.

(2) Die Personalübertragungen nach Absatz 1 stellen für sich genommen keinen Grund zur fristlosen Kündigung der Beteiligung dar.
(3) Die Einzelheiten zu Absatz 1 regelt die VBL eigenständig.

§ 38 Sonderregelung für die VKA

[1]Zu § 29 Abs. 2: Beschäftigte, deren zusätzliche Altersvorsorge bei einem Lebensversicherungsunternehmen durchgeführt worden ist, sind auf ihren schriftlichen Antrag beim Vorliegen der sonstigen Voraussetzungen bei der Zusatzversorgungseinrichtung zu versichern. [2]Der Antrag kann nur bis zum Ablauf von sechs Monaten nach dem Beginn der Mitgliedschaft des Arbeitgebers bei einem Mitgliedsverband der Vereinigung der kommunalen Arbeitgeberverbände gestellt werden. [3]Beschäftigte, die den Antrag nach Satz 1 nicht stellen, haben die Lebensversicherung mindestens zu den bisherigen Bedingungen fortzuführen. [4]Der Arbeitgeber hat sich nach den am Tage vor dem Beitritt des Arbeitgebers zu einem Mitgliedsverband der Vereinigung der kommunalen Arbeitgeberverbände bestehenden Vereinbarungen an den Beiträgen zur Lebensversicherung zu beteiligen. [5]Daneben hat der Arbeitgeber für die Zeit, für die die Beschäftigten Arbeitsentgelt erhalten, einen zusätzlichen Beitragsanteil in Höhe von 1,5 v. H. des der Beitragsberechnung in der gesetzlichen Rentenversicherung zugrunde liegenden Arbeitsentgelts zu entrichten; dabei bleibt die Beitragsbemessungsgrenze unberücksichtigt. [6]Die Beitragsanteile des Arbeitgebers dürfen den insgesamt zu zahlenden Beitrag nicht übersteigen.

§ 39 Sonderregelungen für das zusatzversorgungspflichtige Entgelt

(1) [1]Bei Bund und TdL gilt für pflichtversicherte Beschäftigte und für freiwillig versicherte Beschäftigte mit wissenschaftlicher Tätigkeit (§ 2 Absatz 2) Folgendes: Soweit das monatliche Zusatzversorgungspflichtige Entgelt den Grenzbetrag nach Satz 2 übersteigt, hat der Arbeitgeber ab 1. Januar 2002 im Rahmen der freiwilligen Versicherung nach § 26 Abs. 3 Satz 1 einen Beitrag von acht v. H. des übersteigenden Betrages an die Zusatzversorgungseinrichtung zu zahlen. [2]Grenzbetrag ist das 1,181-fache des Betrages der Entgeltgruppe 15 Stufe 5 TVöD/Bund Tarifgebiet West bzw. Tarifgebiet Ost – jährlich einmal einschließlich der Jahressonderzahlung, wenn die / der Beschäftigte eine Zusatzversorgungspflichtige Jahressonderzahlung erhält. [3]Die Sätze 1 und 2 gelten nur für Beschäftigte, für die keine zusätzliche Umlage nach Absatz 2 zu entrichten ist.
(2) [1]Für Beschäftigte, für die für Dezember 2001 schon und für Januar 2002 noch eine zusätzliche Umlage nach § 29 Abs. 4 VBL-Satzung a. F. gezahlt wurde, gilt Folgendes: Soweit das monatliche Zusatzversorgungspflichtige

Entgelt den Grenzbetrag nach Satz 3 übersteigt, ist in diesem Arbeitsverhältnis zusätzlich eine Umlage von neun v. H. des übersteigenden Betrages zu zahlen. [2]Die sich daraus ergebenden Versorgungspunkte sind zu verdreifachen. [3]Grenzbetrag ist das 1,133-fache des Betrages der Entgeltgruppe 15 Stufe 6 TVöD/VKA Tarifgebiet West bzw. Tarifgebiet Ost jährlich einmal einschließlich der Jahressonderzahlung, wenn die/der Beschäftigte eine Zusatzversorgungspflichtige Jahressonderzahlung erhält.

Protokollnotiz:
Bei Beschäftigten im Tarifgebiet Ost, für die der Umlagesatz des Abrechnungsverbandes West der VBL maßgeblich ist, sind bei Erhebung des Beitrags nach Absatz 1 und der zusätzlichen Umlage nach Absatz 2 die jeweiligen Beträge für das Tarifgebiet West zu berücksichtigen.

§ 40 In-Kraft-Treten

(1) [1]Dieser Tarifvertrag tritt mit Wirkung vom 1. Januar 2001 in Kraft. [2]Abweichend von Satz 1 tritt § 2 Abs. 2 am 1. Januar 2003 mit der Maßgabe in Kraft, dass er nur für nach dem 31. Dezember 2002 begründete Arbeitsverhältnisse Anwendung findet.

(2) [1]Dieser Tarifvertrag kann jederzeit schriftlich mit einer Frist von drei Monaten zum Monatsende gekündigt werden, frühestens jedoch zum 30. Juni 2026. [2]Abweichend von Satz 1 kann dieser Tarifvertrag von und gegenüber der TdL mit einer Frist von drei Monaten zum Monatsende gekündigt werden, frühestens jedoch zum 31. Dezember 2024.

(3) Mit dem In-Kraft-Treten dieses Tarifvertrages treten – unbeschadet des § 36 – außer Kraft der

a) Tarifvertrag über die Versorgung der Arbeitnehmer des Bundes und der Länder sowie von Arbeitnehmern kommunaler Verwaltungen und Betriebe (Versorgungs-TV) vom 4. November 1966,
b) Tarifvertrag über die Versorgung der Arbeitnehmer des Saarlandes und der Mitglieder des Kommunalen Arbeitgeberverbandes e. V. Saar (VersTV-Saar) vom 15. November 1966.

(4) Soweit vorstehend keine Regelung getroffen ist, findet der als Anlage 5 beigefügte Altersvorsorgeplan 2001 vom 13. November 2001 mit seinen Anlagen Anwendung (einschließlich des Ausschlusses der Entgeltumwandlung und der Verhandlungszusage nach 1.3).

Anlage 1
Geltungsbereich

[1]Tarifverträge im Sinne des § 1 sind der

1. Tarifvertrag für den öffentlichen Dienst (TVöD),
2. Tarifvertrag für den öffentlichen Dienst der Länder (TV-L),
3. Tarifvertrag für die Auszubildenden des öffentlichen Dienstes (TVAöD),
4. Tarifvertrag für Auszubildende der Länder in Ausbildungsberufen nach dem Berufsbildungsgesetz (TVA-L BBiG),
5. Tarifvertrag für Auszubildende der Länder in Pflegeberufen (TVA-L Pflege),
6. Tarifvertrag über die Regelung der Rechtsverhältnisse der nicht vollbeschäftigten amtlichen Tierärzte und Fleischkontrolleure in öffentlichen Schlachthöfen und in Einfuhruntersuchungsstellen (TVAng iöS),
7. Tarifvertrag über die Regelung der Rechtsverhältnisse der nicht vollbeschäftigten amtlichen Tierärzte und Fleischkontrolleure in öffentlichen Schlachthöfen und in Einfuhruntersuchungsstellen (TVAng iöS),
8. Tarifvertrag Versorgungsbetriebe (TV-V),
9. Spartentarifvertrag Nahverkehrsbetriebe eines Arbeitgeberverbandes, der der Vereinigung der kommunalen Arbeitgeberverbände angehört, soweit die Anwendung des öffentlichen Zusatzversorgungsrechts dort geregelt ist,
10. Tarifvertrag für die Arbeitnehmer/Innen der Wasserwirtschaft in Nordrhein-Westfalen (TV-WW/NW).

[2]Dieser Tarifvertrag gilt nicht für die Beschäftigten

a) des Landes und der Stadtgemeinde Bremen bzw. der Mitglieder des kommunalen Arbeitgeberverbandes Bremen e. V., die unter den Geltungsbereich des Bremischen Ruhelohngesetzes vom 22. Dezember 1998 fallen,
b) der Freien und Hansestadt Hamburg,
c) der Mitglieder der Arbeitsrechtlichen Vereinigung Hamburg e. V.

Protokollnotiz zu Satz 1:
Soweit in Satz 1 der Anlage 1 in der Fassung des 3. Änderungstarifvertrags aufgeführte Tarifverträge noch nicht durch einen der in Satz 1 der Anlage 1 aufgeführten Tarifverträge abgelöst sind, verbleibt es bis zur Ablösung beim bisherigen Geltungsbereich.

Anlage 2
Ausnahmen von der Versicherungspflicht

[1]Von der Pflicht zur Versicherung sind Beschäftigte ausgenommen, die

1. nach einer aufgrund einer im Zeitpunkt des Beginns der Mitgliedschaft/Beteiligung bestehenden Ruhelohnordnung oder einer entsprechenden Bestimmung eine Anwartschaft oder einen Anspruch auf Ruhelohn haben und denen Hinterbliebenenversorgung gewährleistet ist,
2. eine Anwartschaft oder einen Anspruch auf lebenslängliche Versorgung nach beamten- oder soldatenrechtlichen Vorschriften oder Grundsätzen oder entsprechenden kirchenrechtlichen Regelungen mindestens in Höhe der beamtenrechtlichen Mindestversorgungsbezüge haben und denen Hinterbliebenenversorgung gewährleistet ist,
3. aufgrund Tarifvertrages, Arbeitsvertrages, der Satzung der Zusatzversorgungseinrichtung oder der Satzung einer Zusatzversorgungseinrichtung, von der Versicherungen übergeleitet werden, von der Versicherungspflicht befreit worden sind,
4. für das bei dem Beteiligten bestehende Arbeitsverhältnis aufgrund gesetzlicher, tariflicher oder vertraglicher Vorschrift einer anderen Zusatzversorgungseinrichtung (Versorgungsanstalt der deutschen Bühnen, Versorgungsanstalt der deutschen Kulturorchester, Bahnversicherungsanstalt Abteilung B oder eine gleichartige Versorgungseinrichtung) angehören müssen,
5. bei der Versorgungsanstalt der deutschen Bühnen oder der Versorgungsanstalt der deutschen Kulturorchester freiwillig weiterversichert sind, und zwar auch dann, wenn diese freiwilligen Weiterversicherungen später als drei Monate nach dem Beginn des Arbeitsverhältnisses enden,
6. Rente wegen Alters nach §§ 35 bis 40 bzw. §§ 235 bis 238 SGB VI als Vollrente erhalten oder erhalten haben oder wenn der Versicherungsfall der Betriebsrente wegen Alters (§ 5) bei einer Zusatzversorgungseinrichtung, von der Überleitungen (§ 4) erfolgen, eingetreten ist,
7. eine Übergangszahlung nach § 46 Nummer 4 TVöD BT-V (VKA) oder § 47 Nummer 3 TV-L beziehungsweise eine Übergangsversorgung nach den tariflichen Vorgängerregelungen erhalten oder
8. im Sinne des § 8 Abs. 1 Nr. 2 SGB IV geringfügig beschäftigt sind.

[2]Auf ihren beim Arbeitgeber schriftlich zu stellenden Antrag sind Beschäftigte, solange sie freiwilliges Mitglied des Versorgungswerks der Presse sind, nicht zu versichern; wird der Antrag spätestens zwölf Monate nach Beginn der Pflicht zur Versicherung gestellt, gilt die Pflichtversicherung als nicht entstanden.

[3]Zwischen den Tarifvertragsparteien besteht Einvernehmen, dass die Arbeiterinnen und Arbeiter

a) der Wasser- und Schifffahrtsverwaltung des Bundes,
b) der Häfen- und Schifffahrtsverwaltung des Landes Niedersachsen und der Wasserwirtschaftsverwaltungen der Länder

weiterhin bei der Bahnversicherungsanstalt Abteilung B versichert bleiben, soweit die Bahnversicherungsanstalt Abteilung B als Versicherungsträger bestimmt ist.

Anlage 3
Ausnahmen vom und Sonderregelungen zum zusatzversorgungspflichtigen Entgelt

[1]Kein zusatzversorgungspflichtiges Entgelt im Sinne des § 15 Abs. 2 sind

1. Bestandteile des Arbeitsentgelts, die durch Tarifvertrag auf Bundes-, Landes- oder landesbezirklicher Ebene ausdrücklich als nicht zusatzversorgungspflichtig bezeichnet sind sowie über- und außertarifliche Bestandteile des Arbeitsentgelts, soweit sie durch Betriebsvereinbarung oder Arbeitsvertrag ausdrücklich als nicht zusatzversorgungspflichtig bezeichnet sind,

Protokollnotiz zu Nr. 1:
Für am 30. Juni 2007 bestehende Vereinbarungen in Tarifverträgen, Betriebsvereinbarungen oder Arbeitsverträgen über die Ausnahme von Bestandteilen des Arbeitsentgelts aus der Zusatzversorgung gilt Anlage 3 Satz 1 Nr. 1 in der bis zum 1. Januar 2007 geltenden Fassung.

2. Bestandteile des Arbeitsentgelts, die auf einer Verweisung auf beamtenrechtliche Vorschriften beruhen, soweit die beamtenrechtlichen Bezüge nicht ruhegehaltfähig sind,
3. Aufwandsentschädigungen; reisekostenähnliche Entschädigungen (z. B. Ausbleibezulage, Auswärtszulage),
4. geldliche Nebenleistungen wie Ersatz von Werbungskosten (z. B. Aufwendungen für Werkzeuge, Berufskleidung, Fortbildung) sowie Zuschüsse z. B. zu Fahr-, Heizungs-, Wohnungs-, Essens-, Kontoführungskosten, Schul- und Sprachenbeihilfen, Mietbeiträge, Kassenverlustentschädigungen (Mankogelder, Fehlgeldentschädigungen)
5. Leistungszulagen, Leistungsprämien sowie erfolgsabhängige Entgelte (z. B. Tantiemen, Provisionen, Abschlussprämien und entsprechende Leistungen, Prämien für Verbesserungsvorschläge, Erfindervergütungen),
6. einmalige und sonstige nicht laufend monatlich gezahlte über- oder außertarifliche Leistungen,

7. Entgelte aus Nebentätigkeiten einschließlich Einkünfte, die aus ärztlichen Liquidationserlösen zufließen,
8. Krankengeldzuschüsse,
9. Jubiläumsgelder,
10. Aufwendungen des Arbeitgebers für eine Zukunftssicherung der Beschäftigten,
11. geldwerte Vorteile/Sachbezüge, soweit derartige Leistungen nicht anstelle von Entgelt für Zeiträume gezahlt werden, für die laufendes zusatzversorgungspflichtiges Entgelt zusteht,
12. Zuschläge für Sonntags-, Feiertags- und Nachtarbeit,
13. einmalige Zahlungen (z. B. Urlaubsabgeltungen, Abfindungen), die aus Anlass der Beendigung, des Eintritts des Ruhens oder nach der Beendigung des Arbeitsverhältnisses gezahlt werden,
14. einmalige Zahlungen (z. B. Zuwendungen) insoweit, als bei ihrer Berechnung Zeiten berücksichtigt sind, für die keine Umlagen für laufendes zusatzversorgungspflichtiges Entgelt zu entrichten sind,
15. einmalige Unfallentschädigungen,
16. bei einer Verwendung im Ausland diejenigen Bestandteile des Arbeitsentgelts, die wegen dieser Verwendung über das für eine gleichwertige Tätigkeit im Inland zustehende Arbeitsentgelt hinaus gezahlt werden.

[2]Kein zusatzversorgungspflichtiges Entgelt ist ferner der Teil des steuerpflichtigen Arbeitsentgelts, der nach Anwendung des Satzes 1 den 2,5-fachen Wert der monatlichen Beitragsbemessungsgrenze in der gesetzlichen Rentenversicherung (West bzw. Ost) übersteigt; wenn eine zusatzversorgungspflichtige Jahressonderzahlung gezahlt wird, ist der vorgenannte Wert jährlich einmal im Monat der Jahressonderzahlung zu verdoppeln.

[3]Als zusatzversorgungspflichtiges Entgelt gilt für Kalendermonate, in denen Beschäftigte für mindestens einen Tag Anspruch auf Krankengeldzuschuss haben – auch wenn dieser wegen der Höhe der Barleistungen des Sozialversicherungsträgers nicht gezahlt wird –, das fiktive Entgelt nach § 21 TVöD/§ 21 TV-L bzw. entsprechenden tarifvertraglichen Regelungen, das für die Tage, für die tatsächlich Anspruch auf Entgelt, Entgeltfortzahlung oder Krankengeldzuschuss bestand, im Falle eines entsprechenden Entgeltfortzahlungsanspruchs gezahlt worden wäre. [4]In diesen Kalendermonaten geleistete einmalige Zahlungen sind neben dem fiktiven Entgelt nach § 21 TVöD/§ 21 TV-L bzw. entsprechenden tarifvertraglichen Regelungen nach Maßgabe der Sätze 1 und 2 zusatzversorgungspflichtiges Entgelt.

[5]Für Beschäftigte, die zur Übernahme von Aufgaben der Entwicklungshilfe im Sinne des § 1 Entwicklungshelfergesetz vom 18. Juni 1969 in der jeweils geltenden Fassung ohne Arbeitsentgelt beurlaubt sind, hat der Arbeitgeber für die Zeit der Beurlaubung Umlagen an die Zusatzversorgungseinrichtung abzuführen, wenn der Träger der Entwicklungshilfe die Umlagen erstattet. [6]Für die Bemessung der Umlagen gilt als zusatzversorgungspflichtiges Ent-

gelt das Entgelt, von dem nach § 166 Abs. 1 Nr. 4 SGB VI die Beiträge für die gesetzliche Rentenversicherung zu berechnen sind.
[7]Für Beschäftigte, die eine Ausgleichszahlung nach Maßgabe des § 11 des Tarifvertrages über sozialverträgliche Begleitmaßnahmen im Zusammenhang mit der Umgestaltung der Bundeswehr vom 18. Juli 2001 erhalten, ist zusatzversorgungspflichtiges Entgelt das der Bemessung dieser Ausgleichszahlung zugrunde liegende unverminderte Einkommen im Sinne des vorgenannten Tarifvertrages.

Anlage 4
Versicherungsmathematische Grundsätze für die Bewertung der Verpflichtungen im Rahmen der versicherungstechnischen Bilanz

1. Bewertungsgegenstand

Bewertet werden die Verpflichtungen nach dem Stande vom Bilanzstichtag (= Inventurstichtag). Bereits feststehende allgemeine Leistungsveränderungen, die erst nach dem Stichtag wirksam werden, bleiben unberücksichtigt.

2. Bewertungsmethode

Es wird der versicherungsmathematische Barwert der Verpflichtungen nach dem Grundsatz der Einzelbewertung ermittelt.

3. Rechnungsgrundlagen

Als biometrischen Rechnungsgrundlagen dienen die Richttafeln 1998 von Klaus Heubeck. Als Altersgrenze ist die Vollendung des 65. Lebensjahres in Ansatz zu bringen.

Der Rechnungszins beträgt 3,25 % in der Zeit bis zum Eintritt eines Versorgungsfalles und 5,25 % nach Eintritt eines Versorgungsfalles.

4. Verwaltungskostenrückstellung

Eine Verwaltungskostenrückstellung wird nicht gebildet.

5. Sonstiges

Solange die den Besitzstand abbildenden Versorgungspunkte noch nicht ermittelt sind, werden die anzurechnenden Sozialversicherungsrenten nach dem steuerlichen Näherungsverfahren in Ansatz gebracht. Der in diesem Verfahren anzusetzende Korrekturfaktor wird einheitlich für alle Berechtigten auf 0,9086 festgesetzt, Entgelt und Beitragsbemessungsgrenze sind nach dem Stande vom 31. Dezember 2001 zu berücksichtigen.

Ein nach Feststellung der den Besitzstand abbildenden Versorgungspunkte ermittelter Unterschiedsbetrag gegenüber dem vorläufigen Bewertungsansatz bleibt bei der Ermittlung des Überschusses unberücksichtigt.

Anlage 5
Altersvorsorgeplan 2001

Berlin, 13. November 2001, 18.30 Uhr

Dieser Tarifvertrag gilt einheitlich für die Tarifgebiete Ost und West

1. Ablösung des Gesamtversorgungssystems

1.1 Das bisherige Gesamtversorgungssystem wird mit Ablauf des 31. Dezember 2000 geschlossen und durch das Punktemodell ersetzt. Zur juristischen Bewertung vgl. Anlage 1.

1.2 Auf ein Zurückfallen der Renten und Anwartschaften auf den Stand des Jahres 2000 wird verzichtet.

1.3 Durch den Systemwechsel erhalten die Arbeitnehmer die Möglichkeit, eine zusätzliche kapitalgedeckte Altersversorgung durch eigene Beiträge unter Inanspruchnahme der steuerlichen Förderung aufzubauen (Riester-Rente). Diese Möglichkeit soll auch bei den Zusatzversorgungskassen eröffnet werden.

Die Möglichkeit der Entgeltumwandlung besteht derzeit – einheitlich für alle Arbeitnehmer – nicht; die Tarifvertragsparteien geben sich eine Verhandlungszusage für eine tarifvertragliche Regelung zur Entgeltumwandlung.

1.4 Die Umlagefinanzierung wird auch nach Systemwechsel beibehalten. Sie kann schrittweise nach den Möglichkeiten der einzelnen Zusatzversorgungskassen durch Kapitaldeckung abgelöst werden (Kombinationsmodell).

2. Punktemodell

2.1 Die Leistungsbemessung erfolgt nach dem Punktemodell. Es werden diejenigen Leistungen zugesagt, die sich ergeben würden, wenn eine Gesamt-Beitragsleistung von 4 v. H. vollständig in ein kapitalgedecktes System eingezahlt würde.

2.2 Soweit eine Kapitaldeckung vorhanden ist, werden die tatsächlich erzielten Kapitalerträge veranschlagt.

Soweit keine Kapitaldeckung vorhanden ist, wird jährlich die laufende Verzinsung der zehn größten Pensionskassen gemäß jeweils aktuellem Geschäftsbericht des Bundesaufsichtsamtes für das Versicherungswesen (bzw. Nachfolgeeinrichtung) zugrunde gelegt.

Überschüsse werden wie bei einer Pensionskasse festgestellt. Von diesen Überschüssen werden nach Abzug der Verwaltungskosten (soweit fiktiv: 2 v. H.) vorrangig die sozialen Komponenten und dann Bonuspunkte finanziert.

Soziale Komponenten sind:

a) Zurechnungszeiten bei Erwerbsminderungs- und Hinterbliebenenrenten (vgl. Textziffer 2.5)

b) Kindererziehungszeiten
Berücksichtigung eines Beitrages von 20,– Euro pro Monat pro Kind für die Dauer der gesetzlichen Erziehungszeit (ohne Beschäftigung).

c) Übergangsregelung für alle Versicherten mit einer Mindestpflichtversicherungszeit von 20 Jahren die monatlich weniger als 3600,– DM brutto verdienen. Ihre erworbenen Anwartschaften werden festgestellt und ggf. auf mindestens 0,8 Versorgungspunkte für jedes volle Kalenderjahr der Pflichtversicherung angehoben (Einbeziehung des Beschäftigungsquotienten).

2.3 Die als Anlage beigefügte Tabelle kommt zur Anwendung. Diese Tabelle basiert auf folgenden Parametern:
Ein Zinssatz entsprechend § 2 der Deckungsrückstellungsverordnung von derzeit 3,25 v. H. vor Eintritt des Versorgungsfalls wird zugrunde gelegt. Nach Eintritt des Versorgungsfalls gilt ein Zinssatz von 5,25 v. H. Bei Änderungen des Verordnungs-Zinssatzes gilt dieser bis zum Wirksamwerden einer entsprechenden tarifvertraglichen Anpassung fort. Die versicherungsmathematischen Berechnungen basieren auf den Richttafeln 1998 von Klaus Heubeck.

2.4 Die Versicherungsfälle entsprechen denen in der gesetzlichen Rentenversicherung (Altersrenten, Erwerbsminderungsrenten, Hinterbliebenenrenten). Bei teilweiser Erwerbsminderung wird die Hälfte des Betrages gezahlt, der bei voller Erwerbsminderung zustünde.
Abschläge werden für jeden Monat der vorzeitigen Inanspruchnahme der Rente (wie gesetzliche Rentenversicherung) in Höhe von 0,3 v. H. erhoben; höchstens jedoch insgesamt 10,8 v. H.

2.5 Bei Erwerbsminderungs- und Hinterbliebenenrenten vor Vollendung des 60. Lebensjahres werden Versorgungspunkte hinzugerechnet. Für ein Referenzentgelt wird für jedes Kalenderjahr vor Vollendung des 60. Lebensjahres je ein Versorgungspunkt hinzugerechnet.

2.6 Von den Verpflichtungen zur Beitragszahlung in der Textziffer 2.1 dieses Tarifvertrages kann bis zu einer Mindesthöhe von zwei v. H. für die Dauer von bis zu drei Jahren im Rahmen eines landesbezirklichen Tarifvertrages abgewichen werden, wenn sich der Betrieb in einer wirtschaftlichen Notlage befindet. Die Feststellung der wirtschaftlichen Notlage wird durch eine paritätisch besetzte Kommission der Tarifvertragsparteien getroffen. Die Regelung kann verlängert werden.

2.7 Entgelte aus Altersteilzeit werden in Höhe des vereinbarten Entgelts mindestens jedoch mit 90 v. H. des vor Beginn der Altersteilzeit maßgebenden Wertes berücksichtigt (wie nach bisherigem Recht). Fälle des Vorruhestandes werden wie nach altem Recht behandelt.

3. Übergangsrecht

3.1 Die Höhe der laufenden Renten und der Ausgleichsbeträge wird zum 31. Dezember 2001 festgestellt.

3.2 Die laufenden Renten werden als Besitzstandsrenten weitergezahlt. Die abbaubaren Ausgleichsbeträge werden in Höhe des Dynamisierungsgewinns abgebaut.

3.3 Die Besitzstandsrenten und die Neurenten werden beginnend mit dem Jahr 2002 jeweils zum 1. Juli eines Jahres bis 2007 mit 1 v.H. jährlich dynamisiert.

3.4 Die Anwartschaften der am 31. Dezember 2001 schon und am 1. Januar 2002 noch pflichtversicherten Arbeitnehmer werden wie folgt berechnet:

3.4.1 Es gelten die Berechnungsvorgaben des § 18 Abs. 2 BetrAVG. Der danach festgestellte Betrag wird in Versorgungspunkte unter Berücksichtigung eines Zinssatzes von 3,25 umgerechnet und in das Punktemodell transferiert. Die transferierten Versorgungspunkte nehmen an der Dynamisierung nach Ziffer 2.2 teil.

3.4.2 Für Arbeitnehmer im Tarifgebiet West, die am 1. Januar 2002 das 55. Lebensjahr vollendet haben (rentennahe Jahrgänge), gilt folgende Besitzstandsregelung: Auf der Grundlage des am 31. Dezember 2000 geltenden Rechts der Zusatzversorgung ist Ausgangswert für die Bemessung des in das Punktemodell zu transferierenden Betrages die individuell bestimmte Versorgungsrente im Alter von 63 (bei Behinderten Alter entsprechend gesetzlicher Rentenversicherung) unter Berücksichtigung der Mindestgesamtversorgung und des § 44a VBL-Satzung bzw. entsprechende Versorgungsregelung; die gesetzliche Rente ist nach persönlichen Daten anzurechnen; von diesem nach den Bemessungsgrößen per 31. Dezember 2001 einmalig ermittelten Ausgangswert ist die aus dem Punktemodell noch zu erwerbende Betriebsrente abzuziehen; die Differenz ist die Besitzstandsrente; sie wird in Versorgungspunkte umgerechnet und in das Punktemodell transferiert.

3.4.3 Textziffer 3.4.2 gilt entsprechend für solche Arbeitnehmer, die im Jahre 2001 das 55. Lebensjahr vollendet und vor In-Kraft-Treten des Tarifvertrages Altersteilzeit bzw. Vorruhestand vereinbart haben.

3.5 Die im bisherigen Versorgungssystem erworbenen Anwartschaften von Arbeitnehmern, die am 1. Januar 2002 nicht mehr pflichtversichert sind und die eine unverfallbare Anwartschaft haben, werden entsprechend der bisherigen Versicherungsrentenberechnung festgestellt, transferiert und nicht dynamisiert.

4. Finanzierung

4.1 Jede Kasse regelt ihre Finanzierung selbst.

Zusätzlicher Finanzbedarf über die tatsächliche Umlage des Jahres 2001 hinaus (Stichtag 1. November 2001) – mindestens jedoch ab Umlagesatz von 4 v.H. – wird durch steuerfreie, pauschale Sanierungsgelder gedeckt.

Im Tarifgebiet West verbleibt es bei den von den Arbeitnehmern bei Zusatzversorgungskassen geleisteten Beiträgen.

4.2 Für die VBL-West gilt:
Ab 2002 betragen die Belastungen der Arbeitgeber 8,45 v. H. Dies teilt sich auf in eine steuerpflichtige, mit 180 DM/Monat pauschal versteuerte Umlage von 6,45 v. H. und steuerfreie pauschale Sanierungsgelder von 2,0 v. H., die zur Deckung eines Fehlbetrages im Zeitpunkt der Schließung dienen sollen.
Ab 2002 beträgt der aus versteuertem Einkommen zu entrichtende Umlagebeitrag der Arbeitnehmer 1,41 v. H.
4.3 Die Verteilung der Sanierungsgelder auf Arbeitgeberseite bestimmt sich nach dem Verhältnis der Entgeltsumme aller Pflichtversicherten zuzüglich der neunfachen Rentensumme aller Renten zu den entsprechenden Werten, die einem Arbeitgeberverband bzw. bei Verbandsfreien, dem einzelnen Arbeitgeber zuzurechnen sind; ist ein verbandsfreier Arbeitgeber einer Gebietskörperschaft mittelbar oder haushaltsmäßig im Wesentlichen zuzuordnen, wird dieser bei der Gebietskörperschaft einbezogen.
Arbeitgebern, die seit dem 1. November 2001 durch Ausgliederung entstanden sind, sind zur Feststellung der Verteilung der Sanierungszuschüsse Renten in dem Verhältnis zuzurechnen, das dem Verhältnis der Zahl der Pflichtversicherten des Ausgegliederten zu der Zahl der Pflichtversicherten des Ausgliedernden zum 1. November 2001 entspricht.
4.4 Bei abnehmendem Finanzierungsbedarf für die laufenden Ausgaben werden die übersteigenden Einnahmen – getrennt und individualisierbar – zum Aufbau einer Kapitaldeckung eingesetzt.
5. Die Tarifvertragsparteien gehen davon aus, dass mit diesem Tarifvertrag das Abwandern von Betrieben oder Betriebsteilen aus den Zusatzversorgungseinrichtungen des öffentlichen Dienstes verhindert wird.
Während der Laufzeit des Tarifvertrages überprüfen die Tarifvertragsparteien, ob es zu signifikanten Abwanderungen aus einzelnen Zusatzversorgungseinrichtungen gekommen ist. Sie beauftragen einen Gutachter, die Gründe für eventuelle Abwanderungen darzustellen. Dies gilt auch für den Tarifvertrag über sozialverträgliche Begleitmaßnahmen im Zusammenhang mit der Umgestaltung der Bundeswehr.
6. Laufzeit des Tarifvertrages bis zum 31. Dezember 2007.

Anlage 1 zum Altersvorsorgeplan 2001 Juristische Zulässigkeit des rückwirkenden Systemwechsels zum 31. Dezember 2000

(Arbeitskreis 2)
Die Tarifvertragsparteien gehen davon aus, dass der rückwirkende Wechsel vom Gesamtversorgungssystem in ein Punktemodell zum 1. Januar 2001

verfassungsrechtlich zulässig ist. Dies gilt auch für den Transfer der am 31. Dezember 2000 bestehenden Anwartschaften.

Für das Jahr 2001 ist aus verwaltungstechnischen Gründen eine Einführungsphase für das neue System vorgesehen, in der sich Anwartschaften technisch weiterhin nach den Berechnungsmethoden des alten Systems fortentwickeln. Diese für die Betroffenen günstige Übergangsregelung liegt in der Normsetzungsbefugnis der Tarifvertragsparteien.

Seit dem Ergebnis der Tarifrunde 2000 konnte niemand auf den Fortbestand des bisherigen Versorgungssystems vertrauen und deshalb davon ausgehen, dass dieses unverändert bestehen bleiben würde.

Sollte ein Bundesgericht abschließend feststellen, dass Arbeitnehmern oder Versorgungsempfängern mit Vordienstzeiten (Beschäftigungen außerhalb des öffentlichen Dienstes) im neuen System im Hinblick auf den Beschluss des Bundesverfassungsgerichts vom 22. März 2000 (1 BvR 1136/96) höhere als die überführten Ansprüche zustehen, werden den Berechtigten diese Ansprüche auch dann rückwirkend erfüllt, wenn sie sie nicht vor der neuen Entscheidung geltend gemacht haben.

Anlage 2 zum Altersvorsorgeplan 2001 Rentenformel im Punktemodell ohne Zwischenschaltung eines Regelbeitrages und bei Überschussanteilen in Form von beitragslosen Versorgungspunkten

Die Rentenhöhe ist abhängig von der gesamten Erwerbsbiografie im öffentlichen Dienst. In jedem Beschäftigungsjahr t werden Versorgungspunkte VPt erworben. Die Höhe der Versorgungspunkte ergibt sich aus der Formel:

$VP_t = E_t / RE \times Tab_x$

Ggf. wird VP_t aus Überschüssen erhöht.

Darin bedeuten

VPt Versorgungspunkt für das Jahr t

Et Entgelt des Versicherten im Jahr t

RE Referenzentgelt

Tabx Tabellenwert für das Alter x des Versicherten im Jahr t

Im Versorgungsfall ergibt sich die Rente nach der Formel

Rente = [Summe aller VP_t] x Messbetrag

Der Messbetrag beträgt 0,4 % des Referenzentgeltes.

x	Tabx	x	Tabx	x	Tabx	x	Tabx
17	3,1	29	2,1	41	1,5	53	1,0
18	3,0	30	2,0	42	1,4	54	1,0
19	2,9	31	2,0	43	1,4	55	1,0
20	2,8	32	1,9	44	1,3	56	1,0
21	2,7	33	1,9	45	1,3	57	0,9
22	2,6	34	1,8	46	1,3	58	0,9
23	2,5	35	1,7	47	1,2	59	0,9
24	2,4	36	1,7	48	1,2	60	0,9
25	2,4	37	1,6	49	1,2	61	0,9
26	2,3	38	1,6	50	1,1	62	0,8
27	2,2	39	1,6	51	1,1	63	0,8
28	2,2	40	1,5	52	1,1	64 u. älter	0,8

Anlage 6
Ermittlung der biometriebedingten Mehrkosten

Auf der Grundlage der Berechnungen von AONHewitt im Schreiben vom 7. Januar 2015 werden die Mehrkosten aufgrund der veränderten biometrischen Verhältnisse pauschal ermittelt, indem jeweils folgender Vomhundertsatz auf die Rentenausgaben angewandt wird, die sich in dem Kalenderjahr unter Berücksichtigung der tatsächlichen biometrischen Risikoverhältnisse voraussichtlich ergeben werden:

Kalenderjahr	Anteil der Mehrkosten aufgrund der veränderten biometrischen Verhältnisse an den voraussichtlichen tatsächlichen Rentenausgaben in v. H.
2023	4,77
2024	5,34
2025	5,93
2026	6,51
2027	7,06

Kalenderjahr	Anteil der Mehrkosten aufgrund der veränderten biometrischen Verhältnisse an den voraussichtlichen tatsächlichen Rentenausgaben in v. H.
2028	7,63
2029	8,16
2030	8,67
2031	9,17
2032	9,63
2033	10,10
2034	10,57
2035	11,08
2036	11,59
2037	12,14
2038	12,67
2039	13,12
2040	13,62
2041	14,06
2042	14,47
2043	14,86
2044	15,21
2045	15,49
2046	15,75
2047	15,99
2048	16,17
2049	16,30
2050	16,42
2051	16,48
2052	16,52
2053	16,59
ab 2054	16,60

Gemeinsame Niederschriftserklärungen zu §§ 37b bis 37e ATV

1. Um wieder zu einer einheitlichen Nummerierung der ATV-Änderungstarifverträge zurückzukehren, erhält dieser Tarifvertrag die Ordnungszahl »8«. Der Änderungstarifvertrag vom 28. März 2015 zum ATV ist faktisch der Änderungstarifvertrag Nr. 7; formal wird ihm die Ordnungszahl »7« jedoch nicht zugewiesen, so dass es bei der bisherigen Bezeichnung bleibt.
2. Die aktuellen biometrischen Rechnungsgrundlagen der VBL (§ 37c Absatz 1 Satz 2 Buchst. d) ATV) sind derzeit (7. Januar 2016) die Richttafeln VBL 201 OG.
3. Zu § 37d ATV: Das für die Jahre 2013 bis 2015 zurückzuzahlende Sanierungsgeld einschließlich hierauf gezahlter Nutzungsentschädigungen stellen kein Vermögen im Sinne von § 37d ATV dar.
4. Zu den Kosten, die von ausgeschiedenen Beteiligten nicht selbst getragen werden (§ 37e Satz 3 Buchst. e) ATV), gehören die Kosten aufgrund von Insolvenzen, Liquidationen und zu niedrig bemessener Gegenwerte. Das Nähere regelt die VBL-Satzung.
5. Die Tarifvertragsparteien wirken auf die Vertreter in den Gremien der VBL hin,
   a. den Abrechnungsverband Gegenwerte aufzulösen und ihn in die entsprechenden Abrechnungsverbände der VBL (Umlage-West bzw. Umlage-Ost) zu integrieren,
   b. durch Satzungsänderung vorzusehen, dass die Aufnahme insolvenzfähiger Arbeitgeber von Sicherheiten abhängig gemacht werden kann, wenn und solange konkrete Anhaltspunkte dafür bestehen, dass der Arbeitgeber keinen dauerhaften Bestand haben wird; eine darüber hinausgehende Insolvenzsicherungspflicht bei der Vereinbarung neuer Beteiligungen unterbleibt.